Die NEW ECONOMY Revolution

Das Buch

Die Turbulenzen am Neuen Markt dürfen den Blick nicht verstellen: Die so genannte »New Economy« revolutioniert Unternehmen von Grund auf. Innovative Start-up-Firmen erobern mit Riesenschritten den Weltmarkt, traditionelle Unternehmen der Old Economy – zum Beispiel Siemens – richten ihr Haus radikal auf das Zeitalter des E-Commerce aus. Was ist das Neue an der New Economy? Welche Chancen, welche Herausforderungen bietet sie? Was bedeutet sie für Organisation, Prozessmanagement und Personalarbeit? Welche Weichen muss die Politik stellen? Lothar Späth und dreißig namhafte Vertreter aus Politik und Wirtschaft geben Antworten auf diese Fragen. Sie zeigen, dass sich die New Economy nicht auf Internet, technologischen Fortschritt, virtuelle Marktplätze und E-Commerce reduzieren lässt, sondern Gesellschaft und Unternehmen dramatisch verändert. Die Unternehmen müssen umlernen und verstärkt in immaterielle Werte investieren, vor allem in exzellente Mitarbeiter und Führungskräfte. Die Politik muss den dramatischen Wandel in der Unternehmenslandschaft durch neue gesetzliche Anreize entschlossen und nachhaltig unterstützen – oder Deutschland wird im globalen Wettlauf entscheidend zurückfallen.

Der Herausgeber

Prof. Dr. h. c. Lothar Späth, Jahrgang 1937, war von 1978 bis 1991 Ministerpräsident des Landes Baden-Württemberg und von 1981 bis 1989 stellvertretender CDU-Bundesvorsitzender. Im Juni 1991 übernahm er die Geschäftsführung der Jenoptik GmbH und ist seit deren Umfirmierung zur Aktiengesellschaft 1996 Vorstandsvorsitzender der Jenoptik AG. Von 1998 bis 2001 moderierte er die erfolgreiche *n-tv*-Talkshow „Späth am Abend", seit 2002 wird wöchentlich Späths politischer Kommentar in der *n-tv*-Sendung „Späth zur Woche" ausgestrahlt. Er ist Honorarprofessor an der Universität Jena, Träger des John J. McCloy-Preises des American Council on Germany und Autor mehrerer Bestseller.

In unserem Hause sind von Lothar Späth bereits erschienen:
Die Stunde der Politik
Die zweite Wende (zusammen mit Herbert A. Henzler)

Lothar Späth (Hg.)

Die NEW ECONOMY Revolution

Neue Werte, neue Unternehmen, neue Politik

Econ Taschenbuch

Econ Taschenbücher erscheinen im Ullstein Taschenbuchverlag, einem Unternehmen
der Econ Ullstein List Verlag GmbH & Co. KG, München
1. Auflage 2002

Redaktionelle Mitarbeit: AVE, Gesellschaft für Fernsehproduktion mbH
Umschlaggestaltung: Petra Soeltzer, Düsseldorf
Titelabbildung: dpa, Hamburg
Druck und Bindearbeiten: Ebner & Spiegel, Ulm
Printed in Germany
ISBN 3-548-75080-X

Inhalt

2 BERATER – WAS TREIBT DIE NEW ECONOMY AN?

3 WEICHENSTELLER – WIE LENKT MAN DIE NEW ECONOMY?

Vorwort des Herausgebers

Weltweit sind Wirtschaft und Gesellschaft in einem atemberaubenden Wandlungsprozess. Das Internet als technisches Netzwerk und Rückgrat des Wandels der Industrie- und Dienstleistungsgesellschaft in eine Wissens- und Informationsgesellschaft und der damit verbundene Globalisierungsprozess stellen die Politik, die Wirtschaft, im Grunde auch die gesamte Gesellschaft und die in ihr arbeitenden Gruppen und Institutionen vor völlig neue Fragestellungen und Herausforderungen.

Der Begriff »New Economy« ist im Grunde eine schwammige Überschrift für all das, was neu entsteht und bisherige Erfahrungsgrundsätze auf den Kopf stellt. Die New Economy im globalen Zeitalter bietet kaum mehr Platz für die traditionelle nationale Wirtschaftspolitik, die Werte der Unternehmen bestehen immer mehr in Menschen und Konzepten, weniger in Maschinen, Gebäuden, Produktionsanlagen und traditionellen Bilanzwerten. Konjunkturelle Fragen treten hinter prinzipielle strukturelle Fragestellungen zurück.

Erst in Jahren, wenn nicht in Jahrzehnten, wird man einmal das wissenschaftlich aufgearbeitet haben, was um die Jahrtausendwende geschieht bzw. geschehen ist.

Wir Menschen sind neugierig und möchten von denen, die an den neuen Prozessen beteiligt sind oder auf sie Einfluss nehmen können, mehr wissen. Wir möchten Einschätzungen haben, was diejenigen, die von Berufs wegen oder aus bestimmten Aufgabenstellungen und Verantwortungsbereichen heraus über diese Prozesse denken, wie sie Chancen und Gefahren abschätzen. Wir möchten wissen, was die Politik tun wird, wie verantwortliche Wirtschaftsführer oder Arbeitnehmervertreter reagieren, wie die Gestalter und Lenker, die im Gemeinwesen und in anderen Organisationen Verantwortung tragen, Einfluss nehmen wollen auf die Veränderung unserer Lebensbedingungen oder wie sie alte durch neue Spielregeln ersetzen wollen, die mehr Sicherheit für die Bewältigung der Wandlungsprozesse bieten.

In meiner früheren Sendung »Späth am Abend« bei *n-tv* habe ich immer wieder kontroverse Diskussionen über die mehr grundsätzlichen Themen in Politik und Gesellschaft angestoßen. Ich bin dabei der Gefahr begegnet, die wir allenthalben beobachten: Die langfristigen Problemstellungen, die sehr oft später Krisen auslösen, kommen in der öffentlichen Debatte zu kurz, weil die aktuellen krisenhaften Erscheinungen die Menschen vorübergehend so bewegen, dass die Ursachen und langfristigen Wirkungen in den Hintergrund treten. Die modernen Massenmedien als Schrittmacher öffentlicher Debatten bieten für eine intensive Auseinandersetzung oft nicht genügend Raum, und das große Ganze gerät allzu leicht aus dem Blick. Das Phänomen »New Economy« aber verlangt nach einer Beschäftigung mit den grundsätzlichen Entwicklungstrends, die sich hinter den offensichtlichen Erscheinungen verbergen.

So wurde der Gedanke geboren, einfach einmal eine Gruppe von Meinungsführern und besonders Verantwortlichen einzuladen, in einem Buchbeitrag zu der Frage der New Economy Stellung zu nehmen.

Natürlich wussten ich und auch die, die mich – wie etwa Walid Nakschbandi, der Geschäftsführer der Fernsehproduktionsgesellschaft AVE – in meiner Sendung »Späth am Abend« angeregt haben, das Risiko eines solchen Buches einzugehen, dass da viele originelle Beiträge entstehen, aber die Gefahr groß sein wird, dass eine solche Sammlung eher zur Verwirrung als zur Klärung beiträgt. Und trotzdem habe ich mich an den Versuch herangewagt. Nachdem ich die Beiträge gelesen habe, habe ich den Eindruck, dass sich doch eine ganze Reihe von interessanten und grundlegenden Gedanken herauskristallisieren.

Da ist erstens die sich weit verbreitende Erkenntnis, dass sich zwar nach der Einführung des Internets so etwas wie eine Zäsur in Wirtschaft und Gesellschaft ergibt in die Zeit »vor dem Internet« und »nach dem Internet«, dass aber der Begriff »New Economy« im Gegensatz zum Begriff »Old Economy« keinen Bestand haben wird. Schon der Titel »New Economy« wird genauso häufig für das kaum stabilitätsgefährdete und ungewöhnlich lange erfolgreiche Wirtschaftswachstum in den Vereinigten Staaten in den neunziger Jahren verwandt wie für die Beschreibung von jungen, modernen Unternehmen, deren Geschäftsideen und spekulativer Wert, den deren Umsetzung bringen kann, sich von den traditionellen Unternehmensentwicklungen und deren Maßstäben prinzipiell unterscheiden, schon weil sie in ihrem eigenen Börsensegment, dem Neuen Markt, leben. Die letzte Zeit hat gezeigt, dass die New Economy sich ohne die Partnerschaft mit dem, was wir an industriellem Potenzial und Dienstleistungspotenzial vorfinden, gar nicht entwickeln kann, dass aber umgekehrt alle wirtschaftlichen Unternehmungen und auch die öffentliche Verwaltung ohne das Internet und die neuen Elemente der Ökonomie und der Informationsgesellschaft keine Zukunftschancen haben. Fast keiner der Beiträge widerspricht der Grundthese, dass wir eines Tages nicht mehr von New und Old Economy reden werden, sondern von einem Wandel der ökonomischen Spielregeln und revolutionären Veränderungen der Bewertungsgrundlagen, ja auch von grundlegenden Umwälzungsprozessen des Wirtschaftens überhaupt, aber sicher nicht von einem übersehbaren Zeitabschnitt, in dem die so genannte Old Economy – was immer das sein soll – aufgehört hat zu existieren und die New Economy – was immer wir für Hoffnungen in sie legen – als Heilsbringer erschienen ist.

Manches zeichnet sich schon als sichere Erkenntnis ab. So werden die Möglichkeiten des Wissensmanagements das Bildungswesen revolutionieren und umfassende Reformen der Bildungspolitik erzwingen. Ohne lebenslange Veränderung und Erweiterung des Bildungshorizontes der Menschen wird keine Kompatibilität des Könnens der als Selbständige oder Unselbständige arbeitsuchenden Menschen mit den Anforderungsprofilen, die die Wirtschaftsunternehmen, ihre Organisationen und auch die öffentlichen Arbeitgeber erwarten, herstellbar sein.

Wir wissen auch, dass die neue Gesellschaft viel weniger eine Verbandsgesellschaft als eine Individualgesellschaft sein wird und dass die Vielzahl von neuen Lebensentwürfen und Arbeitsformen, die gesicherten Spielregeln einer im Schwerpunkt auf die Produktion von Gütern ausgerichteten Industriegesellschaft, nicht mehr zu bewältigen ist. Nicht nur wegen der demographischen Entwicklung werden die kollektiven Sicherungssysteme im Gesundheits- und Altersversorgungsbereich explodieren. Auch die jetzigen ständigen Reparaturen werden nichts daran ändern, dass eher eine Bürgergesellschaft mit hoher Eigenverantwortung die aufkommenden Probleme lösen kann als die verbandsorientierte Wohlstandsgesellschaft, so wie wir auch zunehmend erkennen, dass der Solidaritäts- und Brüderlichkeitsgesichtspunkt nicht durch die staatliche Daseinsvorsorge, sondern in großen Teilen durch neue Formen – etwa des Stiftungsrechts – bewältigt werden muss.

Jede Gruppe, ja vielleicht jeder Einzelne, der sich mit diesen Fragen beschäftigt, interessiert sich zuerst für spezielle Aspekte dieses Prozesses. Aber wenn wir von einem Reformstau – vor allem in Deutschland – reden, dann meinen wir gegenwärtig vor allem, dass wir einen selbstkritischen und offenen Diskurs über die Probleme und die sich dafür anbietenden Lösungsansätze noch nicht so richtig begonnen haben. Aber je länger wir an den alten Formen festhalten, desto größer werden nicht nur der Veränderungsdruck, sondern auch die Nachteile, die uns allen entstehen können und die wir, wenn wir sie nicht uns zumuten, so doch unseren Kindern und Enkeln als Probleme hinterlassen.

Die Beiträge dieses Buches sollen folgende drei Prozesse in Gang setzen: Erstens sollen sie den Leser dazu auffordern, sich ein Bild zu machen von den Erkenntnissen und ersten

Wertungen dieses revolutionären Wandlungsprozesses und dabei Einsichten für sich selbst und die eigenen Aufgaben und Verantwortungsbereiche zu gewinnen. Zweitens sollen sie deutlich machen, dass es verantwortungslos ist, sich diesen umwälzenden Neuerungen zu verweigern, und uns deshalb nur eine große Offenheit zum Wandel helfen kann. Drittens soll eine umfassende Wertediskussion in Gang gesetzt werden, denn nicht die Grundwerte, wie sie etwa im Grundrechtskatalog unseres Grundgesetzes niedergelegt sind, werden in Frage gestellt, sondern die Spielregeln zur Sicherung der Werte müssen in weiten Bereichen neu geschrieben werden.

Ich danke allen Autoren für den Mut, ihre Einsichten und Positionen in diesem Buch zu publizieren. Ich danke den Gesprächspartnern und Mitarbeitern für Ordnung, Klärung und Organisation. Ich bin gespannt auf manche Zuschrift und Reaktion.

Sie erreichen mich unter der E-Mail-Adresse: spaeth@ave.de

Lothar Späth
Herausgeber

1

DENKER – WIE TICKT DIE NEW ECONOMY?

Kurzfristiger Überschwang und langfristiges Wachstum

Von Rolf-Ernst Breuer

Die New Economy ist zwar wunderbar ökonomisch, aber was ist das Neue? Paul Krugman nennt sie *leichte Ökonomie* und Roland Berger *Netzwerk-Ökonomie.* Soll man sie *beschleunigte Ökonomie* oder *ökonomische Ökonomie* nennen, weil sie mit weniger dinglichen Ressourcen auskommt? Sinkende Transaktionskosten, Innovation und Skaleneffekte sind keine völlig unbekannten, aber in der New Economy eindrucksvoll exemplifizierte Phänomene. Wie jede wichtige technologische Revolution bisher schafft sie langfristiges Wachstum durch eine Beschleunigung des Produktivitätsanstiegs. Und sie gibt jungen Unternehmern die Chance, die alten zu verdrängen. Weil gerade die Marktwirtschaft die Eigenheit hat, in einem ewigen Wandel dem Neuen, Besseren systematisch den Vorzug zu geben, ist das Neue, von dem hier die Rede sein soll, auch etwas Altes.

Die New Economy ist jedenfalls nicht nur eine Sache für Betriebs- oder Volkswirte. Der Wandel findet längst auch in der Gesellschaft statt. Den meisten Menschen begegnet die New Economy in der Zeitung, und zwar im Börsenteil. Hier drängt sich der Eindruck auf, es handle sich um eine Spekulationsblase und »einen Trick, den Leuten das Geld aus der Tasche zu ziehen«, wie Heinz Dürr formulierte. Diese Einschätzung ist nicht ganz falsch – aber nicht ausreichend. Wir sehen heute, dass gerade die etwas abenteuerlichen Auswirkungen der New Economy an der Börse einer langfristigen Erneuerung den Weg ebnen.

Viele Menschen in Deutschland konnten noch vor einigen Jahren wenig mit Unternehmertum anfangen, sie sahen die eigene wirtschaftliche Lage primär als das Resultat staatlichen Handelns und sie standen Technologie skeptisch gegenüber. Von diesen Menschen gibt es heute immer weniger. In der Arbeitswelt machen Selbständigkeit, vernetzte Zusammenarbeit und Identifikation mit Aufgaben und Projekten den Beitrag des Individuums zum zentralen Wertschöpfungsfaktor. In einer ziemlich kurzen Zeit ist das unternehmerische Wagnis zu einem Wert mit breiter Anerkennung geworden. Und die Möglichkeiten der Informationstechnologie und des Internets produzieren vor allem Optimismus.

Zunächst wird die New Economy mit den erstaunlichen Reichtümern identifiziert, die sie am Neuen Markt oder an der Nasdaq zu produzieren fähig war. Um es gleich vorweg zu sagen: Auch die kühneren Zukunftserwartungen rechtfertigen die Preise, die für viele Technologieaktien gezahlt wurden, nicht. Jeder Spekulationsblase geht über kurz oder lang die Luft aus – entweder plötzlich oder über einen längeren Zeitraum. Schon vor vier Jahren sprach Alan Greenspan von *irrational exuberance*, einem irrationalen Überschwang.

Die Börsenkapitalisierung eines Unternehmens, also der Preis für das gesamte Unternehmen an der Börse, reflektiert die Erwartungen zukünftiger Gewinne. Gewinne sind nur ein Bruchteil des Umsatzes, der nämlich nach Abzug der Kosten übrig bleibt. Und der Umsatz wiederum reflektiert die Summe aller Erlöse aus dem Verkauf von Produkten oder Dienstleistungen. Damit ein Aktienkurs gerechtfertigt ist, müssen also zukünftige Kunden dem Unternehmen Leistungen oder Produkte in einer Höhe abkaufen, die diskontierte Gewinne mindestens in der Höhe der Börsenkapitalisierung erbringen. Die Aktienkurse können nur bis zu jenem Punkt steigen, wie solche zukünftigen Kunden vorstellbar sind – nicht beliebig hoch.

Manchmal ist der Umsatzbeitrag desselben zukünftigen Kunden in den Zukunftserwartungen von mehreren Unternehmen enthalten. Direkte Konkurrenten wie Ariba und

Commerce One oder die Anbieter alternativer, aber substituierbarer Systeme wie Microsoft und AOL/Netscape wurden so bewertet, als würden sie beide als Einzige überleben. Beide Zukunftserwartungen können eintreten – aber nicht gleichzeitig. Solange man nicht weiß, für wen sich der Kunde entscheiden wird, muss sich diese Unsicherheit in einem Risikoabschlag ausdrücken.

Spekulationsblasen hat es auch bei der Börseneinführung von Eisenbahn-, Telefongesellschafts- oder Automobilaktien gegeben. Doch der wirtschaftliche Erfolg beschränkte sich dann auf einige wenige Unternehmen; viele der hoffnungsvollen Start-ups mussten ihre Tore wieder schließen. Selbst die Bewertung der erfolgreichen Unternehmen eilte den tatsächlichen wirtschaftlichen Leistungen weit voraus. So war die Great Western Railway über viele Jahrzehnte die am meisten bewunderte Eisenbahngesellschaft in Großbritannien und dennoch hätte ein Aktieneigentümer zwischen 1835, als diese Gesellschaft an der Londoner Börse zuerst notiert wurde, und 1913 lediglich einen Wertzuwachs von 5 Prozent pro Jahr erreicht. Wäre er 1845 auf dem absoluten Höchststand eingestiegen, hätte er sogar Verluste gemacht.

Ähnliche Phänomene kann man auch heute noch beobachten. Die atemberaubenden Kurssteigerungen vieler Neuemissionen kommen den Zeichnern zugute. Für Anleger, die erst am zweiten Handelstag oder danach einsteigen, sieht das Bild anders aus. Das *Wall Street Journal* zitiert eine Untersuchung, nach der die in den USA seit Anfang 1999 durchgeführten IPOs bis zum Sommer 2000 im Durchschnitt unter den Schlußnotierungen des ersten Handelstags lagen. Einigen wenigen Stars stehen also viele Mittelmäßige gegenüber.

Interessanterweise sind für die professionellen Marktteilnehmer die Möglichkeiten gering, sich dem Bewertungswettlauf zu entziehen. Der harte Wettbewerb unter den Emissionshäusern zwingt auch da zum Mitmachen, wo wenigstens kurzfristig Wettbewerbserfolge zu erzielen sind. Denn zwei oder drei Jahre können lang genug sein, um über Erfolg oder Misserfolg eines Finanzdienstleisters zu entscheiden. Dasselbe gilt für professionelle Anleger wie Pensionsfonds. Stabilisierenden Einfluss haben vor allem die langfristig orientierten Anleger und dazu gehört auch der überwiegende Teil der Privatanleger.

Die Zahl der direkten und indirekten Aktionäre in Deutschland stieg allein im ersten Halbjahr 2000 von acht auf elf Millionen. Das Allensbach-Institut hat herausgefunden, dass das Interesse an Aktienanlagen seit dem Börsengang der Telekom 1996 kontinuierlich zunimmt. Gerade die jungen innovativen Unternehmen der Kommunikations- und Informationstechnologie haben Pionierarbeit für die Entwicklung des deutschen Kapitalmarktes geleistet und geholfen, die Aktienkultur auf eine breitere Basis zu stellen. Aber trotzdem liegt in den USA der Anteil der Aktionäre an der Bevölkerung mit 50 Prozent fast vier Mal so hoch wie in Deutschland. Insofern dürfte der Trend zu Aktienanlagen auch nach der Korrektur an den Kapitalmärkten anhalten.

Die Veränderungen im Anlageverhalten der privaten Haushalte gehen Hand in Hand mit einer größeren Aufgeschlossenheit der jüngeren Unternehmergeneration gegenüber publizitätswirksamen Kapitalmarktfinanzierungen. Schließlich ist eine wachsende professionelle Szene von Business Angels, Wagniskapitalgebern und Inkubatoren auf die Einschätzung der Zukunftschancen der Unternehmen schon im Frühstadium spezialisiert. Wo vorher Banken zu Recht zögern mussten, weil ihre Rolle eine andere war, gibt es nun eine Vielfalt von Risikokapital. Institutionelle Anleger, große Unternehmen oder Auslandsinvestoren stellen es guten Ideen in Hülle und Fülle zur Verfügung.

So rücken immer wieder neue Unternehmen mit interessanten Geschäftsmodellen und positiven Aussichten nach. Wenn diese Neuzugänge an der Börse diejenigen, die die in sie gesetzten Erwartungen nicht mehr erfüllen, überwiegen, führt selbst eine Spekulationsblase nicht zwangsläufig zu einem Börsenkrach. Die Gewinn- und Umsatzerwartungen neuer Innovationen drücken dann langsam die Luft aus der Blase. Um diesen langfristigen Optimismus zu begründen, ist der Blick auf die Grundlagen der New Economy nützlich.

Die New Economy ist die spezifische Wirtschaftsform der Informations- und Wissensgesellschaft. Materie, Raum und Zeit verlieren an Bedeutung: Physische Gegenstände spielen eine geringere Rolle, weil zum Beispiel die Wertschöpfung eines Informationsunternehmens nicht auf physische Anlagen, sondern auf immaterielle Werte baut. Daraus folgt auch, dass die Grenzen des Raumes ihre Bedeutung verlieren. Bits und Bytes umkreisen den Erdball in Sekunden. Für viele Internetunternehmen wird der gesamte Globus zum natürlichen Markt. Umgekehrt wächst die Zahl der Wettbewerber, denn es wird schwerer, sich in einer geografischen Nische zu behaupten. Schließlich verliert die Zeit als möglicher Unterscheidungsfaktor ihre Bedeutung; die sofortige Vertragserfüllung wird zum Benchmark im Wettbewerb. Während also Materie, Raum und Zeit weniger wichtig werden, treten Information, Investition und Personen in den Vordergrund.

Die Bedeutung der Information in der New Economy formulierten die beiden Unternehmensberater Evans und Wurster so: »Unternehmenseinheiten, Industrien, Lieferketten, Kundenbeziehungen, Organisationsstrukturen usw. werden von einem ›Kitt‹ zusammengehalten und dieser Kitt besteht im Wesentlichen aus Informationen. Dieser Kitt wird durch die neuen Technologien aufgelöst. Deshalb fällt alles auseinander.« Denn die Transaktionskosten für die Verbreitung von Informationen sind rapide gefallen. 1860 kostete jedes Wort eines transatlantischen Telegramms 80 Dollar, schon zehn Jahre später waren es nur noch zwölf Dollar. 1970 hätte es ungefähr 400 Mark gekostet, den Großen Brockhaus in elektronischer Form über den Atlantik zu senden. Heute kann man für 80 Mark das Äquivalent der gesamten Library of Congress, der größten Bibliothek der Welt, über den Atlantik schicken. Weil Informationen billig werden, werden sie auch allgemein verfügbar.

Der freie Informationszugang und die Kostenreduktion brechen die traditionellen Wertschöpfungsketten auf und setzen sie neu zusammen. Neue, spezialisierte Anbieter besetzen die profitabelsten Positionen. Sie widmen sich ausschließlich der Aufgabe, die sie besser leisten können als der Wettbewerb und setzen in ihrem fokussierten, konzentrierten Segment neue Maßstäbe. Nicht alle Funktionen überleben. Die Rolle der traditionellen Zwischenhändler und Makler, die Raum und Zeit überbrücken, übernehmen in der Netzwerkökonomie die Infomediäre, die nur noch Informationen makeln und virtuelle Marktplätze betreiben. Dieser Strukturwandel hat gesellschaftliche Konsequenzen, weil der Handel vielerorts das Rückgrat mittelständischer Strukturen bildet. Es ist nicht sicher, dass dieselben Akteure sich zu Infomediären oder anderen Beratern und Dienstleistern wandeln können, denn diese Rolle wird auch von Start-ups und Großunternehmen angestrebt.

Aber die Chancen der Effizienzsteigerung zu ignorieren, kann sich keiner leisten. Die größten Autounternehmen der Welt haben sich zu einem einzigen gemeinsamen Marktplatz für Zulieferteile zusammengeschlossen, auf dem mit 60 000 Lieferanten ein Einkaufsvolumen von knapp 300 Milliarden Euro abgewickelt werden soll. Die möglichen Effizienzgewinne sollen die Herstellungskosten eines Autos um 14 Prozent senken. Je weniger Glieder die Kette zwischen Produzent und Abnehmer hat, desto geringer wird auch die Gefahr von kostspieligen Fehlern. Als Cisco, der große Hersteller der Infrastruktur des Internets, Aufträge noch per Telefon und Fax entgegennahm, mussten ungefähr ein Viertel dieser Aufträge per Hand überarbeitet werden. Nachdem die Firma zu einem Online-Auftragssystem gewechselt hatte, fiel die Fehlerrate auf 2 Prozent: eine Ersparnis von 500 Millionen Dollar.

In der gesamten Volkswirtschaft führen diese Effizienzgewinne zu einer Steigerung von Produktivität und Wachstum. Doch die Produktivität steigt erst, wenn die Informationswirtschaft ein kritisches Niveau überschritten hat. Paul David, Volkswirt an der Universität Oxford, glaubt, dass Technologie erst dann einen Einfluss auf die volkswirtschaftliche Produktivität hat, wenn die Penetrationsrate der Technologie 50 Prozent deutlich übersteigt. Dass die Verbreitung von Computern in den USA diese Marke seit einiger Zeit überschritten hat, erklärt die hohen Wachstumsraten der letzten Jahre in den USA, die trotz technischer Vollbeschäftigung bei

4 und 5 Prozent lagen. In den meisten anderen Industrienationen, so auch in Deutschland, liegt die Penetrationsrate erst zwischen 30 und 40 Prozent. Wenn Europa aufholt, wird das Sozialprodukt hier ähnlich stark wachsen wie auf der anderen Seite des Atlantiks. Gesundes Wachstum ist erfreulich, aber für die Bewältigung des Strukturwandels ist es geradezu unverzichtbar.

Dass die Erträge erst mit einer Verzögerung nach den Ausgaben eintreffen – das Grundprinzip einer Investition –, gilt nicht nur für die Volkswirtschaft, sondern auch für das einzelne Unternehmen, das durch das Internet viel schneller wachsen kann als noch bis vor kurzem. Dazu tragen nicht nur die bereits genannte geografische Universalität bei, sondern auch die gestiegenen Vermarktungsmöglichkeiten über das Internet. Durch die Eigenart der Informationswirtschaft mit der besonderen Bedeutung von kritischer Masse, Rückkopplungseffekten, Systembindungen und Standards wird schnelles Wachstum sogar zum einzigen Weg zum Erfolg. Die Unternehmen der New Economy müssen mit hohen Investitionen in Vorleistung treten.

Anders als auf den klassischen Gütermärkten herrscht im Internet nicht die Gesetzmäßigkeit der Knappheit mit steigenden Grenzkosten in der Produktion. Vielmehr sind die Skaleneffekte unbegrenzt. Beispielsweise fallen bei einem typischen Internetprodukt, dem elektronischen Buch, fast alle Kosten schon vor dem Verkauf des ersten Exemplars an. Die Grenzkosten für jedes weitere Exemplar sind nahe null. Für ein Buch aus Papier und Leinen müsste irgendwann eine neue Auflage gedruckt werden, und in diesem Moment steigen die Grenzkosten wieder, ganz abgesehen davon, dass Distribution und Verkauf physischer Bücher insgesamt kostspieliger sind. Der Anschluss an ein Netzwerk, zum Beispiel an die Musiktauschplattform Napster oder überhaupt an das Internet selbst, wird umso wertvoller, je mehr Personen daran teilnehmen. Mit dem Volumen steigen nicht nur die Kosten, sondern auch der Nutzen für den Verbraucher.

Der größte Anbieter hat die geringsten Grenzkosten und bietet den höchsten Nutzen. Er kann sich gegenüber allen

Wettbewerbern durchsetzen. So ist in der Netzwerkökonomie eine Tendenz zum natürlichen Monopol impliziert. Die Grenzkosten sind zwar niedrig, die Anfangsinvestitionen aber hoch. Ohne die Aussicht auf kurzfristige Monopolgewinne würden nur wenige Unternehmer diese Investitionen auf sich nehmen. Solange diese Vorteile in einem fairen Wettbewerb und durch ein innovatives Angebot entstehen und nicht für die Durchsetzung anderer Produkte missbraucht werden, dulden sie auch die Monopolwächter in Washington oder Brüssel. Bald sorgt ohnehin der weiter voranschreitende technologische Wandel dafür, dass auch natürliche Monopole oft nur von kurzer Dauer sind.

Diese Aussicht macht den Wettbewerb um Marktanteile besonders hart. Nicht nur in die Innovation an sich, also die Software, die das elektronische Buch möglich macht, sondern auch in die Marktanteile, also Werbung und Vermarktung des elektronischen Buches, wird investiert, oft so lange, wie Wagniskapital zur Verfügung steht. Viele Internetunternehmen sind nicht per se unprofitabel, sondern treten mit Werbung und Marketing in Vorleistung, um Marktanteile zu gewinnen. Ian Henry, der Präsident des Internetportals China.com, behauptet: »Wenn der Markt entscheidet, dass Internetfirmen profitabel sein müssen, dann werden wir profitabel sein.« Die Strategie, auf Gewinne zugunsten von Marktanteilen zu verzichten, hat es schon immer gegeben, aber sie wurde noch nie so explizit und in einem so frühen Stadium eines Unternehmens mit Mitteln des Kapitalmarkts unterstützt.

In der New Economy kommt es auf Personen an. Die neuen Unternehmen bauen auf aktive, ergebnisorientierte und flexible Mitarbeiter. Auf allen Ebenen sind es die Unternehmertypen und ihre Kreativität, die den Schlüssel für den Erfolg in der Hand halten. Michael Dertouzos vom Massachusetts Institute of Technology sagt: »Der entscheidende neue Faktor für die Leistungsfähigkeit wird nur indirekt ins Spiel gebracht: die konsequente Hinwendung zu Menschen und Teams, die Verantwortung teilen, miteinander vernetzt sind und selbstbestimmt arbeiten. Deshalb werden die Unternehmen, die ihre Mitarbeiter am konsequentesten fördern, respektieren und anerkennen, vielleicht den größten Vorteil gegenüber ihren Konkurrenten haben.«

Ein solches Umfeld ist attraktiv. Mit der Aussicht, den »Zwang der Erwerbsarbeit« nicht nur für sich selbst, sondern auch für die Kinder und Enkelkinder ablegen zu können, kündigen auch gut bezahlte Manager ihre Jobs, um unternehmerische Chancen wahrzunehmen. Als der Israeli Arik Vardi, der die Oberschule ohne Abschluss verlassen hatte, seine Firma für 287 Millionen Dollar an AOL verkaufte, befand sein Vater: »We changed 2000 years of Jewish history. It used to be that every Jewish mother wanted her son to be a doctor. Now they want him to be a high school dropout.« Aber für die größere Zahl ist der Drang, unternehmerisch tätig zu sein, etwas anderes, nämlich das Ende der Entfremdung von der Arbeit. Wer in eigener Verantwortung und selbst bestimmt arbeiten kann, der ist sich selbst der Ausbeuter. Er identifiziert sich mit seiner Arbeit und gestaltet sie in freier Absprache mit den Partnern seines Teams oder seines Netzwerks.

Längst gibt es nicht mehr nur die klassischen Unternehmertypen. Die Möglichkeiten, Entrepreneur zu sein, sind vielfältig geworden. Es gibt *Intra*preneure, die innerhalb von Unternehmen tätig sind, und serielle Unternehmer, die – obwohl erfolgreich – immer wieder von vorne anfangen. Es gibt *Multi*preneure, die ein Portfolio an Unternehmensgründungen nebeneinander führen, oder Teilunternehmer, die neben der abhängigen Erwerbsarbeit ein eigenes Unternehmen unterhalten. Dieser Vielfalt der Ziele entspricht die Vielfalt der Herkünfte. Neben Studienabbrechern und Diplomsportlern gehören zu den Vorständen der am Neuen Markt notierten Unternehmen ein ehemaliger Schlagersänger, ein Hochschulprofessor und ein Kfz-Mechaniker.

Noch sind nicht viele von diesen neuen Formen der Arbeit betroffen. In Deutschland wird die Zahl der direkt oder indirekt von jungen Hightech-Unternehmen Beschäftigten auf 120 000 geschätzt. Wenn aber der Arbeitsmarkt den spezifischen Anforderungen und der Risikoorientierung der New Economy entspricht, könnte die Zahl schon in fünf Jahren bei einer Million liegen. Alte Vorurteile können wir getrost beiseite legen, wie die besonders befriedigende Aussage von Wilfried Beeck, dem zweiten Mann im Führungsteam der Intershop AG, zeigt: »Ich hatte ein Faible für den deutschen Osten. Ich wusste, dass dort klasse Leute sind ... Für mich sind wir die Ostcompany, die beweisen kann, dass auch aus dem Osten ein Unternehmen kommen kann wie BMW oder Benz.«

Was haben Information, Investition und Person mit Alan Greenspans »irrationalem Überschwang« zu tun? Fortschritte in der Verarbeitung und Verteilung von Informationen gibt es schon seit Jahrzehnten. Aber erst ab einem bestimmten Punkt – dem Tipping Point, wie der Titel eines sehr erfolgreichen Buches heißt – werden sie wirtschaftlich wirklich relevant. So ist es keine Überraschung, dass auch die Aufmerksamkeit des Aktienmarkts relativ plötzlich und überschwänglich auf die New Economy gelenkt wurde. Gleichzeitig ist aber die Toleranz nicht nur der Riskokapitalmärkte, sondern auch der Aktienmärkte für Investitionen in die Zukunft erheblich gestiegen. Ohne eine solche Einstellung ließen sich die Netzwerkeigenschaften der New Economy gar nicht wirtschaftlich ausschöpfen. Schließlich haben die Erfolge an den Börsen neue Unternehmerpersönlichkeiten hervortreten lassen, die aber ihrerseits nur Repräsentanten für die insgesamt unternehmerische Kultur in der New Economy sind.

Nach Jeremy Rifkin befinden wir uns im *age of access*, dem Zeitalter des Zugangs, in dem nicht mehr das Eigentum an Gütern von Bedeutung ist, sondern der Zugang zu diesen Gütern. Sie werden gemietet und vorübergehend verfügbar gemacht. Wir zahlen für Erlebnisse und Erfahrungen, aber wir erwerben nicht mehr die Dinge, die diese Erlebnisse möglich machen. Das gilt nicht nur für den geleasten Fuhrpark und die outgesourcte Kantine, sondern auch für globales Reisen, Themenparks, Cyberspace und sogar gemeinnützige Aktivitäten.

Man kann über diese These und ihre sozialen Implikationen streiten, aber die New Economy illustriert den Wandel des Eigentums. Die Risikokapitalgeber in Silicon Valley – und in Deutschland – finanzieren nicht Grundstücke, Fabriken oder Maschinen, sondern konsumtive Ausgaben für Gehälter, Beratung und Werbung, die dann aber als immaterielle Werte kapitalisiert werden. So kommt es zu einer Zuspitzung der Aufgabe des Eigenkapitals. Risikoaverses Fremdkapital mit gedeckeltem Ertragspotenzial begnügt sich mit der Finanzierung von veräußerungsfähigen Dingen und sicheren Erträgen. Auf die Investition in immaterielle Werte – Geschäftsmodelle, Teamstrukturen und Markennamen – und das damit verbundene Recht, an möglichen zukünftigen Ertragsströmen teilzuhaben, konzentriert sich das Eigenkapital. Das Neue der New Economy ist, dass es eine breitere Palette von Aktivitäten gibt, die sinnvollerweise mit Eigen-, statt mit Fremdkapital finanziert werden.

Erst diese Fokussierung auf das zukünftig Mögliche eröffnet das Spektrum der Chancen in der New Economy. Sie lenkt den Fokus auf die unternehmerischen Qualitäten der involvierten Personen. Erst die Kreativität und Qualität aller Mitarbeiter lässt die Chancen wahr werden. Dass sich dieses Verständnis seit einigen Jahren in Deutschland durchsetzt, ist vor allem der »irrational exuberance« geschuldet, auch wenn kurzfristiger Überschwang einen unangenehmen Kater nach sich zieht. Die Hoffnung auf einen erfolgreichen Börsengang hat zu einer lebendigen Start-up-Szene geführt. Gute Ideen werden in Zukunft nicht mehr chancenlos bleiben. Das gilt nicht nur für Start-ups, sondern auch für Innovationen in vielen etablierten Unternehmen. So werden die Weichen für Wohlstand und Prosperität gestellt.

Arbeit, die fasziniert – Motor und Droge der Neuen Wirtschaft

von Friedhelm Hengsbach SJ

Dramatische Veränderungen der Wirtschaft sind begleitet von einem dramatischer Wandel der gesellschaftlichen Arbeit. Umgekehrt markieren revolutionäre Veränderungen der Arbeit solche des Wirtschaftens. So lässt sich das Profil der Neuen Wirtschaft vortrefflich an den ungewöhnlichen Einstellungen und Organisationsformen des Arbeitens ablesen. Wer neugierig genug ist, kann sie aufspüren.

Revolutionäres Pathos

Als etwas völlig Neues erscheint bei zahlreichen Autoren die Arbeit in der Neuen Wirtschaft, als müsste sie aus dem Nichts geschaffen werden. Ein nahezu absoluter Gegensatz zur Alten Wirtschaft wird in zahlreichen Varianten präsentiert.

Die erste einschneidende Revolution der Arbeit sei bei jener Wende vor 10 000 Jahren zu datieren, als die Sammler und Jäger sich an festen Orten niederließen und den Acker bebauten, heißt es. Die zweite Revolution der Arbeit habe mit dem Beginn der Industriegesellschaft vor 200 Jahren stattgefunden, als menschliche Fertigkeiten und Muskelkraft in Werkzeug- und Dampfmaschinen sowie in Elektromotoren ausgelagert worden sind. Und nun sei ein dritter revolutionärer Prozess eingetreten, der mit den vorherigen nicht verglichen werden könne, weil menschliches Denken in Informations-

und Kommunikationssysteme verlagert wird. Etwas bescheidener wirkt die Anlehnung an jene Kondratieff-Zyklen, die langfristige Schübe technischer Innovation und wirtschaftlichen Wachstums identifizieren. Nach dem Zyklus der Automobile und Elektrogeräte würden derzeit die Informations- und Kommunikationstechniken den Beginn eines neuen Zyklus signalisieren. Der Zeitvergleich, den Bill Gates wählt, klingt indessen um einiges nüchterner. Seiner Meinung nach werde sich die Geschäfts- und Arbeitswelt in den nächsten zehn Jahren stärker verändern als in den letzten fünfzig Jahren des 20. Jahrhunderts. Der Bezug der technologischen Revolution gegen Ende des 20. Jahrhunderts zur neolithischen Revolution der Arbeit mag pathologische Züge tragen. Und die Erwartung, dass der Austausch von Informationen die Arbeit mit materiellen Gegenständen verdränge, mag übertrieben sein. Aber es kann nicht bestritten werden, dass die Auslagerung von Operationen des menschlichen Gehirns in Computer und die Arbeitsentlastung durch maschinelle Systeme, die anerkannte Definitionsmerkmale des Menschen berühren, das Ausmaß der bisher bekannten technischen Revolutionen übersteigen.

Folglich sprengt der Anstieg der Arbeitsproduktivität in der Neuen Wirtschaft bisherige Vergleichsmaßstäbe. Das ist nicht verwunderlich, weil die neuen Informations- und Kommunikationstechniken das Kostenniveau erheblich senken oder herkömmliche Arbeit überflüssig machen. Immerhin lassen sich mit Hilfe des Internets Bankgeschäfte hundertmal, Flugticketbuchungen achtmal billiger durchführen. Andererseits wird behauptet, dass der gesamtwirtschaftlich zu erwartende Produktivitätsschub bisher nicht feststellbar sei. Zum einen darf jedoch mit einer zeitlichen Verzögerung gerechnet werden, bis die Produktivitätsschübe der Neuen Wirtschaft in die übrigen Sektoren durchsickern. Und zum anderen könnte der Anstieg der Arbeitsproduktivität auf den Sektor der Neuen Wirtschaft beschränkt bleiben, da die neuen Informationstechniken vorwiegend Verfahrensinnovationen etwa im Bereich des Handels und der Werbung verursachen, wodurch Arbeitskräfte freigesetzt werden, während sie zu wenig Produktinnovationen auslösen, um eine sich selbst verstärkende Beschäftigungsdynamik zu gewährleisten.

Es fällt auf, dass die öffentliche Debatte der achtziger Jahre über die verfestigte Massenarbeitslosigkeit und die Rückkehr zur Vollbeschäftigung weithin verstummt ist, seitdem bekannt wurde, dass in der Neuen Wirtschaft zahlreiche Arbeitsplätze entstanden sind, die von einzelnen Erwerbstätigen, die hochmotiviert sind, selbst geschaffen wurden. Man registriert gar ein »Arbeitsplatzwunder« aus mikroökonomischer Perspektive, selbst wenn sich in einer gesamtwirtschaftlichen Analyse herausstellt, dass solche Einzeldaten nicht einfach hochgerechnet werden dürfen. Der beherrschende Gesichtspunkt sind veränderte individuelle Einstellungen zur Arbeit, Motive und Kompetenzen, nicht jedoch die Strukturbrüche auf dem Arbeitsmarkt oder die strukturelle Änderung jener Faktoren, die auf das aggregierte Angebot an Arbeitskräften und die darauf gerichtete Nachfrage einwirken. Nun lassen sich aus einem derart defizitären Deutungsmuster kaum tragfähige Schlußfolgerungen ziehen. Wiederholt wird vermutet, dass mit der Propaganda selbständiger Arbeitsformen das marktradikale Bekenntnis ins öffentliche Bewusstsein transportiert werden soll, nämlich das absolute Vertrauen in den Wettbewerb, der Glaube an den schlanken Staat als den besten aller möglichen Staaten und die Konzentration der Wirtschaftspolitik auf eine rigide Inflationsbekämpfung.

Die vorherrschende Dialektik von alter und neuer Arbeit bringt Hypothesen hervor, die argumentativ nur schwach abgestützt sind: Die alte Arbeit war unverändert an denselben Betrieb, den identischen Arbeitsplatz und den gleichen Beruf gebunden. Im industriellen Großbetrieb galten strenge Hierarchien sowie Trennlinien zwischen leitender und ausführender Tätigkeit, zwischen Befehlsträgern und Untertanen. Für die Herstellung stereotyper Massenwaren brauchte man identisch kopierbare Arbeitsabläufe. Zwischen den Phasen der Berufsausbildung, der Erwerbsarbeit und des Ruhestands gab es klare Einschnitte. Vor diesem dunklen Hintergrund glänzen die Merkmale der neuen Arbeit, die spontan ergriffen, flexibel gestaltet und kreativ ausgeführt wird. Als ihre Kennzeichen gelten der individuelle Handlungsspielraum, Fantasie und Experiment, Risikofreude und Lust am Spiel. Eine solche Antinomie klingt jedoch naiv und ist dramatisch überzeichnet. Denn von den Erwerbstätigen, die zwei Weltkriege, zwei Inflationen und wirtschaftliche Zusammenbrüche erlebt haben, können nur wenige auf eine ununterbrochene Erwerbsbiografie und Berufskarriere zurückblicken. Die überwiegende Mehrheit selbst der Industriearbeiter war meist in kleinen und mittleren Betrieben beschäftigt. Während der relativ kurzen Phase des »Wirtschaftswunders« der Nachkriegszeit bei Vollbeschäftigung war die Verhandlungsposition abhängig Beschäftigter ihrem Arbeitgeber gegenüber ziemlich gefestigt. Sie konnten ihr Arbeitsverhältnis souverän aufrechterhalten oder ohne nennenswerte Friktionen ein neues begründen. Seit 35 Jahren sind die Ausbildungsphasen individuell differenziert und tendenziell verlängert worden, seit 25 Jahren sind die kontinuierlichen Erwerbsbiografien erodiert. Der Eintritt in die Erwerbsphase hat danach für viele Jugendliche mit Arbeitslosigkeit begonnen, während seitdem nur noch die Hälfte der abhängig Beschäftigten zum gesetzlich vorgesehenen Zeitpunkt aus dem Erwerbsleben ausscheidet. Auf welches Datum soll das neue Arbeiten bezogen werden?

Die neue Arbeit setze anerkannte Gesetze der Ökonomie außer Kraft, wird behauptet. Früher sei die Arbeit als bloßer Kostenfaktor betrachtet worden, nun werde die Arbeitskraft als der wertvollste Ressourcenspeicher eines Unternehmens eingestuft. Die Arbeit sei früher gemäß dem Verhältnis von Arbeitsertrag und Arbeitsaufwand entgolten worden, jetzt werde der Glanz einer interessanten Idee belohnt. Nicht die empirisch überprüfbaren Fakten zählten, sondern die Erwartung, dass eine Arbeit hohe Gewinne bringt. Die Selbstdarstellung des Arbeitenden sei entscheidend, nicht die Gewinn- und Verlustbilanz seines Arbeitens. Der Börsenwert einer Arbeit zähle, nicht der durch sie bewirkte Umsatz und Profit. Die zukünftige Arbeit sei Wissensarbeit. Während materielle Waren dem Grundsatz der Ausschließung unterliegen, insofern die Ware beim Tausch aus den Händen des Verkäufers in die des Käufers wechselt und dieser die übrigen Marktteilnehmer von der Nutzung der Ware ausschließen kann, sei der Faktor Wissen ein öffentliches Gut. Informationen, die an einen Empfänger gesendet werden, würden dem, der sie gesendet hat, nicht verloren gehen, denn das Original sei der Kopie gleichwertig. Je mehr also ein Wissensbestand verbreitet sei und je größer der Kreis der Informationsempfänger gezogen werde, umso größer seien der Marktwert einer Information und der Gewinn, den sie stifte. Sind mit diesen Behauptungen die Gesetze der Arbeitsökonomie entkräftet?

Auch in der Alten Ökonomie ist das krankhafte Starren auf die Arbeitskosten als lähmend für die unternehmerische Zukunft eingeschätzt worden. Nur Kosten zu reduzieren, galt immer als defensiv, das Aufspüren neuer Märkte dagegen als offensiv. Es mag sein, daß in der Neuen Wirtschaft, solange sie noch nicht durchschaut und analysiert ist, der blendende Schein mehr zählt als harte Fakten. Möglicherweise beantworten die Kapitaleigner die Selbstdarstellung eines Erwerbstätigen mit Erwartungen, die sich unmittelbar in einer explodierenden Börsennotierung seiner Arbeit niederschlagen. Sie sind gar bereit, ein riskantes Engagement zu verstärken und dafür zu werben. Aber sie werden wie in der Alten Ökonomie nach einiger Zeit eine Bilanz einklagen, in der Ergebniszahlen für Absatz, Ertrag, Aufwand und Gewinn belegt sind. Auch die Verbreitung des Wissens entkräftet nicht die Regeln der Alten Ökonomie. Um den Marktwert einer Information zu erhöhen, wird derjenige, der als Erster über sie verfügt, ihre Verbreitung einschränken. Er wird den Zugang zu dieser Information denen vorbehalten, die gewillt sind, dafür zu bezahlen. Die genannten Vorbehalte, die sich gegen das revolutionäre Pathos der neuen Arbeit wenden, berühren indessen nicht die Beobachtung, dass die externen Effekte einer Netzwerkbildung, die durch Wissensarbeit entsteht, ungewöhnlich hoch sind.

Unternehmer sein – jedermanns Sache

Die derzeitige Diffusion technikgestützter Informations- und Kommunikationsarbeit veranlasst marktwirtschaftlich organisierte Gesellschaften dazu, sich an ihren geschichtlichen Ursprung zu erinnern. Die politische Option für den Markt als elementare Steuerungsform eines gesellschaftlichen Teilsystems ist ja aus dem Erbe der Neuzeit erwachsen, als das Individuum ins Zentrum der Wirtschaft gerückt wurde. Der einzelne Mensch sollte Bedürfnisse haben und über knappe Mittel verfügen dürfen, um selbst bestimmte Ziele zu erreichen. Er sollte nicht durch gesellschaftliche Zwänge oder religiöse Drohungen darin behindert werden, sich selbst zu verwirklichen. Die Neue Wirtschaft scheint diesen methodischen und marktwirtschaftlichen Individualismus zu beleben. Sie erweist sich als eine Brutstelle für Unternehmerpersönlichkeiten, die sich mit einer kreativen und zündenden Idee neue Märkte erschließen. Sie ergreifen abenteuerliche Gewinnchancen und lassen sich auf extreme Verlustrisiken ein. Sie wittern ein Dienstleistungsangebot, das sich selbst die Nachfrage schafft. Sie spüren instinktiv, wohin sich die Kundeninteressen locken lassen. Sie entsprechen exakt dem Pionier-Unternehmer, den Joseph Schumpeter modelliert hat.

Der Aufbruch zum Einzelunternehmer und zur selbständigen Erwerbsarbeit erweist sich als vorteilhaft für die Gesellschaft, da die etablierten Industrieunternehmen immer weniger in der Lage sind, die Beschäftigung auszuweiten und zusätzliche Arbeitsplätze zu schaffen. In der Schere zwischen hohen Produktivitätsraten und niedrigen Wachstumsraten sehen sie sich genötigt, Arbeitskräfte durch technische Anlagen zu ersetzen. Um nicht zu verkrusten und in fossile Bürokratien zu entarten, retten sie sich in Fusionen und feindliche Übernahmen. Dazu gibt es allerdings Alternativen, die darin bestehen, dass interne Hierarchien verschlankt, einzelne Projekte ausgelagert und einer unternehmerischen Persönlichkeit übertragen werden. Das Auftreten selbständiger Unternehmer lässt sich also als eine nach oben gerichtete Spirale abbilden, die durch die Chancen einer expandierenden Informations- und Kommunikationsarbeit und durch die Risiken einer schrumpfenden Industriearbeit bewegt wird.

Die relativ jungen Informations- und Kommunikationsarbeiter vereinen zwar Merkmale selbständiger und abhängiger Erwerbstätigkeit. Denn sie greifen auf Vermögensbestandteile zurück, die Eltern oder Verwandte durch abhängige Erwerbsarbeit aufgebaut haben. Sie stützen sich auf Qualifizierungs- und Überbrückungsmaßnahmen der staatlichen Arbeitsverwaltung. Und sie nehmen öffentliche Finanzmittel in Anspruch, die für Existenzgründer bereitgestellt werden. Aber in erster Linie empfinden sie ihre Arbeitsform als selbst bestimmt, nicht kontrolliert durch Anweisungen von außen. Die Informationen, über die sie verfügen, könnten von Vorgesetzten gar nicht eingesehen, und die Kompetenz, spezielle Probleme zu lösen, könnte durch Außenstehende gar nicht aktiviert werden. Ihnen sind Finanzmittel zugesagt, deren endgültige Freigabe sie erwirken können. Sie gestalten flexibel ihre individuelle Arbeitszeit, entscheiden sich für den Arbeitsort, der ihren Interessen entspricht, und handeln individuelle Arbeitsbedingungen aus, ohne sich durch Tarifverträge einschnüren zu lassen. Die als Entfesselung empfundene Selbständigkeit und die Möglichkeit, das Verhältnis von Markterfolg und Arbeitsaufwand autonom bestimmen zu können, setzen unterdrückte Energien und kreative Ideen frei. Freie Mitarbeiter berühmter Künstler, Architekten, Rechtsanwälte und Ärzte nähren in sich die Hoffnung, beim Aufbau der eigenen Karriere vom Ruhm der Meister zu profitieren. Sie sind wagemutig und hochgestimmt, weil sie sich mit ihrer Arbeit identifizieren, weil sie waghalsige Experimente anstoßen, testen und auch wieder aufgeben. Die von der Last kollektiver Entfremdung entkernte Arbeit wird zum Ort individueller und spontaner Selbstverwirklichung. Solche Arbeiter sind bereit, große Entbehrungen auf sich zu nehmen und auf eine angemessene Entlohnung zu verzichten, bis ihre Ideen einen stabilen Marktwert erzielt haben.

Neben dem selbständigen Unternehmer seiner eigenen Arbeitskraft entstehen informations- und kommunkationsbasierte Arbeitscollagen, die Kooperation und Konkurrenz miteinander verbinden. Teilautonome Gruppenarbeiter, Projektteams und Netzwerke entwickeln ein Partnerschafts- und Solidaritätsfieber, das sich in meist kleinen und mittleren Unternehmen verkörpert. Diese existieren bloß virtuell und funktional, solange das Vertrauen der Einzelunternehmer besteht und die Kooperationsregeln fließend bleiben. Das Produkt des neuen Arbeitens, die Information und Kommunikation, ist zugleich Medium des neuen Arbeitens. So wird ein Projektprofil kommunikativ entworfen, die Arbeitsvorgänge folgen einer einvernehmlichen Absprache, die Aufteilung und Ausführung der Arbeit werden miteinander abgestimmt.

Ein nüchternes Urteil über den unternehmerisch selbständigen Wissensarbeiter muss jedoch dessen Ambivalenz im Blick behalten. Wo liegt die Grenze zwischen den selbständig und scheinselbständig Arbeitenden? Es kann sein, dass eine erhebliche Zahl der selbständigen Informations- und Kommunikationsarbeiter bloß auf die Demontage arbeitsrechtlicher Schutzregeln reagiert hat und so bald wie möglich in ein betrieblich integriertes, unbefristetes Arbeitsverhältnis wechseln wird, das einen angemessenen Lebensunterhalt verspricht.

Die quantitative Verbreitung der neuen Selbständigen bleibt eh im Dunkeln, weil diese methodisch als Idealtypen rekonstruiert werden. Demgegenüber wird geschätzt, dass in Deutschland derzeit eine Million Erwerbstätige als Versicherungsvertreter, im Einzelhandel, Gaststättengewerbe und Medienbereich sowie in den Verkehrs- und Bauberufen eine scheinselbständige Erwerbsarbeit ausüben. Das Auftreten dynamischer Einzelunternehmer in der Informations- und Kommunikationsbranche hat die herkömmlichen wirtschaftlichen und gesellschaftlichen Machtverhältnisse bisher nicht aufgelöst. Intelligente Anbieter attraktiver Marktideen bekommen die Ambivalenz eines oberflächlichen Scheins und des rauen Alltags zu spüren: Sie arbeiten nicht in einem herrschaftsfreien Raum, sind in einen bestehenden Herrschaftskomplex integriert und bleiben eindeutig fremd bestimmt. Sie können nur bedingt eigene Ziele verfolgen und auf die Strukturen, denen sie unterworfen sind, nur partiell einwirken. In entscheidenden Fragen ihrer Arbeitsgestaltung haben nicht sie, sondern andere das Sagen. Freie Mitarbeiter entdecken, wie das Versprechen selbständiger Arbeit durchkreuzt wird, sobald der Auftraggeber regelmäßige Präsenz im Büro, Erreichbarkeit rund um die Uhr und Urlaubsverzicht erwartet. Während herkömmliche Hierarchien verflacht wurden, entstehen beispielsweise im Call Center neue Formen der Moderation und differenzierten Kompetenz, ohne dass Unterschiede der Entlohnung zugestanden werden. Freie Mitarbeiter, die Arbeitszeit und Arbeitsvolumen souverän regeln können, bezahlen dies mit einem geringeren Einkommen.

Auch die unternehmerisch selbständigen Wissensarbeiter sind einem ökonomischen Machtgefälle ausgeliefert. Sie werden ihres Wissens, sobald es sich in Anlagen und Produkten verkörpert hat, enteignet und von einer weiteren profitablen Vermarktung ausgeschlossen. Projektteams tauschen den Rückzug des Managements sowie die freie Gestaltung der Zeit und Organisation ihrer Arbeit gegen eine einzige Bedingung, dass nämlich schwarze Zahlen geschrieben werden. Aber der wirtschaftliche Entscheidungsdruck verlagert sich in die Arbeitsgruppe, wenn Mitglieder des Teams zum Ausscheiden gedrängt werden, damit die Rentabilität des Projekts erhalten bleibt.

»Vertrauensarbeitszeit« wird nicht von allen Beteiligten als Befreiungsschlag empfunden, auch wenn die Stechuhr abgeschafft worden ist. Die einen sind stolz darauf, dass schlummernde Leistungsreserven geweckt und ehrgeizige Projekte übernommen werden. Nachdem sie die Arbeit termingerecht abgeliefert und das vereinbarte Honorar kassiert haben, entscheiden sie autonom, wie lang die Pause bis zum nächsten Projekt dauert. Andere jedoch leiden unter dem wachsenden Stress und Zeitdruck. Sie wissen bereits, wenn sie den Abgabetermin zusagen, dass dieser nicht einzuhalten ist. Aber sie lügen sich und anderen in die Tasche, um überhaupt den Zuschlag zu bekommen. Schon bald stellt sich heraus, daß Terminkorrekturen unvermeidlich sind. Dann streichen sie die gemeinsamen Zeiten mit dem Ehepartner und den Kindern rigoros zusammen, verbringen Nächte und Sonntage im Büro, bis ihnen Schlafstörungen und Partnerschaftskonflikte über den Kopf wachsen. Sie können sich nicht gegen sich selbst schützen.

Unternehmerisch selbständige Informations- und Kommunikationsarbeiter merken, dass sie für die Selbstverwirklichung in der Erwerbsarbeit den Preis einer fast militärischen Selbstdisziplin bis an die Grenze der Selbstausbeutung zu zahlen haben. Sie tauschen die autonome Transformation ihrer Arbeitskraft in Arbeitsleistungen, die der direkten Überwachung eines fremden Arbeitgebers entzogen ist, gegen eine Heteronomie, die durch Termindruck, kooperierende Konkurrenten und das direkte Marktrisiko erzeugt wird. Den Konflikt zwischen eigenen, partnerbezogenen oder familiären Lebensentwürfen und dem Zugriff einer angeblichen wirtschaftlichen Vernunft verlagern sie nach innen, spalten sich in zwei Seiten derselben Persönlichkeit, zu zwei Seelen in der eigenen Brust. Ihr Eigeninteresse beginnt zu »schielen«. Die skizzierte Ambivalenz eines Motors und einer Droge ist ein hervorstechendes Merkmal des Arbeitens in der Neuen Wirtschaft.

Frauen neben den Männern

In den bisherigen Reflexionen wurden zwar ausschließlich unternehmerisch selbständige Wissensarbeiter oder Informations- und Kommunikationsarbeiter genannt. Aber zu vermuten, dass die Neue Wirtschaft die sexistische Arbeitsteilung der Industriegesellschaft außer Kraft setze, klingt durchaus plausibel. Diese war nämlich mit der räumlichen Trennung der industriellen Produktionsorte von den Wohnorten begründet worden. Sie wies den Frauen die unentgeltliche Haus- und Erziehungsarbeit zu, den Männern dagegen die Erwerbsarbeit, die mit einem Arbeitseinkommen entgolten wurde.

Die charakteristischen Merkmale der Informations- und Kommunikationsarbeit lassen die Grundlagen der geschlechtsspezifischen Arbeitsteilung brüchig werden. Denn zum einen können die neuen Arbeitsleistungen, die durch die

Informations- und Kommunikationstechniken gestützt werden, von einem räumlich fixierten Arbeitsort abgekoppelt werden. Informations- und Kommunikationsarbeiterinnen können in ihrer Wohnung, nicht weit vom Spiel- oder Schlafzimmer ihrer Kinder, an der gesellschaftlich organisierten Arbeit beteiligt sein. Die Telearbeit gilt als überzeugender Beweis dafür, dass ein großer Teil der zukünftigen Erwerbsarbeit zu Hause erbracht werden könne. Die neue Technik ermögliche es, Kinderbetreuung und eigene Erwerbsarbeit sowohl für Männer als auch für Frauen miteinander zu vereinbaren.

Zum andern scheinen junge Frauen, die allgemein bildende Schulen oder Hochschulen besuchen, in den Fächern Mathematik, Physik und Informatik nicht weniger kompetent zu sein als gleichaltrige junge Männer. Wie gleichrangig diese Kompetenz ist, konnte auf reinen Mädchenschulen schlüssig nachgewiesen werden. Hochschulabschlüsse junger Frauen sowie Erfolgskarrieren einiger Informations- und Kommunikationsarbeiterinnen belegen, dass einzig gesellschaftliche Rollenmuster dafür verantwortlich sind, wenn die Informations- und Kommunikationstechniken von Männern besetzt werden. Eine solche Dominanz ist nun unbestreitbar festzustellen. Damit scheinen die Neue Wirtschaft und die selbständig unternehmerischen Arbeitsformen jene sexistische Arbeitsteilung der Industriegesellschaft in dreifacher Richtung zu verfestigen.

Erstens absorbiert die unternehmerisch selbständige Wissensarbeit, obwohl die individuelle Arbeitszeit flexibel gestaltet werden kann, einen herausragenden Teil der täglich verfügbaren Zeit. Diejenigen, die sich vorrangig in einer interessanten Erwerbsarbeit selbst verwirklichen wollen, schätzen demzufolge zeitaufwendige Engagements in Partnerschaft, Familie oder Hobby als nachrangig ein.

Zweitens neigen Männer offensichtlich eher dazu, sich mit einer sie interessierenden Arbeit total zu identifizieren, während Frauen gewohnt sind, sich mit pluralen Lebensentwürfen vertraut zu machen und darin einzurichten. Sollte ein Firmenchef versuchen, sie durch eine aggressive und ideologische

Unternehmenskultur zu vereinnahmen und auszubeuten, würden sie ein solches Verlangen zurückweisen. Die Äußerung einer kompetenten Informatikerin wird zitiert, die sich weigert, ausschließlich mit Microsoft zu arbeiten, zu essen und zu schlafen. Vermutlich muss man es einer solchen Lebensphilosophie zuschreiben, dass in Deutschland der Anteil der Frauen, die das Informatikstudium anfangen und auf dieser Grundlage eine berufliche Karriere als Informatikerin durchlaufen, in den letzten Jahren zurückgegangen ist. Nun ist diese Rückzugstendenz nicht biosomatisch zu erklären. Sie spiegelt vielmehr die prekäre Situation auf dem Arbeitsmarkt, das Entlohnungssystem und die Einstellungspraxis der Unternehmen, die daran interessiert sind, Arbeitskräfte kontinuierlich und langfristig an sich zu binden. Infolgedessen ist abzusehen, dass die zukünftige Dienstleistungsgesellschaft einen gespaltenen Arbeitsmarkt aufweisen wird. Für Informations- und Kommunikationsdienste werden fast ausschließlich qualifizierte Männer nachgefragt, die angemessen entlohnt werden. Für einfache Dienste stehen gering qualifizierte Frauen bereit, die dafür ein niedriges Entgelt erhalten.

Drittens werden Frauen von einer vertikalen Spaltung eingeholt: Diejenigen Frauen, die ihren Anspruch auf eigenständige Arbeit, Einkommen und soziale Sicherung behaupten, werden sich in ihrem Arbeitsstil den Männern anpassen und ihnen ähnlich die Last, Kinder zu erziehen und zu begleiten, auf andere abwälzen. Andere Frauen, die informationsgestützte Erwerbsarbeit und private Kindererziehung miteinander zu verbinden suchen, werden teilzeitbeschäftigt sein und dafür den Preis einer weniger interessanten Arbeit und einer niedrigeren sozialen Sicherung entrichten. Und Frauen, denen die Erziehung von zwei oder mehreren Kindern zugemutet wird, ohne dass sie sich dagegen wehren können, werden von der informations- und kommunikationsgestützten Erwerbsarbeit und einer davon abgeleiteten sozialen Sicherung ausgeschlossen. Sie bleiben wie bisher im gesellschaftlichen Abseits, fern von ihren erwerbstätigen Männern.

Die öffentliche Debatte über die neue Wissensarbeit greift zu kurz, solange die personennahen Dienste im pädagogischen, medizinischen und pflegerischen Bereich sowie in der Kulturszene völlig ausgeblendet werden. Dabei ist eine tendenziell breit wachsende Nachfrage nach solchen Diensten vorhanden. Aber deren besondere Merkmale liegen darin, dass sie gleichzeitig angeboten und nachgefragt werden und dass sie ohne einfühlsame Kooperation der Nachfragenden und Anbietenden nicht zustande kommen. Der Schlüssel ihrer Wertschöpfung liegt sowohl in der personalen und kommunikativen Kompetenz der Anbietenden als auch in der Kaufkraft der Nachfragenden. Um beides zu erschließen, müssten private Anbieter ermutigt und Grundrechtsgarantien bestätigt werden.

Lebenswelten ganz nah

Die Gesichter der Arbeit in der Neuen Wirtschaft sind jung. So verjüngen sie die Strukturen und Prozesse der real existierenden ökosozialen Marktwirtschaft. Junge Menschen überraschen nämlich ihre gesellschaftliche Umwelt mit jener erfrischenden Selbstsicherheit, dass in diesem Augenblick und mit ihrem Auftreten die Geschichte der Menschheit in eine entscheidende Phase eintrete. Die jungen Wissensarbeiterinnen und Wissensarbeiter leben ganz im gegenwärtigen Augenblick, scheuen kein Risiko und verachten die leidigen Erfahrungen ihrer Eltern. Sie suchen in der komplexen Vielfalt das Ganze – ohne Halbheiten und Differenzen.

An der Trennung zwischen Arbeitszeit und Freizeit halten die unternehmerisch selbständigen Informations- und Kommunikationsarbeiter nicht mehr so starr fest wie ihre Kollegen in der Industriewirtschaft. Ähnlich befreiend scheinen sie die Durchlässigkeit der Grenzen zwischen Arbeits- und Lebenswelt zu empfinden. In der S-Bahn am späten Werktagnachmittag lässt sich nicht nur beobachten, wie jüngere Angestellte jene Aktendurchsicht oder Bilanzprüfung fortsetzen, die sie während der Anwesenheit im Büro nicht haben beenden können. Auch für die Hausarbeit am Samstag und Sonntag werden größere Aktentaschen gefüllt, so dass die Grenzen zwischen dem Büro, in dem die Menschen arbeiten, und der Wohnung, in der sie leben, fließend werden. Indem die Informations- und Kommunikationsarbeit keine Last mehr ist, sondern Lust, und indem sie zur Identität des arbeitenden Menschen gehört, kann sie nach Hause, in die angebliche Privatsphäre, mitgenommen werden.

Umgekehrt ist den Wissensarbeitern die sachliche Kälte in den Büros zuwider. Was ursprünglich ein konzentriertes Arbeiten fördern sollte, empfinden sie als ermüdend und gegenproduktiv. Das Vertrauen in die Rationalität betrieblicher Verfahren und die Berechenbarkeit von Organisationen bröckelt. Die Mitarbeiterinnen und Mitarbeiter sind auf der Suche nach dem Sinn ihres Arbeiten und entdecken dabei ein Bedürfnis, nämlich die funktionalen Arbeitsabläufe wieder zu verzaubern. So ist das Konzept des »Neuen Büros« entstanden: In eine funktional gestaltete Bürolandschaft werden lebensweltliche Elemente einbezogen. Die sachliche Arbeitswelt wird emotional angereichert. Bunte Farben und eine warme Beleuchtung, ein Kühlschrank mit Kaffee- und Espressomaschine, ein Tisch für Zeitungen und Magazine, Ledersessel und eine bequeme Couch mit den Stofftieren der Kindheit verbreiten eine wohnliche Atmosphäre und erzeugen eine betrieblich profilierte Lebenswelt.

Ein Sozialgebilde wie der Betrieb oder das Unternehmen nehmen unter der Entgrenzung von Arbeit und Leben einen anderen Charakter an. Der gesellschaftliche Klassengegensatz zwischen »Kapital« und »Arbeit« verliert seine Schärfe. An seine Stelle tritt eine Vielfalt biografischer Differenzierungen, die durch Gemeinschaftsgefühle zusammengehalten werden. Ein homogenes »Wir-«Bewusstsein umklammert Meinungsverschiedenheiten und Streitpunkte. Als Mitglieder einer Quasi-Wohngemeinschaft reden mann und frau sich mit dem freundschaftlichen »Du« an. Der Versuch, eine kollektive Interessenvertretung, etwa Betriebsräte oder gewerkschaftliche Vertrauensleute, einzurichten, wird in einer solchen Gemeinschaft von Freunden nicht nur als überflüssig, sondern als ausgesprochen geschmacklos empfunden.

Ist das Verschmelzen rationaler Arbeits- und emotionaler

Lebenswelten eine subtile Ausbeutung, ein Trick des Managements? Der erste Beurteilungsmaßstab einer Antwort besteht darin, ob die Mitarbeiterinnen und Mitarbeiter bei der Integration von Arbeits- und Lebenswelten aktiv beteiligt sind. Ein zweiter Maßstab liegt darin, dass geprüft wird, ob beliebige soziale Milieus bzw. wenig transparente Stimmungslagen oder die so genannten wirtschaftlichen Sachzwänge dominant werden. Ein dritter Gesichtspunkt dient der Klärung, ob die Verschmelzung der Arbeits- und der Lebenswelten die Wissensarbeiter befreit oder zur völligen Hingabe an den Betrieb zwingt, ob sie die Mitarbeiter atmen lässt oder gefangen hält. Die funktionale Ausdifferenzierung gesellschaftlicher Teilsysteme, etwa des Arbeitens und Lebens, gewährt den Individuen Schutz vor dem Totalanspruch eines Teilsystems. In der systemischen Differenz verlieren sie ihre selbst bestimmte Identität nicht, sondern können sie gerade behaupten.

Das schnelle Leben – oder: Die Neue Wirtschaft und ihre Folgen

von Uwe Jean Heuser

Anfang der neunziger Jahre beklagte der amerikanische Essayist Steven Waldman die Tyrannei der Wahl. Ob Cornflakes im Supermarkt oder Magazine am Zeitungskiosk, ob Filme im Videoverleih oder die Angebote der privaten Krankenversicherung – überall stießen die Kunden auf eine Vielzahl neuer Optionen; und sie merkten, dass die Verantwortung für das eigene wirtschaftliche Wohl zunimmt. Damit stieg der Druck, eine möglichst gute Wahl zu treffen, auf Kosten der geistigen Energie und der Lebenszeit. Die Furcht: Wenn Menschen sich über das Auswählen definieren, büßen sie ihre Identität ein und schwanken hilflos zwischen den vielen Möglichkeiten des Lebens hin und her.

Nun sind die Menschen nicht so labil, dass neue Optionen sie gleich durcheinander bringen. Das Beispiel zeigt indes, dass die Intensivierung der Märkte vor einem Jahrzehnt Beobachter auf den Plan rief. Ihnen war bewusst, dass eine solche Entwicklung auf alle Bereiche des Lebens ausstrahlt. Dabei hatte die eigentliche Revolution noch kaum zu wirken begonnen: die Digitalisierung. Erst in der Neuen Wirtschaft des Informationszeitalters, die heute Gestalt annimmt, kommt das Ökonomische wahrhaft zur Geltung. Der Markt beschleunigt sich, differenziert sich und breitet sich aus.

Dafür sorgen vor allem zwei Effekte der digitalen Revolution: die Verbreitung des Ideengeschäfts und die Vernetzung. Sie bewirken eine neue Marktwirtschaft – und das Wort »neu« ist durchaus ernst gemeint.

Ideenprodukte hat es schon immer gegeben – Bücher gehören genauso dazu wie Musiknoten oder neuerdings eben eine Seite im World Wide Web. Entscheidend ist, daß der Anteil der Software an der Wertschöpfung heute schnell wächst. Das gilt nicht nur für die Dienstleistungsangebote von Banken und Versicherungen, Firmen der Telekommunikation und der elektronischen Unterhaltung, sondern auch für die Anbieter klassischer Industrieprodukte. Geräte für Wohnzimmer und Küche erhalten neue Funktionen und werden programmierbar. Moderne Automobile sind voller Software, in einigen verrichten bereits mehr als fünfzig Microchips ihren Dienst. Sie kontrollieren die Benzinzufuhr und das Öl, demnächst auch den Abstand zum nächsten Fahrzeug. Navigationssysteme geben Autofahrern die Richtung vor. Alle Arten von stabilisierenden Regelkreisen sollen dafür sorgen, dass die Autos nicht durchdrehen, wegrutschen oder umfallen. Gentechnische Prozesse sind ebenso Ideenprodukte wie Blaupausen für effiziente Bauverfahren. In vielen Branchen gilt es mittlerweile als wichtigstes Erfolgsrezept, den Wert der Produkte durch mehr Software zu vergrößern.

Der heutige Siegeszug der Software bedeutet mehr Angebotsvielfalt. Ideenprodukte lassen sich leicht verändern, durch diverse Kanäle vertreiben und auf einzelne Kunden zuschneiden. Mithilfe von Computerprogrammen wird es billiger, dem Bankkunden immer neue Anlage- und Finanzierungsformen zu bieten; und bei einer Produktionsmaschine das Programm zu wechseln, um eine andere Variation herzustellen, ist allemal einfacher, als Teile der Fertigungsstraße auszuwechseln.

Die zentrale Eigenschaft aber ist: »Die Herstellungskosten für die erste Kopie eines Informationsgutes können erheblich sein, doch die Kosten für weitere Kopien kann man vernachlässigen.«[1] Denn Software läßt sich nicht aufbrauchen. Es kann teuer sein, ein erstklassiges Videospiel zu entwickeln, ein Konstruktionsverfahren in allen Einzelheiten zu formulie-

---

1 Carl Shapiro und Hal Varian: *Information Rules,* Cambridge 1998, S. 3.

ren, ein Musikstück zu komponieren und aufzunehmen. Sie dann zu vervielfältigen und zu vertreiben, kostet so gut wie nichts.

Software verschafft dem Wettbewerb eine neue Dynamik. Auf klassischen Märkten diktieren die Herstellungskosten, bis zu welcher Menge sich die Produktion lohnt. Bei Ideengütern hat die Produktion keine natürliche Obergrenze. Im Gegenteil: Je mehr Einheiten abgesetzt worden sind, desto billiger wird jede weitere Kopie für den Anbieter. Er kann gar nicht genug an die Kunden bringen, solange der Preis nicht ins Bodenlose fällt. Daher verkaufen viele elektronische Dienstleister ihre Produkte zunächst für Preise weit unterhalb der Kosten oder verschenken sie gar. Den Profit wollen sie später mit verwandten Produkten nachholen, wenn ihnen der Markt erst einmal gehört. Diese Anreize machen den Wettbewerb im Ideengeschäft härter und instabiler als auf traditionellen Märkten. Einzelne Firmen mit riesigem Angebot können die Konkurrenz beherrschen – und enorme Gewinne erzielen. Deshalb ist der Kampf um einen neuen oder veränderten Ideenmarkt auch besonders ruppig. Monopole, oder allgemeiner: Marktbeherrscher, die kräftig kassieren, sind indes nicht nur wahrscheinlicher als in der klassisch-industriellen Welt, sondern auch vergänglicher. Zum einen, weil sich Konzepte und Ideen vielfach nur schwer unter Verschluss halten und gegen Nachahmung sichern lassen. Zum anderen genießen neue Konkurrenten die gleichen Vorteile, wie sie die derzeit führenden Firmen wahrnahmen, um den Markt aufzurollen. Mit neuen Ideen können sie die Etablierten schneller aus dem Feld schlagen, als dies im Industriezeitalter möglich war.

Binnen kurzer Zeit vermag eine Innovation den Markt neu zu definieren. Deshalb schießen Firmen mit nur einer Idee für eine elektronische Dienstleistung an der Börse nach oben, obwohl sie kaum Umsatz machen; deshalb bewegen sich die Aktienkurse von Ideenfirmen wilder auf und ab als diejenigen von klassischen Unternehmen. Zur Beruhigung trägt dieser Unterschied freilich auf immer weniger Märkten bei: Nach und nach bestimmen die Regeln des Softwaregeschäfts, bestimmen flüchtige Vorteile und die ständige Bedrohung der Marktstellung das Gros der Wirtschaft. Und auf uns als Verbraucher wartet neben der größeren Vielfalt eine schnellere Abfolge der Angebote und der Anbieter. »Eigentlich machen wir seit 150 Jahren immer nur das Gleiche: Innovationen«, lautet ein Werbeslogan von Siemens. Aber noch nie musste der Konzern so schnell so viele alte Produkte vom Markt nehmen und so viele neue anbieten wie heute, nie sich so radikal umorganisieren wie jetzt.

Der zweite wesentliche Effekt der digitalen Revolution, die Vernetzung, verändert den Kapitalismus noch drastischer. Gemeint sind nicht Visionen wie diejenige, dass uns der Toaster jeden Morgen den aktuellen Kurs unserer Lieblingsaktie ins Brot brennt.[2] In dieselbe Kategorie passt der Türknauf, der mit uns redet, oder das Hemd, das der Waschmaschine mitteilt, wie es gewaschen werden muss. Derlei Ideen sind durchaus realisierbar, aber nicht alles Mögliche setzt sich auch durch. Vor allem lenken sie davon ab, dass die Vernetzung Alltag geworden ist und das Wirtschaften längst revolutioniert hat.

Wie die Revolution abläuft, lässt sich mithilfe drei betagter Herren anschaulich machen: Moore, Metcalfe und Coase.

Gordon Moore, Gründer des weltweit erfolgreichsten Chipherstellers Intel, beobachtete in den sechziger Jahren, wie schnell die Halbleiter weiterentwickelt wurden. Seine über dreißig Jahre alte Prognose, dass ihre Leistung sich bei gleich bleibenden Kosten alle achtzehn Monate verdopple, gilt immer noch als »Moores Gesetz«: Alles, was mit digitaler Technologie zusammenhängt, wird unerbittlich schneller, kleiner und billiger.

Der zweite Herr heißt Robert Metcalfe und gründete nicht nur ein Unternehmen namens 3Com, sondern schuf auch einen wichtigen Standard für Computerkommunikation. Der

---

2 Mit dieser Vision will Nicholas Negroponte die Idee einer vernetzten Welt demonstrieren. Sein – immer noch faszinierendes – Szenario des »Post-Informationszeitalters« präsentiert Nicholas Negroponte in: *Total Digital*, München 1997.

Nutzen eines Netzes steige mit der Zahl seiner Teilnehmer, lautet sein »Gesetz«. Besitze nur ich ein Telefon, kann es mir gestohlen bleiben – je mehr andere eines haben, desto mehr kann ich mit meinem anfangen. Gleiches gilt für die Zahl der Teilnehmer von Computernetzen. Und ein Programm auf meinem PC ist mehr wert, wenn andere es ebenfalls geladen haben: Dann kann ich Daten mit ihnen austauschen. Zudem werden Software-Entwickler für dieses Programm nur dann neue Inhalte anbieten, wenn es viele benutzen. Auch deswegen kommen Digitalfirmen oft mit Dumpingpreisen auf den Markt; um so eher erreichen sie die kritische Masse, ab der ihr Produkt zum Selbstläufer wird. Nirgends wirken Metcalfe und Moore so wuchtig zusammen wie beim Internet. Die Zahl der Teilnehmer steigt schnell, die Angebote werden vielfältiger und – zumindest von der technischen Qualität her – besser.

Soweit zur technischen Entwicklung. Ronald Coase, so lautet der Name des Dritten im Bunde, stellt die Verbindung zur Gesamtwirtschaft dar. Der Nobelpreisträger für Ökonomie gilt als Entdecker der Transaktionskosten – oder zumindest ihrer Bedeutung. Gemeint sind damit alle Anstrengungen rund um den wirtschaftlichen Austausch: Alternativen suchen, Informationen besorgen, eine Entscheidung treffen, die Transaktion tatsächlich abwickeln. Beim Kauf eines Hauses sind diese Kosten hoch, beim Gang durch den Supermarkt niedrig, aber sie fallen immer an. Coase erklärte mit ihnen die Existenz von Unternehmen. Eigentlich, so beginnt die Überlegung, könnte der Markt alle wirtschaftlichen Tätigkeiten der Menschen koordinieren; braucht jemand eine Arbeitsleistung, kauft er sie sich; jeder ist selbständig. Doch das wäre extrem teuer, weil die Vertragspartner jede Leistung einzeln verabreden und überwachen müssten. Unternehmen fassen diesen Austausch zusammen und standardisieren ihn mittels Informations- und Kontrollsystemen. Trotz kostenträchtiger Verwaltung sind sie vergleichsweise effizient.

Die Vernetzung erreicht vor allem eines: Sie senkt die Kosten der Koordination. Dramatisch. Allerorten. Einerseits für die Unternehmen: Die Mitarbeiter können via Computer auf ungleich mehr Informationen zugreifen und engeren Kontakt zu Kunden und Lieferanten halten. Andererseits für den Markt: Der Austausch wird leichter, für Anbieter ebenso wie für Nachfrager. Zwar hat es Ronald Coase zu keinem »Gesetz« gebracht, sondern nur zu einem »Theorem«, aber hier steht sein Name für den alles entscheidenden Effekt. Moore und Metcalfe, Chipentwicklung und Netznutzen, erklären, warum sich Computernetze so schnell entwickeln, warum rund um das Internet neue Märkte entstehen, warum von der Telekommunikation bis zum Fernsehen das elektronische Geschäft neu definiert wird. Soweit handelt es sich aber noch um ein begrenztes Phänomen. Erst aus der Perspektive von Coase wird verständlich, warum digitale Netze die gesamte Wirtschaft und mit ihr die Gesellschaft verwandeln. Erst durch die gute, alte Kostenbrille sieht man, dass die Digitalisierung das Wirtschaften effizienter macht – auf nahezu allen Märkten und in nahezu allen Unternehmen. Deshalb setzt sie sich auch überall durch. Und es entsteht, für uns alle, eine neue Marktwirtschaft.

Eine Verminderung der Transaktionskosten? Nichts könnte dröger klingen – und nichts das Prinzip Markt schneller voranbringen.

Bill Gates ist immer noch ein wichtiger Mann – wenngleich vielleicht kein so mächtiger mehr. Einmal mehr hat er seine Geschäftsvisionen in Buchform gegossen. Unternehmen sollten sich ein digitales Nervensystem implantieren, predigt er (am liebsten mit Microsoft-Programmen, versteht sich, Unternehmer schreiben Bücher selten nur mal so): Alles läuft dann über Computernetze, die Kommunikation und die Verwaltung, der Handel mit den Kunden und die Bestellungen bei den Lieferanten. Immer schneller soll das Geschäft laufen – schließlich so »schnell wie Gedanken«.[3]

---

[3] Bill Gates: *Digitales Business,* München 1999. In *Der Weg nach vorn,* München 1997, hatte der Unternehmer seine Vision des »reibungslosen Kapitalismus« vorgestellt, nun hat er sie in Managementrezepte übersetzt.

In der Tat ist die vernetzte Wirtschaft um vieles schneller als das vergleichsweise statische Geschäft des Industriezeitalters. In den Unternehmen beschleunigt und verbreitert sich der Informationsfluss. Er unterspült die Pfeiler der Hierarchie. Die Mitarbeiter am unteren Ende verfügen auf einmal über eine Masse von Informationen. Deshalb müssen sie auch mehr selbst entscheiden als früher. Die Firma vermag schneller zu reagieren, wenn Kunden Neues wünschen oder sich sonstige Marktbedingungen verändern. Das ist ein Wettbewerbsvorteil, und wenn ein Konkurrent damit anfängt, lässt das Beharrungsvermögen der Hierarchen in den anderen Unternehmen schleunigst nach.

Den Kunden gestattet die Digitalisierung, die verschiedenen Angebote schneller und gründlicher zu vergleichen – sei es im Netz selbst oder auch nur dadurch, dass der neue Informationsfluss sich in eine Vielzahl von spezialisierten Zeitschriften übersetzt. Die Finanzmärkte sind dafür das beste Beispiel: Der Handel auf dem Börsenparkett spielt kaum noch eine Rolle, er wird ersetzt durch den Austausch via Computer. Medien – von Magazinen bis zu Börsenbriefen – liefern alle Arten von Daten und Analysen. Im Netz können Kunden aktuelle Informationen und Tipps kostenlos abrufen. Und dann auch online Aktien oder Zinspapiere ordern. Die Zeiten werden nicht zurückkommen, in denen sich die Bank einen Tag Zeit lassen konnte, um die Kauforder eines Kunden auszuführen.

Ohnedies gehen durch die Vernetzung viele Arten von Mittlern oder Vertriebsebenen verloren. So sind Reisebüros schon länger bedroht, weil die Veranstalter selbst oder billige Reisemakler im Internet die Kunden ansprechen. Und Direktversicherer machen den klassischen Vertretern in ihrer Branche das Leben schwer. Nachfrage und Angebot stoßen unmittelbar aufeinander – mit der Folge, dass auch in diesen Wirtschaftszweigen das Tempo zunimmt. Wie man es auch dreht: Weil die Informationen fließen, beschleunigt sich der Austausch, beschleunigt sich das Auf und Ab von Produkten, Anbietern, Gelegenheiten. Entweder wollen die Beteiligten daran mitwirken, oder sie müssen es.

Doch der Markt wird nicht nur beschleunigt, er differenziert sich auch aus: In der vernetzten Wirtschaft zerfallen Angebote, die bisher als Einheit galten. Zeitungen zum Beispiel: Auf Papier ergeben die Artikel und Anzeigen ein Ganzes. Elektronisch verbreitet, können Leser sie einzeln abrufen. Wer glaubt, das sei absurd, möge sich einmal die Stellenanzeigen großer Zeitungen im Internet anschauen – da heißen sie dann »Job-Markt« oder ähnlich, bieten viel, ohne dass der Nutzer die ganze Zeitung kaufen müsste. Aus Bezahlfernsehen wird Pay-per-view – der Zuschauer zahlt dann nicht mehr monatlich für den ganzen Programmstrauß, sondern für einen Film, ein Autorennen, einen Boxkampf. Musik-CDs mit zwölf Titeln zerfallen in ihre Einzelteile, wenn sie abrufbar werden, ohne dass man noch Singles pressen müsste. Programmierdienste oder Finanzberatung kann man sich mithilfe der Netze stundenweise kaufen; bis dato wäre man eine vergleichsweise langwierige Beziehung mit dem jeweiligen Dienstleister eingegangen.

Das Angebot individualisiert sich. Was könnte ineffizienter sein als Massenprodukte? Keinem gefallen sie 100-prozentig. Weil dem Menschen auf ihn zugeschnittene Dinge und Dienste mehr wert sind, folgen Unternehmen dem Trend, wo sie können. Hosenhersteller nehmen online Maß und liefern ein zwar maschinell gefertigtes, aber mehr oder weniger individuelles Produkt. Schuhproduzenten versuchen ebenfalls, diese Art massenhafter Individualität günstig anzubieten. Hotelketten speichern die Vorlieben der einzelnen Kunden; in jedem Haus der Kette wird der Besucher beim nächsten Aufenthalt entsprechend bedient – vernetzter Service für den Einzelnen. Allgemein erlaubt die Digitalisierung einerseits eine flexiblere Her- und Bereitstellung, andererseits mehr Kontakt zum Kunden. Also bekommen Produkte und Dienste nur noch die Funktionen und Teile mit auf den Weg, die der Einzelne oder eine Kundengruppe will oder zu wollen meint. Autos, Geldanlagen, TV-Programme: Die Variation nimmt zu. Und wir haben, lustvoll oder notgedrungen, die Wahl.

Außerdem macht die vernetzte Wirtschaft aus räumlich

kleinen Märkten große Märkte. Distanzen, die bis dato als Grenze wirkten, kann sie leicht überwinden. So büßen Anbieter ihre regionalen Nischen ein, wenn Firmen aus anderen Regionen ihre Produkte und Dienste digital vertreiben können. Das gilt für lokale Bankfilialen, denen über Telefon und Internet Konkurrenten erwachsen, ebenso wie für einen Statiker, der einst am Ort ein Monopol hatte und sich nun Kollegen erwehren muss, die ihre Dienste von weit her per Netz übermitteln. Selbst der Handel mit gebrauchten Autos wandelt sich. Bisher diktierte der Einzugsbereich der Lokalzeitung den Umfang des Marktes, im Internet weitet sich das Geschäft aus. Und wenn der Wagen der Begierde dann in Berlin 10 Prozent billiger ist als in Hamburg, kann es sich für den Hansestädter lohnen, das Angebot in der Hauptstadt zu prüfen.

Alles Beispiele, die zeigen, dass die Vernetzung ein Gleichmacher über die Distanz ist. Auch deshalb, auch weil regionale Marktgrenzen fallen, stehen dem Einzelnen mehr Varianten zur Verfügung. Die Anbieter haben mehr potenzielle Kunden und mehr Konkurrenten. Sie können und müssen sich daher voneinander abgrenzen. Die Differenzierung geht weiter.

Bleibt ein weiterer Trend: Das Prinzip Markt breitet sich aus. Die emsigsten Kostenmanager, die an jeder Ecke sparen, die Juan Ignacio Lopez' dieser Welt sind ein Nichts im Vergleich zur Vernetzung. Die digitale Revolution ist der größte *costcutter* aller Zeiten. Und weil die Koordination billiger wird, lassen sich Angebote in Geld ausdrücken, die zu handeln bisher zu teuer gewesen wären. Zum Beispiel die Ferndiagnose via Computer, wenn eine Maschine in der Fabrik ausfällt. Oder Antworten: Wer hat diese Woche in der Stadt den preiswertesten Spargel zu bieten, wo gibt es einen bestimmten Typ Videorecorder, wo steht die nächste Sonnenbank? Bisher haben wir uns an diese Alltagsdinge vor allem durch Hörensagen herangetastet. Über kurz oder lang wird man solche Informationen im Netz für ein paar Pfennige kaufen können; auch kleinste Dienste bekommen einen Preis, wenn sie sich digital transportieren lassen. Das Geschäft mit den vernetzten Datenbanken für Firmenkunden ist da nur der erste Schritt.[4] Noch ist die Gefahr von Irrtum und Betrug zwar relativ groß, wenn man via Internet bezahlen soll. Aber die Betonung liegt auf »noch«.

Was nebenher lief oder gar nicht, wird zur Marktleistung, wird professionalisiert. Der Grund dafür ist einfach: weil dieser Schritt möglich wird. Vernetzte Wirtschaft bedeutet die Welt des »Nichts-ist-Umsonst«, und die Zäune um die alten Nischen stürzen ein. Das ist gut, weil die Märkte effizienter werden und mehr Angebote bereitstellen. Es ist schlecht, weil dadurch weite Teile des Lebens dem wirtschaftlichen Kalkül unterworfen werden.

Ein Fazit zwischendurch: Das schnelle Geschäft mit Ideen und Informationen dominiert die Wirtschaft, und die Vernetzung befreit uns von lästigen Transaktionskosten. Die Folgen sind enorm; sie führen zu einer anderen Marktwirtschaft. Man muss sich die Folgen der Informationswirtschaft en detail vor Augen führen, weil es wichtig ist zu sehen, dass sie ein neues Paradigma entstehen lässt, eine neue Wirkungsweise in der Gesellschaft. Weil es wichtig ist zu sehen, dass sie von der Wirtschaft und ihrem Drang nach Effizienz getrieben wird. Weil es wichtig ist zu sehen, dass die Entwicklung sich nicht wieder umdrehen wird. »Menschen werden die Neuheit, Unbestimmtheit und Breite der Informationsmärkte ausnutzen, um ihren Wünschen und Vorlieben nachzugehen – was immer diese auch sein mögen«[5], schreibt Michael Dertouzos. So sieht es aus.

Millionen von Bundesbürgern verbringen heute mehr Zeit mit der Aktienbörse als vor zehn Jahren. Das ist kein Zeichen für wachsenden Egoismus oder gar das Ende des Gemeinsinns. Die Weltbörsen bieten immer neue Möglichkeiten und um sie zu prüfen, um an der Entwicklung teilzuhaben, müs-

---

4 Larry Downes/Chunka Mui berichten, wie Manager verschiedenster Branchen nach Informationsschätzen in ihren Unternehmen fahnden. Das können zum Beispiel Kundendaten oder Fotoarchive sein. Bisher nicht vermarktbar, lassen sie sich nun auf digitalem Weg anbieten: *Auf der Suche nach der Killer-Applikation,* Frankfurt 1999, S.64–67.

5 Michael Dertouzos: *What will be,* Wien 1999, S.306.

sen die Anleger Zeit investieren. Sie informieren sich langfristig in Ratgeberbüchern und Spezialzeitschriften, mittelfristig in Börsendiensten und in den rasant wachsenden Finanzteilen der Tageszeitungen, kurzfristig im Börsenfernsehen – und noch kurzfristiger in den Online-Diensten des Internets. Investmentfonds nehmen vielen Anlegern die Qual der Wahl zwar ab, aber binnen weniger Jahre hat sich auch das Fonds-Angebot vervielfältigt. Die vernetzte Wirtschaft ist eben eine gigantische Optionsmaschine: Sie schafft Wahlmöglichkeiten noch und noch, und der Marktwert einzelner Optionen ändert sich im Nu. Zudem hat das Auf und Ab, hat die Volatilität an den Börsen zugenommen. Spekulanten müssen immer auf dem Quivive sein, wenn sie nicht einbrechen wollen. Und selbst wenn ein Aktienindex wie der Dax kontinuierlich steigt, kann man sich nicht einfach zurücklehnen. Die Indizes werden oft von ein paar Werten angetrieben, während andere Aktien nachlassen. Besonders aufmerksam muss man die jungen Hightech-Aktien auf dem Neuen Markt verfolgen, deren Kurse vielfach nur von einer Geschäftsidee, einem Patent oder einer Markterwartung abhängen.

Und andere Märkte? Der für Automobile zum Beispiel. Die Zahl der Modelle ist geradezu explodiert. Keine Nische, die von den Konzernen unbesetzt bliebe – alle Arten von Fun- und Freizeitvehikeln, Supersportwagen, Kleinstkarossen. Der Konsument hat die Wahl, so scheint es. Allerdings nur mit Einschränkungen. Denn immer mehr Modelle haben die gleiche Plattform. Das ist Technikerdeutsch für alles unterhalb des Blech- und Innenraumkleides. VW Golf, Beetle und Bora, Audi A3 und TT, Skoda Oktavia und Seat Toledo zum Beispiel – sie fahren auf gleicher Basis. Auch Minivans von so verschiedenen Firmen wie Fiat und Peugeot teilen eine Plattform. Heraus kommt eine standardisierte Individualität: Die Konzerne machen ihre Produkte gerade so unterschiedlich, dass die Kunden es als Mehrwert empfinden und dafür bezahlen. Auch das ist ein Charakterzug der neuen Wirtschaft: das Prinzip von dem »Gerade-noch-So«. Alle Potenziale werden ausgeschöpft.

Ähnlich sieht es beim Fernsehen aus. Die Sender gleichen

sich an, setzen auf dieselben Programmstrukturen und -ideen. Selbst ARD und ZDF machen mit bei den furchtbaren Talkshows am Nachmittag, den Billig-Soaps am frühen Abend. Die Zahl der Programme nimmt zu, ihre Variationsbreite ab. Die Kosten der Produktionen müssen niedrig sein, weil der einzelne Sender weniger Zuschauer auf sich vereint und weil echte Hits wie Fußball, Autorennen oder Spitzenfilme enorm teuer geworden sind. Irgendwann wandern diese Sendungen ohnedies ins Bezahlfernsehen – das ist der einzige Weg, um die hohen Preise für die Senderechte wieder hereinzuholen. Und so steht der TV-Konsument am Ende mit einer merkwürdigen Bilanz da: Er hat die große Auswahl auf der Fernbedienung. Er muss für etwas bezahlen, das er früher – mal abgesehen von den steigenden Gebühren für die Öffentlich-Rechtlichen – umsonst bekam. Umsonst – zieht man mal die Werbepausen ab – bekommt er dafür mehr und mehr vom fast Gleichen. Übrigens ist es vor allem die Entwicklung des Fernsehens, die aus dem professionellen Sport einen echten Markt macht. Erste europäische Fußballvereine wie Lazio Rom haben sich bereits in Aktiengesellschaften verwandelt, deren Anteile öffentlich gehandelt werden (und vielleicht wird ja auch der deutsche Fußball noch einmal markttauglich). Die Interessen solcher Vereine sind deutlich: Sie wollen möglichst viele internationale Begegnungen. Die europäische Champions League ist denn auch bis zur Langeweile hinweg ausgeweitet worden. Der vermarktete Sport testet die Belastbarkeit der Zuschauer.

Im Flugverkehr haben die Kunden ebenfalls nicht unbedingt gewonnen, wenngleich die meisten von mehr und billigeren Fernflügen profitieren. Die Flugpläne sind optimiert, Nebenstrecken werden seltener geflogen, Hauptstrecken dafür teils im Stundentakt. Und internationale Flüge gehen vornehmlich von zwei, drei Flughäfen ab. Pech für diejenigen, die dort nicht wohnen. Zudem werden die einzelnen Flüge möglichst miteinander verzahnt, damit die Flugzeuge nicht lange an einem Ort herumstehen müssen. Das führt zu kaskadenhaften Verspätungen allerorten, wenn es an einem Flugplatz erst einmal hakt. Da ist es wieder, das Gerade-noch-So:

Die Kunden entscheiden sich trotzdem zu fliegen, zufrieden mit der Leistung sind aber die wenigsten.[6] Die Vernetzung gestattet Buchungen bis zur letzten Minute, wer mit der Chipkarte eincheckt, kommt an allen Schlangen vorbei. Es gibt mehr Tarife als früher und mehr Verbindungen. Auf Strecken, auf denen nur eine Airline fliegt, steigen die Preise, auf umkämpften Routen sinken sie. Wer langfristig bucht, kann billiger fliegen als früher, wer sich spät entscheidet, muss oft mehr bezahlen. Das kennt man schon vom Fliegen in den Vereinigten Staaten: Die ehedem einheitliche Leistung wird unterteilt in verschiedene Angebote. Auf den Wartelisten setzt sich die Differenzierung fort; vom Senator-Flieger bis runter zum Gelegenheitsflieger unterscheidet die Lufthansa Prioritätsklassen. Die Elektronik macht es möglich, der Wettbewerb fordert es ein.

Beim Telefonieren ist die Bilanz eindeutig. Der Verbraucher gewinnt. Denn wer telefonieren, faxen, e-mailen will, kann viel sparen, wenn er die Angebote vergleicht und den Service wählt, der seiner Nachfrage entspricht. Und zwar immer wieder aufs Neue, denn die Angebote wandeln sich schnell und weitere kommen hinzu. Früher hatte der Kunde nur die Wahl, vor oder nach achtzehn Uhr zum Hörer zu greifen. Heute kann er bei jedem Ferngespräch eine andere Gesellschaft bemühen. Und er hat einen Anreiz, sich tatsächlich mit all den Angeboten auseinander zu setzen: der Wunsch, zu sparen, die Freude am Schnäppchen, aber auch die Angst, etwas zu verpassen und übervorteilt zu werden.

Die öffentliche Krankenversicherung ist für die meisten eine Pflicht, für andere eine Alternative zur Privatversicherung. Ihre Mitglieder bekommen ein Leistungspaket, das alle wichtigen Gesundheitsrisiken abdecken soll. Aber um wirtschaftli-

---

[6] Die Verzahnung gilt auch für die Flugbegleiter, die ebenfalls nicht tatenlos warten oder als Passagiere nach Hause geflogen werden sollen. So kommen Verzögerungen zustande, weil die Crew für den Flug noch auf einer anderen Strecke verspätet unterwegs ist. Übrigens ist das Kabinenpersonal heute nicht nur unter mehr Zeitdruck, sondern teilweise auch schlechter ausgebildet und niedriger bezahlt als vor einer Dekade.

ches Kalkül kommen die Versicherten kaum mehr herum. In der Apotheke müssen sie zuzahlen, bei Zahnärzten und Optikern ebenfalls. Und weil die Gerätemedizin – vor allem für Menschen in den letzten Lebensjahren – neue und teure Behandlungen ermöglicht, kommt das System nicht um Rationierung herum: Es kann nicht mehr jeder alles bekommen, was zur Heilung möglich wäre. Gespart wird zuerst am nicht Lebensnotwendigen, sofern die Lobbyisten der betroffenen Branchen es zulassen. Auf jeden Fall wird die Zahl der Zusatzversicherungen wachsen. Je mehr neue Möglichkeiten zur Behandlung die Life-Science-Industrie vermarktet, je mehr Tabletten für mehr Wohlbefinden und besseres Aussehen sie erfindet, schlicht: je mehr Bedürfnisse sie weckt, desto mehr Raum werden individuelle Leistungen und Versicherungen einnehmen. Patienten oder Konsumenten müssen auch bei der Gesundheit wählen.

Die neue Marktwirtschaft lässt keinen Fleck weiß auf der Karte der Möglichkeiten. Sie fordert, dass die Menschen ohne Unterlass abwägen, wählen, neu entscheiden. Dass sie mehr Leben auf wirtschaftliches Kalkül verwenden. Folgen wir dem ökonomischen Imperativ nicht, schaden wir uns. Denn, und das gehört zum Wesen dieses Wandels, der Markt bringt nicht nur immer neue Optionen hervor, sondern schafft auch alte ab. Die Autoindustrie bietet neue Modelle an, viele Flugreisen werden billiger, aber die Bahn schränkt den Regionalverkehr ein. Oder versuchen Sie einmal als Kleinanleger, bei der Bank noch persönlich – und im positiven Wortsinn – beraten zu werden. Nur noch öffentlich-rechtliches Fernsehen? Da bekommt man vieles nicht mehr mit. Auto- oder Hausratversicherungen unterteilen ihre Tarife in mehr Risikoklassen als früher, weil die Differenzierung billiger geworden ist. Die alten Konditionen sind dann für viele nicht mehr zu haben. Und noch ein Beispiel: Die gelbe Post, erfolgreich privatisiert, schließt Tausende von Filialen. Überall dort, wo es sich nicht auszahlt, mit eigenem Lokal vertreten zu sein. Kunden geht eine Option verloren.

Nur das Prinzip ist bedeutsam: Wer sich nicht anpasst, wer die neuen Gelegenheiten nicht wahrnimmt, steht schlechter da als früher. Das ist der beste Anreiz mitzumachen. Schon seit langem gehen einzelne Leistungen, die vorher ohne Geld erledigt wurden, auf Märkte über – seit Jahrzehnten die Altenpflege zum Beispiel. Aber die heutige Ökonomie mischt sich überall ein und intensiviert das Marktgeschehen: Schneller als je zuvor reagieren die Märkte auf neue Bedingungen.

So nimmt das ökonomische Kalkül mehr Raum in unseren Köpfen ein, prägt die Perspektive. Ja und, könnte man mit Marktideologen sagen, das ist doch wunderbar. Märkte schützen uns vor der Willkür Einzelner, Leistung wird hier und jetzt entlohnt, unterschiedliche Wünsche finden unterschiedliche Angebote, und wenn einer mit der besseren Alternative kommt, setzt sie sich schneller durch als früher. Das ist Effizienz! Und tatsächlich erhöht sich dadurch die Wohlfahrt. Die Dinge werden billiger und im Sinne indivueller Bedürfnisse besser.

Diese marktfreundliche Argumentation hat einige Haken. Profitieren die Menschen doch nur dann von den vielen Möglichkeiten, wenn sie sich informieren, abwägen, entscheiden. Immer wieder, weil der Takt des Neuen schneller schlägt. Das erfordert Zeit, und insofern die Wahl dem Menschen kein reines Vergnügen ist, trägt der Einzelne damit Kosten. Es dauert eine Weile, den Telefonanbieter zu finden, bei dem man am besten abschneidet, das günstigste Bankkonto, die geeignete Software. Gute Beratung kostet Geld und ist schwer zu bekommen. Den Kunden möglichst viel selbst erledigen zu lassen, gilt in der digitalen Wirtschaft als Erfolgsrezept. So kann es sein, dass Konsumenten mehr für ihr Geld bekommen, aber netto nicht besser dastehen.

Das Handeln am Markt ist immer auch eine Last. Sie ist in der Stabilität des industriellen Zeitalters bequem auszuhalten, weil sich die Möglichkeiten des Einzelnen nur langsam verändern. Aber nun treibt verschärft die neue Wirtschaft das Problem, den Widerspruch auf die Spitze.

Mit neuen Produkten, Dotcom-Junkies und Börsenfieber in ein »Golden Age«?

von Rudolf Hickel

New Economy – Modischer Diskurs oder neue Strukturen?

Noch zehn Jahre vor Beginn dieses neuen Jahrtausends war nicht nur in Deutschland die New Economy kein Thema. Anfang der neunziger Jahre stand die sozial-ökonomische Angleichung Ostdeutschlands an die westdeutschen Produktions- und Lebensverhältnisse in diesem Land auf der Agenda. Noch wurde heftig gestritten, ob überhaupt, und wenn ja, wie ein international wettbewerbsfähiger Industriesektor nach dem Scheitern der DDR-Wirtschaft dort wieder aufgebaut werden kann. In Westdeutschland standen kluge Analysen zum Wandel von der Industrie- in eine moderne Dienstleistungsgesellschaft im Vordergrund. Der Begriff »neu« war den Technologien vorbehalten. Die Mikroelektronik war ihre Basis. Die Frage, inwieweit mit diesen neuen Technologien erneut ein lang anhaltender Aufschwung beginnt – vergleichbar dem Fünfzig-Jahre-Kondratieff-Zyklus, der erstmals mit der Verbreitung der Dampfmaschine Anfang des 18. Jahrhunderts in Erscheinung trat –, wurde zu beantworten versucht.

Gleichsam hinter dem Rücken dieser großen alten Grundsatzdiskussionen über die ökonomischen Strukturen im neuen Jahrtausend setzte sich ein zuerst kaum beobachteter und nur vereinzelt analysierter Produktionsbereich mit der Nutzung der Informations- und Kommunikationstechnologien durch. Klammheimlich wuchs die New Economy heran, übrigens nicht nur in West-, sondern auch erfolgreich in Ostdeutschland. Auch in den USA war sie plötzlich da. 1995 war das Startjahr. Was meint jedoch dieser neue Begriff »New Economy«, der jetzt in jeder Diskussion in den Medien über die Wirtschaftsentwicklung Kompetenz heischend verwendet wird? Es gehört wohl zur deutschen Gesprächskultur, dass bei der Nennung dieser Neuentdeckung in Diskussionsrunden nicht nachgefragt wird, was die Inhalte der New Economy sind. Insistierende Nachfragen würden wohl in den meisten Fällen Argumentationsnöte offen legen. Vergleichbar mit dem Begriff der Globalisierung droht ein neues *weasle word* zu entstehen, mit dem der Mangel an Argumenten durch begriffliche Kompetenz überspielt werden soll. Was ist denn eigentlich das Neue an der New Economy? Erste Hinweise suggeriert die Abgrenzung gegenüber der Old Economy, oder besser gegenüber der derzeit immer noch dominanten Wirtschaft. Die begrifflich erzeugte Konfrontation zielt angriffslustig auf den unterstellten Bedeutungsverlust, ja die Abwertung der Alten Ökonomie. Neu wird oftmals vorschnell mit jung in eins gesetzt: Junge Produkte am Anfang des Produktzyklus und juvenile Arbeit-Mitunternehmer – vielfach auch die sogenannten Dotcom-Junkies – in wenig regulierten Beschäftigungsverhältnissen.

Die alten Produkte, bisherige Basis der industriellen Wertschöpfung – wie beispielsweise Automobile, Maschinen, Stahl oder Flugzeuge –, werden der Niedergangsphase ihres Produktzyklus zugeordnet, ja drohen zum alten Eisen geworfen zu werden. Dominant für die Produktion ist die tief gliederige Hierarchie der tayloristischen Organisation der Massenproduktion. Während hier noch die realisierten bzw. realistisch erzielbaren Gewinne die Aktienbewertung dominieren, schieben sich in der New Economy die mit bloßen Produktideen verbundenen Gewinnerwartungen in den Vordergrund. Sie sind es, die Aktionäre einem Staubsaugereffekt vergleichbar anziehen. Deshalb erscheinen New Economy und Börsenfieber als die zwei Seiten ein und derselben Medaille.

Die Kontroverse um die möglichen ökonomischen Strukturveränderungen, die im Begriff »New Economy« gebündelt werden, ist (leider) auch durch Polemik, ideologisch verkrampfte Rechthaberei und Bagatellisierung belastet. Dazu verleitet bereits die begrifflich suggerierte Abwertung der ökonomischen Potenz der Old Economy gegenüber der New Economy. Verdeckt werden damit vor allem die Synergien, die in der Verflechtung der Old mit der New Economy schlummern. Aber auch die Akteure in der Old Economy sowie die rechtfertigende Politik und »Mainstream Economics« müssen sich den Vorwurf gefallen lassen, die sich mit der Informations- und Kommunikationstechnologie verändernden Markt- und Produktionsbedingungen bisher ziemlich ignoriert zu haben. Die realen Veränderungsprozesse auf der Ebene der Produkte, der Produktions- und Beschäftigungsverhältnisse sowie die Dominanz hoch spekulativer Börsenfinanzierung verlangen eine angemessene Analyse. Fatal wäre es, diese Neuerungen mit dem Hinweis auf die unerschütterlich wirkenden, ehernen Gesetze kapitalistischer Entwicklung abzutun und mal wieder nur einen modischen Diskurs zu vermuten. Allerdings lässt sich auch zeigen, dass in der New Economy die alten Regeln des Wirtschaftens nicht einfach ausgehebelt werden.

Was ist das Neue an der New Economy in Deutschland?

Versuch einer definitorischen Eingrenzung

Die konfrontative Gegenüberstellung von »Old« und »New Economy« ist nicht gerade hilfreich für eine ernsthafte Diskussion über den wirtschaftlichen Strukturwandel unter dem Regime der Informations- und Kommunikationstechnologien. Auch sind die flotten Lobpreisungen über die in den USA kaum nachweisbaren Veränderungen zugunsten der Gesamtwirtschaft nicht dienlich. Falsch wäre es allerdings auch, wegen des immer noch recht dichten Nebels über der New Economy, deren wachsende Bedeutung zu bagatellisieren. Das Neue ideologiefrei zu beschreiben und nicht das Alte zu bestätigen, auch auf die Gefahr, hierbei zu überzeichnen, bringt die Erkenntnisfindung voran.

Wie es immer bei bisher nicht bekannten, jedoch an Relevanz gewinnenden Entwicklungen war, eine einigermaßen brauchbare Definition der »New Economy« ist nicht einfach. Einen ersten Zugang bieten die Finanzmärkte. So lassen sich aus dem 1997 in Deutschland eingeführten Börsensegment »Neuer Markt« durchaus erste Anhaltspunkte gewinnen. Die Finanzmärkte fassen in diesem Segment Unternehmen in den rasch wachsenden Feldern der Herstellung von Computer-Hardware und -Software sowie von Informations- und Telekommunikationsdienstleistungen zusammen.

Dafür steht der Begriff ICT (Informations- und Kommunikationstechnologie). Die Basis bildet das allgegenwärtige Internet, mit dem völlig neue Dienstleistungsprodukte der Information und Kommunikation möglich geworden sind. Zu Recht wird dieses neue Produktionssegment als Internet- bzw. Mausklick- und Online-Ökonomie bezeichnet. Eine Kurzformel für die dort tätigen Unternehmen lautet Dotcom. Während noch vor Jahren die damals »neuen Technologien« mit der Mikroelektronik gleichgesetzt wurden, ist jetzt das revolutionierende Internet ins Zentrum gerückt. Von dem quirligen US-Ökonomen Paul Krugman stammt die produktspezifische Internet-Charakterisierung als »ubiquitous electronic network«, d.h. an allen Orten gleichermaßen anwesend und damit einsetzbar.[1] Die hieraus generierten Produkte schafften sich eine wachsende Nachfrage und bilden damit die Basis für eine kaum noch für möglich gehaltene Marktexpansion. Verbunden ist damit ein gigantischer Gründerboom. Zu den Neuen Märkten werden jedoch auch Unternehmen gezählt, die in ganz anderen Bereichen Absatzchancen durch die Nutzung von technologischen Revolutionen erobern können. Dazu gehören Unternehmen im Bereich der Bio- und Gentechnologie sowie der Produktion auf der Basis kombinierter Optik/Sensoriktechnologien (beispielsweise der Bau klinisch

---

[1] Paul Krugman, Networks and Increasing Returns: A Cautionary Tale; in: http://web.mit.edu/krugman/www/metcalfe.htm

sauberer Fertigungshallen für Mikrochips durch die JenOptik AG). Die Unternehmen im Neuen Markt, die mit der Anwendung dieser neuen Technologien Wirtschaft und Gesellschaft umwälzen, werden im Weiteren nicht untersucht. Vielmehr wird die New Economy auf Unternehmen im Bereich der neuen Informations- und Kommunikationstechnologien, insbesondere des Internets, eingegrenzt.

Kennzahlen zur Bedeutung der Informations- und Kommunikationstechnologie (ICT) in großen Industrieländern

	Anteile der ICT-Branchen am BIP[a]	Internetnutzung in Prozent der Bevölkerung[b]	Internetzugänge je 1 Tsd. Einwohner[c]	»Sichere Server« je 1 Million Einwohner[d]
Vereinigte Staaten	4,4	37	160	170
Japan	–	11	19	15
Deutschland	3,8	10	20	34
Frankreich	3,5	7	13	18
Italien	2,5	–	9	11
Vereinigtes Königreich	–	18	35	55

[a]Mitte der neunziger Jahre; in Prozent – [b]Umfrageergebnisse zwischen Mitte 1998 und Mitte 1999 – [c]September 1999 – [d]März 2000

Entnommen aus K.-J. Gern u.a. Weltwirtschaft unter Volldampf; in: *Die Weltwirtschaft*, Heft 3/2000, S. 261.

Die Verortung des Unternehmenssektors ICT innerhalb der Gesamtwirtschaft ist schon allein wegen der Abgrenzungsprobleme äußerst schwierig. In der Tabelle *Kennzahlen zur Bedeutung der Informations- und Kommunikationstechnologie (ICT) in großen Industrieländern* werden einige Kennzahlen genannt. Nach mit Vorsicht zu nutzenden Schätzungen lag die Wertschöpfung dieses Sektors am Bruttoinlandsprodukt in Deutschland Mitte der neunziger Jahre bei 3,8 Prozent. Andere Schätzungen liegen bereits bei einem Wertschöpfungsanteil von 10 Prozent. Die Internetnutzung in Prozent der Bevölkerung fällt in Deutschland nach Umfragen mit 10 Prozent im internationalen Vergleich (noch) recht niedrig aus. Wie die Nutzung des Internets für den Handel über »sichere Server« (je einer Million Einwohner) zeigt, steht die Internet-Ökonomie auch nach diesem Maßstab in Deutschland erst am Anfang. Insgesamt beginnt gerade erst der Aufschwung eines neuen, an Breite und Tiefe schnell gewinnenden Produktzyklus. Zur Abschätzung der New Economy auf der Basis revolutionierter Informationstechnologien gehören auch Daten über die beschäftigungspolitische Relevanz. Abenteuerliche Spekulationen beherrschen die Diskussion. Die Wirtschaftsverbände und die Politik entdecken eine neue Jobmaschine. Die tatsächlichen Erwerbstätigenzahlen legen eher beschäftigungspolitische Skepsis nahe. Zuwächse sind erkennbar, allerdings bei immer noch beschränkter Bedeutung des Sektors für die Gesamtwirtschaft. In einer Studie der Unternehmensberatung Roland Berger wird, nachdem bis Ende 2000 368 Unternehmen im Nemax (Aktienindex des Neuen Marktes) notiert sind, damit die Zahl von 162 000 Stellen verbunden.[2] Anfang des Jahres 2000 boten nur 269 notierte Unternehmen 106 000 Jobs an. Bis Ende 2002 wird von 277 000 Stellen bei 560 Unternehmen ausgegangen.

Versuch einer Unterscheidung zwischen New Economy und Dominant (Old) Economy

	NEW ECONOMY	OLD (DOMINANT) ECONOMY
Produktionsbasis	Wissensbasierte (immaterielle) Dienstleistungen	Arbeitsbasierte materielle Güter
Kapitaleinsatz	Vorrangig Humankapital	Vorrangig Sachkapital
Produktart	Verbund- bzw. Netzeffekte (je verbreiteter die Nutzung, umso nützlicher das Produkt;) Nichtrivalität der Nutzer (vgl. Telefonieeffekt)	Massenproduktion Unikate (Rivalität der Nutzer)

[2] Roland Berger-Studie: Müller lobt Neuen Markt als Jobmaschine; in: *Handelsblatt* 16. August 2000.

	NEW ECONOMY	OLD (DOMINANT) ECONOMY
Kostenverläufe	Hohe Fixkosten für die Produktion (Ideenrealisierung) (Kosten sinken mit wachsender Reproduktion; Grenzkosten gegen null; auch Preise in Richtung null?) Strategie: Kundenbindung	Klassische Kostenverläufe bei der Produktion materieller Güter: sinkende Stück-/Grenzkosten (Vollkommene Konkurrenz: Stückpreis = Grenzkosten)
Kunden-beziehungen	Ohne physische Barrieren: Entscheidung per Mausklick (Informationskosten marginal)	Physische Barrieren, (Informationskosten hoch)
Beschäftigungs-verhältnis	Beschäftigte jung, dynamisch, dereguliert: *Arbeitmit-unternehmerIn Dotcom-Junkies* Tausch Option/Erfolgsbeteiligung, dafür Bezahlung/Arbeitszeit ohne tarifliche Regelungen; betriebsratfreie Zone; löchriger gesetzlich-sozialer Mindestschutz	Dominanz Normal-arbeitsverhältnis: *ArbeitnehmerIn* Tariflich geregelte Bezahlung/Arbeitszeit, mitbestimmt (Betriebsrat) und gesetzlich-sozial abgesichert
Managementstil	Hierarchieflaches, offenes Management: weniger Machthierarchie, sondern kooperative Positionen durch Leistungswettbewerb	Machtbasiertes Management mit tiefen Hierarchien (von oben nach unten)
Finanzierung	Dominanz riskanter Finanzierung von Ideen über die Börse auf der Basis von spekulativen Gewinnerwartungen (Diskrepanz aktuelle Wertschöpfung gegenüber Marktkapitalisierung); unrealistisch hohes Kurs-Gewinn-Verhältnis	Mischfinanzierung aus: • Krediten • dem Cash-Flow • Kapitalerhöhung über Börsenprozente

All diese Daten zur Bedeutung der New Economy sind jedoch mit größter Vorsicht zu nutzen. Hier ist die empirische Forschungsarbeit erst am Beginn. Der Sektor New Econony weist auf der Ebene der Produktarten, der Arbeitsbeziehungen und seiner vorrangigen Finanzierung über die Börse durchaus Neues auf (vgl. Übersicht *Versuch einer Unterscheidung zwischen New Economy und Dominant [Old] Economy*). Dies schließt freilich eine Penetration der neuen Produkte und Produktionsverfahren in die traditionelle (Alte) Ökonomie, in deren Mittelpunkt die Herstellung materieller Güter steht, nicht aus.

***Produkte auf dem Neuen Markt: Nicht-Rivalität bei vernachlässigbaren Grenzkosten*[3]**

Die Bedeutung der Informationsgewinnung und -verarbeitung ist schon seit Jahrzehnten ein zentrales Thema in der Mikro- und Makroökonomik. Neben den Transaktionskosten spielen die Kosten der Informationsgewinnung und -nutzung bei ökonomischen Entscheidungen eine bedeutende Rolle. Mit dem Internet vollzieht sich jedoch gegenüber den bisherigen Vorstellungen zur Transaktion und Information geradezu eine informationstechnologische Revolution. Per Mausklick lassen sich in der Online-Ökonomie Dienstleistung, Werbung, Unterhaltung und Kaufentscheidung ohne physische Barrieren auf einen Punkt hin weltweit verbinden. Erstmals wird einem regional bezogenen mittelständischen Unternehmen die Möglichkeit geboten, Vorlieferprodukte bzw. Serviceleistungen irgendeines Unternehmens am anderen Ende der Welt zu nutzen. Das Neue liegt in der Eigenschaft dieser (immateriellen) Produkte gegenüber bisher dominierenden materiellen Gütern. Paul Krugman hat diese neue Produkteigenschaft mit der alten Telegrafie verglichen.[4] Heute ließe sich die Dienstleistung Faxen hinzufügen: Bei die-

---

[3] Vgl. die Analyse von P. Kalmbach, Eine neue Wirtschaft im neuen Jahrtausend?: in: *Wirtschaftsdienst* – Zeitschrift für Wirtschaftspolitik, April 2000, insbesondere den Abschnitt »Neue Regeln für die Mikroeinheiten, S. 213 ff.

[4] P. Krugman, a.a.O.

sen Dienstleistungen nimmt der einzelwirtschaftliche Nutzen erst mit der wachsenden Zahl von Anwendern dieser Übertragungstechnik zu. Ohne eine Mindestzahl von Nutzern ist das Produkt im wahrsten Sinne des Wortes wertlos. Soweit beispielsweise Kapazitätsgrenzen im Internet nicht spürbar sind, gibt es auch keine Rivalität zwischen den einzelnen Nutzern. In der Wirtschaftswissenschaft wird in diesem Kontext von Produkten auf der Basis von Verbunds- bzw. Netzwerkeffekten gesprochen. Gegenüber den von Verbundseffekten abhängigen Dienstleistungen des Internets (einschließlich der Software der PC) wird mit dem Kauf etwa eines Automobils oder der Butter ein Dritter von der Nutzung bewusst ausgeschlossen, d.h. es dominiert bei diesen Marktprodukten Kundenrivalität. Die beschriebene Nicht-Rivalität rückt dagegen die neuen Dienstleistungsprodukte in die Nähe öffentlicher Güter (etwa Küstenschutz, der dann nur optimal ist, wenn alle von ihm profitieren, d.h. bei einer Sturmflut alle von Überschwemmungen verschont bleiben). Die Netzwerkeffekte verändern bei diesen immateriellen Gütern nachhaltig die Kostenstrukturen und -verläufe. Die Produktion materieller Güter basiert einerseits auf Fixkosten. Diese sinken mit zunehmender Ausbringung (Gesetz der ertragsgesetzlichen Massenproduktion). Die variablen Kosten nehmen mit wachsender Ausbringung zu. Üblicherweise sinken die Grenzkosten, also die zusätzlichen Kosten je weitere Einheit eines Produkts. Daraus lässt sich unter den Bedingungen der vollkommenen Konkurrenz eine Regel der Preisbildung ableiten. Das Gewinnoptimum wird erreicht, wenn die Grenzkosten dem vom Markt vorgegebenen Preis entsprechen. Diese Regel lässt sich für die Produkte der Online-Ökonomie nicht anwenden. Die erstmalige Herstellung der Informationspakete bzw. die Realisierung der Idee ist mit hohen Fixkosten (Entwicklungskosten) verbunden. Mit dem nachfolgenden Verkauf dieses Dienstleistungsprodukts – etwa auch eines Musikstücks oder Videos – entstehen kaum zusätzlich Kosten. Soweit die Fixkosten und der Gewinn gesichert sind, könnte das Produkt an die vielen Nutzer kostenlos abgegeben werden. Zugleich steigt der Gebrauchswert des Produkts, wenn es viele nutzen. Im Verhältnis zu den hohen Fixkosten fallen die variablen Kosten gegenüber der industriellen Massenproduktion sehr gering aus. Die Grenzkosten, also zusätzlichen Kosten durch eine zusätzlich produzierte Einheit, tendieren gegen null, denn viele Nutzer können bei nahezu konstanten Kosten je Dienstleistungseinheit bedient werden. Damit verliert die Preisbildungsregel der vollkommenen Konkurrenz – Preis gleich Grenzkosten zur Gewinnoptimierung – in der Internet-Ökonomie ihre Bedeutung. Verliert das Modell der vollkommenen Konkurrenz in der New Economy seine Bedeutung? Wäre es nicht rational, wenn wegen der Verbundseffekte und Kostenvorteile nur noch auf einem Supernetz ein einziger Anbieter agiert? Sicherlich sind die Fragen mit Nein zu beantworten. Aber Veränderungen sind durchaus zu erwarten. So ist derzeit die Preisbildung in der Internet-Ökonomie unklar bzw. unsicher. Es gibt Hinweise, warum die Konkurrenz auch im ökonomischen Netzwerk durch das Internet ihre Bedeutung nicht verliert. Wegen des kostenbedingten Vereinheitlichungsdrucks werden die Produkte stark übertrieben differenziert. Die Anbieter werden versuchen ein unverwechselbares Produkt zu präsentieren und suggerieren beim Kunden die Alternativlosigkeit zu ihrem Produkt. Das zeigt beispielsweise die Konkurrenz zwischen den beiden Suchprogrammanbietern Lycos und Fireball. Die Anbieter konzentrieren sich auf die Anbindung ihrer Kunden (Lock-in-Effekt).

Zusammenfassend lässt sich im Unterschied zur immer noch dominanten Old Economy festhalten: In den Vordergrund treten Dienstleistungsprodukte, deren Gebrauchswert mit der wachsenden Zahl der Nutzer erst zunimmt. Dadurch ändern sich Kostenverläufe. Die Regeln der Preisbildung auf vollkommenen Konkurrenzmärkten verlieren an Bedeutung. In den Mittelpunkt rücken Maßnahmen zur festen Kundenanbindung. Weitere Unterschiede sind: Die Produktion in der New Economy ist eher wissensbasiert, während bei der materiellen Produktion die Arbeitsorientierung im Vordergrund steht. Gegenüber dem Sachkapitaleinsatz rückt die Nutzung von Humankapital (Forschung, Innovation und Bildung) innerhalb der New Economy in den Vordergrund. Dies zeigt sich auch in einer veränderten Qualifikationsstruktur der Beschäftigten.

Dotcom-Junkies: Fiktion vom Arbeit-Mitunternehmer

Die neue Arbeitswelt in der Internet-Ökonomie ist bisher kaum systematisch erforscht worden. Viele erste Berichte künden jedoch von grundlegenden Veränderungen. In der Übersicht zur Unterscheidung zwischen der New und Old Economy sind wichtige Veränderungen der Arbeitsverhältnisse zusammengefasst. In den Unternehmen vor allem der Industrieproduktion, aber auch in vielen traditionellen Dienstleistungssegmenten steht das Normalarbeitsverhältnis immer noch im Mittelpunkt. Dies lässt sich mit folgenden Eigenschaften beschreiben: Die Bezahlung der Arbeitsleistung konzentriert sich auf Löhne und Gehälter, die im Rahmen von Tarifverträgen festgelegt werden. Die tarifvertragliche Regelung umfasst über die Bezahlung hinaus auch die Arbeitsbedingungen und Zusatzleistungen. Die Arbeitszeitgestaltung und mit ihr die neuen Formen der Flexibilisierung sind verbindlich geregelt. Die Teilnahme an den gesetzlichen Sozialversicherungen sorgt für eine ökonomische Absicherung, falls die Erwerbsarbeit unverschuldet nicht ausgeführt werden kann und damit die Arbeitsentgelte entfallen. Die Altersstruktur der Arbeitskräfte streut über die gesamte Zeitachse eines normalen Erwerbslebens. Die Unternehmen verfügen über einen Betriebsrat und damit über ein System der Mitbestimmung. Die Managementhierarchien sind relativ tief gegliedert.

Dieses Normalarbeitsverhältnis verliert zwar in vielen Bereichen der Produktion an Bedeutung. Die Erosionsprozesse sind immer wieder beschrieben worden. In der Neuen Ökonomie entsteht jedoch ein völlig neuer Typus von Arbeitsverhältnissen – auch aus der Sicht der Beschäftigten. Orientierungsgrößen sind Individualisierung und Flexibilisierung der Arbeitsverhältnisse gegenüber bisherigen Regulierungen für eine insgesamt extrem junge Crew. Die gesetzliche Mitbestimmung gilt als Fessel und damit unmodern. Sie wird kaum praktiziert. Beschäftigte verstehen sich subjektiv eher als Arbeit-Mitunternehmer, ausgestattet mit ein wenig eigener Macht. Macht erwächst ihnen aus den sensiblen Informationen über das Produkt, die sie beim Unternehmenswechsel mitnehmen könnten und somit ihren derzeitigen Arbeitgeber unter Druck setzen können. Tariflich geregelte Löhne und Gehälter sowie Arbeitszeiten sind out. Löhne und Gehälter werden nicht unbedingt pünktlich bezahlt. Leistungsorientierte Beteiligung am Unternehmenserfolg ergänzt eine Mindestbezahlung. Beschäftigte werden auch durch Belegschaftsaktien (Stock Options) an das Unternehmen gebunden. Arbeitszeiten werden im Sinne der Stechuhr nicht mehr vorgegeben und kontrolliert. Viele unkonventionelle Maßnahmen dienen dem Motto, »die Arbeit muss Spaß bringen«. Freizeitzimmer und Fitness-Räume zum Entspannen sowie aufmunternde Bonbons und kleine kulinarische Darreichungen zu jeder Arbeitszeit sollen die Arbeit in den Internetfirmen auflockern helfen. Schließlich wird von vielen Jung-Mitarbeitern die gesetzliche Absicherung gegen soziale Risiken ziemlich unterschätzt. Auf tief hierarchisierte Managementstrukturen wird meistens verzichtet. Die Führungsstrukturen sind extrem flach. Das Management entwickelt sich in Richtung »organizational learning«. Angestrebt werden arbeitsbezogen durchlässige Strukturen. Leistungsqualität entscheidet maßgeblich über den Grad der Integration und die Stellung im Jungunternehmen. Dabei setzt sich durchaus ein Managementstil durch, der gebraucht wird, um das technologische Produktionspotenzial auch ökonomisch motivational ausschöpfen zu können. Die managementbezogenen Defizite, die das Produktivitätsparadoxon erklären, werden abgebaut. Dadurch könnte dieses überwunden werden, d.h. das technologische Potenzial wird in den Unternehmen ausgeschöpft.

Diese stark individualisierten und flexiblen Arbeitsverhältnisse haben durchaus eine Basis im Bewusstsein der Beschäftigten. Sie bringen den Wunsch nach individueller Gestaltungsmöglichkeit gegenüber der starren Arbeitsorganisation bei monotoner Massenproduktion zum Ausdruck. Damit entsteht jedoch die Gefahr, dass dieser Hang zur Individualisierung in der Neuen Ökonomie durch subtilere Formen der

Abhängigkeit ausgenutzt werden könnte. Tariflicher und sozialer Schutz ist also weiterhin erforderlich, um das Machtgefälle zwischen effektivem Unternehmenseigner und (abhängigem) Beschäftigten abzubauen und Absicherung gegen soziale Risiken zu gewährleisten. Denn flexible Arbeitszeiten bedeuten vielfach, dass zu Nachtzeiten und am Wochenende der Einsatz erfolgt. Überstunden werden weder entlohnt noch abgefeiert. Die Notwendigkeit, gegen soziale Risiken bei Erwerbslosigkeit gesichert zu sein, wird oft unterschätzt. Was sind die Folgen für die flexiblen hoch motivierten Beschäftigten, wenn das so dynamisch flexible Dotcom-Unternehmen Pleite geht? Dann verfliegt schnell die Illusion vom Arbeit-Mitunternehmer.

Schließlich vollzieht sich in der Neuen Ökonomie eine dramatische Verjüngung. Ungeschützte, flexible Arbeitszeiten und Entlohnung, die Bagatellisierung des Schutzes gegen soziale Risiken wie überhaupt die Einbindung ins Team wirken für hochqualifizierte, jedoch ältere Arbeitskräfte wie eine unüberwindliche Eintrittsbarriere. Umso wichtiger ist es, dass die heute »juvenilen Piraten« nicht verdrängen, dass auch sie älter werden. Was dann? Erste Krisenerfahrungen lehren, dass die Neue Ökonomie auf Dauer als »wilder Westen« für Dotcom-Junkies nicht überleben kann. Der Druck nimmt zu, ein Mindestmaß an sozialer und ökonomischer Regulierung der Arbeitsverhältnisse durchzusetzen. Allerdings werden zwei Besonderheiten kaum aufzuheben sein: Erstens werden die Teams im Altersdurchschnitt der Beschäftigten jung bleiben. Dieser Sektor versagt als Jobmaschine für ältere, selbst hoch qualifizierte Beschäftigte. Eine alte Erfahrung gilt auch für die New Economy: Sie beschert keine stabilen Beschäftigungsverhältnisse. Pleiten und Gesundschrumpfen mit Arbeitsplatzverlusten sind Willkommensgrüße von der Old an die New Economy. Dazu gehört auch ein schnellerer Rhythmus beim Hire-and-Fire, jedoch mit der wohl größeren Chance, einen Platz in einem anderen Team zu ergattern.[5]

---

[5] Robert S. Reich über die Entlassungswelle bei Internetfirmen; in: Wirtschaftswoche Nr.28/6. Juli 2000.

Wetten auf Gewinnerwartungen: Spekulative Finanzierung am Tropf der Börse

Bei den Unternehmen der New Economy verschieben sich die Strukturen der Finanzierung. Die Richtung wird durch die weit verbreitete Auffassung angegeben: Zur New Economy gehört die Börse als Kapitalbeschaffungsmaschine wie die Beschäftigung zur Produktion (vgl. Übersicht). Spekulationen auf Marktexpansion und damit Gewinnerwartungen auf der einen Seite sowie das Börsenfieber auf der anderen Seite bedingen einander. Dagegen dominiert bei Unternehmen der Old Economy die traditionelle Mischfinanzierung: Investitionen werden zu einem Teil aus dem Cash Flow (Gewinne nach Steuern plus Abschreibungen plus Rückstellungen) finanziert. Der vorrangige Einsatz von eigenen Finanzierungsmitteln konzentriert sich auf große Holdings, die über ein zentrales Cash-Flow-Management die Investitionsfinanzierung ihrer Mitgliedsunternehmen organisieren. Eine weitere Finanzierungsquelle für Investitionen sind die Kredite durch Banken oder andere Unternehmen. In den letzten Jahren ist eine Vielzahl innovativer Instrumente der unternehmerischen Kreditfinanzierung zum Einsatz gekommen. Ein Blick in die deutsche Finanzierungsrechnung zeigt übrigens, dass die Kreditfinanzierung im Produktionssektor an Bedeutung verliert. Dies verweist auf die steigende Kraft der Eigenfinanzierung der Unternehmen. Schließlich werden Kapitalerhöhungen auch über Aktienemissionen an der Börse finanziert. Die Bewertung dieser Aktien und damit deren Kursentwicklung wird maßgeblich durch das aktuelle Wertschöpfungspotential und die realisierbaren Dividenden determiniert. Das zeigt sich auch im üblichen Kurs-Gewinn-Verhältnis (KVG). Abgesehen von kurzfristigen Volatilitäten vollzieht sich die Kursentwicklung relativ behäbig. Spekulativ erzeugte Kurseruptionen bilden eher die Ausnahme. Soweit hier überhaupt eine generalisierende Aussage gewagt werden darf: Die Aktienkurse der Unternehmen der Old Economy sind maßgeblich von der erwarteten Marktentwicklung abhängig. Und die lässt sich nicht mit den Produkten der New Economy vergleichen. Die Etikettierung Old Economy trifft insoweit durchaus zu als die hier zusammengefassten Unternehmen auf reifen, bereits vom Produktionsangebot stark besetzten Märkten operieren. Mangels der Erwartung auf eruptive Marktexpansion ist auch mit Kurssprüngen an den Börsen kaum zu rechnen. So löst sich auch der scheinbare Widerspruch auf: Die Unternehmen in der Old Economy investieren zwar laufend in die Nutzung neuester Technologien und sind damit hoch effizient: etwa im Maschinenbau, in der Automobilproduktion, in der Stahlindustrie. Die innovationsbedingten Produktivitätszuwächse – auch durch den Einsatz der neuesten Informations- und Kommunikationstechnologien – werden jedoch von der Börse nur spärlich belohnt. Der Grund ist simpel: Die Erwartung auf einen sprunghaften Anstieg der Nachfrage, die die Börse elektrifiziert, fehlt den Unternehmen, die auf ziemlich reifen, gesättigten Märkten operieren. Sie versuchen über Produkt- und Prozessinnovationen andere Anbieter zu verdrängen bzw. müssen um die Teilhabe an den überschaubaren Zuwächsen hart kämpfen. Dies erklärt auch die starke Präsenz der Unternehmen in der Old Economy auf ausländischen Märkten durch Warenexporte und Direktinvestitionen.

Bezogen auf die Marktentwicklung gibt es also in der Tat eine tragfähige Unterscheidung zwischen der Old und New Economy. Durch die Revolutionierung der Informations- und Kommunikationstechnologien mit dem Fokus Internet entstehen völlig neue Produkte und damit schnell expandierende neue Märkte. Allein mit dem Internet sind neue Dienstleistungsprodukte hervorgebracht worden, die vor wenigen Jahren niemand kannte. Zur Herstellung der neuen Produkte werden Unternehmen gegründet. Mit den Start-ups vollzieht sich ein Gründerboom, denn erst allmählich versuchen Unternehmen der Old Economy ebenfalls in diese neuen Märkten einzusteigen. Dieses Entwicklungsmuster gilt auch für die hier nicht weiter untersuchte Bio- und Gentechnologie, mit der neue Produkte für riesige Märkte entstehen. Die Lage der Unternehmen in der Old Economy ist fast tragisch: Trotz bester technologischer Substanz, jedoch wegen ziemlich besetzter reifer Märkte, lösen sie keinen längerfristig wirkenden Börsenzauber aus. Dagegen liegt in den Neuen Märkten die

Expansionsbasis der New Economy: Mit dem technischen Fortschritt auf der Basis der informationstechnologischen Revolutionierung entstehen in bisher unbekanntem Ausmaß neue Produkte und damit zugleich gigantische Gewinnerwartungen. Das ist das ökonomische Klima, das die Börse schätzt. Die Unternehmen in der New Economy finanzieren ihre Kapitalbasis maßgeblich über Aktienemissionen an der Börse. Für den Börsengang und die Bewertung des Unternehmens reicht eine Produktidee. Entscheidend sind die positiven Erwartungen auf expandierende, realisierbare Vermarktungschancen. Die Frage, ob der immaterielle Wert einer Produktidee anhaltend in Gewinn umgesetzt werden kann, stellt sich erst, wenn sich Probleme zeigen. Die Gewinnerwartungen einerseits und riesige Summen an renditesuchendem Kapital andererseits lösen das Börsenfieber aus. Wo auf Gewinnerwartungen gesetzt wird, da spielen natürlich Spekulationen eine große Rolle. Spekulationen wirken nur dann gefährlich, wenn sie die Marktkapitalisierung auch über den berüchtigten Herdentrieb an der Börse weit über den effektiven Unternehmenswert hinaustreiben. Dann ist es nur noch eine Frage der Zeit, wann diese Seifenblase platzt.

Bis Anfang Frühjahr 2000 schien die Spekulation auf Gewinnerwartungen der Unternehmen am Neuen Markt durchaus in Erfüllung gegangen sein. So ist der Nemax, das ist der Index, der die Kurse der fünfzig wichtigsten Unternehmen am Neuen Markt in Deutschland zusammenfasst, über den DAX hinaus auf über 9000 Punkte gestiegen. Unerbittlich folgte im Trend eine Talfahrt. Der Nemax-Index hat sich bis Ende 2000 mehr als halbiert. Ein Aufschwung ist erst wieder in Sicht, wenn im Zuge einer Reinigungskrise die hysterisch überbewerteten Unternehmen vom Markt gedrängt werden. Dieser Prozess ist voll im Gang. Bei den Dotcom-Firmen und den auf deren Kurswerte spekulierenden Aktionären wird die alte Regel der Aktienmärkte wieder entdeckt: Die Börse ist keine risikolose Kapitalbeschaffungsmaschine in Richtung Einbahnstrasse nach oben. Spektakuläre Zusammenbrüche, wie der britische Modehändler Boo.com und Gigabell, mit denen Geld der zuerst renditehysterischen und dann frustrierten Aktionäre verbrannt worden ist, wirken wie ein Zuchtmeister für bisher allzu naive Spekulanten. Diese Entwicklung ist durchaus heilsam. Es vollzieht sich eine Reinigungskrise, die die Spreu vom Weizen trennt. Nur die Unternehmen können das Kapitalangebot der Aktienmärkte nutzen, deren Produktideen auch ökonomisch längerfristig tragbar sind. Heute zeigt sich, dass viel zu viele Internet-Start-ups ihr Schicksal nahezu ausschließlich an die Börse geknüpft haben. Die Börse wurde gar als sicherer Gehaltszahler genützt, d.h. Unternehmensgründer haben das mobilisierte Kapital auch zur Finanzierung ihrer zum Teil üppig angesetzten Einkünfte genutzt. Aber auch die Banken und andere Unternehmen sind nicht frei von Schuld an dieser Fehlentwicklung. Neugründer haben sich zwangsläufig wegen der mangelnden Bereitschaft der Banken und Großunternehmen, Kapital zur Verfügung zu stellen, an den Tropf der Börse gehängt. Das ist nicht nur auf deren gegenüber der Börse sorgfältigere Prüfung der Unternehmensrisiken zurückzuführen. Vielfach haben Banken damit eine angemessene Entwicklung der New Economy behindert. In der Internet-Ökonomie spiegelt sich derzeit, weil einseitig finanziert, auch ein Börsenproblem wider.

Wie die Fehlentwicklungen zeigen, gibt es also zum Rahmen der Finanzierung der Unternehmen am Neuen Markt durchaus Regulierungsbedarf. Kursstürze einerseits und Unternehmenszusammenbrüche infolge spekulativer Überschätzung der Gewinnchancen andererseits desavouieren die an sich positive Funktion der Börsen und können letztlich die Gesamtwirtschaft belasten. Beim Regelwerk Börsennutzung durch Unternehmen am Neuen Markt werden drei Charakteristika zu berücksichtigen sein: ein Mindestvolumen bei der Aktienemission (etwa 5 Millionen Euro); eine Mindestzahl von Betreuern (»designated Sponsors«); Transparenz durch standardisierte Zulassungsprojekte und Jahresabschlüsse. Derartige Regulierungen, die zum Teil seit dem 1. Juli 2000 in »Grundsätzen« der Börse festgelegt sind, tragen dazu bei, die Entwicklung der Neuen Märkte zu stabilisieren. Dazu gehört die Bewertung von Zwischenberichten durch Wirtschaftsprüfergesellschaften.

Blick in die Zukunft der alternden New Economy

Ein Blick in die Zukunft der New Economy kann derzeit nur zaghaft einige Entwicklungstendenzen erkennen. Immerhin zeichnen sich gemeinsame Charakteristika ab: die neuen Produkte, die veränderten Management- und Arbeitsverhältnisse sowie die vorrangige Kapitalbeschaffung über die Börse. Die ersten Kriseneinbrüche der Unternehmen an den Neuen Märkten machen deutlich, dieser Sektor ist vor Alterung nicht gefeit; positiv gewendet auch nicht vor Reife. Unübersehbar ist, wie die Regeln der so genannten Old Economy immer deutlicher auch dieses Entwicklungsmuster prägen: Im Gründungsrausch zusammen mit dem Börsenfieber sind bereits auf den expandierenden Neuen Märkten Überkapazitäten entstanden. Derzeit vollzieht sich eine unvermeidbare Reinigungskrise, die ökonomisches Abenteurertum abstraft. Die ersten großen Spekulationsblasen, die sich über den effektiven Unternehmenswert aufgetan haben, platzen. Diese Reinigungskrise ist unvermeidbar; sie schafft die Grundlage für die Entfaltung einer erfolgreichen Zukunft seriöser Unternehmen am Neuen Markt. Derzeit ist nicht nur bei den Anlegern an der Börse ein Verfall des Mythos über die Aktienkurse von Unternehmen im Neuen Markt im Gang. E. S. Browning hat im *Wall Street Journal* eindrucksvoll diese Entmythologisierung vor allem unter dem Eindruck des Einbruchs der US-Technologiebörse (Nasdaq) beschrieben.[6] Die Aussagen lassen sich für die Unternehmen auf den Neuen Märkten durchaus verallgemeinern:

(1) Auch bei Hightech-Unternehmen ist ein dauerhaft expandierendes Wachstum in den kommenden Jahren nicht zu erwarten.
(2) Unternehmen im Neuen Markt sind – wie die Old Economy – nicht immun gegenüber konjunkturellen Abschwächungen bzw. Krisen sowie steigenden Zinssätzen.

---

[6] E. S. Browning/Greg Ip, Zerstörte Mythen – Welche Lehren Anleger aus dem Einbruch an den Börsen ziehen können«; in deutscher Sprache im: *Handelsblatt*, 20/21. Oktober 2000.

(3) Neue Monopole schaffen nicht, wie das Beispiel Microsoft zeigt, unschlagbare Wettbewerbsvorteile in der New Economy. Im Gegenteil, sie behindern den Zutritt neuer Unternehmen im Markt.
(4) Das exponenzielle Wachstum des Internets hat gerade begonnen. Jedoch wird seine beschleunigte Entwicklung immer wieder von Unternehmenszusammenbrüchen und Belastungen auf den Aktienmärkten begleitet werden.
(5) Nicht nur die Gewinnerwartungen, sondern auch die aktuellen Gewinne sind – wie die Old Economy lehrt – bedeutsam.
(6) Der Mythos von »dieses Mal ist alles anders« trifft nicht zu. Schon in den zwanziger Jahren schuf die Telefonietechnologie in gigantischem Ausmaß neue Produkte. Auch damals lösten diese neuen Märkte ein hysterisches Börsenfieber aus. Die Kursstürze am »Schwarzen Freitag«, dem 24. Oktober 1929, an der Wall Street in New York, mit denen die Weltwirtschaftskrise einsetzte, hatten auch eine Ursache in dem völlig überschätzten Aktienboom für Werte der Telefonietechnologie. Könnte sich diese Geschichte vom Auf- und Abschwung auch für die Internet-Ökonomie wiederholen?

Skepsis ist nicht unbedingt angebracht. Die neuen Produkte auf der Basis revolutionierter Informations- und Kommunikationstechnologien werden sich sicherlich insgesamt auch in Zukunft positiv auf das Wirtschaftswachstum und die Beschäftigung auswirken. Zu den eiskalten Gesetzen der Märkte gehören aber auch Reinigungskrisen. Die New Economy wird in diesem Sinne älter, jedoch auch durch Erfahrung reifer. Ihr Bedeutungsgewinn in der Gesamtwirtschaft kann – wie am Beispiel USA gezeigt – die ökonomischen Gesetze nicht außer Kraft setzen. Stetiges und ökologisch angemessenes Wirtschaftswachstum bei Geldwertstabilität sowie sozialer Gerechtigkeit ist auch in Zukunft kein Selbstläufer der Marktwirtschaft mit dem Schwerpunkt New Economy. Schließlich wird die heute schon problematische Trennschärfe zwischen New und Old Economy schwinden. Gerade das

E-Commerce setzt sich derzeit mit rasantem Tempo in den Unternehmen der so genannten Old Economy durch. Beispielsweise baut Karstadt/Quelle eines der größten Web-Portale auf. Die Automobilindustrie entwickelt eine Business-to-Business-Internetplattform. Auch im Maschinenbau und der Stahlindustrie werden die neuen Informations- und Kommunikationstechnologien mit rasanten Auswirkungen auf die Produktions- und Beschäftigtenorganisation genutzt. Schließlich wird die Deutsche Post AG, vordergründig immer noch in den Bereich der Old Economy verbannt, künftig eine Drehscheibe für neue Informationstechnologien und modernste Logistik auf der Basis neuer Informationstechnologien.

Neu an der New Economy ist die Tatsache, dass sie auf rasch expandierende Märkte bauen kann. Technologische Revolutionierung einerseits und Marktausweitung andererseits gehören zusammen; die vorrangig spekulative Börsenfinanzierung kommt dazu. Die erst seit Mitte der neunziger Jahre in den USA beobachtete New Economy auf der Basis revolutionierender Informations- und Kommunikationstechnologien mit dem Fokus Internet befindet sich noch in der Inkubationsphase. Ob ein lang anhaltender Aufschwung eingeleitet oder gar ein neues »Golden Age« betreten werden kann, hängt nicht allein von der Herstellung der neuen Produkte ab. Maßgeblichen Einfluss hat weiterhin die Politik. Die USA haben schon bewiesen, dass maßgeblich die US-Notenbank mit ihrer unkonventionellen Geldpolitik den lang anhaltenden Aufschwung mit positiven Beschäftigungseffekten einleiten und absichern konnte. Soweit die alten Regeln ökonomischer Entwicklung weiter gelten, bleibt die politische Gestaltung der Rahmenbedingungen der Wirtschaftskonkurrenz unverzichtbar. Dabei sollte die Finanz- bzw. Steuerpolitik, insbesondere jedoch die Geldpolitik die Gesamtwirtschaft so unterstützen, dass auch die Entfaltungschancen der Neuen Ökonomie verbessert werden. Da jedoch die Abhängigkeitsverhältnisse auch im Glimmer und Glamour der Neuen Ökonomie in Zukunft nicht verschwinden werden, bleibt die Sicherstellung sozialen Schutzes zur Verbesserung der individuellen Lebensverhältnisse unverzichtbar. Sicherlich sollte dem Wunsch nach Individualisierung der Arbeitsverhältnisse im sozialen Regulierungswerk deutlicher Rechnung getragen werden. Aber nicht nur die New Economy, sondern auch ihre Beschäftigten werden älter und damit risikoanfälliger.

Wenn heute die individuellen Präferenzen junger Beschäftigter für die soziale Absicherung im späteren Alter verdrängt werden, dann muss die Politik diese Informationslücke und damit dieses individuelle Entscheidungsdefizit mit klugen Vorgaben schließen. Die neuen Produkte der New Economy werden weiter an Bedeutung gewinnen. Eine dadurch möglicherweise neue lang anhaltende Aufschwungswelle, die jedoch die alten Risiken der bisherigen Marktökonomien nicht beseitigt, sollte sozial und ökologisch abgesichert werden.

New Economy zwischen Fakt und Fiktion – Thesen zur Tragweite der Internet-Revolution

von Klaus Mangold

Nach jahrelanger Diskussion schillert der Begriff der »Neuen Wirtschaft« in unterschiedlichsten Farben. Für seine Verfechter[1] markiert er den Anbruch eines goldenen Zeitalters, das die alten Fesseln des Wirtschaftens teilweise abstreift. Das zyklische Auf und Ab der Konjunkturen, so heißt es, sei obsolet; inflationsfreies Wachstum werde zum Dauerzustand. Als Beispiel gilt die Entwicklung in den Vereinigten Staaten. Tatsächlich erlebt die amerikanische Wirtschaft seit nunmehr zehn Jahren einen ununterbrochenen Aufschwung, den längsten Boom ihrer Geschichte. Die Arbeitslosenquote ist mit weniger als 4 Prozent so niedrig wie seit dreißig Jahren nicht. Und die Preise blieben erstaunlich stabil.

Für skeptische Beobachter[2] gleicht die New-Economy-Euphorie nichtsdestoweniger einer Luftblase, die früher oder später zum Platzen verurteilt ist. Auch in der Vergangenheit, so hält man den New-Economy-Enthusiasten entgegen, hätten Basisinnovationen wie Eisenbahn, Automobil, Telefon oder Radio zu enormen Wachstumsschüben geführt. Keiner dieser Booms habe aber die Gesetze von Angebot und Nach-

---

[1] Vgl. z.B. Roland Berger, »Die Old Economy ist ein Auslaufmodell«, *Der Tagesspiegel*, 20. August 2000.

[2] Vgl. z.B. Jean-Pierre Béguelin, »Risiken und Nebenwirkungen der New Economy. Alter Wein in neuen Schläuchen? Ein Plädoyer für die Old Economy aus Sicht der volkswirtschaftlichen Theorie«, *Financial Times Deutschland*, 13. Juni 2000.

frage oder die betriebswirtschaftliche Notwendigkeit von Gewinnen außer Kraft setzen können. Die börsengetriebene Hysterie in Sachen Neue Wirtschaft beruhe deshalb auf einer maßlosen Überschätzung des tatsächlichen Wandels und einem gefährlichen Gemisch aus Spekulation und Sensation: kaum ein Tag ohne Schlagzeilen über angeblich effizienzsteigernde netzwerkbasierte Geschäftsideen.

In jüngster Zeit scheinen die purzelnden Kurse vieler noch gestern hochgejubelter Unternehmen am Neuen Markt einer realistischeren Sicht Recht zu geben. Die Wahrheit dürfte – wie so oft – auch im Fall der New Economy *zwischen* den Extremen liegen: Inflationsfreies Dauerwachstum bleibt ein Mythos, aber die internet-getriebene Veränderung nicht nur der Neuen, sondern auch der Alten Wirtschaft ist bereits heute Realität. Wer sie ignoriert, wird im internationalen Wettbewerb nicht bestehen. Aus dieser Sachlage ergeben sich grundlegende Herausforderungen für Wirtschaft, Politik und Gesellschaft.

Wirtschaft im Zeitalter des Internets: »New« und »Old« verschmelzen zu »One«

Ob die historische Bedeutung des Internets eines Tages größer oder geringer eingestuft werden wird als die Bedeutung der Druckerpresse, der Dampfmaschine, des Autos oder der Elektrizität, ob dem Ausmaß des internet-getriebenen Wandels eher das Attribut »revolutionär« oder »evolutionär« gebührt – Fragen wie diese wird man zuverlässig erst mit einem zeitlichen Abstand von vielen Jahren, vielleicht sogar Jahrzehnten beantworten können. Schon heute steht aber fest, dass die Verbreitung des Internets eine Zäsur bedeutet, die die Wirtschaftsgeschichte in ein *Davor* und ein *Danach* teilt: Vor dem Triumphzug des Internets musste man schriftliche, optische oder akustische Informationen per Post, Telefon oder Fax unter zum Teil erheblichem Zeit- und Kostenaufwand von A nach B schaffen; nach dem Durchbruch der Internet-Technologie kann ein Vielfaches dieser Informationen ohne Zeit- und

Kostenaufwand per Mausklick an jeden Ort der Erde befördert werden. Bevor es das Internet gab, musste man sich für seine geschäftlichen und privaten Einkäufe in oft weit auseinander liegende Läden mit begrenzten Öffnungszeiten begeben; seitdem es das Internet gibt, lassen sich dieselben Einkäufe an sieben Tagen pro Woche und 24 Stunden am Tag von nahezu beliebigen Orten aus tätigen. Ein bislang in einem sehr begrenzten Markt tätiger Schreiner aus dem Schwarzwald – um nur dieses konkrete Beispiel zu nennen – kann seine Arbeiten plötzlich auch in Hamburg anbieten; er erreicht also eine beträchtliche Markterweiterung unter andererseits auch für ihn grundlegend veränderten Wettbewerbsbedingungen.

Die Beispiele machen begreiflich, warum das Internet zur wichtigsten Schnittstelle jener drei Megatrends geworden ist, die den Strukturwandel seit Jahren vorantreiben: Globalisierung, Digitalisierung und Tertiarisierung. Ohne Internet wäre die Entgrenzung der Welt nicht halb so weit fortgeschritten; Dienstleistungen wären nicht halb so gut handelbar. Verschiedene Glieder einer Wertschöpfungskette ließen sich nicht auf die weltweit optimalen Standorte verteilen. Und nationale wie internationale Kunden könnten nicht in ähnlich wirksamer Weise angesprochen werden.

Dies begründet zugleich, weshalb die IT-Revolution die so genannte Old Economy, also klassische Industrie- und Dienstleistungsunternehmen, in gleicher Weise erfasst wie die New Economy. Schon die Zweiteilung in »alt« und »neu« ist irreführend. Treffender als mit dem Etikett New Economy waren die Unternehmen der Informations-, Kommunikations- und Biotechnologie mit dem früher üblichen Begriff Hightech-Industrie beschrieben. Dieser Begriff brachte zum Ausdruck, dass es im Grunde vor allem um neue Technologie und deren wirtschaftliche Auswirkungen geht. Pointierter formuliert: Das Neue an der Neuen Wirtschaft ist nicht die Wirtschaft, sondern das Werkzeug.

An der umfassenden Nutzung dieses Werkzeugs und an den einschneidenden Veränderungen, die eine umfassende Nutzung mit sich bringt, wird allerdings kein größeres Unternehmen vorbeikommen: Ob Auto- oder Pharmakonzern, ob

Bank oder Versicherung, »old« oder »new« – für alle lautet die Alternative tatsächlich »E-Business« oder »out-of-business«. Alle müssen und werden ihre traditionellen Geschäftsprozesse durch internet-basierte Strukturen ergänzen, teilweise sogar ersetzen.

Ähnlich wie also klassische Industrieunternehmen nur mit ausgeprägter Internet-Kompetenz überleben können, werden sich umgekehrt nur diejenigen Dotcoms behaupten, die auch bei der Lieferlogistik, beim Service und beim Support Weltklasse sind. Die Binsenwahrheit, dass im Internet kein Produkt verkauft werden wird, das die Old Economy nicht hergestellt hat, kann ebenfalls nicht oft genug wiederholt werden – dies gilt etwa auch für Amazon.com. Seriösen Schätzungen zufolge werden sich zwischen 70 und 90 Prozent der Internet-Start-ups mit einem Konkurrenten oder einem Unternehmen der vermeintlichen Old Economy zusammentun müssen, um langfristig am Markt zu bestehen.[3] Schon in wenigen Jahren werden also Neue und Alte Wirtschaft wieder »die Wirtschaft« sein: die Wirtschaft im Zeitalter des Internets.

Wettbewerb im Wandel: Theorie und Praxis volks- und betriebswirtschaftlicher Veränderungen im Zeichen des E-Business

Theoretisch ist die Argumentation der New-Economy-Enthusiasten schlüssig: Da die neuen Technologien eine Erhöhung der Arbeitsproduktivität ermöglichten, komme es zu einem Wachstum der Unternehmensgewinne, der Aktienkurse, der privaten Vermögen und des Konsums, des realen Sozialprodukts und schließlich der Investitionen. Letztere ließen die Produktivität abermals steigen, was den eben skizzierten »Tugendkreislauf« der New Economy stets aufs Neue in Gang setze.[4]

---

[3] *Frankfurter Allgemeine Zeitung*, 29. Juli 2000.

[4] Vgl. Axel Siedenberg, New Economy in Euroland: Hoffnung oder Wirklichkeit? Deutsche Bank Research.

Die Praxis ist komplexer. Vergleicht man etwa einschlägige OECD-Statistiken für die achtziger Jahre des letzten Jahrhunderts mit solchen für die neunziger, so bestätigt sich der theoretisch zu erwartende Produktivitätsschub trotz massiven IT-Einsatzes empirisch nur in wenigen Ländern (USA, Kanada, Australien, Neuseeland und Schweden). Selbst in den USA war der jährliche Produktivitätszuwachs in den neunziger Jahren *de facto* nur etwa gleich groß wie in den Achtzigern und deutlich geringer als in den Sechzigern.[5] Bei genauem Hinsehen zeigt sich zudem, dass die tatsächliche Produktivitätssteigerung der amerikanischen Wirtschaft zwischen 1995 und 1999 zum weitaus größten Teil auf den Computersektor selbst entfiel. Während also Hard- und Softwareproduzenten den Rest der Wirtschaft mit immer kostengünstiger produzierten Angeboten überschwemmten, hat die solchermaßen voranschreitende Vernetzung der Wirtschaft den übrigen Branchen keine bahnbrechenden Produktivitätsverbesserungen beschert.[6] So scheint denn der berühmte Stoßseufzer des amerikanischen Nobelpreisträgers Robert Solow aus dem Jahre 1987 noch immer seine Berechtigung zu haben: »Computer sind überall, nur nicht in der Produktivitätsstatistik.«[7]

Mehr denn je wird man Solows Bonmot allerdings durch den Zusatz »bisher« einschränken müssen: *Bisher* wirkte sich der Einsatz von Computern nur in wenigen Branchen produktivitätssteigernd aus. *Bisher* brachte der wettbewerbsbedingte Zwang, online zu gehen, vielen Unternehmen zwar zusätzliche Kosten ein[8], wegen *bisher* fehlender menschlicher

---

[5] Vgl. Gerhard Schwarz, »Auf der Suche nach der ›neuen Wirtschaft‹«, *Neue Zürcher Zeitung*, 18. März 2000.

[6] Robert J. Gordon, Has the »New Economy« Rendered the Productivity Slowdown Obsolete? Northwestern University and NBER, Revised Version, June 14, 1999; zitiert nach: ›New Economy‹ in the USA: Fact or fiction?«, Deutsche Bank Research, July 7, 2000.

[7] Zitiert nach Inga Michler, »Die neue Wirtschaft steckt noch in den Kinderschuhen«, *Die Welt*, 7. Oktober 2000.

[8] So wuchsen die IT-Investitionen amerikanischer Unternehmen in der zweiten Hälfte der neunziger Jahre um durchschnittlich 40 Prozent p.a.; vgl. *Neue Zürcher Zeitung*, 13. Mai 2000.

und technischer Voraussetzungen aber kaum Effizienzgewinne.[9] Künftig werden diese Voraussetzungen von Tag zu Tag besser erfüllt sein: die Konvergenz von Mikroelektronik, Informatik und Telekommunikation genauso wie die flächendeckende Vernetzung von Staat, Wirtschaft und Gesellschaft; die Nützlichkeit, Bedienbarkeit und Sicherheit der neuen Technologien genauso wie ihre entsprechend massenhafte geschäftliche und private Anwendung. Wo diese Bedingungen bereits heute erfüllt sind, zeigen sich auch und gerade in der Old Economy erstaunliche Produktivitätszuwächse. Beispielhaft ist die Entwicklung des amerikanischen Speditionswesens, wo die Produktivität in jüngster Zeit sprunghaft anstieg, weil das Internet eine wesentlich gezieltere Einsatzplanung für Lkws, eine genauere Verfolgung ihrer Routen und eine darauf beruhende Optimierung der Auslastung durch Vermeidung von Leerfahrten erlaubt.[10]

Bahnbrechende Entwicklungen stehen auch bei der Verknüpfung von Internet und Fahrzeug bevor. So ist das von DaimlerChrysler entwickelte »Internet on wheels« bereits heute Realität. Von den darauf beruhenden Telematik-Anwendungen wird deshalb später noch ausführlicher die Rede sein.

Generell senkt die breite Nutzung des Internets vor allem die Transaktionskosten, die in entwickelten Volkswirtschaften bis zu 50 Prozent der betrieblichen Gesamtkosten ausmachen. Je nach Branche liegen die Unternehmensschätzungen der durch Internet erzielbaren Sparpotenziale zwischen 2 und 40 Prozent. Damit erscheint eine gesamtwirtschaftliche Kostenersparnis von jährlich 5 Prozent realistisch.[11]

Konsequenterweise betreiben viele Unternehmen ihre flächendeckende Vernetzung sowohl im B2B(Business-to-Busi-

---

[9] Der an der Stanford University tätige Wirtschaftshistoriker Paul David hat nachgewiesen, dass das ökonomische Potenzial des Elektromotors erst vierzig Jahre nach dessen Erfindung voll ausgeschöpft werden konnte; vgl. *Neue Zürcher Zeitung*, 13. Mai 2000.

[10] »Wie eine Achterbahn«, Interview mit dem US-Ökonomen Paul Krugman, *Wirtschaftswoche*, 13. Juli 2000.

[11] Deutsche Bank Research.

ness)- als auch im B2C (Business-to-Customer)- und im B2E (Business-to-Employee)-Sektor. Ein konkretes Beispiel für internet-bedingte B2B-Trends ist die Gründung von »Covisint«, einer von DaimlerChrysler, Ford, General Motors und Renault/Nissan gemeinsam genutzten Einkaufsplattform im Internet, die zur Zeit rund zweihundert Mitarbeiter beschäftigt und ihren Sitz in der Nähe von Detroit hat. Von Covisint, an dem sich schon wenige Monate nach seiner Gründung mehr als 25 große Zulieferfirmen sowie die amerikanischen Unternehmen Commerce One und Oracle als Softwarelieferanten beteiligten, erwarten wir bei DaimlerChrysler über Mengeneffekte, Verkürzung von Bestellzyklen, reduzierte Lagerhaltung usw. Kostenersparnisse von rund 1000 US-Dollar pro Auto.

Langfristig werden die IT-bedingten Ersparnisse nach Berechnungen des Investmenthauses Goldman Sachs sogar auf 3500 bis 4000 US Dollar pro Auto steigen.[12] Stärker als der Kostensenkungsbeitrag von Covisint dürfte hierbei allerdings die E-Transformation der übrigen Prozesse zu Buche schlagen. Sie erstreckt sich auf nahezu alle Glieder der Wertschöpfungskette – von der Forschung und Entwicklung über die Organisation (inkl. Personal, Logistik, Payment, Reporting und Controlling) bis zum Vertrieb und dem immer wichtiger werdenden Customer Relationship Management (CRM).

Die Bedeutung des letzteren kann in der Tat kaum deutlich genug betont werden. Das hängt damit zusammen, dass virtuelle Marktplätze, Online-Auktionen und das Auftreten völlig neuer Wettbewerber (zum Beispiel Matchmakers) dem Kunden einen bis dato ungeahnten Überblick über weltweite Anbieter, Angebote und Preise ermöglichen. Die Folgen sind gravierend: Der Wettbewerb verschärft sich, die Preise fallen, die Macht des Käufers wächst. Denn warum sollte sich ein Kunde mit dem regional günstigsten Anbieter zufriedengeben, wenn er mit einem einzigen Mausklick zur leistungsstärkeren und/oder preiswerteren (überregionalen) Konkurrenz abwandern kann? Die Verwirklichung des Ideals vom vollkommenen Markt rückt also näher.

---

[12] *Frankfurter Allgemeine Zeitung*, 27. September 2000.

Für die Anbieter geht der Margenverfall unter Umständen so weit, dass er ihre eigenen internet-bedingten Kostenersparnisse aufzehrt, vielleicht sogar überwiegt. Dieser Gefahr kann nur trotzen, wer es versteht, die Kunden langfristig an sich zu binden. Da die Erreichung dieses Ziels unter anderem davon abhängt, wie genau ein Anbieter seine Kunden und deren Präferenzen kennt, werden viele Unternehmen versuchen, das Internet zur Erstellung möglichst präziser Kundenprofile zu nutzen: Für welches Angebot könnte sich ein Kunde, der vor x Monaten das Produkt Y gekauft hat, jetzt oder künftig ebenfalls erwärmen? Welcher zusätzliche Service ist für einen Kunden dieses Lebensalters an diesem Wohnort von besonderem Interesse? Welche gegebenenfalls gratis gewährten Extras würden die Zufriedenheit dieses Kunden so weit erhöhen, dass er sich auch künftig wieder für denselben Anbieter entscheidet? Wer die Antworten auf solche und ähnliche Fragen kennt, kann seine Kunden naturgemäß zielgenauer ansprechen als es Wettbewerbern ohne entsprechende Kundenkenntnis möglich ist.

Ein weiterer Faktor, der auf immer härter umkämpften Online-Marktplätzen über Erfolg oder Misserfolg entscheiden kann, ist das ergänzende Vorhandensein eines klassischen Ladenangebots mit persönlicher Beratung und gegebenenfalls Vorführung. Anders nämlich als noch in der ersten Phase der E-Business-Ära angenommen, wollen selbst diejenigen Kunden, die am Ende online kaufen, vor dieser Kaufentscheidung nicht nur im Netz, sondern auch im Laden »browsen«. Klicken allein ist also keineswegs genug; die Leute möchten wissen, wie etwas im »wirklichen« Leben aussieht, sich anfühlt, klingt oder riecht. Sie wollen selbst ausprobieren, mit ihren eigenen Händen »anfassen« und eventuelle Rückfragen nicht einem Computer, sondern einem menschlichen Verkäufer stellen. Nur die Unternehmen, die die gesamte Palette der Vertriebs- und Marketingkanäle zu bieten haben – den umfassenden Webauftritt genauso wie den Laden an der Ecke –, werden diesem Bedürfnis gerecht werden.

Noch ein anderer Aspekt gehört in diesen Zusammenhang: Wo theoretisch jeder Scharlatan seine eigene Website haben kann, werden Geschäfte mehr denn je zur Vertrauenssache.

Das bedeutet einen enormen Wettbewerbsvorteil für Traditionsunternehmen, die bereits mit ihrem Namen und ihren Marken für Seriosität und Qualität bürgen. So werden viele Internet-Kunden ihre Geschäfte eben doch nicht bei einem Newcomer tätigen, der zwar der weltweit preisgünstigste Anbieter ist, dessen Namen ihnen aber nichts sagt. »Sicherer« wird vielen der Entschluss für einen Konkurrenten erscheinen, den sie seit langem kennen, dessen Seriosität sie vertrauen und gegen den sie bei Beanstandungen berechtigte Ansprüche notfalls gerichtlich durchsetzen können.

Markentreue ist ein ähnliches Thema: Von den rund vier Millionen Kunden der Marke »Mercedes-Benz« sind 80 Prozent äußerst markentreu. Es sind *Stamm*kunden – eine Spezies, die es bei Dotcom-Firmen kaum gibt; dafür ist ihre Traditionslinie zu kurz, ihre Kundschaft zu jung, ihr Markenprofil nicht profiliert genug. Bei Mercedes dagegen entscheiden sich vier von fünf Kunden auch beim nächsten Autokauf wieder für ein Exemplar mit dem »Stern« – und das alle drei bis vier Jahre. Gerade im Internet-Zeitalter, das – wie oben dargelegt – eine immer aggressivere Umwerbung der Kunden mit sich bringen wird, ist diese Markenloyalität von herausragendem strategischen Wert.

Egal unter welchen Vorzeichen man also das Thema Internet betrachtet, Fakt ist, dass die Weichen für eine netzgetriebene Transformation der Wirtschaft seit langem gestellt sind. Fast überall ist die Implementierung bereits in vollem Gang. Innerhalb der nächsten drei Jahre wollen zwischen 60 und 80 Prozent der Fortune-100-Unternehmen ihre Internetpläne umsetzen und über eigene Portale verfügen. Bereits heute setzen deutsche Unternehmen rund 2,5 Milliarden Mark im Netz um. Bis 2004 dürfte dieser Wert nach Schätzungen von Experten um das Drei- bis Vierhundertfache steigen. Damit wäre Deutschland mit einem Anteil von 25 Prozent am europäischen Online-Umsatz und von 10 Prozent am weltweiten Online-Business einer der größten E-Business-Märkte überhaupt.[13]

---

[13] Zahlenangaben laut: Erwin Staudt, »Deutschland wird ein E-Commerce-Riese«, *Handelsblatt*, 18. Oktober 2000.

Man mag gegen solche Volumenschätzungen einwenden, dass sie – je nach befragtem Experten – äußerst unterschiedlich ausfallen. Das ist wahr. Genauso wahr ist aber, dass die Veränderungen auch dann immens sein werden, wenn die skeptischsten Fachleute Recht behalten. Der Siegeszug des Internets ist demnach nicht mehr zu bremsen. Und letztlich wird es weniger auf das zeitlich exakte Eintreffen von Prognosen ankommen als vielmehr auf die konsequente Gestaltung irreversibler Trends.

Vom E-Business zum M-Business: Das Internet wird mobil

Kaum hat das Internet die meisten Entscheidungsträger von seiner Veränderungskraft überzeugt, macht es bereits von neuem »mobil«: Jeder dritte Deutsche hat ein Handy, nur jeder achte einen privaten Internet-Anschluss.[14] In dem Maße also, in dem man künftig per Mobiltelefon online gehen kann, werden Verbreitung und Anwendung des Internets einen zusätzlichen Schub erfahren. Ob am Arbeitsplatz, zu Hause, im Auto oder anderswo – mit einem so genannten »WAP«-Handy (für »Wireless Application Protocol«) ist man künftig überall internet-fähig.

Der soeben beschlossene gemeinsame Standard für eine rechtlich bindende »elektronische Unterschrift« hat eines der letzten Hindernisse für die flächendeckende Verbreitung des mobilen Geschäftsverkehrs aus dem Weg geräumt. Entsprechend rasant ist das Wachstum, das Insider dem M-Business prophezeien: Von derzeit 323 Millionen Euro soll das Marktvolumen in den nächsten drei Jahren auf 23 Milliarden Euro wachsen. Rund 55 Prozent der Unternehmen, so heißt es, wollten ihre Dienste über mobile Endgeräte anbieten; rund 70 Prozent der Banken seien überzeugt, dass ihre Kunden Finanzdienstleistungen auch mobil in Anspruch nehmen möchten.[15]

---

[14] Vgl. *Die Welt*, 12. Juli 2000.

[15] Zahlen laut: *Die Welt*, 18. Oktober 2000.

Tatsächlich ist es vor allem das Banken- und Finanzdienstleistungsgeschäft, das durch M-Business zusätzlich verändert wird. Traditionelle Institute sehen sich immer neuen Wettbewerbern konfrontiert, die ihre Angebote mithilfe der neuen Technologien zu einem Bruchteil der bisher üblichen Kosten zur Verfügung stellen. So kostet eine Transaktion, für deren Bearbeitung am Bankschalter 3,40 DM anfallen, per Handy und Internet nur 25 Pfennige.[16]

Auch die Mobilfunkunternehmen sehen im M-Banking erhebliches Geschäftspotenzial. Fast alle arbeiten zur Zeit an Modellen, die es gestatten, Gesprächsguthaben in »Cybercash« umzuwandeln. Der Kunde kann dann beim Bäcker, beim Frisör oder im Supermarkt mit dem Handy bezahlen und sein kumuliertes Soll mit der nächsten Telefonrechnung ausgleichen. Bei jeder auf diese Weise getätigten Transaktion verdient der Mobilfunkbetreiber mit. Dagegen dürften die Umsätze, die ein Betreiber mit der reinen Sprachübertragungsleistung erzielt, im nächsten Jahrzehnt auf nur noch 40 Prozent sinken.[17]

Vor diesem Hintergrund gehen einige Mobilfunkunternehmen so weit, die Gründung einer eigenen Bank in Betracht zu ziehen, die neben der Zahlungsabwicklung per Handy auch Online-Kredite und Wertpapiergeschäfte ermöglicht. Wie lukrativ das sein kann, beweisen amerikanische Internet-Broker wie Charles Schwab oder E-Trade. Der gesamte Bankensektor ist im Aufbruch. Auch DaimlerChrysler wird sein Finanzdienstleistungsgeschäft durch Gründung einer DaimlerChrysler-Bank ausbauen und seinen Kunden über das Internet und Call Center maßgeschneiderte Leasing- und Finanzierungsmodelle, Ansparpläne, Investmentfonds, Versicherungen sowie attraktive Kredit- und Servicekarten anbieten.

Mit der für 2003 zu erwartenden Einführung der nächsten Mobilfunkgeneration, die seit der für den Bundesfinanzminister so einträglichen Versteigerung der entsprechenden Lizenzen unter dem Kürzel »UMTS« (für »Universal Mobile Te-

---

[16] Vgl. *Financial Times* Deutschland, 12. Juli 2000.

[17] Vgl. *Neue Zürcher Zeitung*, 6. Juni 2000.

lecommunication System«) bekannt ist, werden sich die Möglichkeiten des M-Business noch einmal beträchtlich erweitern. Dabei erweisen sich die neuen Technologien als leistungsstarker Investitions- und Jobmotor: Durchschnittlich zehn Milliarden DM dürfte allein in Deutschland jedes der bei der UMTS-Auktion erfolgreichen Telekommunikationsunternehmen in den notwendigen Aufbau einer neuen UMTS-Netzinfrastruktur investieren. Nach Schätzungen der Industrie entstehen dadurch in den nächsten fünf Jahren 700 000 zusätzliche Arbeitsplätze.

Mobiles Multimedia wird *last, not least* die Vernetzung von Autos und anderen Fahrzeugen, d.h. die so genannte Verkehrstelematik, beflügeln. Durchschnittlich 270 Stunden im Jahr verbringt jeder Deutsche im Auto, viele davon im Stau oder auf der nervenzehrenden Suche nach Parkplätzen, ärgerlich, unproduktiv. Um dies zu ändern, zielt die Telematik auf eine Vernetzung aller Verkehrsträger zu einem umfassenden Mobilitätskonzept, das seine Nutzer mit Echtzeitinformationen über das Verkehrsaufkommen auf der aktuellen Route, Parkplatzverfügbarkeit, Fahr- und Flugpläne sowie schnellere Fortbewegungsalternativen immer und überall optimal durch den Verkehr lotst. Wer ein Hotel, ein Restaurant oder eine Tankstelle sucht, kann sich auf der elektronischen Landkarte seines mobilen Endgeräts anzeigen lassen, wo sich die nächstgelegene Möglichkeit bietet und wie man am schnellsten dorthin kommt. Weitere Anwendungen helfen in Notsituationen wie Unfall, Panne, Überfall oder Diebstahl. Bei Nutzfahrzeugen bietet die Vernetzung zusätzlich die Möglichkeit effektiverer Flottensteuerung, Fernwartung und Logistik.

DaimlerChrysler gehört seit Jahren zu den Telematik-Pionieren. Bereits 1997 haben wir das weltweit erste Fahrzeug mit Internet-Zugang präsentiert. Heute verfügen wir mit 110 000 ausgestatteten Fahrzeugen über eine der größten Telematikflotten auf dem Markt. In den USA wird jeder neue Mercedes-Benz ab 2001 serienmäßig mit Internet-Service wie Navigation, E-Call und Telediagnose ausgerüstet sein. Spätestens nach der flächendeckenden Realisierung des UMTS-Standards wird man jede Internet-Anwendung im Fahrzeug nutzen können.

Das Internet als Treiber neuer Klassengrenzen? Vom »Digital Divide« zur »Digital Dividend«

Zu den am meisten diskutierten sozialen Herausforderungen des Internet-Zeitalters gehört die Gefahr des so genannten »digital divide«, also der »digitalen Spaltung« der Gesellschaft in Internet-User und Internet-Loser. Gesellschaftliche Gruppen, die die neuen Technologien mit großer Selbstverständlichkeit zu ihrem privaten und beruflichen Vorteil nutzen, stehen anderen Bevölkerungsteilen gegenüber, die mangels Zugang zu den neuen Technologien oder aufgrund fehlenden Anwender-Know-hows nicht an diesem Nutzen teilhaben; sie bleiben von der Dynamik der Internet-Gesellschaft ausgeschlossen.

Das Problem stellt sich im nationalen Maßstab genauso wie im internationalen. Eine digitale Spaltung droht demnach sowohl *innerhalb* der entwickelten Gesellschaften als auch *zwischen* ihnen und den ohnehin nachholbedürftigen Regionen Afrikas, Asiens und Lateinamerikas.

Nach jüngsten Berechnungen werden bei einer Fortsetzung der gegenwärtigen Trends auch im Jahr 2003 rund 21 Millionen Menschen in Deutschland keinen Zugang zum Internet haben oder keinen Vorteil in dessen Nutzung sehen.[18] Damit hätte jeder vierte Bürger in Deutschland erhebliche Nachteile auf dem Arbeitsmarkt. Unter Umständen würde den Betroffenen sogar der Ausschluss von Dienstleistungen drohen, die künftig ganz überwiegend im Internet angeboten werden. »Web oder weg«, so lautet die zugespitzte Formulierung einer Alternative, vor die sich viele Menschen gestellt sehen könnten.

Der Problemdruck wird insoweit ein wenig gemildert, als die Internet-Fähigkeiten der jüngeren Generation besser entwi-

---

[18] Dies geht aus einer Studie der Management- und Technologieberatung Booz, Allen & Hamilton hervor, die unter dem Titel »Digitale Spaltung in Deutschland« im Auftrag der Initiative »D21« erarbeitet und am 24. August 2000 in Berlin vorgestellt wurde. Die Initiative »D21« ist ein Gemeinschaftsprojekt der Bundesregierung und führender deutscher Unternehmen. Sie dient dem Ziel, der Informationsgesellschaft in Deutschland zum Durchbruch zu verhelfen.

ckelt sind als diejenigen älterer Bevölkerungsgruppen: 63 Prozent der inzwischen 18 Millionen deutschen Internet-Nutzer sind jünger als vierzig Jahre, 82 Prozent jünger als fünfzig. Der deutsche Durchschnittssurfer hat ein gehobenes Bildungsniveau (mittlere Reife, Abitur, Studium); jeder Zweite verfügt über ein Haushaltsnettoeinkommen von 4000 Mark und mehr.[19]

Außer vom Lebensalter hängt die Internet-Nutzung also vor allem vom Bildungsstand und vom Einkommen der Menschen ab. Hier droht ein gefährlicher Teufelskreis: Wer arm und schlecht ausgebildet ist, hat oft keinen Zugang zum Web; wer nicht online gehen kann, erwirbt keine Internet-Kompetenz; wer keine Ahnung vom Web hat, findet nur noch schwer einen Job und wer arbeitslos ist, kann gewöhnlich weder sein Einkommen noch seinen Ausbildungsstand entscheidend verbessern. Beträchtlicher sozialer Zündstoff zwischen Usern und Losern ist die Folge.

Noch krasser als diese gesellschaftliche Kluft sind aber die Gegensätze zwischen den bereits ins Informationszeitalter aufgebrochenen Industrieländern einerseits und den kaum im Industriezeitalter angekommenen Entwicklungsländern andererseits. Vor allem in Afrika und in Teilen Asiens und Lateinamerikas hatten einige Länder bis dato kaum eine Chance, den Schritt in die Informationsgesellschaft mitzugehen: Es gibt schlicht zu wenig Computer.

Während in Deutschland statistisch für je 100 000 Einwohner 31 000 PCs zur Verfügung stehen, in den USA sogar 46 000 und in Luxemburg – dem internationalen Spitzenreiter bei der PC-Ausstattung – 73 000, kommen in China, dem bevölkerungsreichsten Land der Erde, bis heute weniger als 900 PCs auf je 100 000 Einwohner. In Ländern wie Uganda, Tansania, Mosambik oder Ghana beträgt die Zahl gar nur 150 bis 160 PCs, im Jemen sind es 120, in Kambodscha 90 Personal

---

[19] Die Zahlenangaben beruhen auf Erkenntnissen der Gesellschaft für Konsumforschung (GfK), die in ihrem halbjährlich erscheinenden online Monitor die Internetverbreitung und -nutzung in Deutschland durchleuchtet. Zitiert nach: *Die Welt*, 30. August 2000.

Computer. Am schlimmsten ist die Lage im Niger, der mit einem Pro-Kopf-Einkommen von 729 US-Dollar zu den ärmsten Ländern der Welt zählt: 5000 Menschen müssen sich hier – statistisch gesehen – einen einzigen PC teilen.[20]

Angesichts solcher Zahlen verwundert es nicht, dass nach Erkenntnissen der Vereinten Nationen in den OECD-Ländern zwar nur 19 Prozent der Weltbevölkerung leben, aber 91 Prozent der Internet-Nutzer. Zu verhindern, dass sich dieses Ungleichgewicht weiter verstärkt und zu einem digitalen »clash of civilizations« auswächst, gehört zu den wichtigsten Gemeinschaftsaufgaben von Politik, Wirtschaft und Gesellschaften weltweit.

Einen Hoffnungsschimmer bietet die Tatsache, dass der weltweite Anteil derjenigen, die mit weniger als umgerechnet einem Dollar pro Tag auskommen müssen, anders lautenden Behauptungen zum Trotz seit 1987 nicht zugenommen hat, sondern relativ zurückgegangen ist. Das gilt vor allem für solche Länder und Regionen, die sich am weitesten für den internationalen Handel geöffnet haben. Es ist deshalb sachlich unhaltbar, die Globalisierung in pauschaler Weise für die Armut in Entwicklungsländern verantwortlich zu machen.

Seit 1990 hat der Anteil derjenigen, die jeden Tag von höchstens einem Dollar leben müssen, im ostasiatischen und pazifischen Raum um mehr als 12 Prozent abgenommen. In Südasien ist derselbe Anteil um 4 Prozent und in Lateinamerika bzw. in Sub-Sahara-Afrika um 1,4 bzw. 1,2 Prozent gesunken. Gestiegen ist er bezeichnenderweise dort, wo die Einbindung in internationale Handelsströme zurückging, weil – wie in Osteuropa oder Zentralasien – die Absatzmärkte zeitweise wegbrachen und wirtschaftliches Wachstum ausblieb.[21]

---

[20] Informationsdienst des Instituts der deutschen Wirtschaft e.V. Köln, Nr. 30 vom 26./27. Juli 2000, S.1.

[21] Angaben laut Informationsdienst des Instituts der deutschen Wirtschaft e.V. Köln, Nr. 35 vom 31. August 2000, S.4f. Das Kölner Institut beruft sich auf »zwei neuere Untersuchungen« der Welthandelsorganisation (WTO) und der Weltbank, denenzufolge sich die oben wiedergegebenen Ergebnisse auch dann bestätigen, wenn man die Armutsgrenze bei einem täglichen Pro-Kopf-Konsum von zwei US-Dollar ansetzt.

So gewiss also die Zahl der in absoluter Armut lebenden Menschen nicht hingenommen werden kann, so eindeutig sprechen doch die ökonomischen Fakten gegen die These, dass Globalisierung und Internet-Boom naturnotwendig zu Lasten der ohnehin Armen wirken. Es gibt sogar Anzeichen, dass die Verbreitung des Internets den wenig entwickelten Regionen helfen könnte, vorhandene Rückstände schneller als bisher aufzuholen: Viele Kosten traditioneller Kommunikations- und Transportmedien werden durch das Internet hinfällig, geografische Randlagen verlieren ihre abschreckende Wirkung auf Investoren. Sofern die Entwicklungsländer also ihre Integration in das World Wide Web entschlossen vorantreiben, bietet ihnen das Netz möglicherweise einen Hebel, ihre Position auf den Weltmärkten rascher als bis dato zu verbessern.

Ohnedies muss man den Entwicklungs- und Schwellenländern zur weiteren Öffnung ihrer Märkte raten, weil ein solcher Schritt Wachstumskräfte mobilisiert, die in aller Regel auch den armen Bevölkerungsteilen zugute kommen. Neben staatlicher Entwicklungshilfe und Schuldenerlassen sind es schließlich nicht zuletzt die Direktinvestitionen globaler Unternehmen, die die Lebenschancen der Menschen in Entwicklungsländern verbessern, weil sie durch den Transfer von Technologie und Know-how zur Qualifizierung der heimischen Arbeitskräfte beitragen. DaimlerChrysler beispielsweise bietet in Lateinamerika rund 160 000 Menschen zum Teil hochqualifizierte Arbeitsplätze. In Afrika und Asien sind es je 4000 – und diese Zahl stammt aus der Zeit vor den DaimlerChrysler-Beteiligungen an Mitsubishi und Hyundai.

Qualifizierung, Bildung und Ausbildung sind demnach die wichtigsten Schlüssel, um den »digital divide« in eine »digital dividend« zu verwandeln. Das gilt auch für die Entwicklung in Deutschland. Staatliche, private oder gemeinschaftliche Initiativen wie »D21«, »Schulen ans Netz« oder die Idee eines »Internet-Führerscheins« für Arbeitslose weisen in die richtige Richtung. Jetzt kommt es darauf an, den Worten Taten folgen zu lassen. Während schwedische Schulen fast ausnahmslos und britische zu immerhin 90 Prozent online sind, verfügen in Deutschland nur 40 Prozent der Schulen über einen Internet-Zugang. Teilen sich in Schweden durchschnittlich sechs und in Großbritannien durchschnittlich neun Schüler einen PC, so sind es in Deutschland vierzig. Dieser Rückstand muss schnellstmöglich aufgeholt werden, damit sich Absolventen deutscher Schulen auch künftig auf zunehmend internationalisierten Arbeitsmärkten behaupten können. Es gibt keine vernünftige Alternative zu dem ehrgeizigen Ziel der Bundesregierung, bis Ende 2001 die flächendeckende Vernetzung aller 44 000 deutschen Schulen und bis 2006 die Bereitstellung von Laptops für jeden einzelnen der rund zehn Millionen Schüler in Deutschland zu verwirklichen.

Overchoice durch Informationsüberflutung: Bildung als Schlüssel zur Umwandlung von Informationen in Wissen

Eine beliebige Ausgabe der *New York Times* beinhaltet heute mehr Informationen als ein Mensch im England des 17. Jahrhunderts in seinem ganzen Leben erhielt. Insgesamt wurden in den letzten zehn Jahren soviel Informationen gespeichert wie in 2500 Jahren zuvor. Binnen weiterer fünf Jahre dürfte sich diese Datenmenge erneut verdoppeln. Nur gut also, dass heutige Computer bei gleichen Kosten die 66 000-fache Speicherkapazität der Computer von 1975 haben; im Jahr 2010 wird dieser Faktor bei zehn Millionen liegen.[22]

Informationen allein sind freilich kein Wissen. »Wir ertrinken in Informationen und hungern nach Wissen«, so umschrieb der amerikanische Zukunftsforscher John Naisbitt das Problem. Denn Informationen gibt es wie Sand am Meer. Dieser »kann in Form von reinstem Silizium viel Geld wert sein, doch das setzt einen aufwendigen Veredlungsprozess voraus. Je einfacher Informationen zugänglich sind, desto wichtiger wird die Selektion. Ein Informationsverarbeiter ist

---

[22] Angaben laut: »Trend-Book 2000«, herausgegeben vom Zentralbereich »Kommunikation und Volkswirtschaft« der HypoVereinsbank, Dezember 1999, sowie *Neue Zürcher Zeitung*, 18. März 2000.

somit vor allem ein Informationsvernichter. Seine Rezipienten erwarten von ihm, dass er für sie die Informationsfluten teilt, sie trockenen Fußes aufs Festland bringt und ihnen dort ein Gläschen Wasser überreicht.«[23]

Mehr als irgendeine frühere Ära verlangt also das Internet-Zeitalter die Fähigkeit zur Unterscheidung zwischen Datenspreu und Datenweizen. Wer nur unzureichend über diese Fähigkeit verfügt, wird vor lauter Bäumen den Wald nicht sehen. Allein *Bildung* kann den Menschen verlässliche Kriterien an die Hand geben, um in einer immer komplexeren Wirklichkeit den strategisch wichtigen Kern zu erkennen und aufgrund dieser Erkenntnis ethisch verantwortlich zu handeln. Wo Internet-Fähigkeiten nicht mit humanistischer Bildung und ethischem Verantwortungsbewusstsein einhergehen, drohen im schlimmsten Fall missbräuchliche Anwendungen etwa in Form volksverhetzender Propaganda, durch Zurschaustellung oder Anstiftung von Gewalt oder Handel mit Kinderpornografie.

Hier zeigt sich zugleich, dass die Frage nach einem zeitgemäßen Bildungskanon für das 21. Jahrhundert nicht im Sinne eines Entweder-oder zu entscheiden ist: Downloads *und* »Nathan der Weise«, Plug-ins *und* der Satz des Pythagoras, Internet-Kompetenz *und* klassische Bildung sind nötig, um eine Zukunft in Frieden, Freiheit und Wohlstand zu ermöglichen. An den Schülern wird die Erreichung dieses Ziels nicht scheitern.

Mentales Schritthalten mit dem Tempo des Wandels

Die Losung der New Economy lautet »jederzeit, überall, alles«. Ihre Schlüsselmerkmale sind Tempo, Wandel, Globalität. Doch Geschwindigkeit und Permanenz der Veränderungen überfordern nicht nur alte Menschen. Viele verharren mental im Industriezeitalter, während die Welt um sie herum ins Informationszeitalter eintritt. Wie einst die Weber gegen

---

[23] *Neue Zürcher Zeitung,* 8. Februar 2000.

die Einführung von Maschinen Sturm liefern, klammern sich heute Arbeitnehmer in zum Untergang verurteilten Branchen an ihre tradierte Existenz.

Psychologisch ist dies sehr verständlich. Denn Globalisierung und New Economy stellen viele der alten Gewissheiten auch und gerade des bundesdeutschen Sozialstaates in Frage: Längst ist der Standardarbeitnehmer mit Facharbeiterbrief und Achtstundentag, Lohnfortzahlung und Gewerkschaftsausweis zum Auslaufmodell geworden. An die Stelle des männlichen, vollzeiterwerbstätigen und lebenslang beim selben Arbeitgeber am selben Standort tätigen Alleinernährers mit nichterwerbstätiger Ehefrau und zwei Kindern treten international mobile Individualisten beiderlei Geschlechts mit bunten Patchworkbiografien: Selbständige und Freiberufler, Tele-Arbeiter und Franchise-Unternehmer, Service Provider und Web Designer, Zeitarbeiter und Gelegenheitsjobber. Wer im 21. Jahrhundert Erfolg haben will, so propagieren Politik, Wirtschaft und auch dieser Beitrag, muss möglichst mehrere Sprachen können, lebenslang lernen, den Umgang mit Neuen Medien beherrschen, auch in fremden Kulturen »zu Hause« sein und häufigen Wandel als Bereicherung empfinden. Das alles ist grundsätzlich richtig und sogar ohne Alternative; dennoch droht es viele Menschen, die in eine andere Lebens- und Arbeitswelt hineingeboren wurden, zu überfordern. Ähnlich wie sich diejenigen Ostdeutschen, deren mentales Koordinatensystem durch die DDR geprägt war, nach der friedlichen Revolution von 1989/90 in einer grundlegend anderen Normen- und Werteordnung zurechtfinden mussten, müssen sich die Bürger aller Industriestaaten im Zuge der IT-Revolution und der Globalisierung auf eine prinzipiell veränderte Lebens- und Arbeitswelt einstellen.

Es liegt nur in der Natur der Sache, dass diese Umstellung manchen Menschen leichter fällt als anderen. Selten zuvor war die individuelle Freiheit größer, aber selten zuvor war auch der Fundus allgemein verbindlicher Werte und akzeptierter Autoritäten kleiner. Da der Staat den Prozess nur begrenzt steuern kann, scheint auch er Legitimität einzubüßen. Einigen Bürgern droht deshalb eine Art weltanschauliche »Heimatlosigkeit«.

Man könnte auch von ideellen Vakuen sprechen, die meist zu politisch-sozialer Teilnahmslosigkeit (»Cocooning«) führen, im schlimmeren Fall aber anfällig machen für aggressive Sündenbock-Theorien unterschiedlicher, ja gegensätzlicher politischer Couleur. Die Anhänger der einen Richtung finden ihr Feindbild in der Globalisierung und deren angeblichen Hauptvertretern Weltbank, IWF und WTO, die inzwischen fast regelmäßig zur Zielscheibe gewaltsamer Proteste werden. In der anderen gewaltbereiten Gruppe wenden ideell heimatlos Gewordene dumpfe Ressentiments und subjektiv empfundene Perspektivlosigkeit in Hass und Gewalt gegen noch verwundbarere, oft ausländische Mitbürger. Leider mangelt es in den letzten Jahren nicht an Beispielen für beide Richtungen.

Das theoretische Fazit dieser Zusammenhänge ist klar: Das Tempo des Wandels verkraftbar machen, die Menschen mental zur Modernisierung befähigen – diese Aufgabe wird im 21. Jahrhundert zu den wichtigsten Herausforderungen für Politik und Gesellschaft zählen. In der Praxis wird es dazu mehr Aufrichtigkeit bei der Vermittlung von Chancen *und* Risiken des durch Globalisierung und Virtualisierung erzwungenen Strukturwandels bedürfen.

Wer die Ängste potenzieller Verlierer dieses Strukturwandels nicht ernst nimmt und den Menschen keine glaubwürdige Perspektive vermittelt, wie sie selbst am Nutzen der Veränderungen teilhaben können, der darf nicht darauf zählen, die Eigeninitiative der Menschen zu mobilisieren, ihren Erfolgswillen zu wecken oder ihren Qualifizierungsehrgeiz zu entfachen. Stattdessen wird er ganze Bevölkerungsgruppen in Resignation oder wütenden Protest treiben. Wer umgekehrt nur »Bedrohungen« sieht und jede Veränderung bekämpft, befindet sich nicht nur im Widerspruch zu jahrhundertealten ökonomischen Gesetzen, sondern auch zum natürlichen Gang der Geschichte: Gewiss hat die Einführung des Automobils viele Pferdekutscher den Arbeitsplatz gekostet, doch ebenso gewiss hat sie letztlich die Mobilität und den Lebensstandard auch der Kutscher erhöht, besonders derjenigen, die sich schließlich den neuen Erfordernissen angepasst und zum Taxifahrer weiterqualifiziert haben. Weltweit ist mit der Automobilindustrie eine neue Branche entstanden, in der Millionen von Menschen hoch qualifizierte Arbeitsplätze gefunden haben.[24]

Allgemeiner formuliert: Jeder Strukturwandel hatte historisch seinen Preis; das ist auch aktuell nicht anders. Am Ende kam aber jeder Strukturwandel auch (und gerade) den Lebensperspektiven der weniger privilegierten Bevölkerungsschichten zugute. Auch dies wird beim aktuellen Wandel letztlich genauso sein.

Was verschwindet, was bleibt?

Mao Tse-tung wird der Satz zugeschrieben: »Prophezeiungen sind schwierig, vor allem wenn sie die Zukunft betreffen.« Er hatte – wenigstens in diesem Punkt – Recht. Das bezeugt schon die Tatsache, dass zwei amerikanische Zukunftsforscher noch vor zehn Jahren ein Buch unter dem Titel »Megatrends 2000« veröffentlichen konnten, in dem das Wort »Internet« kein einziges Mal vorkommt.[25] Zu den Sachbüchern, die damals die Gemüter erregten, gehörte Paul Kennedys Abhandlung »Aufstieg und Fall der großen Mächte«.[26] Darin kam der angesehene Historiker der Yale University

---

[24] Auch die Medien müssen sich in diesem Zusammenhang ihrer Verantwortung stellen: Meist ist es leichter, individuelle Schicksale ins Bild zu setzen als komplexe ökonomische Zusammenhänge anschaulich zu machen. Folglich wird die Geschichte eines durch Computer »ersetzten« Industriearbeiters und seiner Familie oder eines durch internationale Konkurrenz in Konkurs gegangenen Unternehmens öfter erzählt als die Erfolgsstory einer Start-up-Firma, die hoch qualifizierte Arbeitsplätze in der New Economy schafft. Dies alles wirkt jedoch zu Lasten der Vorstellung vom Kosten-Nutzen-Verhältnis des Strukturwandels.

[25] John Naisbitt/Patricia Aburdene, *Megatrends 2000*: Zehn Perspektiven für den Weg ins nächste Jahrtausend. Vorhersagen für unsere Zukunft, Düsseldorf 1991.

[26] Paul Kennedy, *Aufstieg und Fall der großen Mächte*: Ökonomischer Wandel und militärischer Konflikt von 1500 bis 2000, Frankfurt am Main 1991. Die amerikanische Originalausgabe war bereits 1987 erschienen.

nach einer rund 800-seitigen Analyse zu dem Ergebnis, dass sich die USA inmitten eines unaufhaltsamen Abstiegs (»decline«) befänden. Eine wahre Flut von »declinism«-Büchern, die in dieselbe Kerbe hieben, war die Folge. Nicht wenige Autoren führten Deutschland und Japan als positive Gegenbeispiele an. Zehn Jahre später scheinen sich solche Thesen zu relativieren.

Das rechtfertigt eine doppelte Vermutung: Einerseits wird nicht alles, was im Jahr 2000 zum Megatrend erhoben wird, dieses Prädikat auch aus der Sicht des Jahres 2010 noch verdienen; andererseits dürfte nicht alles, was im Jahre 2010 als Megatrend gelten wird, schon heute auf unserem geistigen Radarschirm sein. Dennoch lohnt sich die Frage nach der voraussichtlichen Halbwertszeit heute beobachteter Trends im Umfeld der New Economy.

Nach der hier vertretenen Auffassung werden u.a. verschwinden oder zumindest an Bedeutung verlieren:

1. die Unterscheidung zwischen New und Old Economy, weil »new« und »old« in Wahrheit nicht ohne den jeweils Anderen zukunftsfähig sind;
2. der Glaube an ein inflationsfreies Dauerwachstum, weil auch der längste Aufschwung schließlich zu Ende geht und neue Basistechnologien die ökonomische Schwerkraft nicht aufheben;
3. die ökonomische Vorbildrolle der USA, weil die Europäer im Begriff sind, ihren Rückstand aufzuholen und auf einigen zukunftsrelevanten Gebieten, wie beim M-Business, bereits heute einen unbestrittenen Vorsprung haben;
4. die Unterbewertung e-optimierter Traditionsunternehmen, weil die Zukunft die erfolgskritische Bedeutung starker Marken und weltweit riesiger Stammkundschaft erweisen wird;
5. die Überbewertung von Dotcom-Nischenunternehmen mit nur wenig Stammkunden aus demselben Grund.

An Bedeutung gewinnen werden u.a.:

1. der Strukturwandel durch Globalisierung, Dienstleistungsboom und Wissensgesellschaft, weil dies drei langfristige Hauptströmungen sind, deren verbindende Klammer das Internet darstellt;
2. die Expansion des Internets und die E-Transformation von Politik, Wirtschaft und Gesellschaft, weil auch Skeptiker nur die Wahl haben, mitzumachen oder unterzugehen;
3. die mobilen Internetanwendungen, weil sie bequem und unterhaltsam sind und weil vieles von dem, was technisch machbar ist, früher oder später auch gemacht wird;
4. die öffentliche Debatte über die sozialen Auswirkungen von Globalisierung und Digitalisierung, weil dies sowohl eine reale Herausforderung als auch ein gefundenes Fressen für selbst ernannte Tribunen ist;
5. der (theoretische) Konsens über die Notwendigkeit globaler Spielregeln für eine globale Wirtschaft, weil solche Regeln nötig sind, aber höchstens ansatzweise klar ist, wer ihre Einhaltung mit welchen Mitteln garantieren soll.

Auch die globale Wirtschaft braucht einen Handlungsrahmen, der von der Mehrheit der Bürger politisch akzeptiert, d.h. demokratisch legitimiert, wird: »Die Menschen«, so formuliert das Schlusskommuniqué des Berliner Gipfeltreffens über »Modernes Regieren im 21. Jahrhundert«, »möchten in einer Gemeinschaft leben, nicht nur in einer Marktwirtschaft arbeiten.«[26] Andernfalls drohen zerstörerische Gegenbewegungen. Womöglich bersten die Fundamente der Gemeinschaft. Nichts ist schädlicher für gute Geschäfte.

27 Berliner Kommuniqué – »Modernes Regieren für das 21. Jahrhundert«, 2./3. Juni 2000.

Ein Wirtschaftstrend wird erwachsen

von Andreas Schmidt

Weltweit wurde der Sprung ins neue Jahrtausend mit gigantischen Feuerwerken gefeiert. Passend zu dieser symbolstarken Zeitenwende erlebt die Menschheit einen technologischen Wandel, der von der Wirtschaftswelt bis hinein in die Gesellschaft wirkt und uns damit vor neue Herausforderungen stellt. Die Schnelligkeit der Veränderung ist rasant. Beinahe täglich sind neue Ankündigungen in den Wirtschaftsteilen der Tageszeitungen zu lesen. Sie versprechen, dass altgewohnte Abläufe in der Ökonomie von einem gänzlich neuen Regelwerk abgelöst werden. Ob im politischen Alltag, in Talkshows, Sonderbeilagen oder Konferenzen: Der öffentliche Diskurs darüber, was uns der technologische Fortschritt bringt, ist in vollem Gange. Dabei macht immer häufiger das Zauberwort von der »New Economy« die Runde. Was aber verbirgt sich hinter diesem verheißungsvoll klingenden Begriff? Oder anders: Drückt jener Anglizismus, dessen Bedeutung auf den ersten Blick wenig aussagekräftig erscheint, lediglich eine gewisse Unsicherheit aus? Ganz augenscheinlich vollzieht sich in der Wirtschaft ein Wandel, dessen Finalität noch nicht absehbar ist. Kaum jemand vermag mit Sicherheit vorherzusagen, wohin die Reise am Ende führen wird.

Um die einzelnen Prozesse des Wandels zu beschreiben, werden ausgehend von der Industriegesellschaft die tradierten Abläufe und Gewohnheiten herausgegriffen und den vermeintlichen Kennzeichen der New Economy gegenübergestellt. Was aber bedeutet hierbei »New«? Wo etwa liegt der zeitliche Anknüpfungspunkt? Offensichtlich ist dieser Begriff auch in der Neuen Welt, nämlich den USA, kreiert worden. Nachdem im März 1994 der damalige US-Vizepräsident Al Gore das Datenautobahn-Projekt »Global Information Infrastructure« verkündete, tauchte im selben Jahr auch der Terminus »New Economy« in offiziellen Reden auf. Dabei unterstellt das US-amerikanische Datenautobahn-Projekt eine Verknüpfung der »New Economy« mit zwei neuen Phänomenen: zum einen mit der Globalisierung, zum anderen mit einer technischen Infrastruktur, die es erlaubt, über Staatsgrenzen hinweg beliebig viele Informationen auszutauschen.

Natürlich kann der Versuch, jene sozioökonomischen Veränderungen durch die New Economy kurz zu umreißen, nur in Teilen gelingen, da die Grenzen stets fließend bleiben und unterschiedliche Interpretationen existieren. Zur Beschreibung des volkswirtschaftlichen Wandels folgen einige sowohl gegenwarts- wie auch zukunftsbezogene Abschnitte. Darin werden zum einen aktuelle Entwicklungen beschrieben – und damit die Spezifika der Old wie der New Economy. Zum anderen aber erscheint auch ein Ausblick sinnvoll. Denn gerade der Versuch, die geeigneten Maßnahmen aus der aktuellen Entwicklung abzuleiten, wird uns befähigen, dem neuen Zeitalter mit Optimismus entgegen zu schauen.

Die enge Verbundenheit der New Economy mit der Informationsgesellschaft ist offensichtlich. Der Hauptgrund für den Bedeutungszuwachs, den die Information erfährt, ist auf das sich dem Ende zuneigende industrielle Zeitalter zurückzuführen. Damit einhergehend wird den drei klassischen Produktionsfaktoren Arbeit, Boden und Kapital eine neue Dynamik beschert.

Vom Faktor »Information« wird gemeinhin gesprochen, wenn die Umbruchsituation von der Agrargesellschaft hin zur industriellen Revolution und nunmehr zur New Economy beschrieben wird. Vor der Industrialisierung waren Arbeit und Boden noch die bestimmenden Produktionsfaktoren. Mit der Mechanisierung und Industrialisierung verloren jedoch Arbeit und Boden relativ an Bedeutung, während Kapital sich zum knappen Faktor wandelte. Jetzt, nach nahezu zwei Jahrhunderten, erfährt die Gesellschaft einen abermaligen Umbruch. Kapital ist in der westlichen Welt zwar nicht mehr wirklich knapp, da es bei entsprechender Rendite grenzüberschreitend stets verfügbar ist. Letztendlich können sich Unternehmen ihre Position im internationalen Wettbewerb nur noch durch die Nutzung von Wissen erkämpfen und verteidigen.

Am Beispiel Auto wird die Verlagerung der Produktionsfaktoren besonders bewusst: Der Anteil der Hardware steigt weniger bzw. nur so stark an wie die Hinzufügung neuer elektronischer Steuerungselemente in Form von Software, der so genannten wissensbasierten Programmierung. In Reinkultur ist dieser Paradigmenwechsel beim modernen Cyberbanking zu erleben: Hardware wird lediglich noch für den Zugang genutzt. Was zählt ist die spezifische Software, die es den Kunden erlaubt, binnen Sekunden Transaktionen sicher zu tätigen.

Immer wichtiger werden also die Erfinder, Forscher, Entwickler und Systemanalytiker, um die Unternehmen zu innovativen Produkten und Dienstleistungen zu führen. Nicht von ungefähr ist die Wachstumsrate für hoch qualifizierte Arbeitsplätze fast dreimal so hoch wie bei allen übrigen. Erst die Digitalisierung von Wissen und Informationen, die durch die modernen Technologien beliebig häufig vervielfältigt und weltweit angeboten werden können, verhilft den Unternehmen zu Wettbewerbsvorteilen. Am eindrucksvollsten verdeutlichen sich die zunehmende Informationsvervielfältigung und -verfügbarkeit bei einem Blick auf den Datenverkehr des Internets: Das Datenvolumen des World Wide Web verdoppelt sich alle drei Monate!

Hervorragende Perspektiven hat hier insbesondere der Medien- und Unterhaltungssektor, da ein einmal erstelltes digitales Produkt beliebig häufig dupliziert werden kann und sich somit ideal für den Massenkonsum eignet. Der User wird künftig seine gewünschte Musik direkt downloaden oder bei Napster per Filesharing tauschen können und ist so nicht mehr nur auf den Kauf einer CD angewiesen. Das Internet wird dadurch zum größten Distributionskanal der gesamten Entertainmentbranche und vor allen Dingen der Musik werden. Dabei ähnelt die Funktionsweise der des modernen Software-Vertriebs. Ein Programm oder Musikstück muss lediglich einmal erstellt und mit einem Copyright oder Patent versehen werden. Anschließend wird das Produkt zu geringen Kosten über das Internet oder andere Medien vervielfältigt.

Von dieser kostenoptimierten Distributionsform profitieren Anbieter und Kunden zugleich: Der Preisvorteil, der sich durch den direkten Download oder Filesharing für den Konsumenten ergibt, wird unmittelbar weitergegeben. Dabei steigt die Wertschöpfung proportional zur Zahl der umgesetzten Lizenzen bzw. heruntergeladenen Musikstücke. Natürlich entscheidet nicht das Unternehmen über die Häufigkeit der Duplizierung, sondern stets der User. Insofern muss der Anbieter künftig nicht mehr den Umfang der zum Absatz im Einzelhandel bestimmten CD-Produktion planen. Die Produktion, das Angebot und der Verkauf einschließlich der Lieferung werden so auf einen einzigen Vorgang verkürzt!

Auch bei den Unternehmen der Old Economy stellen schon heute viele elektronisch gesteuerte Geschäftsbereiche – angefangen vom Lieferantenmanagement bis hin zur Verkaufsorganisation – das Rationalisierungspotenzial par excellence dar. Nichts ist so teuer, als in Unwissenheit über einen preiswerteren Lieferanten auf einen zwar qualitativ gleichwertigen, aber doch merklich teureren Zulieferer zu setzen. Die rechtzeitige Beschaffung und Bereitstellung der richtigen Information sind somit im Wettbewerb durch nichts zu ersetzen.

Wie es der Zufall wollte, fielen das Ende des Kalten Kriegs und damit die globale Öffnung der Weltmärkte mit jenem Technologieboom mehr oder weniger zusammen, der das Internet und andere digitale Medien in seinem Gefolge hatte. Durch die Auflösung nationaler Handelsbeschränkungen sowie die weltweite Vernetzung und Steuerung virtueller Warenströme wurde ein neues Zeitalter eingeläutet. Mittlerweile erstreckt sich die freie Marktwirtschaft quer über alle Kontinente von Asien bis Lateinamerika. Zwar findet die Ausprägung der Marktwirtschaft von Region zu Region ihren Ausdruck in unterschiedlichen Handelsfreiheiten. Dennoch ist die (Re-)Etablierung der Marktkräfte durch konsequente Deregulierung nicht mehr wegzudenken, geschweige denn aufzuhalten. Insofern werden kontinuierlich und tagtäglich neue Märkte für Waren und Dienstleistungen erschlossen.

Es scheint, als gäbe es gar Abhängigkeiten zwischen dem Bedeutungsverlust nationaler Interventionsmechanismen und dem Aufstieg der New Economy. Global agierende Netze, wie sie beispielsweise auf dem Finanzmarkt üblich sind, beschränken durch die wachsende Akkumulation mobilen Kapitals automatisch die Kontrollmöglichkeiten der nationalen Währungsbehörden. Während im Jahr 1992 nach OECD-Angaben in den Industrieländern die globalen Finanzanlagen noch über 35 Billionen Dollar verfügten, wuchs dieser Betrag in diesem Jahr nach Schätzungen von McKinsey bereits auf 53 Billionen Dollar an. Weltweit umfasst das tägliche Transaktionsvolumen somit rund 1,2 Billionen Dollar. Schon mit einem kleinen Teil dieser enormen Summen können binnen Sekunden Währungsschwankungen ausgelöst werden, denen nationale Notenbanken nur wenig entgegenzusetzen haben.

Damit einhergehend relativiert sich für viele Unternehmen auch die Standortfrage. Während in der Industriegesellschaft die Wahl des Produktionsstandorts von eminent strategischer Bedeutung war, ist in der New Economy ein Paradigmenwechsel zu beobachten. Virtuelle Unternehmen handeln mit Informationen, deren Verbreitung weitgehend standortunabhängig ist. Standortunabhängig verläuft demzufolge auch der Wettbewerb, der jetzt nicht mehr innerhalb von Landesgrenzen ausgetragen wird. Heute bestimmt zunehmend die globale Herausforderung die Spielregeln. Das gilt für Unternehmen aus der New Economy ebenso wie für solche aus der Alten Wirtschaft, die sich im Zuge der Globalisierung immer mehr von der Standortfrage emanzipieren.

Die Folgerung: Globalisierung und moderne Kommunikationsmittel bedingen einander. Denn erst die digitalen Medien als das Ferment der New Economy ermöglichen den Informationsaustausch über Landesgrenzen und Kontinente hinweg und verkürzen selbst transkontinentale Entfernungen auf minimale Bruchteile ihrer realen Dimensionen.

Die von der New Economy ausgelöste Erwartungshaltung ist sowohl in technologischer Hinsicht wie auch für den Arbeitsmarkt äußerst hoch. So fehlt es nicht an Arbeitsmarktprognosen, die darauf hindeuten, dass die Umstrukturierung der Beschäftigung in der Alten Wirtschaft durch die erhöhte Nachfrage nach neuen Arbeitsplätzen in der Informations- und Kommunikationsbranche (IuK) zumindest aufgewogen wird. In diesem Kontext präsentierte im Sommer 2000 Wirtschaftsminister Werner Müller eine umfassende Arbeitsmarktstudie des Rheinisch-Westfälischen Instituts für Wirtschaftsforschung in Essen. Darin wurden für die gesamte IT-Branche 750 000 neue Arbeitsplätze bis zum Jahr 2010 veranschlagt. Angesichts der Tatsache, dass dieser Sektor zur Zeit erst rund eine Million Beschäftigte zählt, ist die Zahl enorm.

Noch höher greift der Münchener Unternehmensberater Roland Berger, der bis zum Jahr 2010 gar eine Million neuer Arbeitsplätze im gesamten IT- und Kommunikationsbereich erwartet. Andersen Consulting zufolge aber sollen bereits im Jahr 2002 in Westeuropa und den USA mehr als zehn Millionen Menschen direkt oder indirekt in der New Economy tätig sein. Erstaunlicherweise wird die Nachfrage nach neuen Mitarbeitern jedoch nicht in erster Linie von den Dotcom-Firmen in die Höhe getrieben. Der Restrukturierung der Old Economy misst Andersen Consulting ein höheres Gewicht zu, als der Start-up-Szene da der Schritt der traditionellen Unternehmen in die E-Economy einen weitaus größeren Bedarf an Arbeitsplätzen produzieren würde als die Gründerwelle neuer IT-Firmen.

Fest steht: Das Angebot an IT-Arbeitsplätzen wird im Laufe der kommenden Jahre immer größer werden. Den Beleg liefert schon heute der Boom von Online-Jobbörsen, bei denen die Zahl offener Internet-Stellen konstant ansteigt. Angesichts der Tatsache, dass zahlreiche Stellen mangels qualifizierter Bewerber nicht zu besetzen sind, muten die Diskussionen um das Für und Wider der Green Card geradezu anachronistisch an, die unzweifelhaft an den Erfordernissen der Realität vorbei gehen. Deutschland kann es sich im globalisierten Wettbewerb kaum leisten, ausländischen Spezialisten den Zugang zum heimischen Arbeitsmarkt zu verwehren. Der Import ausländischen Know-hows muss als Investition und keinesfalls als Konkurrenz betrachtet werden zumal die inländische Konkurrenz ja gar nicht existent ist! Sperrte man die Spezialisten aus, würden wir uns am meisten schaden und auf die von ihrer Leistung ausgehenden multiplikativen Impulse für die Schaffung weiterer neuer Arbeitsplätze verzichten. Daher kann es nur in unserem ureigensten Interesse liegen, den Arbeitsmarkt weiter zu öffnen, um für Deutschland den notwendigen Wissenstransfer zu ermöglichen.

Was in diesem Kontext für die Entscheidungsträger in der Politik zutrifft, gilt gleichermaßen für die heranwachsende Generation. Wie zuletzt in einer Umfrage des Wirtschaftsmagazins *Capital* zum Ausdruck kam, setzt mehr als die Hälfte von Deutschlands Hochschulabsolventen auf den Berufseinstieg bei großen Traditionskonzernen. Kleinere Unternehmen und Start-ups hatten nur bei jedem Fünften eine Chance! Dieses ernüchternde Ergebnis lässt zweifellos auf mangelnden Unternehmergeist schließen. Die Sehnsucht nach einem sicheren Job mit guten Sozialleistungen und tariflich niedrigen Arbeitszeiten sollten heutzutage nicht die Hauptkriterien für die berufliche Orientierung sein. Gerade die New Economy lebt von der Risikobereitschaft des intellektuellen Kapitals und vom Streben, ein eigenes Start-up zu gründen. Ist dieser Nährboden einmal gelegt, sind auch die Voraussetzungen geschaffen, die gesamte Wirtschaft immer wieder von neuem zu befruchten.

Während in manchen Teilen der Gesellschaft noch Defizite bei der Vorbereitung auf das neue Zeitalter festzustellen sind, ist davon bei den Beschäftigten in der IT-Wirtschaft kaum etwas zu spüren. Am plastischsten findet die veränderte Geisteshaltung der neuen Mitarbeiter-Generation ihren Ausdruck in modischen Kürzeln: In den USA firmiert die neue Internetgeneration als so genannte »Net Genners«, während die

Gründerelite, die die Start-up-Kultur befördert, sich ein Stück extravaganter outet. So verstehen sich die so genannten »Yetties«, deren Bezeichnung sich aus »young, entrepreneurial und tech-based« zusammensetzt, als die aktiven Mitgestalter der New Economy. Jugendlichkeit scheint hier nicht nur ein schlichtes Merkmal zu sein als vielmehr auch Antrieb für ein neues Denken, zu dem sich unternehmerische Risikobereitschaft und Affinität zur neuen Technik hinzugesellen.

Diese Einstellung wird vor allem im Arbeitsalltag deutlich. In der Internet-Wirtschaft gelten die regelmäßige Fünf-Tage- bzw. 38,5-Stunden-Woche wie auch die Stempeluhr als Relikte aus längst vergangenen Zeiten. Neue Arbeitszeitarrangements ersetzen starre Regelungen in einer Welt, in der Schnelligkeit und »First Moving« als Erfolgsfaktoren gelten und zum unverzichtbaren Bestandteil geworden sind. Junge motivierte Menschen in ihrer Sturm-und-Drang-Zeit halten wenig von einem unflexiblen Arbeitsalltag, was nicht zuletzt beim Vorreiter USA zu beobachten ist. Dort haben zahlreiche Startups bereits wieder die Schichtarbeit eingeführt. Der gewöhnliche Büroalltag, in dem von 9 Uhr bis 17 Uhr gearbeitet wurde und am Wochenende zwei Tage Auszeit genommen wurden, existiert in der amerikanischen Start-up-Szene kaum noch. Stattdessen dominiert die flexible Schichtarbeit ohne feste Bürozeiten.

Und ein weiterer Paradigmenwechsel kennzeichnet die New Economy: Ehemals stabile Berufsbilder, die über Generationen bestanden, befinden sich in einem Auflösungsprozess. Ein Blick auf die Stellenanzeigen in computerjobs.de verdeutlicht den Wandel: Screendesigner werden für die Gestaltung von Internet-Seiten gesucht, Webmaster für die Steuerung der Technik, Contentmanager für die inhaltliche Ausgestaltung, Assetmanager für die Einbindung digitaler Quellen in Webseiten oder Application-Spezialisten für die Web-Implementierung komplexer Anwendungen. Verwundern muss hierbei weniger die Anglizismenvielfalt als vielmehr die weitgehende Nichtexistenz von Ausbildungsgängen für die neuen Berufsbilder – und das, obwohl sie aus der New Economy nicht mehr wegzudenken sind. Ihre Vielfalt ist Legion: Allein hundert neue Berufsbezeichnungen ermittelte das Institut Michel Medienforschung und Beratung (MMB) für die vier Bereiche der Multimediabranche: Konzeption, Design, Programmierung und Projektmanagement. Angesichts des Gesamtbestands von nur rund 400 staatlich anerkannten Ausbildungsberufen ist diese Entwicklung eindrucksvoll und zugleich eine neue Herausforderung für die Bildungspolitik.

Neben den technischen Qualifikationen wächst aber auch der Stellenwert sozialer Kompetenz. Die Fähigkeit zum richtigen Umgang mit Mitarbeitern ist zwar beileibe kein neues Element innerhalb der beruflichen Anforderungen. Doch hier erlangt die soziale Qualifikation eine wachsende Bedeutung – und das nicht nur in Führungspositionen. Denn im Dienstleistungsbereich im Allgemeinen, und ganz besonders im IT-Sektor, gehören die sozialen Kontakte zum wichtigsten Bestandteil der dort erzielten Wertschöpfung. Da durch die neuen Technologien und die Abflachung von Hierarchien die betrieblichen Abläufe eng vernetzt werden müssen, nehmen die Kommunikation und kollegiale Kooperation (Teamwork) einen hohen Stellenwert ein. Vergleichbares gilt übrigens auch für die externe zwischenmenschliche Kommunikation. Auch sie nimmt im Dienstleistungszeitalter zu, weil die Kunden mehr an persönlicher Beratung und Betreuung erwarten.

Durchlässiger oder sogar obsolet werden auch die tradierten hierarchischen Strukturen. Sie passen nicht in zeitlich befristete Projektarbeiten und kurzlebige Teams. Dies zeigen die sich ausbreitenden neuartigen Beschäftigungsformen wie beispielsweise Teilzeitarbeit, flexible Beschäftigungsverhältnisse, neue Selbständigkeit, ortsunabhängige und Tele-Arbeit oder die freie Mitarbeit. Parallel dazu sind in der New Economy Privatleben und Arbeit bisweilen kaum noch unterscheidbar und lassen eine Bürolandschaft Vision werden, in welcher Duschen und Betten das Schreibtischmobiliar ergänzen. Indem die Grenzen zwischen dem Zuhause und der Firma beinahe verschwimmen, löst sich die industriegesellschaftliche Trennung von Arbeitszeit und Freizeit immer mehr auf. Der so genannte Feierabend wird häufig gemeinsam mit dem Team verbracht und selbst auf Partys bereitet man Netzwerke vor, werden Mitarbeiter geworben oder Business Angels gesucht. Unternehmen der New Economy haben demzufolge mit dem Betrieb als dem klassischen Ort gewerkschaftlicher Aktivitäten nichts mehr gemein. Was sagt mir das Betriebsverfassungs- oder Arbeitszeitgesetz, mag sich so mancher Mitarbeiter in einem Start-up fragen. All-Hands-Meetings ersetzen in diesen unkonventionellen Neugründungen Betriebsräte oder Gewerkschaften.

Die digitalen Errungenschaften machen sich an der Börse deutlich bemerkbar und öffnen dem Privatanleger attraktive neue Möglichkeiten. Längst haben zahlreiche Newcomer im Discount-Brokerage-Bereich den etablierten Banken vorgemacht, wie man im Netz erfolgreich Kunden akquiriert. Mittlerweile gibt es in Europa mehr als 1000 Online-Broker, die jedermann die Möglichkeit eröffnen, sich unmittelbar an der Börse zu engagieren und an der Hausse (und Baisse) der IT-Unternehmen zu partizipieren. Angeheizt wird die neue Entwicklung von den Medien, die seit dem erfolgreichen Börsengang der Deutschen Telekom eine neuartige Aktienkultur zu etablieren halfen. Anfang 1999 besaßen in Deutschland knapp 13 Prozent der erwachsenen Bevölkerung Aktien oder Fondsanteile. Jetzt holen die Deutschen auf. Fast 20 Prozent sind mittlerweile im Besitz von Aktien oder Fondsanteilen.

Die Rahmenbedingungen für die neue Aktienkultur sind äußerst günstig: Die Erbengeneration verfügt zunehmend über finanzielle Ressourcen und vergrößert dadurch das Anlegerspektrum. Zudem sind in vielen Start-ups Aktienoptionen Teil der Firmenphilosophie. So verwundert es auch nicht, dass ein Großteil jenes Kapitals, mit dem die Entwicklung der amerikanischen IT-Industrie finanziert wurde, aus den Aktienmärkten stammte. Trotz mancher Überhitzungen und den dann zwangsläufig erfolgenden Rückschlägen, kann der Neue Markt auch in Deutschland als Erfolgsstory bezeichnet werden. Er ist, wie seine Pendants, der amerikanische Nasdaq oder der französische Nouveau Marché, quasi der Humus für das Gedeihen erfolgreicher Unternehmen aus der New Economy.

Wie gesagt, das Auf und Ab an den Börsen lädt längst nicht mehr jeden dazu ein, das glatte virtuelle Parkett zu betreten. IT-Unternehmen mit viel versprechenden Business-Plänen und hochfliegenden Umsatzprognosen gerieten nicht selten zu einer herben Enttäuschung für die Anleger, und euphorische Kursfantasien machten einem nüchternen Realitätssinn Platz. Freilich gehörten derartige Intermezzi schon immer zum Börsenalltag, wenn auch nicht unbedingt mit derart herben Ausschlägen, wie sie heute an der Tagesordnung sind. Angesichts der Nöte der Rentenversicherung und damit der Notwendigkeit für mehr Eigenvorsorge, wird der Auftrieb an den Kapitalmärkten jedoch weiter anhalten. Innovative Unternehmen werden davon profitieren und eine nach oben gerichtete Börsentendenz gewährleisten. Mehr Newcomer an den Börsen aber bedeuten auch mehr Arbeitsplätze. Bereits die derzeit gut 300 am Neuen Markt notierten Unternehmen haben in diesem Jahr ihre Belegschaft um 80 000 Personen aufgestockt und ihren Mitarbeiterstamm damit nahezu verdoppelt, wie die Unternehmensberatung Roland Berger ermittelte.

Ein vergleichbarer Nutzen für die Entwicklung der New Economy ist mit dem so genannten Venture Capital verbunden, das seit einigen Jahren verstärkt in und nach Deutschland fließt. Seine Nachfrager sind Start-ups und findige Getty's, die, angetreten mit guten Ideen oder innovativen technischen Neuerungen, nach der finanziellen Verwirklichung für ihre Projekte suchen. Auch hierzulande kann mittlerweile von einer regelrechten Venture-Capital-Kultur gesprochen werden, wie die so genannten First Tuesday's erkennen lassen. So treffen sich an jedem ersten Dienstag des Monats in Berlin, München oder Hamburg gemäß britischem Vorbild Kreative mit risikofreudigen Kapitalgebern, um aus diesen Kontakten konkrete Projekte entstehen zu lassen. Promotoren auf der Kapitalseite sind die so genannten Business Angels – seien es nun Investmentbanken, Konzerne oder auch vermögende Privatleute. Sie stellen in der Regel nicht nur Kapital, sondern auch Know-how über Beratung und damit vor allem jenes Smart Money zur Verfügung, was die Erfolgschancen der Newcomer entscheidend verbessert. Inzwischen werden hier Milliardensummen akkumuliert und investiert. Allein die 138 Mitgliedsfirmen des Bundesverbands Deutscher Kapitalbeteiligungsgesellschaften (BVK) verfügten Ende 1999 über ein Fondsvolumen von 25 Milliarden Mark, das sich seitdem weiter vergrößert.

Das derzeitige Umfeld kann für die aufstrebende neue Gründergeneration kaum günstiger sein. Potente Investoren prüfen neue Ideen, spezielle Dienstleister bieten ihre Hilfe an, wenn es um Beratungsleistungen in Steuer-, Finanz- und Gründungsfragen geht. Trotz Pleiten, trotz der Schwankungen auf dem internationalen Börsenparkett, liegt bei der deutschen Industrie eine große Menge an Risikokapital bereit. Denn zur Marktwirtschaft und damit auch zur New Economy gehört das Stirb und Werde und schließlich ist immer auch das Bessere der Feind des Guten. Die Konklusion: Der systemimmanente Ausleseprozess behält wie ehedem weiterhin seine Gültigkeit, und am Ende der Marktbereinigung werden die durchsetzungsstärksten Unternehmen honoriert.

Schon seit längerem haben sich die Medien auf die verschiedenen Ausprägungsformen der New Economy eingestellt und ihnen durch griffige Synonyme beinahe schon Kultstatus verliehen. Die bekanntesten von ihnen firmieren unter den drei B2-Kürzeln: B2B, B2C und B2G »Business to Business«, »- to Consumer« und »- to Government«. Auch Bundeskanzler Gerhard Schröder weiß sich zeitgeistkonform anzupassen. Sein politischer Fokus liegt auf den drei A2's: A2C, A2B und A2A – was für »Administration to Citizen«, »- to Business« und »- to Administration« steht. Während allerdings Schröders Ankündigungen im A2-Bereich noch in den Kinderschuhen stecken, entwickelte sich der B2-Bereich in den letzten Jahren bereits recht eindrucksvoll.

Herausragende Bedeutung kommt dabei dem B2B-Feld zu, dessen Stellenwert im Vergleich zum B2C-Sektor erst recht spät erkannt wurde und sich derzeit zu einem Megamarkt entwickelt. Maßgeblich bestimmt wird die Entwicklung dieses Bereichs durch die intelligente Integration bestehender IT-Umgebungen in E-Business-Systeme, die bis zum Aufbau von

Supply Chains führen und damit unter anderem das Zulieferwesen revolutionieren. Nicht zuletzt dadurch werden sämtliche unternehmerischen Abläufe auf den Prüfstand gestellt.

Die sich daraus ergebenden Ableitungen sind vielfältig, wobei dem Internet durch seine Globalität eine Schlüsselrolle zufällt. Die Marktteilnehmer sehen sich in einem einzigen Medium fokussiert, das aufgrund seiner Transparenzen den Wettbewerb spürbar belebt. Hinzu kommt, dass für neue Anbieter kaum Eintrittsbarrieren bestehen. Das Beispiel großer Online-Plattformen zeigt, dass die B2B-Strategien auch die Old Economy erreicht haben: Große Industriekonzerne bestellen ihre Rohstoffe und Zulieferteile mittlerweile elektronisch auf virtuellen Marktplätzen. Auf diese Weise entstehen riesige Online-Plattformen. Der Großhändler als Mittelsmann wird obsolet, wenn Warenorder elektronisch ausgeschrieben werden und die Lieferanten weltweit um das beste Angebot konkurrieren. Dies hilft zum einen die Kosten senken und sorgt zum anderen für einen enormen Produktivitätsschub. Schätzungen gehen davon aus, dass rund 22 Prozent des Bruttosozialprodukts auf das Zulieferwesen entfallen. Der Sog der elektronischen Marktplätze kann diesen Anteil signifikant verringern helfen. Bereits in den nächsten beiden Jahren werden hierzulande laut Berlecon Research 600 bis 800 Marktplätze mit einem Handelsvolumen von 70 Milliarden Mark ihre produktiven Wirkungen entfalten.

Gleichzeitig aber erfährt auch die Nachfrageseite erhebliche Veränderungen. Rund um die Uhr können in der 24-Stunden-Ökonomie Transaktionen getätigt und kommuniziert werden. Die virtuelle Marktlandschaft führt zu einer völligen Veränderung der Distributionsverhältnisse in der Industriegesellschaft. An die Seite der Distribution über den Groß- und Einzelhandel tritt in zunehmendem Maße die Logistik weltweiter Versandorganisationen. Die Aussichten sind viel versprechend: Geschäfte über das Intra-, Extra- oder Internet verringern die Verwaltungskosten; Absatz und Einkauf lassen sich effizient steuern und lösen einen drastischen Preisdruck auf Waren wie auf Dienstleistungen aus.

Das Internet ist auf dem besten Wege, die gewohnte Ordnung auf den Kopf zu stellen: Unternehmensallianzen und Kooperationen überwinden die Kontinente. Bisherige Konkurrenten vereinen sich auf virtuellen Marktplätzen, um gemeinsam ihr Zuliefererwesen zu revolutionieren. Dass dieser Trend kein vorübergehender ist, beweist der Blick auf die einzelnen Branchen. Ob Chemie-, Öl-, Luftfahrt- oder die Automobilindustrie: Zahlreiche Global Player nutzen die Möglichkeiten der digitalen Vernetzung, um ihren Einkaufs- und Beschaffungsbereich zu bündeln. Keine Frage: Die Zukunft liegt im B2B-Bereich. Der in diesem Segment getätigte Gesamtumsatz soll allein in den USA von 109 Milliarden Dollar im Jahr 1999 bis 2003 auf 1,3 Billionen Dollar steigen. Geradezu bescheiden nehmen sich demgegenüber die Schätzungen für den E-Commerce-Bereich B2C aus. Der Handel mit Endverbrauchern wird auf nur 108 Milliarden Dollar geschätzt.

Gleichwohl stehen auch der bisherigen Konsumentenwelt gewaltige Veränderungen bevor. Dabei sind die Ähnlichkeiten mit dem B2B-Bereich frappant. An die Stelle des Produzenten, der unabhängig vom Ladenschluss per Mausklick die Angebote verschiedener Lieferanten vergleichen und sofort beim billigsten Anbieter bestellen kann, tritt hier der Konsument. Auf dieselbe Weise wie die Global Player auf einem Marktplatz gemeinsam Allianzen eingehen, bietet das Internet den Konsumenten die Möglichkeit, sich zusammenzutun und dadurch eine Potenzierung ihrer Einkaufsmacht zu erwirken.

Neben netzwerkartigen Einkaufsgemeinschaften bietet die Informationstransparenz den Vorteil, dass Preise mühelos verglichen werden können. So genannte Shop- und Pricebots, wie beispielsweise DealTime, erlauben die Klassifizierung von Produkten, um Preisdifferenzen zwischen markengleichen Artikeln binnen weniger Sekunden auszumachen. Der User verändert sich immer mehr zu einem intelligenten Einkaufsagenten, was auf dieser Distributionsstufe dem Wettbewerb neue Impulse verleiht und die Position der nachfragenden Konsumenten erheblich stärkt. Der Konsument als hilfloser Empfänger gehört bald der Vergangenheit an. Er gelangt immer mehr in den Status eines Operators, der die Unternehmen zu einer kundenorientierten Geschäftspolitik bewegt.

Beim Wettkampf um den König Kunde schwingen sich die kreativen Spielräume in immer weitere Höhen auf. So können bei Priceline.com, einem amerikanischen Online-Reisebüro, die Kunden selbst bestimmen, wie viel sie für ein Hotelzimmer bereit sind zu zahlen. Die Folge: Die gewohnte Rollenverteilung von Anbietern und Nachfragern verändert sich durch die neue Macht der Nachfrager erheblich. Modelle dieser Art, bei denen die dynamische Preisgestaltung über einen Deal entscheidet, können langfristig sogar das Ende fester Preise bedeuten.

Eine ähnliche Umkehrung gilt generell für die gesamte Wertschöpfungskette. Per Internet ist es den Kunden möglich zu entscheiden, wie beispielsweise das gewünschte Automodell aussehen oder welche Musikstücke eine CD enthalten soll. Weil so der Kunde an der Generierung von Dienstleistungen und Waren aktiv beteiligt wird, kehrt sich die Wertschöpfungskette um. Indem der Kunde zum individuellen Bestimmungsfaktor des Wertschöpfungs*prozesses* wird, haben Unternehmen es künftig leichter, seine Bedürfnisse zu erkennen.

Dynamik ist inzwischen auch im üblicherweise eher behäbigen staatlichen Verwaltungsbereich zu beobachten. Der Einsatz von Informations- und Kommunikationstechnologien bei Regierung und Verwaltung verspricht die Abläufe von Grund auf zu revolutionieren. Ein Ziel der B2G-Lösungen ist die Integration mehrerer Verwaltungsdienstleistungen an einem Anlaufpunkt für Unternehmen und Bürger zu erreichen, so dass künftig lästige Behördengänge durch wenige Mausklicks ersetzt werden können. Ein weiteres ehrgeiziges Ziel künftiger B2G-Projekte ist neben der Digitalisierung des Beschaffungswesens durch das so genannte E-Procurement auch die elektronisch gesteuerte Ausschreibungsabwicklung aller Gebietskörperschaften.

Während sich ein solches Szenario in Europa allerdings noch in der konzeptionellen Entwicklungsphase befindet, werden in den USA unter buyers.gov Beschaffungsprozesse von Behörden bereits in Echtzeit über das Internet abgewickelt. Per Online-Reverse-Auktion treten vereinzelte US-Behörden als Käufer auf, um Erfahrungen im E-Procurement zu sammeln. In einer jetzt angelaufenen sechsmonatigen Pilotphase wird mit unterschiedlichen Lieferanten diese neue Form der Beschaffung getestet, um dadurch die zeitraubende Prozedur der Ausschreibung abzulösen.

Was in der Offline-Welt unmöglich und Wunschdenken vieler Unternehmen ist, wird im Internet praktiziert: One-to-One-Marketing, was soviel bedeutet, dass User auf der Konsumseite gezielt angesprochen werden, um eine Kaufentscheidung zu erreichen. Ermöglicht wird die bedürfnisbezogene Ansprache mittels sogenannter Cookies. Cookies bilden zur Zeit das Herzstück des elektronischen Marketing – und das, obwohl die Cookies eine recht bescheidene Erscheinungsform gewählt haben. Als kleine Dateien finden sie sich auf dem Rechner des Besuchers wieder, wo sie diverse Informationen über seine Präferenzen beherbergen. Wählt der User sich auf den Firmenseiten ein, stehen den Unternehmen die individuellen Präferenzen des Kunden automatisch zum Abruf bereit.

Auf diese Weise können die Anbieter ihre Kunden stets »wiedererkennen«. Denn, je häufiger ein User im Internet einkauft, umso schärfer wird sein Profil. Kehrt der User beispielsweise wieder zu seinem Medienshop BOL zurück, kann ihm dank der Datengewinnungs-Software auf der Startseite automatisch ein neuer Buch- oder Musiktitel präsentiert werden, der in sein Profil passt. Mit diesem individuellen Customizing erschließen sich Online-Händler völlig neue Möglichkeiten, den Kunden persönlich anzusprechen. Die Angebote werden auf jeden Kunden maßgeschneidert, so dass der sonst übliche Streuverlust bei der Werbung minimiert wird. Freilich ist eine persönliche Ansprache noch kein Garant dafür, dass der User das offerierte Produkt über den Anbieter auch tatsächlich erwirbt. Dennoch ist diese neue Marketingmethode ein wichtiger Baustein im Customer Relationship, der sich mit fortschreitender Preisnivellierung noch auszahlen wird.

Die Beispiele für den wachsenden Einkaufskomfort sind zahlreich. Gesammelte Erkenntnisse über das Kundenverhalten können sich auch für das Zahlungsmanagement als nützlich erweisen. Bei manchen Online-Retailern etwa wird die Adresse des Kunden mit soziodemografischen Daten verknüpft und auf diese Weise darauf geschlossen, in welchem sozialen Milieu er lebt. Kommt es dabei zu keinen aussagefähigen Schlussfolgerungen, wird man beim Kunden auf eine Zahlung per Nachnahme oder Kreditkarte dringen. Vermeintlich solventere Kunden erhalten demgegenüber die Ware auch gegen Rechnung.

Trotz der Bedenken wegen des Schutzes der Privatsphäre werden Datenjäger, die Informationen über individuelle Usergewohnheiten sammeln – so genanntes »customer traiting« immer zahlreicher, vor allem auf dem US-amerikanischen Markt. Mittlerweile konnte sich dort eine regelrechte Branche etablieren, die ausschließlich das Surf-, Kauf- und View-Verhalten der Internetgemeinde analysiert und die gewonnenen Informationen weiter vertreibt. Das ausgefeilte Rastern von Kundenprofilen kann allerdings auch groteske Züge annehmen. So differenzierte ein Internet-Händler die Preise nach persönlichen Daten seiner Kunden, wie etwa deren Einkommen und ihre Wohngegend. Die Klassifizierung führte zu Preisdifferenzen pro Buch von bis zu 20 Mark! Infolgedessen sah man sich gezwungen, jene »Maßkonfektion« aufgrund zahlreicher Kundenbeschwerden wieder einzustellen.

Ein anderer wichtiger Baustein im Customer Relationship Management ist neben der gezielten individuellen, nach Bedürfnissen ausgerichtete Ansprache des Kunden die so genannte Interaktivität. Denn was nutzt eine Produktanfrage per E-Mail im B2C-Zeitalter, wenn sie erst zwei Tage später beantwortet wird? Die volle Kundenzufriedenheit wird sich erst dann einstellen, wenn der Servicebereich keine Defizite mehr aufweist. Schon bald werden intelligente Avatare dafür sorgen, dass selbst individuelle Produktanfragen binnen Sekunden beantwortet werden können.

Aus all dem folgt: Der User ist vom Unternehmen als Individualist zu begreifen. Konformistisches Massenmarketing hat kaum noch Chancen in der New Economy. Der Paradigmenwechsel könnte daher lauten: Während in der Old Economy »push marketing« gefragt war, ist der Trend in der

New Economy weitaus komplexer und mit intensiveren Marketinganstrengungen verbunden. Denn hier gewinnt das nachfrageorientierte »pull marketing« immer mehr an Bedeutung. Kunden sind und werden in der New Economy zunehmend selbst aktiv und besiegeln ihre Mitwirkung schließlich mit dem finalen Online-Kauf.

Würde man sich in der New Economy sämtliche Chip-Technologien wegdenken, stünde sie da wie ein Auto ohne Motor. Denn mehr als alles andere ist die New Economy auf den schnellen Transport von Informationen und Wissen angewiesen. Da aber beide Elemente medialer Natur sind, folgt daraus zwangsläufig, dass digitale Netzwerke vorhanden sein müssen, die die Informationen transportieren.

Das Erfordernis, auf moderne Technologien zurückgreifen zu können, zieht sich vom A2B- bis zum B2G-Bereich durch wie ein roter Faden. Während die bisherige Kommunikation weitgehend durch Face-to-Face-Verständigung, Briefe oder Telefon bestimmt war, zieht in der New Economy die Computer Mediated Communication (CMC) ein. Soziale Kommunikation wird allerorten möglich Zeiten und Distanzen spielen durch die Digitalisierung eine nur noch untergeordnete Rolle.

Impulsgeber für diesen Wandel sind vor allem die Telekommunikations- und Softwareproduzenten. Plastisches Beispiel hierfür ist das Wettrennen um die schnellsten Prozessoren. AMD stellte im Frühjahr 2000 einen Chip mit einem GHz Taktfrequenz vor. Lange Zeit wurde dieser Wert als physikalische Grenze angesehen. Mittlerweile aber geht man davon aus, dass nach dem derzeit bekannten Stand der Technik weitere Leistungssteigerungen erzielt werden können – und das bei einer voraussichtlich alle achtzehn Monate verdoppelten Rechenleistung!

Ein Innovationsstopp scheint somit vorläufig nicht in Sichtweite zu sein. Dabei werden von den technologischen Neuerungen alle Bereiche der New Economy erfasst: Der Handel mit Gütern wie der Dienstleistungssektor, Produkt- und Innovationszyklen beschleunigen sich ständig aufgrund rascherer Nachfrageveränderungen. Am deutlichsten wird der Unterschied zwischen Alter und Neuer Ökonomie, wenn man einmal die durchschnittliche wirtschaftliche Nutzungsperiode der Boeing-Fabrik mit jener Intels vergleicht: Während sie bei Boeing mehr als zwanzig Jahre beträgt, ist die Produktionsstätte von Intel bereits nach vier Jahren veraltet.

Die Beschleunigung der Technologiezyklen ist im Vergleich zur Vergangenheit spektakulär: Mehr als ein halbes Jahrhundert dauerte es, bis 50 Millionen Menschen das Telefon nutzten. Das Fernsehen benötigte dreizehn Jahre – und das Internet überschritt die 50-Millionen-Grenze bereits nach drei Jahren! Mittlerweile nutzen weltweit mehr als 350 Millionen Menschen jenes Netz, das nahezu alles vereint: Fernsehen, Telefon und vieles andere mehr. Jetzt ist es möglich, sämtliche Informationen – ob Sprache, Musik, Bilder oder Daten, digital auszutauschen und binnen weniger Sekunden mithilfe der Infrastruktur aus Kabelnetzen und Satelliten weiterzuverbreiten. Dadurch wird das Internet bzw. das World Wide Web zum wichtigsten Faktor der vornehmlich auf Kommunikation basierten New Economy. Begrenzungen gibt es so gut wie keine – weder inhaltliche noch hinsichtlich der Zahl der Teilnehmer.

Und doch steht uns die nächste Stufe der Revolution bereits bevor. Spätestens mit der Etablierung des Glasfasernetzes wird auch das Filmgeschäft durch die Online-Technik revolutioniert. In einigen Monaten schon wird es möglich sein, einen Hollywoodfilm aus dem Netz binnen weniger Sekunden herunterzuladen. Gleiches gilt für die mobile Datenübertragung. Während das Wireless Application Protocol (WAP) die Entwicklung schon vorzeichnet, wird das Universal Mobile Telecommunication System (UMTS) die Übertragungsgeschwindigkeit weiter erhöhen und damit neue Vertriebskanäle öffnen. Mobile Endgeräte wie der Personal Digital Assistent, Handys oder die digitale Kommunikation im Auto werden zu einer Selbstverständlichkeit im täglichen Leben.

Schon bald liegt die Zukunft des Internets in seiner unbegrenzten Mobilität – aus Electronic Commerce wird Mobile Commerce. Es ist ganz gewiss nicht zu hoch gegriffen, wenn bereits im Jahr 2002 der Standort unabhängige Zugriff auf Daten zum Standard wird. Erst kürzlich prognostizierten Experten anlässlich des Broadband Wireless World Forum, dass in zwei Jahrzehnten weltweit 80 Prozent aller Breitbandanbindungen mobil sein werden. Derartige Technologiesprünge sind freilich kein Ausdruck von Technikverliebtheit um ihrer selbst willen, sondern bewirken erhebliche Kosteneinsparungen wie das Beispiel der Vernetzung verdeutlicht. Ein PC auf jedem Büroschreibtisch, der mit sämtlichen Mitarbeitern verbunden wird, gestattet den Verzicht auf teure konventionelle Kommunikation von Mitarbeiter zu Mitarbeiter. Daraus folgt: Das Wirtschaftsleben gewinnt deutlich an Effizienz. So ist es denn auch keine Utopie mehr, dass bald alle Prozesse eines Unternehmens von der digitalen Vernetzung komplett erfasst sein werden. Die digitale Verknüpfung wird dann von der Verwaltung, über den Einkauf und die Beschaffung, die Logistik, das Marketing bis hin zur Produktion reichen. Tradierte Geschäftsabläufe können durch die Abwicklung über digitale Netze schneller, weniger fehleranfällig und kostengünstiger werden.

Dadurch wird das Management in die Lage versetzt, einen schnellen Zugriff auf Marktpartner, Anbieter und Nutzer und Vorräte zu erhalten. Die Analyse, in welchem Segment der Geschäftsprozess defizitär und wo optimal ist, wird durch die elektronische Vernetzung ermöglicht und gestattet den detaillierten Blick in die kleinsten Bereiche hinein. Endlich rücken alle Glieder der Wertschöpfungskette – vom Lieferanten bis zum Kunden – in quasi einer E-Corporation zusammen.

New Economy versus Old Economy. Eine Zeit lang wurde in diesen Kategorien gedacht und gehandelt – gerade und besonders an der Börse. Allerdings setzte nach einer gewissen Zeit mehr Ernüchterung ein. Neue IT-Unternehmen werden inzwischen nicht mehr als alleinige Erscheinungsform der New Economy bezeichnet, wenn auch junge Existenzgründer und quirlige Start-ups noch immer als die augenfälligsten Repräsentanten der Neuen Ökonomie gelten mögen. Begonnen hat der Aufbruch in der New Economy mit virtuellen Unternehmen wie beispielsweise Yahoo oder eBay, die zusammen mit zahlreichen neuen Akteuren analog zur Massenverbreitung des Internets auf das Spielfeld der Neuen Wirtschaft traten.

Dabei kennt die Vielfalt kaum Grenzen: Hardwarehersteller, Softwareproduzenten, B2B-, B2C-Plattformen und viele andere Unternehmen wurden binnen weniger Wochen durch die Umsetzung intelligenter Ideen weltweit bekannt. Ähnlich einer Graswurzelrevolution bediente sich die junge Internet-Generation des World Wide Web, um in einer neuen Umgebung neue Ideen zu verwirklichen. Eine Handvoll junger Menschen schien zum Erschrecken vieler Analysten das herkömmliche Regelwerk an der Börse mit einem Male außer Kraft zu setzen. Das jahrzehntelang bewährte Kennzahlensystem zur Bewertung eines Börsenkurses, das Kurs-Gewinn-Verhältnis (KGV), war in seiner bisherigen Proportion kaum noch aussagefähig. Einige Start-ups machten sogar mehr Verlust als Umsätze, wie beispielsweise Gigabell, DataDesign, CPU Softwarehouse, Micrologica oder Adori. Stattdessen rückten Kategorien wie Fantasie und überzeugende Geschäftsideen in den Vordergrund der Anlageentscheidung.

Mittlerweile aber ist das Börsenparkett um einige reinigende Kursgewitter reicher. Vorläufiges Fazit: Start-ups mit guten Fundamentaldaten konnten sich halten, während sich die Spreu durch erhebliche Kursverluste oder sogar Pleiten disqualifizierte. So schwer solche Ernüchterungen für den Anleger auch wiegen mögen, der deutsche Gründermarkt wird weiter wachsen und ist längst noch nicht am Ende. Noch beträgt der Risikokapitalanteil am Bruttosozialprodukt nur 20 Prozent der in den USA erreichten Relation!

Freilich scheint insbesondere bei den Neugründungen im Dotcom-Bereich langsam die Kreativität dahinzuschwinden. Gerade zu Beginn des Internetzeitalters fielen Start-ups durch originelle Einfälle auf und konnten diese am Markt auch vielfach durchsetzen. Mittlerweile aber strömen vermehrt so genannte »Copycats« in den Markt. Als solche werden in den USA jene Nachahmer bezeichnet, die flink wie Katzen erfolgversprechende Geschäftsmodelle kopieren. Zu beobachten ist dieses Phänomen für den B2B- genauso wie für den B2C-Sektor. Nachdem in den USA die Idee von Epinions.com auf den Markt kam, ein Online-Forum anzubieten, auf dem Verbraucher ihre Produktbewertungen publizieren, ahmten in Deutschland kurze Zeit später Unternehmen wie Ciao.com oder Dooyoo.de die Grundidee nach.

Auch wenn die New Economy inzwischen zum Weltbürger geworden ist, bleiben die USA nach wie vor die entscheidenden Impulsgeber. Angesichts der Faustformel, dass die USA den Europäern im Internetbereich rund ein Jahr voraus sind, lässt der neueste Trend in den USA aufhorchen: Allmählich verschwinden die Dotcoms- sowie E- und I-Kürzel aus der Firmierung von Internet-Unternehmen. So haben vor kurzem InfoSpace, RedLadder und Gameplay die ehemals modernen Internet-Kürzel aus ihren Namen gestrichen. Ob damit zugleich wieder ihre Glaubwürdigkeit bei den Kunden und Investoren gesteigert wird, bleibt freilich abzuwarten. Fraglich ist auch, inwieweit dieser Trend Europa beeinflussen wird.

Fest steht aber, dass im jetzigen Stadium der New Economy der Reiz des Neuen an den Dotcom-Namen global zu verblassen scheint. Stattdessen gewinnen vor allem die Grundlagen der Markenidentität wieder zunehmend an Bedeutung. Beispielsweise scheiterte der Bekleidungshändler Boo.com nicht zuletzt daran, unnütz Millionenbeträge für seine Bekanntmachung investiert zu haben. Die Aufzählung ähnlicher Beispiele ließe sich fortsetzen. Das Beispiel zeigt, dass auch in der Internetwirtschaft nach wie vor die Akzeptanz etablierter Markennamen über Erfolg oder Nichterfolg entscheiden kann. Schließlich versinnbildlichen vor allem bekannte Produktmarken die notwendige Produktdifferenzierung und Qualitätsbestimmung, die dann letztendlich die Kaufentscheidung beeinflussen.

Das allmähliche Verschwinden von Dotcoms aus den Firmierungen der Start-ups könnte als Markenstrategie verstanden, gewissermaßen ein Vorbote für eine neue Entwicklung innerhalb der New Economy sein. Eine geeignete Überschrift für das neue Kapitel in der New Economy könnte daher lauten: Old Economy strikes back! Nur wenige Monate ist es erst her, da wurden die meisten der Blue-Chip-Konzerne wie generell die Unternehmen der Old Economy zu den Verlierern im Zeitalter der Neuen Wirtschaft gestempelt. Inzwischen aber und nach manchen Enttäuschungen an der Börse mit neuen IT-Firmen, erfährt die Old Economy wieder einen Prestigezuwachs. Der Szenenwechsel erscheint nicht unplausibel: Jahrzehntelang am Markt bekannte Unternehmen besitzen sowohl ein ausgeprägtes Markenimage wie auch reichlich finanzielle Ressourcen. Ressourcen, die man mittlerweile konsequent dazu nutzt, alte Strukturen zu erneuern und/oder neue Geschäftsbereiche im IT-Sektor anzusiedeln.

Inzwischen gewinnt das Zukunftsprofil der New Economy an Schärfe. Erfahrungen, auch manche bittere, mussten nicht wenige Start-ups machen. Aus ihnen haben bei der wohl überlegten Neuorientierung die Unternehmen der Alten Ökonomie gelernt ohne deren Fehler zu wiederholen. Insofern hat sich die einstmalige Warteposition ausgezahlt. Jetzt erst, im Lichte dieser Erfahrungen, beginnt die Old Economy sich zu formieren. Besonders plastisch wird der Wandel bei einem Blick in die Wochenendausgaben der überregionalen Tageszeitungen, wo sich mittlerweile die Stellenausschreibungen für Internetexperten von Unternehmen aus der Alten Ökonomie häufen.

Die Zeit, in der nicht wenige Vertreter der Alten Wirtschaft mit dem Eintritt in die Internetwirtschaft zögerten und das Internet für ein Phänomen hielten, das schnell wieder vergehen werde, ist also endgültig vorbei. Die ehemalige Skepsis hat einer offensiven Aufbruchstimmung Platz gemacht. Stetig und unaufgeregt transformiert sich die Old Economy. Industrieunternehmen, die jetzt herangehen, ihre Struktur zu modernisieren und sich neue Vertriebswege über das Internet zu erschließen, haben mit den erwähnten Copycats allerdings nur wenig gemein. Ford verkauft seine Autos inzwischen online und verdrängt damit Start-ups wie Carorder.com, Carsdirect.com, und Greenlight.com. Auch Avon investierte in die Umsetzung eines eigenen Webshops und bereitet reinen Online-Händlern wie Reflect.com, Beautyjungle.com oder Gloss.com eine scharfe Konkurrenz. Der wesentliche Unterschied zwischen etablierten Unternehmen und den Start-ups besteht allerdings nicht nur im bereits weltweit eingeführten Markennamen und der damit verbundenen Kundenakzeptanz. Hinzu kommt, dass die Hersteller ihre Produkte direkt und ohne Umwege vermarkten können – und das bei bereits vorhandener Logistik-, Vertriebs- und Handelskompetenz. Herkömmliche Arbeitsabläufe und Verfahren werden dadurch erheblich beschleunigt und teilweise sogar überflüssig.

Die Perspektiven, die sich durch das Ende des Dornröschenschlafs für die Unternehmen der Old Economy eröffnen, sind gewaltig: Nach Angaben des *Wall Street Journal Europe* verkaufen bereits mehr als 80 Prozent der zur Old Economy gezählten europäischen Banken, Einzelhandelsketten, Produktions- und Versorgungsunternehmen ihre Produkte auch über das Internet. Ob Konzerne wie Babcock-Borsig aus dem Ruhrgebiet oder mittelständische Holzgroßhandlungen aus dem Schwarzwald: Moderne Technologien werden mittlerweile individuell und bedarfsorientiert genutzt, indem entweder Kooperationen mit bestehenden Handelsplattformen geschlossen oder in Eigenregie neue Online-Marktplätze eingerichtet werden.

Schon im jetzigen Stadium scheinen sich die IT-Aktivitäten und die Entwicklung von neuen Webstrategien für die Vertreter der Old Economy auszuzahlen. Wie die Hamburger Webforscher von Fittkau & Maaß ermittelten, präferieren Internet-Nutzer vor allem die Websites der klassischen Reiseanbieter, um Reiseinformationen einzuholen oder Flüge, Fahrtickets und Reisen zu buchen. Nach den etablierten Reiseanbietern, wie der Deutschen Bahn und der Lufthansa, beginnt die Rangliste für die reinen Internet-Firmen erst bei Position vierzehn.

Die Dimensionen des eingesetzten Kapitals zeigen, dass Internet und E-Commerce die Volkswirtschaften radikal verändern werden. Alleine die Deutsche Bank plant Investitionen von bis zu einer Milliarde Euro pro Jahr, um für das elektronische Zeitalter gerüstet zu sein. Erwartungen des Bundesverbands Informationswirtschaft, Telekommunikation und neue Medien (BITKOM) zufolge, sollen sich demnach innerhalb von weniger als zehn Jahren die Umsätze der

ITK-Branche verdoppeln und bereits in fünf Jahren die 300-Milliarden-Schwelle überspringen. Diese Entwicklung bleibt nicht ohne Auswirkungen auf die Zahl der Arbeitsplätze. Hier ist die IT-Branche von ehemals weniger als 100 000 auf heute 433 000 Beschäftigte gewachsen. Pro Jahr kommen zur Zeit etwa 30 000 bis 40 000 neue Arbeitsplätze hinzu. Schriebe man die Erfolgsstory weiter, würde der ITK-Markt zum größten deutschen Wirtschaftszweig überhaupt avancieren. Durch den immensen Nachfrageschub nach modernen Technologien werden zwar auf der einen Seite Arbeitsplätze in den klassischen Industriezweigen abgebaut – beispielsweise wird das teure Filialnetz der Banken deutlich reduziert werden. Andererseits sorgt die strukturverändernde New Economy für einen Ausgleich in den technologieorientierten Branchensegmenten.

Das Zwischenfazit im jetzigen Stadium der New Economy kann daher alles in allem nur positiv ausfallen. Dunkle Prophezeiungen, wonach vielen Industrienunternehmen vorgeworfen wurde, den Anschluss an das Technologie- und Informationszeitalter verloren zu haben, sind auf dem besten Wege widerlegt zu werden. Für die alten Riesen stellen B2B-Marktplätze, E-Sourcing, Knowledge und Supply Chain Management längst keine Fremdwörter mehr dar. Während beispielsweise bei DaimlerChrysler mittlerweile alle Fahrzeugteile elektronisch bestellt werden, gründen alte Flaggschiffe wie die Deutsche Lufthansa oder die Deutsche Post Holdings für ihre E-Business-Geschäfte.

Gerade auch die strategischen Online-Allianzen von Unternehmen aus der Old Economy zeigen, dass der Umbruch die gesamte Wirtschaft erfasst hat und angesichts der Neuorientierung der Alten Ökonomie der Wettbewerb mit den Start-ups in vollem Gange ist. So akquirierte Bertelsmann die Musikplattform CDNOW und ging eine Reihe strategischer Kooperationen ein. Durch die globale Allianz mit Napster und America Online sowie die Partnerschaft mit Terra Lycos verfügt Bertelsmann über seine 50 Millionen Abonnenten hinaus über Zugang zu rund 200 Millionen Online-Usern. AOL Europe wiederum sicherte sich durch die Zusammenarbeit mit der Deutschen Bank 24 den Zugang zu mehreren Hunderttausend Kunden – und umgekehrt sicherte sich die Deutsche Bank 24 neue Zugriffe auf ihr virtuelles Bankportal. Welches Start-up hat demgegenüber die Möglichkeit, Allianzen und E-Commerce-Partnerships auf diesem hohen Niveau eingehen zu können?

Die ungebrochene Dynamik verspricht eine spannende Zukunft und eine deutliche Beflügelung des Wachstums und des Produktivitätsfortschritts: Einer Studie der Universität Texas zufolge erwirtschaften Internet-Unternehmen einen um 60 Prozent höheren Umsatz pro Mitarbeiter als Firmen, die nicht am Internet-Geschäft beteiligt sind. Basis dieser Produktivitätsfortschritte ist die volkswirtschaftlich so wertvolle Start-up-Kultur, die als Impulsgeber die gesamte Old Economy positiv befruchtet. Hält die Geschwindigkeit des Wandels weiter an, werden die Neue und die Alte Wirtschaft in wenigen Jahren nicht mehr zu unterscheiden sein. Dabei zieht sich die Technikdurchdringung durch sämtliche Sparten, angefangen von traditionellen Branchenzweigen wie der Landwirtschaft bis hin zur Industrieproduktion. Damit wird die nächste Generation eines neuen Unternehmenstyps verwirklicht: Das hybride Unternehmen als Zukunftsmodell setzt sich als Mischform aus zwei Komponenten zusammen – sozusagen aus der Paarung seiner industriellen Vergangenheit mit dem effizienten Einsatz moderner Technologien.

Der Begriff der New Economy stiftete im Gegensatz zur Old Economy in den letzten Jahren nicht wenig Verwirrung. Dennoch bleibt zu fragen, ob der vermeintliche Gegensatz jemals relevant war und ist. Schließlich ist angesichts der zunehmenden Verschmelzung der innovationsfreudigen IT-Start-up-Welt mit den konventionellen Unternehmen des Industriezeitalters fraglich, ob derlei Termini überdauern können. Noch vor wenigen Jahren wurde das Internet als »neues Medium« gefeiert. Schon heute ist das Netz zum Allgemeingut erhoben worden und stellt jetzt nur noch ein Medium neben vielen anderen digitalen Datenmittlern dar. Gleiches wird in absehbarer Zeit für die Attribute der New Economy gelten. Eine New

Economy partiell zu lokalisieren und abzugrenzen, wäre daher zu kurz gegriffen.

Aktuell beobachten wir eine neue Wirtschaftsära, deren Ausprägung maßgeblich auf den treibenden Kräften der Informations- und Kommunikationstechnologien basiert. Trotz aller Umwälzungen und Umstrukturierungen werden die wesentlichen ökonomischen Gesetze weiterhin ihre Gültigkeit behalten. Gleichwohl umfasst dieser Wandel nahezu alle Bereiche unserer Wirtschaft. Im Gefolge des Internets werden manche Konventionen in Frage gestellt und erfahren die Wertschöpfungskette wie auch die Arbeitskultur grundlegende Veränderungen. Ob der einstige Übergang von der Agrar- zur Industriewirtschaft tief greifender war als die derzeitige Umbruchsituation, kann hier und heute nicht entschieden werden. Angesichts des enormen Tempos dürfte sie allerdings in ähnlichen Dimensionen verlaufen.

Dabei gilt für politische wie wirtschaftliche Umbrüche gleichermaßen: Voraussetzung für ihren Erfolg ist, dass sie von der Gesellschaft gewollt und getragen werden. Nur dann haben sie Bestand. Mehr denn je kommt in diesem Kontext der Bildung ein herausragender Stellenwert zu. Ohne ihre Ausrichtung auf die Generierung des erforderlichen technologischen Know-hows ist der Rückfall unserer Volkswirtschaft in die Zweitrangigkeit mit den entsprechenden sozialen Konsequenzen programmiert. Die maßgeblichen Impulse müssen daher von den Schulen und Universitäten ausgehen. So ehrgeizig und unterstützenswert die Initiative D21 auch ist, jede Schule ans Netz zu bringen – entscheidend ist vor allem die Vermittlung zeitgemäßer Lehrinhalte. Wie sollen Lehrer ohne entsprechende Schulungen und Kenntnisse ihren Schülern die Computerwelt erklären? Wie die ständigen Veränderungen der Arbeitskultur nahe legen, ist nicht nur eine stete Aktualisierung der Lehrinhalte geboten. Angesichts der Hierarchieabflachung und der gesteigerten Einzelverantwortung sind auch interdisziplinäre Inhalte unverzichtbar. Die Vermittlung von sozialer Kompetenz, Kreativität und unternehmerischem Denken dürfen auf den Stundenplänen ebenso wenig fehlen wie die Einweisung in neue Technologien.

Allerdings stellen sich so manche Voraussetzungen in Deutschland gar nicht so schlecht dar. Im Bereich der Mobilkommunikation hat Deutschland die USA bereits überholt und auch im Netz könnte die Aufholjagd gelingen: Der amerikanische Entwicklungsvorsprung im Internet, der im Vergleich zu Deutschland noch vor kurzem bei zwei Jahren lag, hat sich inzwischen auf zwölf Monate halbiert. Um Vorreiter bei der Entwicklung der New Economy zu werden, muss sich allerdings noch einiges mehr bewegen als die baldige Verabschiedung des digitalen Signaturgesetzes. Starre Wirtschaftsregulierungen angefangen beim unzeitgemäßen Tarifrecht, bis hin zu den komplizierten Genehmigungsverfahren, dem Rabattgesetz und dem Ladenschluss gehören auf den Prüfstand gestellt. Besonders die blühende Start-up-Kultur als befruchtendes Element der Alten Ökonomie muss weiter gefördert werden, wozu unter anderem die Abschaffung der steuerlichen Bestrafung gehört, wenn Beschäftigte mit Aktien oder Aktienoptionen bezahlt werden.

Der Versuch, die Charakteristika der New Economy zu skizzieren und einen Ausblick auf die Formen der Neuen Wirtschaft zu geben, soll einer vorläufigen Orientierung dienen. Die Kennzeichen der New Economy sind derart vielschichtig und in ständiger Bewegung, dass aus heutiger Sicht kaum Prognosen gewagt werden können. Die ungeheure Beschleunigung, die ihren sinnbildlichen Ausdruck in den erheblich geschrumpften Produkt- und Dienstleistungszyklen findet, macht eine universell gültige Definition nahezu unmöglich. Mehr als jemals gilt auch für die New Economy, dass in der Wirtschaft der Wandel das einzig Beständige ist. Business as usual oder auch statische Fünf-Jahres-Pläne haben ausgedient. Vielmehr geht es um flexible Strategien für den gesamten unternehmerischen Prozess. Dadurch, dass sich die Unternehmen weltweit an die Schnelllebigkeit des Internet-Zeitalters anpassen und viele offene Dispositionen einkalkulieren müssen, gewinnt die New Economy allerdings auch einen guten Teil ihres Reizes.

New Economy in Old Europe

von Norbert Walter

New Economy – ein wahrhaft allgegenwärtiger Begriff, vor allem im World Wide Web: 592 000 Treffer findet allein die Internet-Suchmaschine Excite zum Stichwort New Economy. Und 126 881 Treffer liefert die Suchmaschine altavista für den deutschen Sprachraum. Doch wie bei vielen so häufig verwendeten Begriffen meinen unterschiedliche Autoren unterschiedliche Dinge. Eine akzeptierte Definition der »New Economy« existiert nicht und die Vorstellungen gehen wild durcheinander. Lassen Sie mich daher gleich zu Beginn mit fünf Vorurteilen aufräumen, die immer wieder über die New Economy vorgebracht werden und die allesamt falsch sind.

Man hört immer wieder, das Internet sei eine neue Technik. Dies greift zu kurz. Das Internet ist keine neue Technik, es ist eine organisatorische Revolution. Eine Revolution nicht nur unserer Wirtschaft, sondern aller Lebensbereiche.

Unbestritten kommt in der New Economy Technik zum Einsatz. Die gewaltige Zunahme der Leistungsfähigkeit der Computer und ihre kostengünstige Vernetzung sind technische Meisterleistungen. Doch sie bilden nur die Voraussetzungen für die New Economy. Sie sind nicht das Entscheidende. In der New Economy geht es nämlich nicht zuerst und nicht zuletzt um Technik. Es geht letztlich darum, wie wir leben und wie wir arbeiten werden. Die New Economy ist nichts weniger als eine komplett neue Anordnung unseres beruflichen und privaten Lebens.

Mit der New Economy wird der Ausschluss vieler Menschen von einer Errungenschaft assoziiert. Digital Divide ist ein Schlagwort, das in der Diskussion um die gesellschaftlichen Auswirkungen des Internets immer wieder zu hören ist. Doch es ist falsch. Die New Economy schließt niemanden aus. Sie schließt alle ein, die sich anstrengen (schlechtes) Englisch zu sprechen und ein wenig Neugier für Technik aufbringen. Die Kosten des Vernetztseins sind trivial. Sie sind für jeden erschwinglich. Man muss noch nicht einmal ans Stromnetz angeschlossen sein. Eine Batterie genügt. Ich kenne keine Technologie, die so gut wie das Internet geeignet ist, die verschiedensten Menschen, die an den entferntesten Orten sitzen können, miteinander zu verbinden. Früher musste man in den Metropolen der Welt sein, um am Fortschritt zu partizipieren. Heute reicht bereits ein internetfähiger Telefonanschluss, auch über das Handy.

Auch Größe ist nicht erforderlich. Bereits ein Einzelner kann in der New Economy erfolgreich sein. Das für die New Economy notwendige Startkapital passt in die durchschnittliche deutsche Erbschaft mehrfach hinein. Die New Economy benachteiligt daher auch nicht den Mittelstand. Ich weiß nicht, wie jemand auf die Idee kommt, dass die neue Technologie die Großen bevorzuge. Früher, als IT-Großrechner bedeutete, mag das so gewesen sein, doch heute heißt IT-Vernetzung. Von den Großen heißt es zu Recht, dass sie große Mühe haben, Entscheidungen zügig voran zu bringen, dass die Entscheidungswege zu lang und die Organisationsstrukturen zu komplex sind.

In der Welt des Internet kommt die Herausforderung für den Mittelstand eher von flexiblen Einzel- und Kleinstunternehmen, welche die neuen Chancen nicht verschlafen, sondern beherzt zupacken.

Die New Economy ist auch kein Instrument zur Akkumulation von Macht. Sie ist vielmehr eine brutale Methode, hierarchische Strukturen zu zerschmettern. Die New Economy schafft eine lateral vernetzte Welt. Sie eröffnet jedem, der sich den minimalen Anstrengungen unterwirft, die sie erfordert, ein Mehr an Information und Wissen, das früher nur die Herrschaften hatten. Und da die »da oben« in unserer Gesellschaft häufig männlichen Geschlechts und älter sind und ihre Willigkeit, sich der New Economy gegenüber zu öffnen, eher begrenzt ist, ist die New Economy geradezu eine Entmachtung der Bosse. Auf Englisch sage ich: »Because of the internet revolution the boss is at a loss.«

Wenn das Wort New Economy fällt, assoziieren damit viele das Programmieren und Herstellen von Chips. Doch dies ist zu kurz gedacht. Die New Economy ist kein Sektor. Sie ist ein Konzept, das alle Wirtschaftsbereiche durchzieht. In wenigen Jahren werden alle Firmen Internetunternehmen sein so wie heute alle Unternehmen Telefonunternehmen sind. Die New Economy erfasst alle Prozesse in allen Branchen. Traditionelle Branchen wie Stahl und Automobilbau entdecken bereits das Internet für sich, wickeln ihre Beschaffung auf elektronischen Marktplätzen ab, vernetzen Zulieferer, Mitarbeiter und Kunden. Die Zusammenarbeit von General Motors mit AOL und der geplante elektronische Marktplatz der drei großen Autohersteller Ford, General Motors und DaimlerChrysler sind Beispiele für diese Entwicklung.

Schließlich hört man immer wieder, die mit der New Economy verbundene ständige Erreichbarkeit an jedem Platz mache den Menschen zum Sklaven der neuen Technik. Dies kann so sein, freilich nur, falls sich keine Kultur, mit den neuen Instrumenten umzugehen, entwickelt. Respekt vor uns selbst und unseren Mitmenschen machen aus der grenzenlosen Kommunikation eine Fundgrube neuer Möglichkeiten. Wer in einer persönlichen Vier-Augen-Unterredung ein Handy-Gespräch annimmt, ist unzivilisiert und roh. Wer eine E-mail, die eine wichtige, weichenstellende Personalfrage behandelt, spontan und ohne darüber geschlafen zu haben in den PC beantwortet, handelt unklug.

Wer aber aus einem idyllischen Landhaus am Rande des Schwarzwalds per Mobiltelefon eine Unternehmensübernahme steuert, nutzt die moderne Technik, um Privates und Beruf besser zu verbinden. Er (oder sie!) schafft mehr Lebensqualität für sich und seine oder ihre Familie.

Der Umgang mit der neuen Technik ist dabei oft auch eine Altersfrage: Junge Menschen nutzen die neue Technik häufig ganz natürlich und virtuos. Für uns Alte dagegen war der Anrufbeantworter ein Tyrann, der in unsere Wohnung eindringt und nach außen für ständige Erreichbarkeit sorgt. Ich muss zurückrufen, obwohl der andere etwas von mir will. Nicht so meine Kinder. Sie nutzen den Anrufbeantworter, um die ankommenden Gespräche zu »screenen«. Wenn es ein genehmer Anrufer mit noch dazu einem genehmen Thema ist, eilen sie sofort zum Telefon. Das ist Kultur und das ist New Economy. Hier ist die Technik kein Tyrann, sie ist ein Instrument, das die Potenziale erhöht.

Durch die New Economy verlieren Raum und Zeit ihre alte Bedeutung. Wenn wir früher sagten, man ist bei der Arbeit, verbanden wir damit ganz konkrete Zeit- und Ortsvorstellungen. Bei der Arbeit – das war man von neun bis fünf oder von acht bis acht. Arbeit war ein klar definierter Begriff. Es war eine Kohlemine, in der man schwarz wurde, oder es war ein Büro, wo man Ärmelschoner anzog. Doch was heißt es heute, bei der Arbeit zu sein?

Wenn Sie unterwegs sind vom Tennisplatz zum Kunden, aber durch Ihren Laptop und Ihr Handy verbunden sind mit Ihrem Büro, sind Sie dann bei der Arbeit? Wenn Sie in der Badewanne liegen und angeregt durch die Lektüre dieses Buchs sich Gedanken über die Zukunft Ihres Betriebs machen, sind Sie dann beim Arbeiten? Die alten Orts- und Zeitvorstellungen gelten nicht mehr. Das Internet ermöglicht völlig neue Verbindungsmöglichkeiten von Arbeit und Privatleben. Dies schafft auch ganz neue Möglichkeiten der Verbindung von Familie und Karriere, von Lernen und Produzieren. Die New Economy vernetzt Kontinente und Zeitzonen. Sie bewirkt eine Revolution der Organisation unseres Lebens.

Die New Economy erfasst alle Bereiche der Gesellschaft. Doch sie hat einen Ausgangspunkt: die Internet-Wirtschaft. Sie ist das Herzstück der New Economy und umfasst die Hersteller von Hardware und Infrastruktur wie Dell und Cisco Systems, die Anbieter von Software und Benutzeranwendungen wie Microsoft oder SAP, die Intermediäre wie das Finanzportal Moneyshelf und die Anbieter von E-Commerce wie Bertelsmann oder Amazon. Diese Firmen und ihre Ideen haben den Stein ins Rollen gebracht. Sie handeln mit besonderen Dienstleistungen, die sich von herkömmlichen Wirtschaftsgütern in vieler Hinsicht unterscheiden. Netzwerkeffekte sorgen dafür, dass manche Leistungen der New Economy umso wertvoller werden, je mehr Menschen sie nutzen. Käufer sind keine Rivalen mehr im Konsum, sondern Nutzer, die gemeinsam Mehrwert schaffen. Ein Marktplatz beispielsweise ist umso wertvoller für den Einzelnen, je mehr Teilnehmer sich auf ihm treffen. In solchen Systemen tendieren die Grenzkosten gegen null. Der wirtschaftliche Erfolg ist umso größer, je mehr Teilnehmer das System attrahiert. Wer sich zuerst engagiert, ist oft der Sieger. Entsprechend sind neue Geschäftsmodelle erforderlich. Entwickelt und umgesetzt wurden sie häufig zuerst in den Vereinigten Staaten.

Die USA sind der unbestrittene Vorreiter in der New Economy. Zwei Drittel der amerikanischen Bevölkerung besitzen einen eigenen PC, ein Drittel hat Zugang zum Internet. In Westeuropa nutzten Ende 1999 hingegen nur gut 10 Prozent der Bevölkerung das World Wide Web. So kommt es, dass rund die Hälfte aller Internetnutzer zu Beginn des 21. Jahrhunderts Amerikaner sind.

Doch nicht allein die gute Ausstattung mit Computern und Internetanschlüssen prädestiniert Amerika zum *e-country*: Der Mut junger Menschen, ihre Träume umzusetzen, und die Bereitschaft vermögender Einzelpersonen, zutreffend Business Angels genannt, in die ausgefallenen Ideen dieser jungen Menschen zu investieren, haben eine Gründerkultur entstehen lassen, die vielen der erfolgreichsten amerikanischen Unternehmen Humus war. Angesichts ihrer heutigen Bedeutung und Börsenkapitalisierung ist kaum zu glauben, dass AOL, Microsoft, Cisco Systems oder auch Intel vor einer Generation noch nicht existierten. Die günstigen Ausgangsbedingungen in den USA für Unternehmensgründungen haben viele neue Arbeitsplätze geschaffen und den Strukturwandel beschleunigt. Die Amerikaner haben dem technischen Fortschritt keine Steine in den Weg gelegt, keine ideologischen, keine steuerlichen und keine bürokratischen.

Im Gegenteil zeigen sie sich den neuen Technologien gegenüber aufgeschlossen: Das Online-Einkaufen privater Hauhalte boomt und die Produktpalette wird immer breiter. Wurden bisher vor allem standardisierte, nicht erklärungsbedürftige Güter wie Bücher, CDs, Elektronikzubehör und Flugtickets elektronisch erworben, kaufen die Privaten zunehmend auch Lebensmittel, Kleidung und sogar Gebrauchtwagen. Besonders starke Veränderungen haben dabei die Finanzbranche erfasst: Online-Broker gewinnen rasant Marktanteile und lehren die traditionellen Finanzintermediäre das Fürchten. 16 Prozent aller Wertpapieraufträge wurden in den USA Ende 1999 bereits elektronisch erteilt. All diese Veränderungen bleiben nicht ohne Auswirkungen auf die Unternehmensstrukturen.

Die Vereinigten Staaten erlebten in den neunziger Jahren einen beispiellosen wirtschaftlichen Aufschwung. Seit 1991 wuchs das reale Sozialprodukt mit einer Rate von durchschnittlich 3,75 Prozent. Trotz Asienkrise und ihrer Auswirkungen auf andere aufstrebende Volkswirtschaften hat sich das Wachstum in den letzten drei Jahren sogar noch auf durchschnittlich 4,5 Prozent beschleunigt. Jetzt, im zehnten Jahr ihres Aufschwungs, wächst die amerikanische Wirtschaft mit über 5 Prozent und dies, obwohl sich der Ölpreis seit 1999 mehr als verdreifacht hat. Fast scheint es, als ob das Land Freude daran hätte, die Wachstumserwartungen der Ökonomen zu übertreffen. Was die Entwicklung so bemerkenswert macht, ist, dass das starke Wirtschaftswachstum trotz leer gefegter Arbeitsmärkte nicht zu nennenswerter Inflation führt. Dieses Phänomen hohen Wachstums und starker Beschäftigungssteigerung ohne Inflationsbeschleunigung ist was Makroökonomen als Neue Ökonomie bezeichnen.

Bisher waren knappe Arbeitskräfte stets ein verlässliches Signal dafür, dass Preissteigerungen drohten. Die gesuchten Arbeitskräfte konnten Lohnerhöhungen durchsetzen, die verstärkte Güternachfrage traf auf ein nicht ganz so stark erhöhtes Güterangebot, Preissteigerungen waren die Folge. Aber in den neunziger Jahren ist in den USA die Kerninflation, d.h. die Inflationsrate ohne die volatilen Energie- und Lebensmittelpreise, von 5,5 Prozent Anfang 1991 auf gut 2 Prozent gefallen. Die Arbeitslosenquote sank in der gleichen Zeit auf das Rekordtief von 4 Prozent. Seit 1990 sind über 20 Millionen neue Arbeitsplätze entstanden. Die Arbeitsmärkte sind leer wie nie zuvor und dennoch stellt sich kaum Inflation ein. Wie kann das sein? Die Antwort heißt: Neue Ökonomie! Computer, Internet, die Informations- und Kommunikationstechnologie haben begonnen, Beschaffung, Produktion und Absatz zu verändern. Transaktionskosten sinken, die Lagerhaltung nimmt ab, die Koordinierung von Prozessen wird leichter. Und selbst die kontinentale Ökonomie der USA wurde durch Nafta und weltweite Vernetzung in ihrer Organisation viel elastischer bei der Anpassung ihres Angebots. Als Folge der veränderten Prozesse stiegt die Produktivität – nicht nur einmal, sondern dauerhaft.

Verstärkt wurde diese Entwicklung noch durch zwei spezifisch amerikanische Veränderungen: Sie heißen Dollar und Arbeitsmarkt. Der starke Dollar reduzierte die Importpreise und verlangsamte dadurch den Anstieg des Konsumentenpreisindex. Gleichzeitig nahm das Angebot an Arbeitskräften durch Einwanderung und die verstärkte Berufstätigkeit von Frauen in den USA deutlich zu. Heute stehen knapp 47 Prozent aller Frauen dem Arbeitsmarkt zur Verfügung. 1990 waren es nur gut 45 Prozent.

Die Amerikaner haben mit ihrem Aufschwung in den neunziger Jahren auch die Früchte der Restrukturierungsbemühungen der achtziger Jahre geerntet. Die mikro- und makroökonomischen Reformen dieser Zeit, das Downsizing, Cost-Cutting und Re-enginiering trugen dazu bei, die Unternehmen für den verschärften, internationalen Wettbewerb fit zu machen. Und die Konsolidierung der öffentlichen Haushalte und eine konsequent auf langfristige Inflationsbekämpfung ausgerichtete Geldpolitik schufen die makroökonomischen Voraussetzungen für dauerhaftes Wachstum, zusätzlich gefördert durch weltweite Liberalisierung und Deregulierung. All dies machte die USA zu einem bevorzugten Platz für Investitionen. All dies steigerte die Aktienkurse, zog internationales Finanzkapital an, senkte die Zinsen, stärkte den US-Dollar und sorgte für eine Dämpfung der Inflation.

Doch zurück zu den neuen Techniken: Der amerikanische Nobelpreisträger Robert Solow pflegte zu scherzen, man sehe die Computer überall, nur nicht in den Produktivitätszahlen. Richtig ist, dass sich die Statistiker immer noch schwer tun, die Produktivitätsfortschritte durch die neuen Technologien zu messen. Schätzungen von Robert J. Gordon und Deutsche Bank Research zeigen, dass die Produktivität vor allem innerhalb der IT-Branchen steigt und dass die Informations- und Kommunikationstechnologie gerade erst angefangen hat, die Produktivität in anderen Branchen zu verbessern. Teils ist dies ein Messproblem, teils liegt es daran, dass es Zeit braucht, bis die positiven Effekte spürbar werden. Auch bei der Einführung früherer Basistechnologien wie der Dampfmaschine oder der Elektrizität war dies so.

Was ist eine Basistechnologie? Basistechnologien sind grundlegende Technologien, die erst durch die Verbindung mit anderen Prozessen ihre volle Wirksamkeit entfalten. Eine Basistechnologie ist eine »enabling technology«, keine eigenständige Lösung. Sie kann zu einer Vielzahl von Zwecken eingesetzt werden und weist eine starke Komplementarität zu anderen Technologien auf. Diese anderen Technologien und die dazugehörigen Betriebsabläufe müssen angepasst werden, bevor die neue Basistechnologie ihre volle Wirkung entfalten kann. Das Internet ist eine solche Basistechnologie. Daher kann es noch eine Weile dauern, bis sich der Interneteinsatz in den Produktivitätskennzahlen der Nicht-IT-Branchen stärker niederschlagen wird. Wer den Computer nur als Schreibmaschine nutzt, wird wenig Produktivitätssteigerung in seinem Büro erleben. Der eigentliche Zugewinn kommt aus Anwendungen, die mit der Schreibmaschine nicht, oder nicht so leicht, möglich sind, wie das Teilen und Verbreiten von Information, der gleichzeitige Zugriff auf ein Dokument, dem mehrere Mitarbeiter simultan Informationen entnehmen oder Angaben hinzufügen können. Das Internet ist daher wie gesagt nicht so sehr eine technologische Neuerung, sondern vielmehr eine Organisationsrevolution.

Da viele dieser Organisationsveränderungen in Amerika

beherzt umgesetzt wurden, ist der Beitrag der IT-Revolution zum amerikanischen Aufschwung beachtlich. Dennoch sollte auch deutlich sein, dass erst die Kombination von technischem Fortschritt und freien Märkten den gewaltigen amerikanischen Aufschwung ermöglichte. Können wir solch starkes, inflationsfreies und Beschäftigung schaffendes Wachstum auch bei uns in Europa erreichen oder fehlt es uns in der Alten Welt an einem vergleichbaren technischen Fortschritt oder sind unsere Märkte nicht frei genug?

Muss die Alte Welt abgeschrieben werden? Nein. Europa kann aufholen. Mit den skandinavischen Staaten hat Europa sogar Vorreiter in den eigenen Reihen. Zwar ist es richtig, dass in Kontinentaleuropa die Zahl der Internetanschlüsse pro 100 Einwohner deutlich kleiner ist als in den USA, doch die europäische Zuwachsrate übertrifft die amerikanische beträchtlich. Der Fachverband Informationstechnik schätzt, dass bis zum Jahr 2005 die Zahl der Online-Abonnenten in Westeuropa um jährlich fast 20 Prozent wachsen wird, während für die USA nur eine Steigerung um jährlich 10 Prozent erwartet wird. Eine Aufholjagd ist also im Gang. Dass sie schnell verlaufen kann, zeigt das amerikanische Beispiel: Zwischen 1996 und 1999 verzehnfachte sich dort die Zahl der privaten Internetanschlüsse.

Im Unternehmensbereich liegen Europa und die USA ohnehin bereits gleichauf. Der Anteil der Unternehmen, die ihre Produkte über ihre Homepage vertreiben, liegt in Deutschland praktisch auf amerikanischem Niveau. Der Anteil der Unternehmen, die ein eigenes Intranet nutzen, ist in Deutschland und Großbritannien sogar höher als in den USA. Europa hat in den letzten Jahren kräftig in die neuen Technologien investiert: Die Ausgaben für Informations- und Kommunikationstechnologie stiegen von 1996 bis 1999 von 4,5 auf 6 Prozent des Bruttoinlandsprodukts. Auch sonst scheint endlich Bewegung zustande zu kommen: Praktisch alle europäischen Staaten haben steuerliche Entlastungen beschlossen. Deutschland hat den Reformstau überwunden und hat die Unternehmensbesteuerung auf ein international übliches Maß zurückgeführt. Und wer hätte nach der Wahl einer rot-grünen

Koalition darauf gewettet, dass der Spitzensteuersatz der Einkommenssteuer in Deutschland bis 2005 auf 42 Prozent sinken wird? Leider wurde die Steuerentlastung lange Zeit blockiert und leider sind nicht alle Weichen so marktorientiert gestellt: Nach wie vor fördert der Staat die Industrien vergangener Jahrhunderte und verhindert dadurch das Wachstum innovativer Branchen. Statt durch eine dringend gebotene Einwanderungspolitik junge Menschen ins Land zu holen, sorgt Vater Staat durch Überregulierung für strukturelle Arbeitslosigkeit. Doch auch hier zeichnet sich Bewegung ab.

Mit der Green Card hat die deutsche Politik gehandelt. Die Richtung stimmt, doch die Lösung geht bei weitem nicht weit genug. 20 000 Green Cards bei 75 000 offenen Stellen im IT-Bereich können nur ein erster Schritt sein. Was wir brauchen, ist ein umfassendes Einwanderungskonzept, das durch gezielte Zuwanderung dem Alterungsprozess der europäischen Gesellschaften gegensteuert. Bis zu 300 000 neue Einwanderer braucht Deutschland bald jedes Jahr, will es Sklerosen in Wirtschaft und Gesellschaft vermeiden. Die nächsten Jahre werden zeigen, dass junge, kreative Köpfe der wichtigste und knappste Produktionsfaktor sind. Dringend geboten ist auch eine weitere Liberalisierung des Arbeitsmarkts. Hohe Lohnnebenkosten, überzogene Kündigungsschutzregelungen, starre Arbeitszeiten und veraltete Entlohnungssysteme locken weder Gründer noch qualifizierte Mitarbeiter.

Spätestens die Privatisierung der Deutschen Telekom hat aus den Deutschen ein Volk von Aktionären gemacht. Zwar hat die Aktie als Finanzierungsinstrument in Kontinentaleuropa noch längst nicht die Bedeutung, die ihr zukommen sollte, doch die Verdoppelung der Zahl der deutschen Aktien- und Fondsbesitzer von sechs Millionen auf knapp zwölf Millionen innerhalb der letzten vier Jahre ist mehr als ein hoffnungsvoller Anfang. Es ist eine Entwicklung, die endlich auch in Europa die Finanzierungsbedingungen für junge, innovative Hochtechnologieunternehmen verbessert und die steigenden Vermögen der privaten Haushalte in produktive Anlageformen lenkt, statt sie nur staatliche Haushaltslöcher stopfen zu lassen. Insbesondere der Neue Markt trägt dazu bei, dynamischen Firmen Eigenkapital zur Verfügung zu stellen. Die Tatsache, dass Ende Juli 2000 – also nur gut drei Jahre nach Gründung dieses Marktsegments – am Neuen Markt bereits über 300 Unternehmen notiert sind, zeigt den Bedarf für diese Finanzierungsform deutlich.

Europa ist auch nicht überall Zweiter: In den zukunftsträchtigen M-Commerce startet Europa aus der Pole-Position. Ende 2000 gab es rund 150 Millionen Mobilfunkteilnehmer in Europa. Booz, Allen & Hamilton schätzt, dass es in drei Jahren 230 Millionen sein werden. 75 Millionen von ihnen werden 2003 ihr Handy zum Einkaufen nutzen und dabei 20 Milliarden Euro umsetzen. Besonders weit sind die skandinavischen Länder. In Finnland, Norwegen und Schweden verfügte Ende 1998 bereits jeder zweite Bürger über ein Mobiltelefon. In den USA dagegen nur jeder vierte. Während die USA zudem überwiegend regionale Lizenzen vergeben haben, etablierte Europa mit GSM einen europaweiten Technologiestandard mit immer mehr globaler Reichweite. Auch mit der Versteigerung der UMTS-Lizenzen ist Europa den USA um zwei Jahre voraus. Der M-Commerce verspricht Europa in der Weltliga vorne zu platzieren.

Die Liberalisierung im Telekommunikationsbereich hat die Europäer gelehrt, dass Wettbewerb Dienstleistungen nicht nur billiger, sondern auch besser macht. Doch besser ist noch nicht gut genug: Eine Hürde, die der gewünschten, stürmischen Ausbreitung des Internets in Europa entgegensteht, ist die Preisstruktur der Telefontarife, vor allem die hohen Kosten der Ortsgespräche. Zwar wurden in Deutschland dank der Liberalisierung Fern- und Auslandsgespräche in den letzten Jahren um bis zu 50 Prozent billiger, doch die Preise für Ortsgespräche stiegen leicht an. Hier macht sich die Monopolmacht der Telekom noch bemerkbar. Wer sich ins Internet einwählt, zahlt den Ortstarif. Was wir bräuchten, sind nutzungsunabhängige Gebühren im Nahbereich. Mit Grenzkosten null würde die Internetnutzung auch bei uns so richtig abheben – wie das Beispiel USA zeigt.

Wird Europa es schaffen, in der New Economy zu den USA aufzuschließen? Die Zukunft wird es zeigen. Amerika hat einen Vorsprung bei der Nutzung der neuen Technologien, doch Europa befindet sich in der Aufholjagd. Jetzt sind auch die europäischen Bürger und die Politiker von den neuen Möglichkeiten elektrisiert. Die Sprache des Lissabonner Kommuniqués – wir wollen die USA in den neuen Techniken bis 2010 überholen – lässt neue Initiative sichtbar werden.

Die technischen Voraussetzungen sind da, die begünstigenden Faktoren Gründerkultur und Venture Capital entwickeln sich, die regulatorischen Defizite sind erkannt. Jetzt müssen sie nur noch beseitigt werden – eine Mammutaufgabe, die nach mutigen Politikern verlangt. Die junge Generation ist hier wie in der Neuen Ökonomie gefordert. Doch sie wird es schaffen: Sie ist gut ausgebildet und sie ist belastungsfähig.

New Economy – neue schöne Arbeitswelt?

von Joachim Wiemeyer

Die industrielle Revolution vor 200 Jahren hat zu einem dramatischen Umbruch der vormodernen Arbeitswelt geführt. Viele landwirtschaftliche und handwerkliche Kleinbetriebe, in denen es keine Trennung von Haushalt und Betrieb, keine räumliche und zeitliche Trennung von Eigenarbeit und Erwerbsarbeit für den Markt gab, wurden von industriellen Großbetrieben, in denen sich durch eine tiefe Arbeitsteilung Größenbetriebsvorteile realisieren ließen, verdrängt. Die Welt der Erwerbsarbeit und der Haushalte bildeten nun zwei, zudem in der Regel durch geschlechtsspezifische Arbeitsteilung strikt getrennte Sphären.

Die Arbeitswelt der Erwerbsarbeit im 19. Jahrhundert mit ihren langen Arbeitszeiten, hohen Unfallgefahren, gesundheitlich belastenden Arbeitsbedingungen und Kinderarbeit, niedriger Entlohnung, Einordnung der Arbeiter in einen militärähnlich organisierten Betrieb etc. hat zu erheblichen sozialen Konflikten geführt. In westlichen Industrieländern setzte sich aber als Ergebnis sozialer Konflikte eine schrittweise Verbesserung der Arbeitsbedingungen durch Verrechtlichung (Arbeitsrecht, Tarifrecht, Arbeitsschutz) und die Neuschaffung wichtiger Institutionen (Gewerkschaften, Mitbestimmung, Sozialversicherung) durch. Die Arbeiter wurden in die Gesellschaft integriert, indem sie die staatsbürgerliche Gleichberechtigung erhielten (Abschaffung des Drei-Klassenwahlrechts 1918). Durch neue industrielle Berufe, die analog zum Handwerk eine Ausbildung voraussetzten, wurde auch eine neue Identität in der Arbeitswelt geschaffen. Der gut ausgebildete und bezahlte Facharbeiter spielt bis heute in der deutschen Industrie eine wichtige Rolle.

Mit diesen Fragen der Arbeitswelt hat sich neben der sozialistischen Arbeiterbewegung und sozial engagierten Ökonomen, die sich im Verein für Socialpolitik zusammenschlossen, auch die Soziallehre der Kirche auseinander gesetzt und versucht, ihren Beitrag zur Humanisierung der Arbeitswelt zu leisten. Dies ist durch ihre drei Träger, nämlich die kirchliche Sozialverkündigung (vor allem Sozialenzykliken der Päpste seit »Rerum Novarum« 1891), das gesellschaftliche Engagement der Gläubigen (Arbeitervereine, Christliche Gewerkschaften) und die wissenschaftliche Reflexion (Christliche Sozialethik) geschehen. Die Christliche Sozialethik versucht, die jeweilige gesellschaftliche Entwicklung im Lichte der Botschaft des Evangeliums und der christlichen Grundwerte zu deuten. Für die Analyse der gesellschaftlichen Situation bedarf sie der sozialwissenschaftlichen Analyse. Im Kontext des Wandels zur neuen Informations- und Kommunikationsgesellschaft, manche sprechen auch von der Wissensgesellschaft, stellt sich für die Christliche Sozialethik unter anderem die Frage, ob es zu einer neuen, humaneren Arbeitswelt kommt oder ob alte Gefahren neu belebt bzw. neue Gefährdungen entstehen werden.

Die Arbeitswelt in der New Economy

Wenn man die Arbeitswelt der New Economy aus der Perspektive eines Gewerkschafters der Old Economy betrachtet, zeichnen sich die Arbeitsbeziehungen durch folgende Faktoren aus:

- Die meisten neu gegründeten Unternehmen, selbst wenn sie ein bestimmtes Größenwachstum erreicht haben, verfügen über keinen Betriebsrat.
- Die Entlohnung und andere Arbeitsbedingungen richten sich nicht nach Tarifverträgen, sondern werden individuell ausgehandelt.
- Unter den Mitarbeitern der Unternehmen der New Economy findet man kaum Gewerkschaftsmitglieder (minimaler Or-

ganisationsgrad). Ihnen fehlt das Arbeiterbewusstsein, nach dem man gegen die »Kapitalisten« solidarisch zusammenstehen und kämpferisch für seine Rechte eintreten muss.

- Die durch den Gesetzgeber bzw. durch Tarifverträge vorgegebenen Normen (etwa hinsichtlich der täglichen bzw. wöchentlichen Höchstarbeitszeit) werden häufiger nicht eingehalten.
- Viele Mitarbeiter befinden sich nicht in einem Normalarbeitsverhältnis, sondern sind durch Zeitverträge oder Werkverträge als »Scheinselbständige« in die neue Arbeitswelt eingebunden. Dies wird von den Erwerbstätigen selbst gewünscht, weil sie – statt in der gesetzlichen Rentenversicherung – ihre Alterssicherung lieber durch eigene kapitalgebundene Vorsorge aufbauen wollen. Sie stehen damit außerhalb der Solidargemeinschaft der Arbeitnehmerschaft in der Sozialversicherung. Die Grundpfeiler des Arbeitsrechts[1], und des gewerkschaftlichen Denkens, nämlich Arbeitsvertrag und Betrieb, letzterer auch wegen der Zunahme von Telearbeit, verflüchtigen sich.

Aus einer solchen gewerkschaftszentrierten Perspektive der Old Economy wären die Arbeitsbedingungen negativ einzuschätzen. Erforderlich wäre, dass Gewerkschaften, Behörden (Gewerbeaufsicht) und der Gesetzgeber gemeinsam eingriffen, um die Arbeitsbeziehungen der New Economy nach dem Muster der Old Economy zu regulieren.

Im Gegensatz zu dieser Perspektive stehen aber die Selbstsicht und das Selbstverständnis der Mitarbeiter dieser Unternehmen. So handelt es sich bei vielen Mitarbeitern um hoch qualifizierte Arbeitskräfte, die komplexe und anspruchsvolle Arbeitsaufgaben ausfüllen. Dabei spielt die formelle Qualifikation im Sinne eines strikten Berufsbildes bisher nur eine untergeordnete Rolle. Vielmehr besteht für kreative und be-

---

[1] Vgl. Karl Linnenkohl, Die Virtualisierung der Arbeitsbeziehungen, in: Andreas Brill/ Michael de Vries (Hg.), *Virtuelle Wirtschaft,* Opladen/ Wiesbaden 1998, S. u. Welf Schröter, New Economy: Ende des Klassenkampfes, in: Bertelsmann Briefe 141, S. 8.

gabte »Seiteneinsteiger« die Möglichkeit der schnellen Einarbeitung, selbst wenn man weder Informatik oder ähnliche Studiengänge absolviert, noch eine Lehre in den neuen Berufsfeldern der Informations- und Kommunikationswirtschaft abgeschlossen hat. Weiterhin ist das Gehaltsniveau bzw. das Entgelt für Werkverträge – gerade auch wegen der Knappheit an IT-Spezialisten – auch ohne Gewerkschaften und Tarifverträge relativ hoch.

Die Belegschaft solcher Unternehmen ist im Durchschnitt relativ jung, so dass altersmäßige Nähe sowie ein hohes Qualifikationsniveau, aber auch die Art der Beschäftigung (vielfach kreative Arbeit) Teamwork fördern und einem tiefen hierarchischen Unternehmensaufbau entgegenwirken. Freie Wahl der Kleidung, der Arbeitszeiten, ein lockerer Umgangsstil usw. gehören zum Betriebsklima. Um die Kreativität der Mitarbeiter anzuregen und sie von alltäglichen Notwendigkeiten zu entlasten, werden in manchen Unternehmen Serviceleistungen angeboten (Bereitstellung von Getränken und Essen im Unternehmen, von Wäsche waschen durch eine vom Unternehmen angeworbene Wäscherei, Dienstwagen). Unterstrichen wird diese wenig hierarchische Unternehmensstruktur durch unternehmensinterne Transparenz, etwa, dass alle Mitarbeiter relativ zeitnah sich über die Umsatz- und Gewinnentwicklung ihres Unternehmens informieren können (im hausinternen Intranet) und Betriebsmitteilungen nicht mehr am schwarzen Brett ausgehängt, sondern per E-Mail an alle versandt werden. Dies ermöglicht – auch durch gemeinsame betriebliche Aktivitäten – den Aufbau und die Bildung einer echten Betriebsgemeinschaft. Diese artikuliert sich in regelmäßigen gemeinsamen Feiern, Events wie Wochenendtrips zu attraktiven Zielen oder Konzertbesuchen etc.

Nicht nur bei den Gründern, sondern bei den an neuen Technologien, bei der Erschließung neuer Märkte tätigen Mitarbeitern findet sich so etwas wie der Prototyp einer neuen »unternehmerischen Wissensgesellschaft«.[2] Die Mitarbei-

---

[2] Vgl. zu diesem Leitbild: Kommission für Zukunftsfragen der Freistaaten Bayern und Sachsen.

ter dieser Unternehmen empfinden ihre Tätigkeit nicht als von außen auferlegte, fremdbestimmte Arbeit, sondern können sich mit der Art der Tätigkeit und den Arbeitsinhalten identifizieren. Dies motiviert sie, über den Zeitrahmen einer 35-Stundenwoche hinaus tätig zu sein (freiwillige Überstunden). Im Gegensatz zur entfremdeten Arbeit in Teilen der Old Economy – klassisch stand in der Diskussion über die Humanisierung der Arbeitswelt der siebziger Jahre die Fließbandarbeit – bedürfen sie keines kompensatorischen Hobbys, um die eigene Fähigkeiten umfassend zu entfalten und sich selbst in der Arbeit zu verwirklichen. Auch Frauen finden in der neuen Arbeitswelt ihren gleichberechtigten Zugang sowohl hinsichtlich Entlohnung wie auch der Aufstiegsmöglichkeiten.[3] Da in der New Economy die Kommunikation eine zunehmend wichtigere Rolle spielt, werden Fähigkeiten, die üblicherweise stärker Frauen zugeschrieben werden, wie etwa Eingehen auf andere oder eine kommunikative Offenheit, eine wachsende Bedeutung erfahren. Die Arbeitsmarktchancen von Frauen werden sich mit der zunehmenden Dienstleistungsorientierung der Wirtschaft und der Durchsetzung der neuen Informationstechnologien deutlich erhöhen.

Die Identifikation mit der Arbeit und das unternehmerische Mitdenken wird in solchen Unternehmen häufig auch dadurch bestärkt, dass die Mitarbeiter bei diesen Unternehmen nicht allein Arbeitnehmer sind, sondern auch am Erfolg des Unternehmens beteiligt sind. Dies kann durch Gewinnbeteiligung geschehen – soweit bereits Gewinne erzielt werden –, bzw. durch Belegschaftsaktien oder andere Formen der direkten Kapitalbeteiligung oder mit Aktienoptionen.

Nicht nur die Grenzen zwischen Unternehmen und den nach außen ausgelagerten Aufgaben (Outsourcing) werden fließender, sondern auch die Flexibilität in Unternehmen nimmt zu. Sobald Unternehmen eine gewisse Größe überschritten ha-

---

[3] Vgl. Dagmar Deckstein/ Peter Felixberger, *Arbeit neu denken*. Wie wir die Chancen der New Economy nutzen können, Frankfurt/ New York 2000, S. 176ff.

ben, entstehen in ihnen interne Märkte, etwa der Wettbewerb verschiedener Standorte, Abteilungen usw. untereinander.[4] Zugleich stehen die internen Märkten auch in Konkurrenz zu externen Märkten. Dies führt dazu, dass im Positiven wie im Negativen sich die Marktbewertung einer Leistung eines Einzelnen oder eines Teams in seiner Entlohnung niederschlägt. Damit sinkt tendenziell die Solidarität in größeren Betriebsgemeinschaften, weil Solidarität dauerhafte soziale Beziehungen auf Gegenseitigkeit voraussetzt. In diesen Unternehmen hat das für die Old Economy bedeutsame Senioritätsprinzip keine Bedeutung mehr. Es gibt weniger planbare Karrieren für den Einzelnen, sondern mehr Risiken. Diese ermöglichen auf der einen Seite einen schnelleren Aufstieg etwa im Vergleich zu Managementkarrieren in der Old Economy, bedeuten aber wegen des Fehlens einer Statussicherung andererseits auch hohe Risiken eines finanziellen Absturzes bzw. des vollständigen Scheiterns im Falle einer Insolvenz.

Die Arbeitswelt der New Economy aus der Sicht der Christlichen Sozialethik

Zwar hat die kirchliche Soziallehre sich für viele Institutionen der Arbeitswelt der Old Economy wie Gewerkschaften, Tarifverträge und Streikrecht, ein Arbeitsrecht und eine Arbeitsrechtsprechung, Gesundheitsschutz am Arbeitsplatz, Aufbau Sozialer Sicherungssysteme usw. eingesetzt und könnte daher mit diesen identifiziert werden. Dem ist aber nicht so. Die Institutionen haben nur instrumentellen Zweck zur Erreichung bestimmter Grundanliegen, vor allem einer menschenwürdigen Arbeitsordnung. Insofern ist es notwendig, angesichts der Veränderungen der Arbeitswelt, diese Institutionen kritisch zu prüfen, um sie entweder generell in Frage zu stellen oder aber ihre Weiterentwicklung anzustoßen. Verteidiger dieser alten Institutionen, die häufig am Erhalt dieser Institutionen ein Eigeninteresse haben, sind daher aus der Sicht der Christlichen Sozialethik kritisch zu hinterfragen.

---

[4] Vgl. Uwe Jean Heuser, Abenteuer Arbeit, in: *Gewerkschaftliche Monatshefte*, 8–9/ 2000, S. 464–475.

Im Sinne der Christlichen Sozialethik zeigt sich zunächst, dass die Unternehmen der New Economy offensichtlich nicht strukturell vom »Gegensatz zwischen Arbeit und Kapital« geprägt sind, wobei traditionell ein machtmäßiges Übergewicht der »Kapitalseite« gegeben war, sondern hier Arrangements gefunden werden, die den einzelnen Arbeitnehmer zum Subjekt machen. An die Stelle hierarchischer Kontrolle tritt gegenseitiges Vertrauen zwischen Unternehmensleitung und Arbeitnehmern. Dies äußert sich darin, dass auf formelle Kontrollinstrumente (z. B. Arbeitszeiterfassung) verzichtet wird und die Art der Ausführung von Arbeitsaufträgen nicht vorgegeben wird. Kommunikationsfähigkeit und gegenseitiges Vertrauen äußern sich auch in der an Bedeutung gewinnenden Teamarbeit.

Da in der New Economy nicht der Kapitaleinsatz im Sinne von Sachkapital wesentlich ist, sondern das Humankapital der Mitarbeiter bedeutsamer ist, finden sich andere Strukturen als früher in der Industrie vor, wo der Arbeitgeber austauschbare Personen an die von ihm finanzierten Maschinen setzen konnte. Die Kapitalgeber – etwa die Geber von Venture Capital – der New Economy investieren in das Humankapital der Unternehmer und unternehmerisch denkender Mitarbeiter, häufig in dem Sinne, dass sie vor allem die Gehälter der Mitarbeiter vorschießen in der Hoffnung, dass hier etwas Produktives herauskommt, was vermarktet werden kann. Allerdings haben sich diese »Machtverhältnisse« auch bereits in der Old Economy verschoben, noch deutlicher ist dies aber in der New Economy. Entsprechend dieser Bedeutung des Humankapitals wird der einzelne Mitarbeiter als Mensch behandelt, der nicht als Objekt in ein anonymes Gebilde eingebunden ist. Angesichts der gegenwärtigen Knappheit entsprechender Arbeitskräfte müssen hier angenehme Arbeitsplätze geboten werden. Aufgrund des durchschnittlich hohen Gehaltsniveaus ist es nicht möglich, unangenehme Arbeitsbedingungen, ein unzureichendes Betriebsklima etc. durch finanzielle Zuwendungen zu kompensieren, wie dies für die Old Economy typisch war (Schicht-, Schmutzzulagen etc.).

Es stellt sich daher die Frage, ob nicht in der New Economy

faktisch die Arbeit Kapital in den Dienst nimmt, wie es als »Vorrang der Arbeit vor dem Kapital« in der Sozialverkündigung der Kirche[5] postuliert wurde, ohne dass hier institutionell laboristische (etwa arbeiterselbstverwaltete Unternehmen) an die Stelle von Aktiengesellschaften getreten sind.

Die New Economy weckt die Erwartung, dass hier hoch qualifizierte Arbeitskräfte eigenverantwortlich tätig werden können, indem sie ihre Fähigkeiten entfalten. Da Produktion weitgehend mechanisiert abläuft, wird die menschliche Arbeit in Zukunft vor allem aus »beraten, forschen, entwickeln, organisieren, vernetzen, managen, recherchieren und gestalten«[6] bestehen, Tätigkeiten, die bisher keine Maschine Menschen abnehmen kann. Es ist dann häufig keine monotone, entfremdete, gesundheitlich belastende Arbeit mehr, wo der Einzelne sich als Rädchen in einem für ihn undurchschaubaren Getriebe fühlt. Der Arbeitnehmer kann sich sowohl vom Inhalt seiner Tätigkeit wie vom sozialen Status (Gewinnbeteiligung, Unternehmensanteil) als Mitunternehmer fühlen. Die New Economy öffnet die Perspektive für eine humanere Arbeitswelt. Diese Perspektive erfüllt sich auch dadurch, dass den Arbeitnehmern prinzipiell eigene Gestaltungsmöglichkeiten in der Wahl der Arbeitszeiten und des Arbeitsortes offen stehen, etwa indem bestimmte Arbeitsaufgaben auch am heimischen Bildschirm ausgeführt werden.

Weiter ist positiv zu sehen, dass Menschen hier ihre Anlagen und Fähigkeiten in der Arbeitswelt entfalten und sie permanent weiterentwickeln können. Der Einzelne ist damit verstärkt zur Eigenverantwortung aufgerufen, vor allem dann, wenn er kein festes Arbeitsverhältnis eingeht, sondern als »Freelancer« mit wechselnden Aufgabenstellungen und bei verschiedenen Auftraggebern tätig wird. Diese neue Arbeitswelt weist aber auch Probleme auf.

Aus sozialethischer Sicht betrifft das erste und gravierends-

---

[5] Johannes Paul II, Enzyklika »Laborem exercens«, 1981, in *Texte zur Katholischen Soziallehre,* hrsg. v. Bundesverband der KAB, Bornheim 1992.

[6] Deckstein/Felixberger, *a.a.O.,* S. 8.

te Problem die Frage, wie weit die geschilderten positiven Dimensionen der neuen Arbeitswelt nur einen privilegierten Teil der Beschäftigten der Gesamtwirtschaft betreffen und die Mehrheit oder eine große Minderheit ausgegrenzt bleibt. Eine Gesellschaft, in der weniger immer mehr arbeiten, andere aber immer weniger[7], kann nicht eine sozialethisch erwünschte Perspektive sein. Was geschieht in einer von Unternehmen der New Economy dominierten Wirtschaft mit den Arbeitskräften, die die hohen Anforderungen nicht erfüllen können, also etwa wenig qualifizierten und wegen bestimmter Handikaps nicht qualifizierbaren Arbeitskräften? Werden alle Personen zum Selbstmanagement ihres Lebens als »Arbeitskraftunternehmer« fähig sein und gerade selbst die eigenen Stärken und Schwäche genau identifizieren[8] oder werden sie vielfältige Hilfen benötigen? Wie kann eine daraus erwachsende mögliche Spaltung der Gesellschaft vermieden werden?

Im Bereich der New Economy gibt es zweitens permanente technische und organisatorische Neuerungen, den schnelleren Aufstieg und Niedergang von Unternehmen, zeitlich befristete Verträge oder Aufträge. Genauso wie man von einem expandierenden Markt profitieren kann, kann man aber durch das »Setzen auf ein falsches Pferd« rausfallen. Die Existenzunsicherheit nimmt stark zu. Zwar kann man sich durch den Aufbau von Netzwerken gegen bestimmte Risiken auf Gegenseitigkeit absichern. Vor allem für Selbständige, die auf einen festen Arbeitsvertrag verzichten oder keinen erhalten haben, stellt sich das Problem von Auftragsmangel, Krankheit, Invalidität usw. Man kann nicht davon ausgehen, dass in jungen und gesunden Jahren hinreichend viel Vermögen angesammelt wird, so dass für alle Fälle ausreichend vorgesorgt ist.

Die Arbeitszeiten und die Arbeitsintensität sind drittens häufig so hoch, dass sie längerfristig nicht ohne gesundheitli-

---

[7] Jörg Wurzer, *Atemlos*. Die virtuelle Welt des Internet-Kapitalismus, Stuttgart–München 2000, S. 85.

[8] Deckstein/ Felixberger, a.a.O., S. 46 betonen diesen Faktor.

che Schäden und auf Dauer mit steigendem Alter der Beschäftigten durchzuhalten sind. Es stellt sich die Frage, ob und wie man die Mitarbeiter vor kurzfristiger Überforderung schützen und damit ein Burnout vermeiden kann. Arbeitsbedingungen müssen – gerade angesichts der Zukunftsperspektiven der Alterssicherung – ja so gestaltet sein, dass Menschen auch tatsächlich bis 65 oder 67 Jahre (nicht wie heute durchschnittlich 59) arbeiten können.

Bei den Beschäftigten der New Economy handelt es sich viertens gegenwärtig vorwiegend um jüngere ledige bzw. kinderlose Arbeitskräfte. Die Frage, wie familiäre Verantwortung und Kindererziehung mit Erwerbsarbeit vereinbar sind, bleibt offen. Ob Telearbeit zu Hause auch tatsächlich die entsprechende Möglichkeit bietet, private Verpflichtungen wie Kindererziehung und Betreuung von Angehörigen mit Erwerbsarbeit zu kombinieren, wird sich erst in langjähriger Erprobung herausstellen.

Wenn fünftens Unternehmen erfolgreich sind und in der Größe wachsen, stellt sich die Frage, ob ein auf persönlichen Beziehungen und informationeller Transparenz aufbauender Führungsstil dauerhaft tragfähig ist, oder ob nicht doch eine formale Gestaltung der Arbeitsbeziehungen (z.B. Betriebsräte) eingeführt werden sollten?

Wenn sechstens die Belegschaft der New Economy mit den Unternehmen älter wird, stellt sich das Problem von älteren Arbeitskräften, die möglicherweise gehaltsmäßig relativ teuer (z.B. Lohnfortzahlung im Krankheitsfall), aber nicht mehr so leistungsfähig sind wie jüngere. Ohne arbeitsrechtlichen Schutz und ohne Vertretung durch einen Betriebsrat könnten leichter Entlassungen vorgenommen werden.

So lange siebtens eine Knappheit an entsprechend qualifizierten Arbeitskräften besteht, ist ein Personalabbau, eine Unternehmenspleite usw. für den einzelnen Arbeitnehmer kein Problem, findet er doch schnell einen neuen Arbeitsplatz. Falls es aber einen Überhang von entsprechend qualifizierten Arbeitskräften geben sollte, könnte sich diese Struktur ändern, so dass ein Betriebsrat, der etwa einen Sozialplan aushandelt, sinnvoll wird.

Die Beteiligung mit Belegschaftsaktien stellt achtens eine Kumulation von Arbeitsplatz- und Eigentumsrisiko dar. Die alleinige oder vorrangige Anlage von Mitteln im eigenen Unternehmen ist nicht sinnvoll, weil bei einer möglicherweise kurzen Lebensdauer von Unternehmen der gleichzeitige Verlust von Arbeitsplatz und Kapital droht.

Aufgrund solcher Probleme stellt sich die Frage, ob nicht doch bestimmte Institutionen der alten Arbeitswelt – vielleicht in weiterentwickelter und modifizierter Form – auch für die Arbeitswelt der New Economy Bedeutung haben.

Perspektiven der Arbeitswelt der New Economy

Wenn Unternehmen ein bestimmtes Größenwachstum erreichen, es zu einer Heterogenisierung der Belegschaft etwa hinsichtlich ihres Alters kommt, die Ausreifung von Technologien zu einer Verminderung des Innovationstempos führt etc., spricht vieles dafür, dass auch dort formale Regelungen und formale Organisationsstrukturen an Bedeutung gewinnen werden. Es wird sich daher die Frage stellen, ob zu solchen formellen Organisationsstrukturen nicht auch formalisierte Interessenvertretungen gehören. Diese dürfen einem modernen Betriebsrat entsprechen, der bereits heute bei einigen Unternehmen neue technologische Prozesse begleitet und im Rahmen des Personalmanagements eine wichtige Rolle einnimmt. Ebenso können Unternehmenszusammenschlüsse Personalabbau, Umsetzung oder Standortschließung bedingen.[9] Dies hat aber nichts mehr mit dem Betriebsratsverständnis zu tun, das zumindest verbal immer noch aus Klassenkampfperspektive formuliert ist, sondern mit einem aktiven »CO-Management« der Arbeitnehmer.

Sicherlich sind für die New Economy Gewerkschaften und Mitbestimmungsregelungen, die von einer Ideologie des Gegensatzes von »Arbeit und Kapital« geprägt sind, obsolet. Es stellt sich aber die Frage, ob nicht auch für Arbeitnehmer

---

9 Vgl. Karlheinz Blessing, Mitbestimmung und New Economy, veröffentlicht auf der Homepage der Hans-Böckler-Stiftung: www.boeckler.de/service/mbf/mbnuk/text 2000-05-19-blessing.htm.

der New Economy eine Gewerkschaft, die sich als »ADAC« für Arbeitnehmer wie für selbständig Erwerbstätige versteht, sinnvoll sein könnte. Im Medienbereich gibt es bereits eine hohe Anzahl von freien Mitarbeitern – also selbständigen Ein-Personen-Unternehmen. Für diese bietet die IG Medien Beratungsangebote an.[10] Viele andere Gewerkschaften stehen aber Selbständigen noch skeptisch bis ablehnend gegenüber. Andere Angebote versuchen, da Arbeitnehmer weniger im Unternehmen selbst anwesend sind, auch über Internetseiten gezielt Telearbeiter zu erreichen.[11] Das Internet bietet die Möglichkeit, etwa gewerkschaftsinterne Newsgroups oder Chat Rooms zu installieren, die interne Willensbildung zu intensivieren und den Kontakt mit Mitarbeitern auszubauen. Daneben könnten auch gewerkschaftliche Call Center ein Mittel sein.[12]

Die neue Arbeitswelt erfordert einen erheblichen Beratungsbedarf für viele »Arbeitskraftunternehmer«. Selbständiges Arbeiten, Werkverträge etc. erfordern rechtliche Kenntnisse. Weiterhin muss man über Fortbildungsmöglichkeiten, Marktentwicklungen, soziale Absicherung usw. informiert sein.[13]

In der Old Economy hat man bei Ein-Personen-Unternehmen und kleinbetrieblichen Strukturen eine Vielzahl von Regulierungen eingeführt, auch um die Existenzsicherheit der Betroffenen zu gewährleisten. Denn existenzsicherndes Einkommen etwa für ältere Selbständige, soziale Absicherung im Krankheitsfall und im Alter etc., die Notwendigkeit zu verhindern, dass soziale Risiken nicht durch mangelnde Vorsorge auf die Gesellschaft abgewälzt werden, führten zu der Einbeziehung von Selbständigen in die Sozialversicherung (Künstler, Handwerker, Landwirte) oder der Bildung eigener Versorgungswerke (Ärzte, Anwälte), der Regulierung des

---

[10] Vgl. Lothar Schröder, neue Ökonomie – neue Arbeit – neue Wege für Gewerkschaften, in: *Gewerkschaftliche Monatshefte* 8–9/ 2000, S. 514.
[11] Vgl. Welf Schröter, a.a.O., S. 8.
[12] Vgl. Lothar Schröder, a.a.O., S. 514.
[13] Vgl. Dagmar Deckstein/ Peter Felixberger, a.a.O., S. 161ff.

Marktzutritts (Meisterprüfung im Handwerk, Ärzte, Rechtsanwälte, Steuerberater, Wirtschaftsprüfer, Apotheker), staatliche Gebührenordnungen (Anwälte, Ärzte) oder der Garantie von Mindestpreisen (Landwirtschaft, Apothekerspanne). In Konjunkturkrisen bzw. Strukturkrisen in Teilen der New Economy wird auch hier der Ruf nach staatlicher Intervention auftauchen. Solche Regulierungen hat die Gesellschaft auch deshalb eingeführt, weil sie in Krisensituationen gesellschaftlich destruktives Protestverhalten der jeweiligen Personengruppe befürchtet, eine Dimension, die im Kontext der New Economy sicherlich gravierende Möglichkeiten böte. Gegen solche Ansätze einer Regulierung liegt der Einwand nahe, dass sie gerade hier praktisch nicht möglich seien, liegen doch weltweite Vernetzungen vor. Dem ist aber entgegenzuhalten, dass neue Technologien auch neue kostengünstige Regulierungstechniken liefern könnten.

Daher sollte man sich rechtzeitig um Formen der Regulierung der New Economy durch Selbstorganisation der Beteiligten bemühen, um einerseits durch stabilisierende Rahmenbedingungen die Bereitschaft zur Risikoübernahme zu fördern, aber andererseits Einzelne nicht durch für sie individuell untragbare Risiken zu überfordern.

Impulse für die Old Economy

Von der New Economy werden Impulse für die Old Economy ausgehen. Denn auch dort werden die Informationstechnologien immer wichtiger. Weiterhin werden ebenso dort Qualifikation und Motivation der Mitarbeiter und flache Hierarchien an Bedeutung gewinnen. Deshalb nimmt die Bedeutung von Mitbestimmung am Arbeitsplatz und die Bedeutung von Teamarbeit zu.

Die Aufgaben der einzelnen Mitarbeiter werden im Sinne von mehr Eigenverantwortung und Entscheidungskompetenz angereichert. Mehr Möglichkeiten der Eigenverantwortung, der Eigeninitiative, von persönlich angereicherten Tätigkeiten statt sich monoton wiederholender Arbeiten bedingen aber auch eine Veränderung in der Wahrnehmung von »Arbeit«. Eine Mentalität, die Arbeit im Betrieb allein aus Einkommensgründen zu absolvieren, und dann das eigentliche selbstgestaltete Leben in der Nichtarbeitszeit, der daher freien Zeit, auch kompensatorisch zu nutzen, ist dann überholt. Dies bedeutet auch, dass Probleme der Arbeitswelt, etwa die Suche nach Problemlösungen, nicht mehr nur Manager, sondern immer größere Teile der Belegschaft in der Freizeit verfolgen werden.

Für die Old Economy stellt sich das zentrale Problem, dass innerbetrieblich die Hierarchiestufen abnehmen, die strikte Trennung zwischen ausführender und anleitender Arbeit verschwindet. Diese Entwicklungen müssten eigentlich zu einer Nivellierung der Einkommen im Betrieb führen. Im Gegensatz dazu haben deutsche Manager sich im Zeitalter der Globalisierung nach angelsächsischem Vorbild sehr große Gehaltsanhebungen genehmigt und die Einkommenshierarchie vergrößert. Auf Dauer wird sich ein solcher Widerspruch nicht halten lassen, selbst wenn auch für durchschnittliche Arbeitnehmer gewinnabhängige Gehaltsbestandteile eingefügt werden. Zu gravierende Einkommensunterschiede in Unternehmen werden die gewünschte breite Motivation der Gesamtbelegschaft nicht herstellen, die für kontinuierliche Innovations- und Lernprozesse notwendig ist.

Zu den zu überwindenden Bestandteilen der Old Economy gehört die Auffassung von Gewerkschaftern, die auch heute noch von »Kapitalismus« sprechen und davon ausgehen, dass durch eine Mitarbeiterbeteiligung »eine zu enge Bindung der Arbeitnehmer an den Betrieb, voraus der Abbau des Interessenbewusstseins und mithin eine Schwächung der gewerkschaftlichen Mobilisierungs- und Durchsetzungsfähigkeit entstehen könnte«[14]. Weiterhin erschwert überholtes keynesianisches Denken mit dem Kaufkraftargument die Beteiligung der Arbeitnehmer an Produktivvermögen durch Vermögensbildung. Die »partiell veränderte Einstellung der Gewerkschaften zum Regulationsprinzip des Marktes und der kapitalistischen Wirtschaftsweise als Ganzes«[15] reicht wohl nicht

---

[14] Berthold Huber, Aktien und gewerkschaftliche Verteilungsstrategien, in: *Gewerkschaftliche Monatshefte* 8–9 /2000, S. 518–524, hier 520.

aus. Mit dieser Einstellung, die in der IG-Metall vorherrscht, die sich selbst als »größte Einzelgewerkschaft der Welt« bezeichnet, wird man die Arbeitswelt des 21. Jahrhunderts kaum gestalten und die Chancen, die sich gerade auch aus der Sicht der arbeitenden Menschen stellen, nicht wahrnehmen können.

Die New Economy bietet Chancen, dass hier Formen menschlicher Arbeit entstehen, die in humanem Sinne einen Fortschritt darstellen. Daher ist es wichtig, dass diese Impulse auch auf die Old Economy rückwirken und möglichst viele an den Vorzügen teilhaben, um eine Spaltung der Gesellschaft in hoch qualifizierte, gut bezahlte Wissensarbeiter, die ihre Fähigkeiten in der Arbeit entfalten können, und schlecht qualifizierte Dauerarbeitslose oder schlecht bezahlte Dienstleister zu vermeiden. Aus der Sicht der Soziallehre der Kirche sind Konzepte zu entwickeln, die die genannten Risiken der New Economy eingrenzen und mögliche Probleme vermeiden.

---

[15] Ebenda

2
BERATER – WAS TREIBT DIE NEW ECONOMY AN?

Deutschland auf dem Weg in die New Economy

von Roland Berger

Deutschland und Europa und damit das ordnungspolitische Modell der Sozialen Marktwirtschaft stehen vor einem tief greifenden Strukturwandel: der Transformation von der traditionellen Industriegesellschaft in die informations-, wissens- und dienstleistungsbasierte New Economy. Die USA beweisen, dass sich der konsequente Strukturwandel zu dieser New Economy lohnt, denn alle relevanten Indikatoren belegen die ökonomische und technologische Stärke und damit die Zukunftsfähigkeit der amerikanischen Volkswirtschaft:

- Die Wirtschaft wächst seit dem Ende der Rezession 1993 jährlich real mit durchschnittlich 4 Prozent, in der Spitze 6 bis 7 Prozent.
- Die Inflation liegt gleichzeitig anhaltend auf einem Rekordtief.
- Die Arbeitslosenquote beträgt nur noch 3,9 Prozent, was mit Vollbeschäftigung gleichzusetzen ist, seit 1993 sind 15,4 Millionen Arbeitsplätze neu geschaffen worden, von denen zwei Drittel Löhne über dem Durchschnittseinkommen aufweisen.
- Der erwartete Haushaltsüberschuss im Jahr 2000 beträgt 211 Milliarden US-Dollar und die amerikanische Regierung rechnet damit, dass im Jahr 2013 alle in den letzten 200 Jahren aufgelaufenen öffentlichen Schulden zurückbezahlt sein werden.

Die USA sind global führend in den neuen Schlüsselindustrien und -technologien der Netzökonomie: Informatik, Telekommunikation, Internet, Multimedia, Mikroelektronik. Diese sind die Treiber der Verdopplung der Produktivitätsraten und damit der längsten und stabilsten Wachstumsperiode der amerikanischen Wirtschaftsgeschichte. Die USA sind außerdem auch führend in den Zukunftstechnologien der nächsten Generation, der Bio- und der Nanotechnologie.

Deutschland hinkt demgegenüber hinterher: Schwaches Wachstum (im Durchschnitt 1,9 Prozent pro Jahr in den neunziger Jahren), 640 000 Arbeitsplätze weniger als 1993 und rund 8,9 Prozent Arbeitslosigkeit im Jahr 2000 unterstreichen mit großer Deutlichkeit, dass unsere ökonomische Performance zu wünschen übrig lässt. Wenn wir den technologischen und innovativen Strukturwandel zur New Economy jetzt schnell angehen, dann könnte Deutschland – wie auch Europa insgesamt – ein Wirtschaftsszenario erwarten, das dem US-amerikanischen ähnelt – mit allen positiven Folgen für Wachstum, Beschäftigung und Wohlstand. Dazu aber gilt es, zwei Fragen zu beantworten: Wie sollen Deutschland und Europa auf diese Entwicklung reagieren? Ist das ordnungspolitische Konzept der Sozialen Marktwirtschaft auch in der globalen New Economy die richtige und zukunftsweisende Wirtschafts- und Gesellschaftsform?

Tatsache ist, dass die »Ausführungsbestimmungen«, also das heutige Erscheinungsbild der Sozialen Marktwirtschaft, auf dem Höhepunkt der klassischen Industriegesellschaft und in aus heutiger Sicht mehr oder weniger geschlossenen Volkswirtschaften entwickelt und implementiert wurde. Das heißt nicht, dass die Konzeption als solche nicht zukunftsfähig ist. Jedoch müssen die Institutionen und Regeln auf die neuen Bedingungen eingestellt werden. In Europa und Deutschland muss es darum gehen, diese Kräfte der New Economy ebenfalls zur Wirkung zu bringen, d.h. mit entsprechenden Maßnahmen die Kräfte zielgerichtet zu fördern und sich entfalten zu lassen.

Für die Betrachtung der genannten Aspekte werde ich zunächst die treibenden Kräfte darstellen, die bestimmend für den Strukturwandel zur New Economy sind, die ihren Erfolg bewirken und kennzeichnen. Um eine systematische Betrachtung zu ermöglichen, werde ich diese Kräfte anhand von zehn Charakteristika beschreiben. Dann gehe ich näher auf die Konsequenzen ein, die sich daraus für die Zukunft der Sozialen Marktwirtschaft ergeben. Im Mittelpunkt stehen dabei die Aufgaben des Staates als ordnungspolitische Instanz.

Die zehn Charakteristika der New Economy

Die New Economy ist technologiegetrieben
Durch die Konvergenz von Mikroelektronik, Informatik, Telekommunikation und des interaktiven Internets werden enorme Produktivitätssteigerungen bei allen informationsbasierten Transaktionen sowie völlig neue Geschäftsmodelle möglich. Sie bewirken dreierlei: Zum einen werden bestehende Wertschöpfungsprozesse schneller, besser und billiger, zum anderen werden bestehende Wertschöpfungsstufen teilweise überflüssig und zum dritten erschließen sie über die neuen Geschäftsmodelle auch neue, bedeutende Wachstumspotenziale (mit positiven Auswirkungen auf Beschäftigung und Wohlstand). Gleichzeitig bewirken die Innovationen von informationsbasierten Transaktionen in der Netzökonomie massive Produktivitätssteigerungen – in der etablierten Industrie und insbesondere in allen Bereichen der Dienstleistungen.

Die New Economy ist eine Wissens- und Dienstleistungsökonomie
Immer weniger menschliche Arbeit wird im Fertigungsprozess, also der Verarbeitung von Rohstoffen zu Produkten, aufgewandt. Die Industriebeschäftigung, in Deutschland gegenwärtig bei 26 Prozent der Erwerbstätigkeit, sinkt auf unter 20 Prozent und wird weiter sinken. Immer mehr menschliche Arbeit wird dagegen für die vorbereitende Organisation der Produktion, aber auch für alle Dienstleistungen zur Unterstützung der Produktion wie zum Erhalt und zum

Einsatz ihrer Produkte aufgewendet. Diese innovativen, wissensbasierten Dienstleistungen sind der wesentliche Träger des Wirtschaftswachstums der New Economy; aufgrund ihrer Personalintensität sind sie zudem auch ihr wesentlicher Beschäftigungsmotor.

Durch Einkommenssteigerungen in der Netzökonomie als auch bei wissensbasierten Dienstleistungen in der bzw. für die traditionelle Industrie, die auf Produktivitäts- und Wachstumsgewinnen basieren, kommt es zu einem Zuwachs an Wohlstand, der eine erhöhte Inanspruchnahme personennaher und sozialer Dienstleistungen möglich macht. Mit anderen Worten: Der Wandel eröffnet dort ein weiteres Feld für zusätzliches Wirtschaftswachstum und damit zusätzliche Beschäftigung und Wohlstand.

Die New Economy ist wissensgetrieben

Die Produktionsfaktoren der Industriegesellschaft waren Arbeit, natürliche Ressourcen und Sachkapital. Ihnen gemeinsam ist, dass sie sich im Laufe des Wertschöpfungsprozesses verbrauchen. Die zentralen Produktionsfaktoren der New Economy dagegen sind Wissen, auch Humankapital genannt, und Finanzkapital, deren Mobilität den schnellen Strukturwandel treibt.

Dem Faktor Wissen ist dabei eine völlig neue ökonomische Qualität inhärent: Es verbraucht sich nicht im Wertschöpfungsprozess, sondern erneuert sich und steigert seinen Wert mit der und durch seine Anwendung. Umso wichtiger ist es, dass die Träger des Produktionsfaktors Wissen, die Menschen, kontinuierlich im Arbeitsprozess eingegliedert bleiben, um ihr Wissen ständig auszubauen.

Die gleiche Eigenschaft der Nicht-Konsumierbarkeit besitzt auch der Produktionsfaktor Finanzkapital: Auch er vermehrt sich im Laufe eines rentablen Wertschöpfungsprozesses und generiert damit neues Produktivitäts- und Wachstumspotenzial.

Die New Economy ist innovations- und geschwindigkeitsgetrieben

Denn wissensbasierte Produkte und Dienstleistungen sind – aufgrund der geringen Zugangsbarrieren – Güter, die sich ökonomisch schnell entwerten: Sie haben ihren herausragenden Marktwert und ihre überdurchschnittliche Rentabilität nur in jener Periode, während der sie einem Anbieter exklusiv zur Verfügung stehen. Nur solange erhält dieser seine »Innovationsrente«. Daher rührt das intensive Streben nach ständiger Innovation und Erneuerung von Wissen und Wissensprodukten.

Gleichzeitig haben Wissensprodukte andere *economics,* also grundlegend andere ökonomische Eigenschaften und Kostenstrukturen als traditionelle Industrieprodukte: Ihre Kosten fallen überwiegend während des Entwicklungs- und Markteintrittsprozesses an, während die Kosten ihrer Reproduktion und Verbreitung gegen null tendieren. Dieser Tatsache entspringt der ökonomische Druck, Wissensprodukte so schnell und auf so vielen Märkten wie möglich – also bevorzugt global – zu vermarkten, um diese hohen Kosten für Entwicklung und Markteintritt möglichst schnell zu amortisieren und in immer kürzerer Zeit möglichst hohe Gewinne zu realisieren. Die *economics* von Mikrochips oder Software, ihre rasch fallenden Preise und ihre schnelle und breite globale Verfügbarkeit sind Beispiele dafür.

Der Erfolgsfaktor »Zeit« wird von den Börsen hoch bewertet: So haben Innovatoren wie Intel, Microsoft, AOL, Cisco und Yahoo höhere Börsenwerte als ihre *Follower* (Nachahmer) und selbst höhere als die weitaus größeren Unternehmen der so genannten Old Economy – der Blick auf die größten Unternehmen nach Marktkapitalisierung belegt dies: Auch nach den Kurskorrekturen an den Weltbörsen sind acht der zehn wertvollsten Unternehmen weltweit solche der New Economy.

Die New Economy ist kunden- und marktanteilsgetrieben

Weil natürliche Markteintrittsbarrieren für innovative Wissensprodukte praktisch nicht existieren, sind deren Anbieter gezwungen, nicht nur weltweit höchstmögliche Marktanteile zu erreichen, sondern über den »Besitz« des Kunden andersartige Barrieren, wie etwa Nutzerverträge, Marken, Nutzerstandards etc. aufzubauen. Ziel der New-Economy-Unternehmen ist es deshalb, möglichst rasch möglichst viele Kunden zu gewinnen, diese möglichst intensiv an das Unternehmen zu binden und ihnen ein möglichst breites Spektrum an Produkten und Diensten zu verkaufen. Dies versuchen beispielsweise fast alle Softwareanbieter, von Microsoft über SAP bis Oracle. Software wird weltweit mit hohen Marktanteilen distribuiert. Die Hersteller versuchen, Nutzerstandards zu setzen, denen sich der Kunde schwer entziehen kann, und sie versuchen, den Kunden durch immer neue Anwendungen ökonomisch an ihre Technologieplattform zu binden. Ähnlich verhalten sich Mikrochip-Hersteller, Telekom-Unternehmen, Internet Service Provider, der elektronische Handel, Medienunternehmen und viele andere Firmen der New Economy.

Entsprechend werden Kundenbesitz und Marktanteile von den Börsen hoch bezahlt – in der Telekommunikation oder bei Online-Diensten beispielsweise mit Werten von über 20 000 US-Dollar pro Kunde (wie bei der Übernahme von Voicestream durch die Deutsche Telekom). Kunden-»Besitz« und Marktanteil sind also ein weiteres wichtiges Kriterium, aufgrund dessen der Kapitalmarkt Unternehmen der New Economy bewertet. Die traditionellen physischen Aktiva der Old Economy dagegen – Grund und Boden, Gebäude, Maschinen und Rohstoffe – sind als Bewertungskriterien für den Kapitalmarkt heute ohne große praktische Bedeutung.

Die New Economy ist unternehmergetrieben

Insbesondere in den USA: Die Entwicklung neuer Technologien und Geschäftsmodelle erfolgt immer weniger in etablierten Großunternehmen oder im traditionellen Mittelstand. Es sind fast immer (junge) Unternehmerpersönlichkeiten, die alleine oder in Partnerschaften die innovativen Geschäftsmodelle der New Economy entwickeln und erfolgreich umsetzen und dadurch große Unternehmen schaffen. Ihr Erfolg beruht auf einer offenen, erfolgsorientierten, hierarchiefreien, nach dem Grundsatz *trial and error* arbeitenden Unternehmer-, Arbeits- und Kommunikationskultur, wie sie sich in Strukturen von Großunternehmen nur schwer entfalten kann.

Beispiele sind Menschen wie Microsofts Bill Gates (42 Jahre alt), der AOL-Gründer Steve Case (41), Jeff Bezos von Amazon.com (36), Jerry Young von Yahoo (32), John Chambers (50), Chef von Cisco, des derzeit zweitwertvollsten Unternehmens der USA, oder Pierre Omidyar (31), der eBay gründete. Sie alle haben in jungen Jahren und ohne großes eigenes Vermögen begonnen, ihre heute global führenden Unternehmen aufzubauen. Auch in Deutschland gibt es solche Talente: Stephan Schambach (30) von Intershop, Stefan Röver (35) von Brokat, Paulus Neef (39) von Pixelpark oder Karl Matthäus Schmidt (34) von Consors können als Beispiel dienen – und als Orientierung. Nur dann aber, wenn wir noch mehr solcher wagemutigen Innovatoren und Entrepreneurs haben, kann uns der Strukturwandel zur New Economy gelingen.

Die New Economy ist kapitalmarktgetrieben

Die hohen Kosten von Innovation, Entwicklung sowie schneller Vermarktung von Wissensprodukten erfordern einen hohen Kapitaleinsatz. Diesen können nur große und effiziente Kapitalmärkte – gerade in ihren innovativen Formen wie Venture Capital und Technologiebörsen – zur Verfügung stellen. Weil die Unternehmen vor der Notwendigkeit stehen, *schnell und global* zu wachsen, lässt die New Economy nicht mehr das traditionelle Modell internen Wachstums durch schrittweise Markterschließung – wie in der Industriegesellschaft – zu; ihr hohes Tempo erfordert externes Wachstum durch Aufkauf von bzw. Fusion mit Unternehmen, die Kunden, Know-how, Technologien und/oder Märkte besitzen. Die Möglichkeiten dazu stehen nur kapitalmarktnotierten Unternehmen mit hohen Börsenbewertungen in ausreichender Form zur Verfügung. Die Kapitalmärkte und ihr Funktionieren sind also ein wesentlicher Erfolgsfaktor für die Entwicklung der New Economy. Daher spielt auch die traditionelle Personengesellschaft in der Neuen Ökonomie eine immer geringere Rolle.

Vor diesem Hintergrund wachsen Volumen und Macht der

internationalen Kapitalmärkte weiterhin stark an: Sie entscheiden, welches Unternehmen und welcher Wirtschaftsstandort das notwendige Kapital zum Wachstum erhält. Wachstums- und Existenzfaktor für Unternehmen wird daher das Schaffen von Shareholder Value; für Standorte sind es günstige Steuersätze auf Unternehmens-, Unternehmer- und Kapitalgewinne.

Die New Economy ist praktisch ausschließlich kapitalmarktfinanziert, nicht nur in den USA, sondern – dies ist eine zentrale Neuerung – zunehmend auch in Deutschland. Wurden 1995 und 1996 nur je 20 und 1997 lediglich 35 inländische Unternehmen neu an der Frankfurter Börse gelistet, stieg die Zahl 1998 auf 67 und 1999 auf 146. Maßgeblich dazu beigetragen hat das 1997 neu gegründete Erfolgssegment »Neuer Markt«, das die Kapitalbeschaffung insbesondere für innovative und kleinere Unternehmen erleichtert.

Die New Economy ist global

Das Internet ist eine globale Kommunikations- und Transaktionsplattform, deren Nutzung sich derzeit alle hundert Tage verdoppelt. Damit wird jeder – auch der kleine und mittelständische – Teilnehmer am elektronischen Handel automatisch zum Global Player. Gleichzeitig fördern die neuen Technologien den Aufbau, die Vernetzung und damit das Funktionieren weltweit dezentralisierter Wertschöpfungsstrukturen zu globalen Unternehmen und Angebotsformen, die ihre Wertschöpfungsstandorte ausschließlich nach den Faktoren Kosten und Nutzen kunden- und kostenorientiert jederzeit optimieren können.

Damit setzt sich die Phase der Globalisierung, die 1990 mit der Öffnung der Volkswirtschaften in Mittel-/Osteuropa, Lateinamerika, China und Indien erst wirklich begann, fort und beschleunigt sich zudem. Beleg dessen ist, dass die nationalen Bruttoinlandsprodukte weltweit seit 1990 nur um 1,9 Prozent pro Jahr gewachsen sind, die Weltexporte dagegen um 6,3 Prozent pro Jahr und die weltweiten Direktinvestitionsbestände sogar um 11,6 Prozent pro Jahr. Dies gilt, wenn wir die Prognosen für das Jahr 2001 betrachten, auch weiterhin. Fazit: Wer in der New Economy wachsen will, muss auf globaler Ebene agieren.

Die New Economy begünstigt virtuelle Organisations- und Wertschöpfungsformen

Ihr Paradigma sind nicht mehr Größe und vertikale Integration der Wertschöpfung wie in der klassischen Industriegesellschaft. Im Mittelpunkt stehen heute projektbezogene Allianzen und Partnerschaften sowie flexible, globale, virtuell vernetzte Wertschöpfungs- und Vermarktungsstrukturen als Unternehmens- und Organisationsformen der Zukunft. IT, Intranet und Internet sind die technologischen Medien dafür.

Durch die globalen Netzwerke lassen sich Faktorkosten-Differenziale effizienter nutzen und Märkte weltweit schneller erschließen – allerdings auch Arbeitsplätze global schneller verlagern als bisher. So ist es heute möglich, dass beispielsweise ein amerikanischer Automobilhersteller ein neues Modell in Deutschland entwickelt, das Design in Italien entwerfen lässt und die Finanzierung über Japan erfolgt. Die arbeitsintensiven Hardware-Komponenten stammen aus südostasiatischen Ländern, die technologieintensiven aus Europa. Montiert wird das Auto in Korea, Logistik und Marketing übernimmt der US-Autohersteller wieder selbst.

Ein weiterer Faktor treibt virtuelle Organisationsformen: Der intelligente, anspruchsvolle und unternehmerische »Wissensarbeiter« ist nicht mehr bereit, in hierarchischen – und bürokratischen – Großunternehmen zu arbeiten. Er bevorzugt die »kleine Einheit«, in der er sich frei entfalten kann. Virtuell organisierte, global tätige Unternehmen werden also eine Summe vernetzter kleiner Einheiten sein, für die sich die Wissensträger der New Economy, die jungen Menschen von heute und morgen, gewinnen lassen.

Die New Economy verändert die Arbeitswelt

In ihr lösen sich die etablierten Grenzen zwischen Arbeits- und Freizeit, Wohn- und Arbeitsort, Lernen und Arbeiten, Arbeit und Ruhestand, abhängiger und selbständiger Beschäftigung auf bzw. werden durchlässig. Die traditionellen –

unsere Verhaltensweisen, unsere Institutionen und unser Wertesystem noch immer bestimmenden – Arbeitsparadigmen der Industriegesellschaft (lebenslange Vollzeitbeschäftigung bei möglichst einem Arbeitgeber im einmal erlernten Beruf mit gesichertem Einkommen für die ganze Familie) erodieren zunehmend.

Der Erwerbstätige von morgen wird ein »Unternehmer seiner Fähigkeiten« sein. Er verhält sich damit auch unternehmerisch. Er investiert in sein Kapital, d.h. sein Wissen, und er verwertet es bestmöglich gegenüber einer wachsenden Zahl unterschiedlicher Arbeitgeber, also seiner Kunden. Die New Economy impliziert deshalb auch ein neues Paradigma für die Arbeitswelt – pointiert ausgedrückt geht es um den Wandel vom »Facharbeiter zum Human-Kapitalisten«.

Mit den zehn Charakteristika der New Economy wird deutlich, dass die innovations-, unternehmer-, markt- und wettbewerbsgetriebene Form des Wirtschaftens die Freiheit und die Flexibilität eines funktionierenden marktwirtschaftlichen Systems voraussetzt. Wachstum, Beschäftigung und Wohlstand sind dabei die inhärenten Potenziale, die es zu realisieren gilt. Allerdings ist auch unverkennbar, dass die New Economy, wie jeder tief greifende Strukturwandel, Gewinner und Verlierer hervorbringt. Deshalb stellt sich hier die Frage, inwiefern unsere bestehende Soziale Marktwirtschaft in der Lage ist, bei vertretbaren Kosten für die Gesellschaft, eine dem heutigen System vergleichbare soziale Absicherung zu gewährleisten bzw. welche Anpassungen des Systems erforderlich sind.

Eine Neue Soziale Marktwirtschaft für die New Economy

Stellt die Konzeption der Sozialen Marktwirtschaft ein für die New Economy geeignetes Gesellschafts- und Wirtschaftsmodell dar? Meine bisherigen Ausführungen belegen, dass der Strukturwandel größtmögliche Freiheiten für die Kräfte des Marktes erfordert. Allerdings kann und darf eine Gesellschaft, die wie die deutsche – und auch die gesamte europäische – dem christlich-abendländischen Wertesystem verpflichtet ist, eine Ausgrenzung der Verlierer nicht akzeptieren. Es müssen also Vorkehrungen getroffen werden, um die »Modernisierungsverlierer« zu befähigen, eine aktive Rolle in den neuen Strukturen zu übernehmen und gleichzeitig alle Individuen gegen fundamentale soziale Risiken abzusichern. Wir brauchen also auch und gerade in der New Economy eine aktive Sozialpolitik im Rahmen einer Neuen Sozialen Marktwirtschaft.

Um die Grundkonzeption jedoch beibehalten zu können, sind fundamentale Änderungen bei den Institutionen, Regeln, Organisationsformen, Strukturen und Gesetzen, die allesamt aus dem Industriezeitalter stammen, erforderlich. Dafür gilt es, folgende drei Schwerpunkte näher zu betrachten:

- Die Flexibilität und Innovationsfähigkeit durch mehr Markt und weniger Staat,
- die Modernisierung der Infrastruktur und
- die neue Rolle des Sozialstaats.

Die genannten zehn Faktoren zur Kennzeichnung der New Economy bilden die zentralen Unterscheidungsmerkmale zur Industriegesellschaft der zweiten Hälfte des 20. Jahrhunderts. Diese geänderten Parameter implizieren als logischen Schritt, dass sich Deutschland und seine Gesellschaft, seine Institutionen wie auch die sie bestimmenden Regeln und Werte im Rahmen einer »Neuen Sozialen Marktwirtschaft« neu ausrichten muss. Wir müssen wieder an Flexibilität und Innovationsfähigkeit gewinnen, die wir in den letzten fünfzig Jahren weitgehend eingebüßt haben. In diesem Zusammenhang möchte ich vier Leitsätze formulieren:

1. Wir brauchen mehr Markt und weniger Staat im Sinne einer dezidiert liberalen Ordnungspolitik. Das heißt konkret, dass die Bürger alle Wirtschaftsleistungen im freien Wettbewerb erbringen, dass sie freien Marktzugang als Unternehmer *und* Kunden haben und dass sie durch Steuern und

Abgaben staatliche Hoheitsaufgaben finanzieren. Die öffentlichen Aktivitäten beschränken sich auf folgende neun ordnungspolitischen Bereiche: Äußere Sicherheit, Rechtsstaat, Wettbewerbspolitik, Fiskal-/Finanzpolitik, Innere Sicherheit, Sozialpolitik einschließlich Gesundheitspolitik, Infrastrukturpolitik einschließlich Sicherung des diskriminierungsfreien Zugangs für alle, Kultur-/Bildungs-/Forschungspolitik und Umweltpolitik/Ressourcenentwicklung.

2. Das ordnungspolitische Modell erfordert, dass der private Anteil an der Wirtschaftstätigkeit wesentlich wachsen muss. Denn nur im Wettbewerb unter Privaten entsteht jene Innovations- und Leistungsfähigkeit sowie jene Flexibilität, die notwendig sind, um in der New Economy international wettbewerbsfähig zu werden. Eine Staatsquote von 47 Prozent ist dafür zu hoch. Deshalb muss der Fokus auf folgenden Punkten liegen:
   - Vollständige Privatisierung heute noch staatlicher Wirtschaftstätigkeit einschließlich nicht-hoheitlicher Verwaltungsfunktionen
   - Deregulierung und Liberalisierung von Märkten, damit ein freier Wettbewerb möglich ist – und damit auch ein freier Marktzugang für Innovatoren, Unternehmer und Kunden, kurz gesagt für alle Bürger garantiert wird. Deregulierung und Flexibilisierung dürfen vor den Arbeitsmärkten nicht Halt machen. Das Tarifmonopol und der Flächentarifvertrag der Industriegesellschaft haben in der New Economy keinen Platz mehr. Sie behindern und verlangsamen nur den Umstrukturierungsprozess.
3. Eine Reprivatisierung der Wirtschaftstätigkeiten sowie aller nicht-hoheitlichen staatlichen Aktivitäten führt automatisch zu einer Reduktion der Staatsquote und damit in der Folge auch der benötigten Steuereinnahmen und Steuersätze. Das heißt, dass verminderte Steuersätze im Zuge der Steuerreform praktisch ein Nebeneffekt der reprivatisierten Wertschöpfung in unserer Gesellschaft sind. Vor diesem Hintergrund muss eine »Reform der Steuerreform« weiter reichen als das bisher Beschlossene.

4. Aus unserer derzeitigen Wirtschafts- und Fiskalpolitik muss die unsinnige Unterscheidung zwischen dem »guten« (Groß-)Unternehmen und dem »bösen« Unternehmer ein für allemal verschwinden. Die New Economy ist kein Ergebnis von Initiativen großer Unternehmen. Vielmehr wurden und werden die zentralen Momente vorwiegend von Unternehmerpersönlichkeiten entwickelt und selbst umgesetzt. Kleinere Unternehmen ohne hierarchische Strukturen bilden die Grundlage für eine effiziente Umsetzung. Aus diesem Grund ist eine Ausgliederung von Teilen großer Unternehmen sinnvoll, um die Innovationskraft zu steigern.

Die gleichen Möglichkeiten müssen jedoch auch dem Mittelstand gewährt werden, denn gerade dort bedarf es der Reform. Wenn ein mittelständisches Unternehmen nur deshalb nicht verkauft werden kann, weil der Eigentümer hohe Steuern auf den Verkaufserlös zahlen muss, dann ist die Folge, dass der Mittelstand in den Strukturen der Old Economy stecken bleibt. Vor diesem Hintergrund nützt auch eine Restrukturierung der Großunternehmen wenig, denn diese für sich greift zu kurz. Es sind vor allem mittelständische Unternehmer, die die New Economy begründen; sie ist, wie bereits ausgeführt, unternehmergetrieben. Dies ist heute in Europa genauso der Fall wie es von Anfang an für die USA zutraf. Gerade deshalb ist der Unternehmer und der Mittelstand und nicht das Unternehmen und der Großkonzern in den Mittelpunkt steuer- und wirtschaftspolitischer Reformen, d.h. der bedeutenden Entlastungen durch niedrigere Steuersätze, zu stellen.

Der zweite zentrale Punkt einer Reform der Sozialen Marktwirtschaft hin zu einer Neuen Sozialen Marktwirtschaft ist die Modernisierung der Infrastruktur. Zwar sind die Infrastrukturleistungen in Deutschland grundsätzlich auf sehr hohem Niveau. Allerdings gäbe es auch hier einiges zu verbessern. So ist das Paradigma des diskriminierungsfreien Zugangs zu Infrastrukturleistungen für jeden Bürger auch und gerade in der New Economy von zentraler Bedeutung. Aus diesem Grund sind regulatorische Instanzen wie beispielsweise die Regulierungsbehörde in der Telekommunikation zur Einhaltung dieses Ziels durchaus zu begrüßen; allerdings müssen diese Regulierungen kontinuierlich auf ihre zukünftige Notwendigkeit überprüft werden. Was heute zur Gewährleistung des freien Wettbewerbs an Eingriffen notwendig sein kann, ist vielleicht morgen der Auslöser für die Stagnation in zentralen, wachstumsintensiven Bereichen der Wirtschaft.

Zudem ist eine verstärkte Privatisierung und damit privatwirtschaftliche Finanzierung alter wie neuer Infrastruktur erforderlich. Es mag sein, dass privat finanzierte Infrastruktur in dem einen oder anderen Fall teurer ist als staatlich finanzierte. Häufig ist diese Betrachtung jedoch rein statisch, denn gerade in Umbruchzeiten ist verlorene Zeit das teuerste Gut; sie ist ungenutzte Innovationskraft, woraus langsamer wachsende Produktivitäten auf dem Weg in die New Economy resultieren. Dieser Aspekt findet in der öffentlichen Debatte viel zu selten Berücksichtigung.

Außerdem gilt auch für die Infrastrukturleistungen, dass Wettbewerb dort, wo er möglich ist, zur einer effizienteren Leistungserbringung führt, als dies bei staatlichen Monopolen der Fall ist. Die Möglichkeiten, im Infrastrukturbereich Wettbewerb zu schaffen, sind in Deutschland jedoch nur wenig angedacht, geschweige denn umgesetzt. Hier gilt es, ein Tabu zu brechen. Ergänzend zu den grundsätzlichen Bemerkungen zum Handlungsbedarf in der Infrastrukturpolitik, möchte ich beispielhaft drei Sektoren aufzeigen, die in diesem Sinne Nachhol- und Handlungsbedarf aufweisen:

1. In Forschung und Lehre muss in Deutschland, und zwar sowohl von staatlicher Seite wie auch von der Wirtschaft, mehr getan und schneller gehandelt werden als in der Vergangenheit. Die relativen Bildungs- und Forschungsausgaben hierzulande sind unterdurchschnittlich im Vergleich zu den führenden Nationen der New Economy. Die Zahlen sind bekannt: Im Tertiärbereich geben die Deutschen pro

Studenten 9500 US-Dollar aus – weniger als die US-Amerikaner (17 500 US-Dollar), die Schweden (12 980 US-Dollar) oder die Japaner (10 200 US-Dollar). Die Schweden wenden 3,6 Prozent ihres BIPs für Innovation auf, Finnland 3,0 Prozent, die USA 2,7 Prozent; Deutschland dagegen stagniert seit mehreren Jahren bei 2,35 Prozent des BIP und dies nach einem kräftigen Ausgabenrückgang zu Beginn der neunziger Jahre.

Außerdem ist Wettbewerb zwischen Forschungs- und Ausbildungsinstitutionen weitestgehend unbekannt, da sich alle in staatlicher Hand befinden oder staatlich reguliert sind – ohne dass zumindest Budgethoheit, also freie Allokation zur Verfügung stehender Mittel in einzelnen Einrichtungen, besteht. Damit ist auch hier das Leistungsprinzip von geringer Relevanz, sondern in hohem Maße das öffentliche Dienstrecht. Dies wiederum behindert das Entstehen von Eliten. Und nur Eliten sind es, die den Weg der Gesellschaft in eine neue Welt beschleunigen bzw. überhaupt ebnen können. Die USA sind dafür ein herausragendes Beispiel. In keinem Land der Welt wirken Staat, Wirtschaft und Wissenschaft so gekonnt und so gnadenlos erfolgsorientiert zum Wohl der Gesellschaft und ihres Landes zusammen, bei härtestem Wettbewerb unter den beteiligten Spielern.

2. Die Infrastruktur im Bereich der Logistik, vor allem der Informationslogistik, bedarf ebenfalls besonderer Beachtung. So stellt sich die Frage, warum es in Deutschland an einem klaren Konzept zum »Informations-Highway« fehlt. Zwar wird darüber geredet, jedoch gibt es keine klare Vision der politisch Verantwortlichen in dieser Richtung, wie das Beispiel der sich ständig verzögernden und dann auch nur halbherzig erfolgenden Privatisierung der Kabelnetze der Deutschen Telekom AG (die immer noch mehrheitlich in staatlichem Besitz ist!) zeigt. Es genügt nicht, sich auf das zu berufen, was schon geschehen ist. Die New Economy verzeiht keinen unnötigen Verlust an Zeit und Effizienz. Dass hier, bei öffentlicher Regulierung, privat finanziert und privat verdient werden kann und muss, ist weltweit Stand des Wissens.

3. Im Gesundheitssektor erleben wir einen seit Jahrzehnten bestehenden staatlichen Reformstau. Die Gesundheitsreform 2000 ist das Gegenteil von dem, was wir brauchen, nämlich eine Rückkehr zu mehr Staat und mehr Regulierung. Dabei wäre ein florierendes Gesundheitswesen – ebenso wie die Kultur- und Bildungsinfrastruktur – eine der wesentlichen Erfolgsvoraussetzungen für eine schnelle Realisierung der New Economy in Deutschland: Zum einen birgt gerade das Gesundheitswesen in all seinen Ausprägungen von Hard-, Soft- und Brainware bis hin zu personennahen Dienstleistungen mit die größten Wachstums-, Effizienzsteigerungs- und Beschäftigungspotenziale der New Economy. Voraussetzung dafür, dass dieses Potenzial auch ausgeschöpft werden kann, sind die private Entscheidungsfreiheit und zumindest ein Minimum an Wettbewerb – natürlich mit diskriminierungsfreiem Zugang. Zum anderen ist Gesundheit, neben Kultur und Bildungschancen sowie innerer Sicherheit, eine entscheidende Bestimmungsgröße für die Lebensqualität der Bürger und damit der Attraktivität unseres Standortes für den Rohstoff Brain, also für die Eliten der New Economy.

Auch wenn der Strukturwandel zur New Economy große Chancen für Wirtschaft und Gesellschaft bietet, muss immer auch bedacht werden, dass jeder Strukturwandel nicht nur Gewinner (wie den erfolgreichen Software-Ingenieur oder Multimedia-Designer), sondern auch Verlierer (wie den arbeitslosen Stahlarbeiter) mit sich bringt. Gerade diese potenziellen Verlierer des Wandels muss eine zukunftsweisende Wirtschafts- und Gesellschaftspolitik absichern und ihnen eine neue Entwicklungsmöglichkeit bieten. Keine in sich konsistente und zukunftsfähige Gesellschaft darf die Verlierer ausgrenzen, denn das würde der europäischen Gesellschaftskultur und unserer christlich-abendländischen Wertewelt widersprechen.

Konkret bedeutet dies, dass die Soziale Marktwirtschaft – wie schon in den fünfziger Jahren bei Ludwig Erhardt – eine zukunftsweisende Sozialpolitik mit einschließen muss. Allerdings müssen wir wieder Abstand nehmen vom wohlfahrtsstaatlichen Modell der »Rundum-Versorgung«, das sich seit den siebziger Jahren bei uns zur heutigen Realität, für die wir 34,1 Prozent des Bruttosozialprodukts ausgeben, entwickelt hat. Die Sozialpolitik der Zukunft muss Vorsorge bieten gegen die »existenziellen« Lebensrisiken und die unvermeidlichen Verlierer des Strukturwandels materiell und immateriell auffangen. Vor allem muss sie jedoch in der Lage sein, die größtmögliche Zahl von ihnen wieder dazu zu befähigen und zu motivieren, sich in den veränderten Strukturen neu zu positionieren und einzugliedern. Denn nur durch seine Anwendung bleibt die Qualität des Wissens erhalten, erneuert es sich und steigert seinen Wert. Deshalb muss eine neue Sozialpolitik Solidarität mit integrierten Leistungsanreizen verbinden. Durch solche Maßnahmen ließe sich die Sozialquote auf unter 28 Prozent absenken – ein Wert, der immer noch sieben Prozentpunkte über dem der USA läge. Damit lässt sich also ebenfalls die soziale Komponente einer neuen Sozialen Marktwirtschaft im Modell Europa finanzieren.

Die zehn Charakteristika der New Economy unterstreichen, dass ein Wandel in zentralen Bereichen der Wirtschaft erforderlich ist, damit sich die beschriebenen Kräfte voll entfalten können. Dabei ist die Frage nicht, *ob* wir uns für diese Neue Ökonomie entscheiden oder doch bei der Alten bleiben. Diese Alternative besteht nicht, denn die globalisierten Märkte lassen das nicht zu. Möchten wir in Europa den Anschluss an die Weltwirtschaft behalten – was wohl eher eine rhetorische Frage ist, so *müssen* wir uns dementsprechend den Anforderungen der New Economy stellen und unser Wirtschaftssystem auf die neuen Bedingungen einstellen. Entscheidend ist also, *wie* wir auf die Entwicklungen reagieren.

Damit ist jedoch nicht eine Übernahme des Modells der Marktwirtschaft nach angelsächsischem Muster mit seiner Dynamik, aber auch seinen Auswirkungen auf die soziale Struktur der Gesellschaft gemeint. Dies entspricht weder der europäischen Tradition noch ist es notwendig. Vielmehr gilt es, auf der Basis der Sozialen Marktwirtschaft ein System zu schaffen, das auf der einen Seite die Dynamik des Marktes möglichst wenig einschränkt, andererseits aber sozialen Härten vorbeugt. Dafür müssen wir uns auf die Kernelemente der Konzeption konzentrieren: Basierend auf freiem Wettbewerb gilt es, ein zukunftsfähiges, effizientes, marktgeleitetes Wirtschaftsmodell mit privater Erbringung aller Wirtschaftsleistungen anzustreben. Dazu gehört eine zukunftsfähige und -fördernde Infrastrukturpolitik mit diskriminierungsfreiem Zugang für alle Bürger sowie eine moderne Sozialpolitik, die Chancengleichheit und Beteiligungsgerechtigkeit für alle Bürger, einschließlich der möglichen Verlierer des Wandels, gewährleistet.

World Wide Weiterbildung

von Thomas Heilmann

Das Internet wird unser Bildungssystem grundlegend verändern – doch eine Strategie fehlt

Amerika, 19. Jahrhundert: Die Krise der Ölbranche lässt John H. Alexander keine Wahl. Zu einem Zehntel des Wertes muss er dem schärfsten Konkurrenten seine Ölraffinerie anbieten. Andere Besitzer sind ebenfalls gezwungen, zu verkaufen oder unterzugehen. Nutznießer der Krise ist ein Mann namens John D. Rockefeller, der sein Ölimperium so Schritt für Schritt ausbaut. Sein Erfolgsrezept ist einfach: In Schwächeperioden kauft er Konkurrenten auf, die in Schwierigkeiten geraten sind. Doch Rockefellers Expansionsstrategie ist ebenso gewagt. Sie gründet sich auf der fanatischen Vision von der langfristigen Bedeutung der Ölbranche. Er betrachtet sie nicht als einen vorübergehenden Glücksfall, der bald zu Ende sein wird. Dank seines expansiven Masterplanes wird er ein paar Jahre später der reichste Mann der Welt werden.

Deutschland, 21. Jahrhundert: Die globale Rohstoffbörse hat ihre Prioritäten geändert. Vor 150 Jahren vermochte eine mäßig sprudelnde Ölquelle noch aus einem verschlafenen Pioniernest über Nacht eine bedeutende Öl-Metropole zu machen. Heute werden ungleich größere Mengen gefördert, doch der damaligen Aufregung ist bedächtige Gelassenheit gewichen. Die Nüchternheit hat ihren Grund. Ein anderes Material ist auf dem besten Weg, das schwarze Gold an Wertschöpfung bei weitem zu übertreffen und der Rohstoff des

21. Jahrhunderts zu werden: die Fähigkeit, Informationen zu verarbeiten. Diese Fähigkeit setzt Bildung voraus. Deshalb kann man auch Bildung selbst als den entscheidenden Rohstoff bezeichnen, obwohl dieses Gut keineswegs nur ökonomischen Zwecken dient.

Nach dem Übergang von der Agrar- zur Industriegesellschaft – dessen vielleicht prägendster Vertreter Rockefeller selbst war – vollzieht sich gegenwärtig ein neuer, gewaltiger Umbruch: die Wissensrevolution. Unser Land hat keine nennenswerten Bodenschätze und Ressourcen. Bildung könnte die Basis für eine Kernkompetenz Deutschlands werden. Nicht Ausgaben für Bohrtürme und Pipelines sind somit gefragt, sondern Investitionen in die Infrastruktur der Informationsverarbeitung und vor allem in die vier Säulen unseres Bildungssystems: Schule, Hochschule, berufliche Bildung und Weiterbildung.

Doch wie ist eine optimale Förderung des »Rohstoffs« Bildung möglich? Der erste Schritt zu einer Antwort scheint einfach und schwierig zugleich: Wir brauchen eine Strategie, die festlegt, welche Ziele wir auf welchem Wege erreichen wollen. So wie kein Unternehmen effizient viele verschiedene Güter produzieren kann, so kann kein Land wirksam alle Zukunftsfelder besetzen. Es bedarf einer sorgsamen Auswahl und Priorisierung der Ziele. Daraus entwickeln sich dann auch die Handlungsanweisungen in der Bildungspolitik. Es macht keinen Sinn, jede Bildungsinitiative zu fördern, die ein ».de« im Namen trägt und jeden Schüler mit einem Laptop auszustatten, ohne den Kontext zu beachten. Die Ressourcen im Bildungssektor sind bereits jetzt knapp genug bemessen. Nur wenn wir uns gezielt um Bildung, Wissenschaft und Innovation kümmern, werden wir die Zukunft meistern. Wir dürfen die Kreativität in den Köpfen nicht ersticken. Wir brauchen deshalb eine Strategie, die sich auf das Wesentliche beschränkt.

Damit stellt sich die Frage, was das Wesentliche ist. Dietrich Schwanitz hat in seinem Buch »Bildung« zusammengetragen, welche Bildungsinhalte dazugehören sollten. Darum geht es hier nicht. Wesentlich im vorliegenden Zusammenhang meint die Schlüsselqualifikationen, die wir in Deutschland besser als andere Länder ausbilden und vor allem auch erhalten wollen. Wenn zukünftig ein immer größer werdender Teil der Wertschöpfung in der Wirtschaft über die Verarbeitung von Informationen erzeugt wird, dann ergeben sich drei Schlüsselqualifikationen mit höchster Priorität:

- Lernkompetenz
- Medienkompetenz
- Sozialkompetenz

Die Definition dieser Schlüsselqualifikationen bildet die Basis einer Strategie, die uns die wichtigsten Aufgaben zukünftiger Bildungspolitik vorgibt und uns anhält, weniger wichtige Pläne zu identifizieren und aufzugeben.

Lernkompetenz

Das auf der Welt vorhandene Wissen verdoppelt sich alle drei Jahre; der Datenverkehr im Internet sogar alle hundert Tage. Jedes Jahr vermehrt sich die weltweit zugängliche Informationsmenge um etwa 160 Terabytes – digitalisiert das Achtfache der 17 Millionen Bücher in der Washingtoner Kongressbibliothek.

Manche Informationstheoretiker glauben, dass diese atemberaubende Wissensexplosion zu gar keinem Substanzgewinn führt. 90 Prozent des erreichbaren Menschenwissens sind mit Erreichen der wichtigsten Basiserfindungen bereits verfügbar. Der Rest kann aus dem Bestehenden kombiniert werden. Wir sollten uns mit der Vorstellung anfreunden, dass die Vermehrung von Informationen in Zukunft nur noch eingeschränkt zu mehr Erkenntnis führen wird.

Ungeachtet dieser Einwände rollt die digitale Infolawine jedoch weiter. Sie droht, jeden unqualifizierten Benutzer unter sich zu begraben. Überflüssige E-Mails, sinnlose Chat-Talks und lästige Newsletter: Mit jeder Minute im Netz wird mehr Datenmüll produziert. Je größer die Menge an Informationen ist, desto wichtiger wird ihre Auswahl. Der Schwerpunkt unserer Bildungseinrichtungen darf deshalb nicht auf der Vermittlung reinen Faktenwissens liegen. Dies käme Don Quichottes aussichtslosem Kampf gegen die Windmühlen gleich.

Der Schwerpunkt muss aufgrund der raschen Informationsentwicklung vielmehr auf der Fähigkeit liegen, sich selbst Wissen anzueignen.

Bildungsfähigkeit wird das erste Schlagwort des 21. Jahrhunderts sein.

Statt Vielwisserei kommt es auf grundlegendes Verstehen an. Die Wissensgesellschaft benötigt keine wandelnden Bibliotheken, sondern urteilsstarke Persönlichkeiten, die zwischen sinnvollen und sinnlosen Informationen unterscheiden können. Das Internet macht nicht per se schlau. Wer gelernt hat, sich Wissen anzueignen, wird durch eine effektive Nutzung des Netzes noch schlauer. Wem dies fremd ist, der wird am Fortschritt nicht teilnehmen können.

Information und Bildung sind – wie bereits angedeutet – nicht identisch. Informationen sind bloßes Futter: Sie können nach Belieben konsumiert, gespeichert und kopiert werden. In ihrer Beliebigkeit bilden sie einen strukturlosen Haufen mit kurzer Verfallszeit. Bildung dagegen bedeutet verdaute Information, bedeutet Wissen von beständiger Dauer. Die zahlreichen Informationsangebote müssen verstanden, analysiert und bewertet werden. Gerade in schnelllebigen Zeiten aber brauchen wir kein Fastfood, sondern geordnete Wissensbestände, die uns vor der digitalen Verstopfung bewahren. Verkürzt könnte man daher folgende Definition aufstellen: Bildung ist die Fähigkeit, selbständig Informationen zu Wissen zu verarbeiten.

Deshalb erhöht sich die ohnehin schon enorme Bedeutung von Basisqualifikationen wie lesen, schreiben und rechnen im Internetzeitalter noch einmal. Nur wer lesen gelernt hat, kann Informationen verarbeiten, ihnen einen Sinn entnehmen und Urteilsvermögen entwickeln. Nur wer schreiben kann, hat gelernt, sich auszudrücken und seinen Willen zu artikulieren. Es geht nicht nur um die passive Rezeption eines Textes, sondern auch um die aktive Auseinandersetzung. Und schließlich: Nur wer rechnen gelernt hat, kann logisch denken und besitzt die damit verbundene Fähigkeit, selbständig neue Probleme zu lösen. Mehr denn je gilt heutzutage Immanuel Kants kategorischer Imperativ: »Sapere aude! Habe Mut, dich deines eigenen Verstandes zu bedienen!«

Bildungsfähigkeit darf jedoch kein bloßes Schlagwort bleiben. Wollen wir Lernkompetenz aktiv vermitteln, müssen wir drei Projekte verfolgen:

a) Lebenslanges Lernen fördern
b) Aufbau eines innovativen Weiterbildungssystems
c) Mehr Flexibilisierung und Wettbewerb

a) Lebenslanges Lernen fördern

Die Forderung nach mehr Bildungsfähigkeit beschränkt sich nicht allein auf die Zeit des klassischen Bildungsprozesses zwischen dem sechsten und dreißigsten Lebensjahr. Der Lernprozess des Internetzeitalters dauert vielmehr lebenslang. Zwei Entwicklungen begründen diesen Anspruch. Die erste: Je schneller neues Wissen auftritt, desto rascher veraltet vorhandenes. Nach Expertenschätzungen sind wesentliche Teile unseres Schulwissens gegenwärtig nach zwanzig Jahren überholt, EDV- und Technologiewissen bereits nach ein bis drei Jahren.

In immer kürzeren Abständen muss man sich folglich fortbilden und dazulernen. Vor zwanzig Jahren genügte es einer Sekretärin noch zu erlernen, wie eine elektrische Schreibmaschine funktioniert, um ihre Aufgaben zu bewältigen. Heute muss sie sich alle 24 Monate mit einem neuen Computerprogramm oder -modell auseinandersetzen und fortlaufend dazulernen. In der Vergangenheit betrieb sie Fortbildung, um im Betrieb aufzusteigen und beispielsweise Chefsekretärin zu werden. Heute muss sie sich fortbilden, um ihren alten Arbeitsplatz überhaupt behalten zu können.

Die zweite Entwicklung: Neben den Inhalten verändert sich auch die Art des Arbeitens. In der Industriegesellschaft waren die Tätigkeiten eines Angestellten klar umrissen und weitgehend festgelegt. Auch die dauerhafte Beschäftigung an einem Arbeitsort war die Regel. Dies ist gegenwärtig nicht mehr der Fall. Die bewährten, stabilen Strukturen der Arbeitsprozesse werden durch projektorientiertes, dezentralisiertes Arbeiten aufgeweicht.

Die so genannten Normalarbeitsverhältnisse, das heißt die feste Beschäftigung bei einem Arbeitgeber zu tariflich vereinbarten Konditionen, nehmen kontinuierlich ab. Noch Anfang der siebziger Jahre standen einem Nicht-Normbeschäftigten fünf Normbeschäftigte gegenüber. Mitte der achtziger Jahre lag dieses Verhältnis bereits bei eins zu drei, Mitte der neunziger Jahre bei eins zu zwei. Der Trend zu mehr Erwerbstätigen in Teilzeitjobs, auf Leihbasis oder mit befristeten Verträgen ist deutlich. Der Bedarf dieser Menschen an Weiterbildung wird wachsen, wollen sie auch in Zukunft hinreichende Chancen auf dem Arbeitsmarkt besitzen.

b) Aufbau eines innovativen Weiterbildungssystems

Welche Folgen hat es aber für die Häuser unserer Bildung, wenn an die Stelle eines eindimensionalen Schule-Arbeit-Familie-Rente-Lebensentwurfes das Bild einer komplexen Lerngesellschaft in allen Etappen des Lebens tritt? Wie müssen sie auf den Strukturwandel reagieren? Kurz gesagt: Der lebenslange Lernprozess des kommenden Jahrhunderts erfordert eine komplette Neustrukturierung unserer Bildungseinrichtungen. Sie müssen systematisch Weiterbildung betreiben. Davon kann zur Zeit keine Rede sein: Private Bildungseinrichtungen bieten teure und nur unzureichend zertifizierte Kurse an; Universitäten und Hochschulen verschließen sich diesem Bildungszweig weitgehend.

Die Bildungseinrichtungen der Zukunft müssen sich zwei Aufträgen widmen: Erstens müssen sie eine grundlegende Ausbildung vermitteln und zweitens eine berufsbegleitende Weiterbildung organisieren. Zwei- oder dreisemestrige Weiterbildungsstudiengänge müssen als Fortsetzung des Hochschulstudiums für alle Altersschichten angeboten werden. Dazu bedarf es des Aufbaus eines innovativen Weiterbildungssystems.

Der Blick in die USA zeigt, wohin der Weg gehen könnte. Die großen Staatsuniversitäten bieten dort seit längerem ein großes Angebot von Weiterbildungskursen an. Bereits vor einigen Jahrzehnten gab es an der Pennsylvania State University mehr als doppelt so viele Fortbildungsteilnehmer wie jugendliche Vollzeitstudenten. Ein weiterer Schritt könnte der Aufbau von unternehmenseigenen Hochschulen sein, die berufsbegleitend auf den Betrieb zugeschnittene Lehrinhalte vermitteln. Betriebliche Weiterbildung darf kein Privileg für Führungskräfte sein, sondern muss allen Angestellten zugute kommen. Einige größere Konzerne haben hier bereits entsprechende Angebote geschaffen, doch generell bleiben diese Maßnahmen Stückwerk und bestenfalls Ergänzungen zum traditionellen Lernsystem. Es kommt vor allem darauf an, die privaten Institutionen mit verbesserten Rahmenbedingungen wie verbindlichen Qualitäts- und Finanzierungskriterien zu fördern. Wir brauchen Standards bei Bildungsangeboten und Bildungsanbietern, die für den Kunden transparent sind.

Insbesondere brauchen wir ein System, das erstens früher als bei eingetretener Arbeitslosigkeit ansetzt wie die heutigen Maßnahmen des Arbeitsamtes. Zweitens muss es zu unserer mittelständischen und damit flexiblen Wirtschaftsordnung passen. Fünfzig-Mann-Betriebe werden kaum firmeninterne Weiterbildungsinstitue schaffen. Die Entwicklung neuer Finanzierungsformen muss daher zu den Topprioritäten gehören, die sich aus der hier angemahnten Strategie ergeben.

Durch den Wandel zur permanenten Lerngesellschaft erfährt auch der erste Auftrag – die Vermittlung einer grundlegenden Ausbildung – eine veränderte Rolle. Universitäten wie allgemein bildende Regelschulen werden in Zukunft nur noch eine Art Einleitung in den über das gesamte Leben ausgedehnten Lernprozess geben können. Je rascher sich Wissen verdoppelt, desto stärker verlieren Schule und Hochschule als zentrale Bildungsinstitution an Bedeutung.

Deshalb muss das Studium grundlegend neu definiert und in diesem Zusammenhang *modular, konsekutiv* und *kürzer* werden. *Modular* meint, den neuen und ständig wechselnden Anforderungen des Arbeitsmarktes, den Veränderungen im

Studierverhalten und den Möglichkeiten der neuen Technologien gerecht zu werden. Dies führt zu einem flexiblen und transparenten Studienangebot von Seminaren und Kursen, deren Leistungen durch ein entsprechendes Kreditpunktesystem übertragbar sind. Mit diesen anrechenbaren Modulen wird das Studium nicht nur insgesamt interdisziplinärer, sondern eröffnet auch ganz neue Möglichkeiten berufsbegleitender Fortbildungsstudien.

Konsekutiv bedeutet die zeitliche Aufeinanderfolge von Studienleistungen nach internationalen Standards. Der Student gelangt über mehrere Teilprüfungen, statt einer einzigen Examensprüfung ans Ziel seines Studiums. Ein Beispiel hier ist der dreigliedrige Studienaufbau nach dem BA/MA-Modell: Bereits nach etwa sechs Semestern erreicht der Student den ersten berufsqualifizierenden Zwischenabschluss (»Bachelor«), nach weiteren zwei bis vier Semestern einen vollwertigen akademischen Abschluss (»Master«). Begabte und an der Wissenschaft interessierte Studenten können anschließend zur Promotion zugelassen werden. Die Vorteile dieses aufeinander aufbauenden Studienmodells liegen auf der Hand: Die Hochschulen werden merklich entlastet, da ein Großteil der Studenten bereits nach dem ersten Abschluss ins Berufsleben wechselt.

Die neuen Studienabschlüsse nach dem BA/MA-Modell tragen zudem zu einer *Verkürzung* des Studiums bei. Dies ist gut so, denn die grundlegende Ausbildung stellt im Bildungssystem der Zukunft ja lediglich den Einstieg in den Prozess des lebenslangen Lernens und Weiterbildens dar. Durch diese Verkürzung wird zudem das Eintrittsalter ins Berufsleben gesenkt, was einen entscheidenden Nachteil kompensiert: Die Dauer der deutschen Bildungswege raubt derzeit jungen Menschen im internationalen Vergleich die Wettbewerbschancen.

Der Staat wird völlig überfordert sein, ein optimales System zu identifizieren und dann festzulegen, unabhängig davon, daß eine solche Reform viel zu lange dauern würde. Die Strategie erfordert daher »nur« eine Öffnung zu verschiedenen Systemen. Die Praxis wird schneller und effizienter die zukünftig sinnvollen Abschlußmöglichkeiten festlegen.

c) Mehr Wettbewerb und Flexibilisierung

Mit dem lebenslangen Lernprozess verändern sich nicht nur die Studienangebote, sondern auch die Strukturen. Unsere Hochschulen sind bisher auf Gleichheit und Konformität ausgerichtet. Die Vorstellung dominiert, sie sollten eine möglichst gleichwertige, weil staatlich garantierte Ausbildung anbieten. Doch im Zeitalter von Globalisierung und Wettbewerb werden Vielfalt, Flexibilität und Leistung immer wichtigere Kriterien.

Unser Bildungssystem ist bürokratisch erstarrt und auf die eintretenden Veränderungen nicht vorbereitet. Die Effizienz der Hochschulen lässt sich kaum durch Anordnungen und zentrale Vorgaben steigern. Die daher längst überfällige Strukturreform unseres Bildungssystems muss vor allem drei Wesensmerkmale enthalten: *Flexibilisierung, Wettbewerb* und *Internationalisierung.*

Die Kultusministerkonferenz als oberstes Entscheidungsgremium ist längst zum Verhinderungsapparat erstarrt. Sie ist eine Perversion des Subsidiaritätsgedankens. Entweder die Entscheidungen werden wieder an die Länder zurückdelegiert, was nach den guten Erfahrungen in der Bundesrepublik sinnvoll erscheint, oder man schafft (partielle) Bundeszuständigkeit. Das Einstimmigkeitsprinzip der Kultusministerkonferenz bedeutet hingegen die Herrschaft der Langsamsten.

Eine Entscheidungsverlagerung auf kleinere Einheiten bietet weitere Möglichkeiten: Universitäten bekommen neben ihrer wissenschaftlichen Autonomie auch mehr personelle und finanzielle Selbstverantwortung. So könnten sie effiziente Vor-Ort-Strategien entwerfen, die dem einzelnen Studenten zum individuellen Studienerfolg helfen. Was spricht dagegen, für eine Freiheit der Lehrpläne einzutreten und so individuelle Lehrangebote zu ermöglichen, die zeit- und ortsnah sowohl auf die Nachfrage von Studenten als auch auf Anforderungen des Arbeitsmarktes reagieren könnten? Ziel aller *Flexibilisierung* sollte es sein, dass Hochschulen, Institute und Fächer jeweils ein klares Profil gewinnen und sich durch klare Merkmale und Besonderheiten positiv voneinander absetzen.

Flexibilisierung ist aus einem weiteren Grund zwingend

notwendig. Ein weltweit führendes Bildungssystem bedeutet nämlich nicht, dass jeder zur Weltspitze seines Faches ausgebildet wird. Damit brauchen wir Spitzenausbildung genauso wie effiziente Vermittlung von »state of the art«-Fähigkeiten. So wie eine Fußballnation in der Champions League würdig vertreten ist und gleichzeitig Breitensport fördert, braucht auch ein Bildungssystem diese Ausdifferenzierung.

Dieses Ziel erreichen wir durch mehr *Wettbewerb* der Bildungseinrichtungen untereinander. Damit widmen sich etwa unterschiedliche Universitäten auch unterschiedlichen Zielgruppen. Harvard sollte nur wenigen Hochschulen als Vorbild dienen. Diese müssen sich dann aber höchsten Ansprüchen stellen. Nur dort, wo Leistung belohnt wird, wird um die besten Ideen auch gekämpft. Eine Möglichkeit, diesen Wettstreit zu fördern, liegt darin, Mittel für Forschung und Lehre leistungsbezogen zu vergeben und beispielsweise besondere Betreuungsleistungen zu prämieren. Dies führt auf lange Sicht hin zu einer Flexibilisierung der Besoldungsstruktur und weg vom starrem Dienst- und Tarifrecht. Unerlässlich ist es in diesem Zusammenhang, Forschung und Lehre zu evaluieren und ein Benchmarking wie in der Wirtschaft einzuführen. Universitäten dürfen sich ihre Studenten eigenverantwortlich aussuchen, müssen im Gegenzug aber selbst ihre Tauglichkeit beweisen.

Der dritte Gedanke gilt der mangelnden *Internationalisierung* unseres Bildungssystems. Allein aus Indonesien gehen jedes Jahr 17 000 Studenten in die USA; nach Deutschland kommen nur 1200 – obwohl vier Regierungsmitglieder in Jakarta deutsche Diplome haben. Hier wird der Wandel der Zeit besonders deutlich: Während Deutschland vor ein paar Jahrzehnten noch die globale Bildungsliga anführte, ist es heute auf einen Abstiegsplatz abgerutscht. Mit einem verbesserten fremdsprachigen Lehrangebot könnte man zumindest mehr ausländische Studenten nach Deutschland holen.

In den vierziger Jahren prophezeite Thomas Watson, der Chairman des damaligen Schreibmaschinenherstellers IBM, es werde weltweit nicht mehr als fünf Computer geben. Ein paar Jahrzehnte davor, 1899, forderte der Leiter des US-amerikanischen Patentamtes die Auflösung seiner Behörde. Begründung: »Alles, was erfunden werden kann, wurde bereits erfunden.« So rasant war die Welle neuer Erfindungen Ende des 19. Jahrhunderts verlaufen.

Die Geschichte kennt zahllose falsche Zukunftsprognosen. Soviel jedoch ist sicher: Unsere Gesellschaft verändert sich mit atemberaubender Geschwindigkeit und wird zunehmend technologisierter. Das Telefon brauchte noch 55 Jahre, um von 50 Millionen Menschen genutzt zu werden. Das Radio erreichte die gleiche Nutzeranzahl in 38 Jahren, das Fernsehen in 13. Vier Jahre genügten für das Internet. Täglich wetteifern neue technische Geräte und multimediale Angebote um die Gunst des Kunden und ersetzen in immer kürzeren Intervallen die Vorgängermodelle. Die Konsequenz: Wer den Fortschritt nutzen will, muss ihn erst einmal bedienen können.

Im Bildungssystem der Zukunft muss die zweite große Priorität daher auf der Vermittlung von Medienkompetenz liegen. Nur wenn der Umgang mit den Neuen Medien für jedermann selbstverständlich ist, werden sie in der gesamten Gesellschaft verbreitet – und nicht nur für eine kleine Elite zugänglich sein. Mit dem Erlernen dieser Kompetenz muss so früh wie möglich – am besten in der Grundschule – begonnen werden. Grundlagen werden am effektivsten in jungen Jahren gelegt. Was hier versäumt wurde, ist später nur mühselig nachzuholen. Jede Strategie, die Menschen erfolgreich im Umgang mit Computern und Medien befähigen will, muss drei Voraussetzungen erfüllen:

a) Kompetenz fördern
b) Infrastruktur schaffen und
c) Inhalte bereitstellen

a) Kompetenz fördern

Mit dem Einzug des vernetzten Computers in unser Leben und damit in die Schulen ändert sich vor allem die Rolle des Lehrers. Er wird durch den Computer zwar keineswegs ersetzt – Maschinen sind nur so gut wie diejenigen, die sie bedienen können. Gleichwohl verliert er an Autorität und wird nicht mehr wie früher der alleinige Besitzer des Wissens. Das Lehrpersonal wird in Zukunft eher »Wissensmoderator« von eigenverantwortlichen, gruppenorientierten Lernprozessen sein.

Diesem Rollenwechsel muss auch die Lehrerausbildung gerecht werden. Lehrer müssen ebenfalls zu Lernenden werden und sich über verpflichtende Weiterbildungsangebote vor und während des Studiums fit halten. Zwei Anforderungen werden dabei an sie gestellt: Erstens den Schülern mehr Technologieverständnis entgegenzubringen. Den Neuen Medien muss im Lehramtsstudium mehr Platz eingeräumt und entsprechende Schulungen angeboten werden. Nur wer selbst Medienkompetenz beherrscht, kann sie vermitteln. Zum anderen müssen die Lehrkräfte bereit sein, eine Veränderung ihrer Rolle hinzunehmen und neue Formen der Zusammenarbeit anzunehmen. Sie müssen pädagogische Konzepte erlernen, die dem gemeinschaftlichen Projektunterricht der Zukunft Rechnung tragen.

Dies scheint die wichtigste Priorität zu sein, ohne dass die gegenwärtigen Anstrengungen diese klare Vordringlichkeit widerspiegeln. Materielle mangelhafte Ausstattung kann durch gute Lehrer wenigstens ein Stück weit kompensiert werden, schlechte Lehrer machen auch ausgezeichnete Ausstattungen hingegen nahezu sinnlos – ja oft genug bleiben sie schlicht ungenutzt.

b) Infrastruktur schaffen

Die Priorität Nummer 1 – Lehrerbefähigung – beseitigt natürlich den Ausstattungs-Nachholbedarf nicht. Mit dem Eintritt ins Informationszeitalter haben unsere Schulen die Möglichkeit, vollkommen neue Lehrangebote anzubieten. Daher sollte die IT-Ausstattung aller 44 000 deutschen Schulen vorangetrieben werden. Hier gibt es gegenwärtig noch großen Nachholbedarf: Nur 30 Prozent unserer Schulen verfügten Ende 2000 über einen Internetzugang, in England dagegen waren 80 Prozent am Netz, in Schweden sogar 90 Prozent.

Seit einiger Zeit gibt es große Fortschritte auf diesem Gebiet. Immer mehr Schulen finden Anschluss ans Internet. Gleichwohl sind nicht alle Maßnahmen in diese Richtung geeignet. Statt Schüler um jeden Preis mit einem eigenen Laptop auszustatten, wäre es sinnvoller, für das Geld alle örtlichen Bibliotheken und Gemeindezentren mit internetfähigen Computern auszurüsten. Von den 14 000 Bibliotheken in Deutschland verfügt erst ein Drittel über Zugang zum Internet. Durch ihren Anschluss würden sie zu lokalen Netzwerkknoten ausgebaut. Die Volkshochschule Witten-Herdecke beispielsweise richtet in Zusammenarbeit mit unterschiedlichen Bildungsträgern ein regionales Netzwerk zum Lernen und Selbstlernen ein. Als kommunale »Häuser des Lernens« und Selbstlernzentren hätten diese öffentlichen Einrichtungen eine völlig neue Bedeutung. Die USA haben diese Chance längst erkannt und sich bereits 1994 verpflichtet, »bis zum Jahr 2000 jedes Klassenzimmer, jede Bibliothek, jedes Gemeindezentrum und jedes Krankenhaus an eine nationale Datenautobahn anzuschließen«.

c) Inhalte bereitstellen

Doch es genügt nicht, die Computer im Klassenzimmer und in der Stadtbibliothek abzustellen. Vielmehr müssen die neuen Inhalte im Unterricht auch verankert werden. Hier stellt sich die Frage, ob dies alternativ oder additiv zum bisherigen Angebot geschehen sollte. Es wäre möglich, einfach ein paar Stunden an den Unterrichtsplan dranzuhängen und Informatik als Schulfach zu stärken. Doch würde dies gemessen an der dafür notwendigen Planstellenzahl ein Vermögen kosten. Alternativ bedeutete, dass dafür andere Schulfächer wegfallen müssten. Doch fristen sowieso jetzt schon viel zu viele Fächer ein Randdasein, das durch diese Überlegung noch verstärkt würde.

Deshalb kann die Lösung nur in einer dritten Möglichkeit

liegen: der Integration der Neuen Medien in möglichst viele Unterrichtsfächer. Doch genau hier beginnt das nächste Problem: Wie viel sollen unsere Kinder mit dem Computer in Berührung kommen? Bis zu welchem Punkt nützt das virtuelle Lernprogramm dem Schüler, ab wann schadet es ihm? Nicht jeder ABC-Schütze braucht schließlich zu wissen, wie eine Datenbank oder ein Applikationsprotokoll programmiert wird. Nach wie vor werden nicht nur angehende Informatiker unsere Schulen verlassen, sondern auch Hunderttausende zukünftiger Bäcker, Handwerker und Busfahrer. Diese Schulabgänger werden mit dem Internet nicht in dem Maße konfrontiert sein wie unsere zukünftigen IT-Spezialisten. Für sie und für Menschen, die das Internet nur unterstützend benötigen, reichen Grundkenntnisse völlig aus. Die grundlegenden Dinge wie E-Mail verschicken oder surfen werden sowieso dank ausgeklügelter Programmiertechnik immer einfacher zu bedienen sein. Die Frage ist also, wie weit man bei der Integration von Internet sowie hochwertiger Lehr- und Lernsoftware in den Unterricht gehen kann?

Erste Modellversuche geben Anlass zu Optimismus: An einer Projektschule in Gütersloh haben Schüler ab der siebten Klasse die Möglichkeit, über einen eigens zur Verfügung gestellten Computer jederzeit – und nicht nur im Informatik-Unterricht – nach verwertbaren Informationen zu surfen. Am Zentrum für Allgemeine Wissenschaftliche Weiterbildung der Universität Ulm werden online-gestützte Lernergruppen betreut, die das »Forschende Lernen« als Motor einer neuen Lernkultur erproben. An der »Virtuellen Fachhochschule« schneidert sich jeder Online-Student sein eigenes Fernstudium nach Maß. Es bleibt jedoch abzuwarten, inwieweit diese Neuerungen auch tatsächlich zu Verbesserungen werden.

Sozialkompetenz

Der Computer gewinnt für viele Menschen immer stärker an persönlicher Bedeutung, wird zum Dreh- und Angelpunkt ihres Lebens. Einer Studie zufolge ist bereits jeder 20. Internet-nutzer onlinesüchtig. Die Abhängigen verlieren in ihrer Cyberwelt den Bezug zur Realität, brechen Freundschaften und Freizeitaktivitäten ab, riskieren sogar den Verlust von Arbeitsplatz und Familienleben. Die Wissenschaftler gehen davon aus, dass sich die Zahl der Onlinesüchtigen aufgrund steigender Nutzerzahlen in Zukunft weiter vergrößern wird.

Die Ernsthaftigkeit dieses Problems zeigt, dass zukünftig nicht nur Computerkenntnisse und kreatives, komplexes Denken gefordert sind, sondern auch kritisches Urteilsvermögen. Wir brauchen gerade im Internetzeitalter ein Ethos, bei dem der Mensch im Mittelpunkt steht und nicht die Technik. Der Computer ist bloßes Werkzeug und kein Selbstzweck.

Die Forderung nach Sozialkompetenz ist nicht neu. Gleichwohl wird sie durch die negativen Begleiterscheinungen des Internetzeitalters aktueller denn je. Jede Strategie, die Menschen auch das moralische Rüstwerkzeug vermitteln will, muss zwei Wege gehen:

a) Schüler gezielt befähigen und
b) Chancengerechtigkeit für alle ermöglichen.

a) Schüler gezielt befähigen

Unsere Schulen sind besonders gefordert, Sozialkompetenz bestmöglich in den Köpfen unserer Kinder festzusetzen. Eine Möglichkeit ist die Verankerung eines Bildungskanons im Unterricht. Diese Forderung mag überraschen. Was haben »Macbeth« und »Effi Briest« mit dem wirklichen Leben zu tun? Was bringt uns »Nathan der Weise« oder »Faust« fürs Internet? Der Einwand scheint berechtigt. Doch meint ein gemeinsamer Kanon mehr als eine bloße Liste von Literaturwerken zum Abhaken.

Vielmehr kommt es darauf an, jungen Menschen den generellen Zugang zu Literatur zu ermöglichen. Durch das Vorlesen von Märchen, Sagen und Mythen wird Grundbildung gelegt zum Verständnis unserer Kultur. Die großen Werke sind die Saat, auf deren Grundlage ein gemeinsames Verständnis gedeiht. Die Kenntnis der eigenen Kultur ist Voraussetzung für die Akzeptanz anderer Kulturkreise. Zudem wird jungen

Menschen durch die Bibliothek der Weltliteratur die Kraft und Anmut der Sprache erschlossen und ihnen bei der Suche nach Antworten auf die Fragen des Lebens geholfen.

Eine zweite Möglichkeit besteht darin, den wertorientierten Unterricht insgesamt zu stärken. Ethik- und Religionsunterricht sind nach wie vor das Fundament, das moralische Integrität fördert. Rechtsextreme Webseiten kann nur kritisch interpretieren, wer etwas über den Holocaust gelernt hat. Daneben ist jedoch auch der Musikunterricht geeignet, Sozialkompetenz zu fördern. Durch das Musizieren werden die emotionale Integration verbessert und Konzentrationsschwächen kompensiert. Auch Latein bietet die Möglichkeit, sich mit den Wurzeln europäischer Kultur und Geschichte vertraut zu machen. Dieses Wissen ist Voraussetzung dafür, Toleranz für andere Kulturen entwickeln zu können.

b) Chancengerechtigkeit für alle ermöglichen

Der internetfähige Computer darf kein Spielzeug einer kleinen Info-Elite werden. Er muss neben Fernseher, Staubsauger und Telefon zur Standardausstattung jedes Haushaltes gehören. Die ersten Anzeichen einer wachsenden Wissenskluft sind bereits sichtbar: Nur 34 Prozent aller Deutschen nutzen das Internet, gegenüber 54 Prozent der Dänen und 65 Prozent der Schweden. Dieser drohenden digitalen Spaltung muss auf drei Wegen entgegengewirkt werden.

1. Der Internetzugang muss für jedermann erschwinglich werden. Die Anschaffungskosten für PC und Modem sowie die Folgekosten für Telefongebühren und Onlineprovider bilden nach wie vor für sozial schwächere Familien eine große Hürde. Zwar fallen beide Preissegmente kontinuierlich, doch besteht noch Spielraum für Steuererleichterungen oder subventionierte Finanzierungen. Die Breitenversorgung sollte daneben zusätzlich über eine möglichst große Anzahl von öffentlich zugänglichen Computern verstärkt werden.
2. Die Vertrautheit im Umgang mit dem Internet muss gestärkt werden. Nach wie vor liegt der Frauenanteil in

Deutschland zehn Prozentpunkte unter ihrem Bevölkerungsanteil, immer noch sind Jüngere und besser Gebildete überrepräsentiert. Zwar drängen in letzter Zeit verstärkt Arbeiter mit Volksschulabschluss und junge Frauen ins Internet, doch die Diskrepanz zwischen Jung und Alt sowie zwischen Mann und Frau bleibt. Daher muss jede erfolgreiche Bildungsstrategie darauf achten, nicht nur Schülern, sondern allen Menschen Internet-Know-how zu vermitteln. Online-Weiterbildungskurse für Senioren und Internetführerscheine für Arbeitslose sind hier Schritte in die richtige Richtung.

3. Das Internet muss für jedermann sinnvolle Inhalte bieten. Gegenwärtig sind pornografische Inhalte, Musik und Videos die beliebtesten Angebote im Netz. Flüchtiges Herumklicken dominiert vor einer vertieften Auseinandersetzung. Viele Menschen schreckt dies ab. Ein Weg, sie für das Internet zu begeistern, liegt in der Online-Präsentation staatlicher Dienstleistungen. Erst wenn Passverlängerungen, die Abgabe von Steuererklärungen oder andere praktische Dienste online erfolgen können, wird die Akzeptanz des Internets in der gesamten Gesellschaft steigen.

In Großbritannien beispielsweise haben die Bürger seit April 2000 die Möglichkeit, ihre Steuererklärung elektronisch abzugeben und dabei jeweils zehn Britische Pfund einzusparen. In Singapur haben seit 1998 90 000 Studenten – und damit die Mehrheit – ihre Studienplatzbewerbungen online abgegeben. In Australien können Arbeit Suchende zwischen täglich 3000 Job-Angeboten entscheiden, die private Arbeitgeber unter Nutzung staatlich initiierter Datenbanken anbieten.

Notwendigkeit einer Strategie

Anhand solcher internationalen Vergleiche wird deutlich, dass Handlungsbedarf geboten ist. Der Rückstand Deutschlands zu den USA und Skandinavien beträgt bereits jetzt etwa drei Jahre. Wir dürfen den Anschluss zur Wissensgesellschaft nicht in der gleichen Weise verpassen, wie dies vor ein paar Jahrzehnten in der Computerbranche geschehen ist.

Wir müssen unser Bildungssystem zukunftsfähig machen und auf die veränderte Bedeutung der Ressource Bildung reagieren. Wir müssen die drei Schlüsselqualifikationen des Internetzeitalters für jedermann fördern: Lernkompetenz, Medienkompetenz und Sozialkompetenz.

Die ersten Rohrbrüche in der Bildungspipeline sind bereits sichtbar: Die dritte Internationale Mathematik- und Wissenschaftsstudie (TIMSS) stellte vor kurzem deutschen Schülern ein schlechtes Zeugnis aus. Sie untersuchte im Auftrag der OECD 39 Länder und bescheinigte dem Volk der Dichter und Denker dabei nur fachliches Mittelmaß und eine unterdurchschnittlich entwickelte Fähigkeit, eigenständig Aufgaben und Probleme zu lösen. Im geisteswissenschaftlichen Bereich sieht es ebenfalls nicht besser aus: 15 Prozent der Schüler verlassen die deutschen Schulen, ohne richtig lesen und schreiben zu können, vier Millionen Menschen – 5 Prozent der Bevölkerung – sind Analphabeten.

Diese Defizite haben weit reichende Folgen im Wettbewerb um die Rekrutierung neuer Arbeitskräfte. Obwohl 30 000 Jugendliche 1999 keinen Ausbildungsplatz fanden, blieben 23 000 betriebliche Ausbildungsplätze unbesetzt, weil die Bewerber Basisfähigkeiten wie Lesen, Schreiben, Rechnen nicht beherrschten. Es scheint paradox: Während die neuen Informations- und Kommunikationstechnologien Hunderttausende neuer Arbeitsplätze schaffen, können diese nicht besetzt werden.

Gleichwohl wird der Bildungsalltag der Zukunft nicht vollkommen auf den Kopf gestellt: Bücher wird es ebenso geben wie Lehrer und ihre pädagogischen Konzepte. Am Ende aller Überlegungen wird letztlich die Einsicht stehen, dass trotz Internet weiterhin gelernt und gearbeitet werden muss. Kein Computer der Welt wird für jemanden Vokabeln pauken oder Kunden beraten. Hier ist jedes Individuum selbst gefordert. Je deutlicher auch dies wird, desto besser. Wer meint, um jeden Preis den »Computeranalphabetismus« bekämpfen zu müssen, unterschätzt den wortwörtlichen Analphabetismus.

Das Lernen wird durch den Computer in mancherlei Hinsicht besser, jedoch nicht leichter. Lernen bedeutet immer noch Arbeit. Es kommt darauf an, das Alte sinnvoll mit dem Neuen zu verbinden – so lautet die Devise für das Internetzeitalter.

Es kommt jedoch nicht nur auf das Postulat einer geeigneten Bildungsstrategie an, sondern auch auf ihre Umsetzung. John D. Rockefeller ging bei seinem Expansionsstreben vor etwa 150 Jahren einen unkonventionellen Weg: Während jeder andere zuerst kleine, verwundbare Unternehmen aufgekauft hätte, fing er oben an. Rockefeller setzte auf die psychologische Wirkung, die eintrat, wenn er den größten Konkurrenten zuerst ausschaltete. Der Erfolg gab ihm Recht. Allein innerhalb eines Monats schluckte Rockefeller 22 seiner 26 Konkurrenten in Cleveland. In diesem Sinn sollten auch wir die größten Probleme zuerst anpacken.

New Economy heißt neuer Wettbewerb

von Herbert A. Henzler

Eher alt sieht sie derzeit aus, die Neue Wirtschaft. Seit Herbst 2000 scheint der Höhenflug an den Börsen für viele hoch gepriesene Wachstumstitel vorbei. Die so genannten Dotcoms sind unter Druck geraten. War das Ganze vielleicht nur ein Hype? Was eigentlich ist diese New Economy, deren Ende da schon wieder genauso laut verkündet wird, wie sie eben noch hochgejubelt wurde?

Das Phänomen New Economy lässt sich nicht so einfach erklären, wie die Schlagzeilen zu den Start-ups häufig suggerieren möchten. Die strukturellen Veränderungen, die wir derzeit in der Wirtschaft sehen, werden weit reichende Konsequenzen für den Wettbewerb zwischen Unternehmen haben. Aus europäischer Sicht verbindet sich mit der New Economy dabei eine besondere Chance: Die Neue Ökonomie kann dem alten Kontinent und seiner wirtschaftlichen Entwicklung neuen Schwung verleihen.

New Economy? The Economy!

Nichts bleibt, wie es einmal war – so lässt sich das Merkmal der New Economy wohl am besten beschreiben. Innerhalb von nur einem Jahrzehnt hat die Wirtschaft weltweit einen tief greifenden Wandel durchlebt, und die Dynamik scheint noch längst nicht erschöpft. Getrieben wird der Wandel im Wesentlichen durch drei Faktoren:

- *den Quantensprung in der Informations- und Kommunikationstechnologie*

Die Leistungsfähigkeit von Standard-Speicherchips hat sich in den letzten zwanzig Jahren alle zwei Jahre verdoppelt. Im gleichen Tempo sanken die Kosten je Speichereinheit, was den breiten Einsatz von Computertechnologie in nahezu allen Bereichen der Wirtschaft erst rentabel machte und zu einem nachhaltigen Produktivitätsschub führte. Ähnlich dramatisch verlief die Entwicklung bei der Übertragung von Daten: Die Übertragungszeit für eine gegebene Datenmenge sank zwischen 1985 und 1995 um 75 Prozent; bis 2005 wird sie sich voraussichtlich noch einmal halbieren. Diese technologischen Fortschritte – mehr, schneller, billiger – haben der Internet-Revolution den Weg bereitet. Bis zum Jahr 2002 wird sich die Zahl der Internet-Nutzer weltweit von derzeit 200 Millionen auf 400 Millionen verdoppeln – und die Informationsfülle, die über das Internet zugänglich ist, scheint keine Grenzen zu kennen. Eine Gesellschaft mit praktisch unbegrenztem Kommunikationsangebot, in der die Kosten einzelner Operationen gegen null gehen, ist möglich.

- *die globaleren und effizienteren Kapitalmärkte*

Die Zeiten, in denen Kapitalmärkte vornehmlich lokal oder regional ausgerichtet und weitgehend intransparent waren, sind vorbei. Seit den siebziger Jahren ist das international ausgetauschte Finanzkapital um den Faktor 42 gewachsen. An einem typischen Börsentag werden heute weltweit 149 200 Millionen US-Dollar umgeschlagen. Der Grund für diesen Boom: Zum einen haben neue technische Möglichkeiten die Kapitalmärkte transparenter gemacht. Zum anderen ist der Bedarf gewachsen; Unternehmen und Staaten suchen nach günstiger Finanzierung, private und institutionelle Investoren nach lukrativen Anlagemöglichkeiten. In den USA halten ausländische Investoren circa 12 926 Milliarden US-Dollar Kapital in einer Größenordnung von knapp 140 Prozent des BIP. Solche effizienten Kapitalmärkte wiederum fördern in erheblichem Maße das Wachstum und die Produktivität der Wirtschaft.

• *fortschreitende Deregulierung*
Ob Fluggesellschaften, Telekommunikation oder Stromversorgung – weltweit wurden und werden ehemals abgeschottete Industrien für den Wettbewerb geöffnet. Und das mit Erfolg: Die Effizienz steigt, die Verbraucher profitieren von fallenden Preisen. In Deutschland beispielsweise sanken die Kosten für Ferngespräche in den ersten zwei Jahren nach der Deregulierung um 85 Prozent.

Im Zuge dieser Veränderungen hat sich der Wettbewerb in nahezu allen Branchen verschärft. Es wird rund um die Uhr und rund um den Globus gearbeitet, geografische Barrieren haben an Bedeutung verloren. Die Transaktionskosten sind dramatisch gesunken. Als Folge ist der Zugang zu Märkten billiger und häufig einfacher geworden. Gleichzeitig verwischen die Grenzen zwischen den Branchen; ob etwa die Telemedizin der Telekommunikation, der Medizin oder der Halbleiterindustrie zuzurechnen ist, erscheint eine müßige Debatte.

Von diesen Umbrüchen bleibt niemand unberührt. Die New Economy beschränkt sich eben nicht, wie oft behauptet, auf Internet-Start-ups, sondern bezieht alle Marktteilnehmer mit ein: Sie betrifft alle Unternehmen in allen Branchen und wirkt sich nicht zuletzt auch auf die Konsumenten und den öffentlichen Sektor aus.

Sicher, die oben skizzierten Treiber des Wandels bilden zunächst einen perfekten Nährboden für spektakuläre Internet-Neugründungen: Selten waren die Chancen so gut, innerhalb kürzester Zeit völlig neue Geschäftsideen umzusetzen; ebay.com etwa, inzwischen vielfach kopiert, hat mit Internet-Auktionen gezeigt, wie das geht. Ganze Geschäfts- und Wirtschaftszweige entstehen neu, der boomende Markt für Webdesign ist nur ein Beispiel unter vielen.

Doch die Veränderungen haben auch die so genannte Old Economy erfasst. Start-up-Unternehmen attackieren inzwischen immer stärker und aggressiver auch traditionelle Industrien und gewachsene Geschäfte. Egal in welcher Branche, etablierte Spieler werden von jungen, dynamischen Angreifern à la E-steel, Mobilcom oder Gnutella herausgefordert. Diese Newcomer wirken als Katalysatoren, die den durch die allgemeine Dynamik induzierten Anpassungsdruck auf die etablierten Spieler noch einmal erhöhen. Hier alte, dort neue Wirtschaft – diese Dichotomie war so nie richtig. Beide Bereiche durchdringen sich und profitieren voneinander; in absehbarer Zeit wird es statt der New Economy nur noch The Economy, die *eine* Wirtschaft, geben.

Neue Spielregeln im Wettbewerb

AOL übernimmt Time Warner; ebay hat eine sechzehn Mal höhere Marktkapitalisierung als das Traditionshaus Sotheby's; phone.com setzt mit WAP neue Standards im E-Commerce und nicht etwa die Großen wie AT&T oder SBC. Die Liste lässt sich beliebig fortsetzen. Geben in der Wirtschaft künftig die »jungen Wilden« den Ton an?

Die Börsen setzen auf Pharma und Healthcare, Biotech und Telekommunikation. Der amerikanische Index für Wachstumswerte, Nasdaq, wächst seit 1996 doppelt so schnell wie der Dow Jones. Ein hoch profitabler Maschinenbauer erreicht beim besten Willen keine Marktbewertung, die auch nur annähernd der von Wachstumswerten entspricht. Haben traditionelle Industrien wie Maschinenbau, Automobil oder Chemie ihre Zukunft schon hinter sich?

Für Nachrufe scheint es zu früh. Denn die »alten« Unternehmen sind aufgewacht. Doch natürlich reicht es nicht aus, Internet-Portale einzurichten, um sich in der New Economy zu behaupten. Die Spielregeln im Wettbewerb haben sich grundsätzlich verändert. Sie zu verstehen und Nutzen aus ihnen zu ziehen ist eine Herausforderung, die gerade die etablierten Unternehmen als solche akzeptieren müssen.

Disaggregation und Disintermediation von Wertschöpfungsketten

Traditionelle Wertschöpfungsketten geraten durch das Internet unter erheblichen Druck und werden teilweise völlig neu definiert. Zum einen »picken« sich Start-ups einzelne Teile der Wertschöpfungskette heraus und besetzen als Spezialisten gezielt diese Nischen. Tageszeitungen beispielsweise droht das lukrative Anzeigengeschäft in dem Maße verloren zu gehen, wie sich im Internet Unternehmen wie excite.com durchsetzen, die gezielt Immobilien-, Stellen- oder Gebrauchtwagenangebote verbreiten. Für etablierte Unternehmen heißt das, die eigene Wertschöpfungskette immer wieder auf den Prüfstand zu stellen. Dabei sollten sie gezielt auch die Möglichkeiten des Outsourcing erwägen – vom Wachdienst bis zur Vertragsabwicklung, vom Call Center bis zu F&E ist nahezu alles denkbar.

Zum anderen entfallen Teile der Wertschöpfungskette ganz. Unternehmen wie Dell und sonydirect.com. verkaufen ihre Produkte unter Umgehung von Zwischenhändlern direkt an den Kunden, die von den niedrigeren Preisen profitieren. Wer sein Buch online bestellt, braucht keine Buchhandlung mehr. Selbst die Verlage laufen Gefahr, obsolet zu werden, wenn Bücher den Lesern im Internet direkt in digitaler Form kostengünstig angeboten werden: Ein Download des jüngsten Romans von Stephen King kostete den Leser gerade mal 2,50 US-Dollar. Auch das Reisebüro wird überflüssig, wenn die Familie ihren Sommerurlaub kostengünstig direkt beim Veranstalter bucht. Wollen Intermediäre sich auch künftig behaupten, müssen sie den Kunden einen spürbaren Mehrwert bieten – eine umfassende Garantieleistung beispielsweise oder eine persönliche, intensive Fachberatung.

Wachstum als Werthebel

Operative Exzellenz allein, so unerlässlich sie ist, reicht nicht aus, den Unternehmenserfolg nachhaltig abzusichern. Wachstum ist in der New Economy der wichtigste Werthebel geworden. Die Börsenbewertung eines Unternehmens richtet sich heute sehr viel stärker nach den langfristigen Wachstumserwartungen als nach den kurzfristigen Gewinnprognosen. In der Pharmaindustrie beispielsweise entsprechen 87 Prozent des Börsenwertes den langfristigen Erwartungen, also der Aussicht darauf, in Zukunft profitable Geschäfte zu generieren. Dauerhaft profitables Wachstum lässt sich aber nur bei konsequentem »New Business Building« sicherstellen. Dazu gehört, schon frühzeitig innovative Geschäftsideen zu identifizieren und neue, attraktive Geschäftsfelder aufzubauen. Nokia und das Handy oder Pfizer und Viagra sind nur einige Beispiele, wie auch etablierte Unternehmen erfolgreich Business Building betreiben können. Letztlich gehört dazu aber auch die Bereitschaft, das eigene Unternehmen immer wieder in Frage zu stellen und neu zu erfinden. Hat das Unternehmen eine Vision? Ist es die richtige Vision? Sind die Kernkompetenzen vorhanden, um Spitzenleistungen zu erbringen? Preussags Einstieg in das Touristikgeschäft, Nokias Wandel vom Konglomerat zum Telekom-Spezialisten oder die Entwicklung der Deutschen Post zum europäischen Logistik-Dienstleister zeigen, wie weit eine solche Neudefinition führen kann.

Netzwerke
Die Organisationsstruktur von Unternehmen muss der Dynamik der New Economy Rechnung tragen. Flache Hierarchien und kurze Entscheidungswege sind Voraussetzung dafür, schnell und flexibel auf Angriffe von Wettbewerbern reagieren zu können. Unternehmen brauchen ein Netz von kleinen, eigenverantwortlichen Zellen, die unter den Bedingungen und mit der Begeisterung von Start-ups arbeiten können. Bei SAP, praktisch schon ein Großunternehmen, sind kleine Teams nicht nur für das operative Geschäft, sondern auch für strategische Weichenstellungen verantwortlich. Für den Zusammenhalt der verschiedenen Einheiten sorgt das gemeinsame Ziel, kontinuierlich nach erstklassigen Lösungen für die Kunden zu streben. SAP hat es so geschafft, mit Softwarelösungen in der Geschäftsabwicklung weltweite Standards zu setzen.

Nicht nur intern, auch extern gewinnen Netzwerke an Bedeutung. Die enge Einbindung von Kunden, Lieferanten und Forschungseinrichtungen dient der gegenseitigen Befruchtung und Nutzung von Synergien. SAP ist nicht zuletzt aufgrund der engen technologischen Zusammenarbeit mit Hardware- und Softwareunternehmen sowie Implementierungs- und Systemintegrationspartnern erfolgreich. Jeder Dollar Umsatz, den SAP erwirtschaftet, entspricht rund vier Dollar Umsatz der Partner.

Selbst die Zusammenarbeit unter Wettbewerbern wird in der New Economy nichts Ungewöhnliches mehr sein. Die Aufteilung des internationalen Airline-Marktes unter den drei bis vier größeren Allianzen gibt darauf einen Vorgeschmack.

Immaterielle Werte

»Intangibles«, so genannte immaterielle Vermögenswerte, gewinnen in der New Economy an entscheidender Bedeutung. Diese Entwicklung spiegelt sich bereits am US-Kapitalmarkt wider: Während über viele Jahre der Marktwert von Unternehmen grosso modo dem Buchwert, also dem materiellen Anlagevermögen, entsprach, ist der Marktwert der Unternehmen, die im S&P-500-Index sind, heute dreimal höher als ihr Buchwert. Auch im europäischen Kapitalmarkt lässt sich ein ähnlicher Trend erkennen. Dieser Anstieg des Marktwertes ist zu einem nicht unerheblichen Teil auf Intangibles zurückzuführen.

Die Herausforderung besteht nun darin, solche immateriellen Vermögenswerte gezielt aufzubauen. Das kann, je nach Branche und Unternehmen, beispielsweise der Markenname sein; bei Coca-Cola oder McDonald's etwa macht er einen wesentlichen Teil des Unternehmenswertes aus. Für Microsoft oder Intel ist es hingegen der (globale) Standard, den sie in ihrer Industrie schaffen konnten. Pharmariesen wie Pfizer und Glaxo Wellcome oder auch Nokia profitieren von ihren Patenten und der prall gefüllten F&E-Pipeline, die zukünftige Geschäftserfolge verspricht. Auch wenn sich die immateriellen Werttreiber unterscheiden, so gilt doch für alle Unternehmen eines: Wichtigster Wert werden künftig die Top-Talente sein, über die ein Unternehmen verfügt. Sie sind die wirkliche Engpassressource der New Economy, und der »War for Talent« ist bereits voll entbrannt. Langfristig dürften Unternehmen umso erfolgreicher sein, je besser es ihnen gelingt, Talente zu rekrutieren, zu entwickeln und zu binden.

Schnelles Lernen

Der traditionelle »First Mover Advantage« scheint in der New Economy einem »Fast Follower Advantage« Platz zu machen. Früher konnte der Erste am Markt bedeutende Monopolgewinne erzielen; umfassende Marktinformationen sowie ein privilegierter Zugang zu Kunden und Lieferanten sicherten ihm eine fast uneinnehmbare Position. Wollte ein Wettbewerber angreifen, musste er unverhältnismäßig hohe Investitionen tätigen. Heute ist das anders. In der New Economy kann der Fast Follower, der schnell Lernende, einen Wettbewerbsvorteil erzielen. Angesichts niedriger Transaktionskosten ist der Zugang zum Markt für die Nachzügler viel einfacher geworden. Consors beispielsweise, der erste deutsche Spieler im Markt für Direkt-Brokerage, wurde 1994 gegründet und konnte bis Ende 1999 über 200 000 Kunden gewinnen. 1995 schickte dann die Commerzbank ihre Tochter comdirekt an den Start. Mit großem Erfolg wurde das Geschäftsmodell des First Movers kopiert und verfeinert – Ende 1999 hatte comdirekt bereits 77 000 Kunden mehr als Consors.

Wer sich diesen Herausforderungen stellt, hat gute Voraussetzungen, in der New Economy zu bestehen – egal ob Start-up oder etabliertes Unternehmen. Für die »alten« Unternehmen spricht aber zusätzlich, dass sie über Stärken verfügen, die den neuen vielfach fehlen: eingeführte Markennamen, ausgefeilte Logistikprozesse sowie ein gutes Kundenverständnis, das meist auf einem gewachsenen Kundenstamm beruht. Die Marktforscher sind sich einig: Im unüberschaubaren Internet-Wettbewerb suchen die Konsumenten gerade auch Orientierung, Vertrauen und ein adäquates Preis-Leistungs-Verhältnis – Werte, die ihnen vor allem Markenprodukte etablierter Unternehmen liefern können. Insgesamt dürften die etablierten Unternehmen also gute Chancen haben, ihren Platz in der neuen Wirtschaft zu behaupten.

Was für »alte« Unternehmen gilt, trifft auch auf den alten Kontinent zu: Europa wird seinen Platz in der New Economy finden, wenn auch die USA den Europäern noch weit voraus sind. US-amerikanische Unternehmen führen vor allem in Zukunftsindustrien wie E-Commerce, Medien, Pharma und Biotechnologie. Sie haben das Silicon-Valley-Fieber entfacht und das Internet-Zeitalter eingeläutet. Das Internet hat in den USA bereits eine Penetrationsrate von 50 Prozent erreicht, in Deutschland beispielsweise nur 34 Prozent. Und die US-Regierung, ansonsten in puncto Marktintervention eher zurückhaltend, investiert massiv in Forschungs- und Entwicklungsprogramme etwa zur Nutzung von Brennstoffzellen. Ein weiterer Pluspunkt der US-Amerikaner: Sie bewundern Menschen, die sich Herausforderungen und Risiken stellen. Unternehmer gehören, ganz anders als bisher in Europa, zu ihren erklärten Helden. Kurzum: Die USA sind die First Mover in der New Economy. Doch viele Indizien deuten darauf hin, dass Europa aufholt und als Fast Follower die USA herausfordern kann:

Mehr Unternehmertum

Auch in Europa entwickelt sich eine Unternehmerkultur, wobei erfreulicherweise Deutschland der Vorreiter ist. Gründer, wie die von Intershop, Earlybird und Brokat, gelten in der jungen Generation zunehmend als Vorbilder. Auch haben sich die Rahmenbedingungen für Jungunternehmer verbessert, Venture Capital beispielsweise ist auch in Europa kein Fremdwort mehr. Und die europäischen Silicon Valleys heißen Cambridge (Biotechnologie und Software), Nizza (Software und Elektronik) oder Isar Valley (Optik, Software und Biotechnologie). Die neue Dynamik spiegelt sich auch im Euro.NM, dem europäische Äquivalent des Nasdaq, wider; er wuchs seit 1997 jährlich um 82 Prozent.

Top-Spieler

In vielen zukunftsträchtigen Industrien fordern europäische Unternehmer die amerikanischen Firmen selbstbewusster denn je heraus. Die mobile Telekommunikation wird mit Namen wie Nokia, Ericsson und Siemens assoziiert, bei GSM und UMTS haben die Europäer den Standard gesetzt. Und auch die Pharmaindustrie beispielsweise ist durch die europaweite Konsolidierung gestärkt. Astra Zeneca, Novartis, Glaxo Wellcome und Ciba Geigy spielen in der Top-Liga mit.

Dynamischer Kapitalmarkt

Der europäische Kapitalmarkt zeigt eine beispiellose Entwicklung. Seit 1995 ist die Marktkapitalisierung der EU-15 um jährlich 20 Prozent gestiegen und beträgt heute, gemessen am BIP, 101 Prozent. Auch der Markt für europäische Unternehmensanleihen, bis vor kurzem kaum existent, boomt, wobei »Qualität« eine wesentliche Rolle spielt. In nur eineinhalb Jahren wuchs zum Beispiel das Volumen der europäischen Unternehmensanleihen mit dem höchstmöglichen »A«-Rating um das Vierfache auf über 80 Milliarden Euro. Die zunehmende Börsenorientierung europäischer Unternehmen – Stichworte Bilanzierung nach internationalen Standards wie US-GAAP oder IAS sowie eine am Shareholder Value orientierte Corporate Governance – dürfte der Kapitalmarktentwicklung weitere Impulse verleihen.

Darüber hinaus verfügt Europa über ganz spezifische Stärken: Europa hat eine hervorragende physische Infrastruktur – und erfüllt damit eine der wichtigsten Voraussetzungen für E-Commerce, dessen Erfolg mit einer funktionierenden Logistik steht und fällt. Die Deutsche Post hat dies in ihren jüngsten Werbespots sehr treffend mit der Frage zum Ausdruck gebracht: »Und wie kommt das Paket dann zu Ihnen nach Hause?« Allein die EU-15-Länder verfügen beispielsweise über 3,5 Millionen Straßenkilometer, 166 000 Schienenkilometer und 152 Flughäfen.

Die Vielfalt der Europäer kann sich ebenfalls als Stärke erweisen: Europa hat gelernt, mit Komplexität umzugehen. Europäische Einheit bei gleichzeitiger Kleinzelligkeit eignet sich durchaus als Zukunftsmodell. Dabei dürften sich nicht zuletzt typisch europäische Werte wie Konsens- und Kooperаtionsfähigkeit als Wettbewerbsvorteile herausstellen. Auch das traditionell hohe Bildungsniveau der Europäer, ihre Weltoffenheit und Multikulturalität sind klare Vorteile in einer Welt, in der Wissen, Kommunikation und grenzüberschreitende Zusammenarbeit von entscheidender Bedeutung sind.

Eine gute Ausgangsposition ist vorhanden, die Erfolgsfaktoren sind erkannt. Es liegt jetzt an Europa, die New Economy zu ihrer Economy, zu *der* Economy, zu machen.

Willkommen in der New Economy

von Matthias Horx

Was verbirgt sich hinter dem schillernden Begriff »New Economy«? Ein Sektor der Volkswirtschaft, in dem mit Hightech Geld verdient wird? Eine Ökonomie, die mit Null-Inflation, hohem Konsum, ständigen Technologie- und Produktivitätsschüben Dauerwachstum erzeugt – nach dem Vorbild der USA der letzten acht Jahre? Ein atemberaubender Aktienboom mit spektakulären Hightech-Aktien (bereits erledigt!)? Eine Lebensphilosophie, in der Spaß, Geld und Leistung zusammengehören (Devise: Work hard/party hard)?

Ich versuche, das Bonmot von der Neuen Ökonomie in einen größeren Zusammenhang einzuordnen. Den Zusammenhang des Übergangs vom Industriezeitalter zu dem, was wir die »Wissensökonomie« nennen. Es sind im Kern sieben Regeln, die die Alte von der Neuen Ökonomie trennen:

Das »Verschwinden« von Materie, Distanz und Zeit

Das Industriezeitalter »lebte« von der Knappheit von Materie und Distanz – und ihrer Überbrückung. In der Neuen Ökonomie jedoch spüren wir, wie Materie zunehmend zu einer Belastung wird. Wir zahlen in Zukunft nur noch für Nutzungen und Gegenstände – wie Handys und demnächst auch Computer – werden verschenkt. Distanz wird unwesentlich. Fluglinien und Banken wickeln ihre Geschäfte in Irland oder Indien ab, und der Kunde merkt nichts – oder nur wenig – davon. Zeit wird eine paradoxe Kategorie. Einerseits leben wir in immer größerer Beschleunigung, andererseits wird Zeit die knappe Ressource der Zukunft. Zeit ist der Luxus des 21. Jahrhunderts. Die spanische Textilkette *ZARA* benötigt nur noch vierzehn Tage, um eine neue Kollektion auf den Markt zu bringen – durch eine durch das Netz integrierte »totale Innovationskette« mit direkter Trend-Rückkoppelung aus den Geschäften.

Durch diese Veränderungen wird die Wertschöpfungskette radikal bereinigt. Die vielen kleinen »versteckten Margen«, mit denen in der Alten Ökonomie das Geld verdient wurde – Lagerkosten, Overheadkosten – werden ausradiert. Vermittler und Händler fallen weg oder müssen sich als Dienstleister neu definieren. Am Ende bleiben Entwickler, Kreatoren und Provider übrig. Eine »Zugangs-Ökonomie« (Jeremy Rifkin) entsteht.

Vom Konsumenten zum PROsumenten

Das Internet verleiht dem Konsumenten neue Macht. Preise und Konditionen werden unmittelbar vergleichbar, Angebote transparent. Damit verschwindet über kurz oder lang einer der Säulen der Industriellen Ökonomie: der Fixpreis. Die Neue Ökonomie ist in ihrem Wesen eine Auktions-Ökonomie, eine Markt-Wirtschaft im ursprünglichen Sinn. »Statt wie gewohnt immer bessere Produkte zu entwickeln und auf den Markt zu werfen – in der Hoffnung, dass die Kunden ihre Qualität erkennen und wir ein Maximum davon absetzen –, kehren wir die Sache um. Wir fragen die einzelnen Kunden, welchen Computer er haben möchte, damit wir sie bei ihrem Erfolg unterstützen können«, so Michael Dell von Dell Computers. Eines der großen Missverständnisse rund um das magische Wort »E-Commerce« lautet: Das Internet ist ein neuer Vertriebskanal. Das Internet entfaltet erst dann seine wirkliche ökonomische Potenz, wenn es drei Dinge neu kombiniert: einen individualisierten Produktezugang – ich lasse mir meine Jeans/ mein Auto/ meine Wohnzimmermöbel on demand auf meine Bedürfnisse hin maßschneidern. Dies – zweitens – in Kombination mit einem Preis, der ähnlich günstig ist wie bei industrieller Massenproduktion. Das geht nur, wenn mit der Anbindung des Konsumenten auch die Produktionsweisen verändert werden – »On-demand-Produktion« ist das Stichwort. Drittens eine Zweiwegekommunikation zwischen Konsument und Hersteller: Bei diesem Akt lernt der Hersteller sehr viel über die Bedürfnisse des Kunden. Auf diese Weise entsteht ein Kreislauf, bei dem der »Konsument« zum »Prosumenten« wird und der »Hersteller« zum »Enabler« (= Ermöglicher). »Mass Customizing« funktioniert auch im Bereich der Dienstleistung. Der nordamerikanische Versicherungskonzern Progressive hat soeben ein »totales Versicherungs-Customize-System« eingeführt. Ein Computer im Auto zeigt, welche Strecken man zu welcher Tageszeit fährt. Je nach Unfallhäufigkeit und Risikobereich wird die individuelle Versicherungsprämie berechnet.

Von der Hierarchie zum Netzwerk

Wir leben in einer Zeit der Merger-Mania, in der scheinbar immer größere globale Unternehmenskonglomerate gebildet werden. Unternehmen mit hunderttausenden von Mitarbeitern quer über alle Kontinente entstehen, zusammengesetzt aus den unterschiedlichsten Kulturen. Wie will man diese führen? Antwort: Man muss sie in autonome Netzwerke zerlegen!

Hierarchien machen abhängig, von dem einen, großen Boss, ohne den nichts entschieden werden kann. Hierarchien machen kommunikative Wege lang und kompliziert. Alles muss in einem langen Filterprozess von oben nach unten weitergegeben werden. Hierarchien erzeugen oft unterschwellige Rebellionen, und vor allem fördern sie einen Menschentypus der Passivität, des Befehlsempfängertums.

Organisationen in der schnellen globalisierten Welt der Innovation können nur überleben, wenn sie es schaffen, Komplexität intern zu delegieren. So, wie es vor bald zwanzig Jahren mit der ABB geschehen ist, deren Chef Barnevic das Unternehmen in 5000 überschaubare Profit-Center umwandelte. Oder wie bei dem Unternehmen GoreTex, mit seinem Hauptsitz in Delaware und 400 Niederlassungen in der ganzen Welt, das seit 35 Jahren hoch profitabel ist. Keine Einheit beziehungsweise keine Fabrik umfasst mehr als 150 Personen, und eine Visitenkarte von Gore wird immer nur den Titel »associate« aufweisen. Bei Gore nennen sich die Führungspersonen »Sponsoren« und »Mentoren«.

Ein Unternehmen der Zukunft, ein atmendes Netzwerk-Unternehmen, erlaubt Re-Positionierungen des Mitarbeiters sowohl in der Dimension von Führung und Verantwortung als auch in zeitlicher Richtung. Es kann auf biografische Phasen, Fähigkeiten und Talente seiner Mitarbeiter sowie auf deren Individualität flexibel reagieren. Es verhindert, dass Talente verloren gehen, wenn sich Märkte oder Strategien verändern.

War for Talents: die neue Konkurrenz um gute Mitarbeiter

Eine weltweite Konkurrenz um Menschen, wie wir sie heute im IT-Bereich erleben, wird alle Teile der Wirtschaft befallen. In diesem Sinn ist das ökonomische System der Zukunft kein Kapitalismus mehr. Man könnte es Talentismus nennen. Unternehmen werden nicht mehr nach Umsatz bewertet, sondern nach dem Humanfaktor, nach der Summe ihrer menschlichen Talente. Robert B. Reich, der Ex-Arbeitsminister der USA: »Die größte Herausforderung für die Führung der Zukunft besteht darin, talentierte Mitarbeiter zu finden, anzuziehen und zu halten ... Der Arbeitsmarkt wird ein Nachfragemarkt nach Talenten. Leute mit der richtigen Kombination von Fähigkeiten und Ambition können sich erlauben, gelassen auf die Suche nach dem richtigen Boss, den richtigen Kollegen, der richtigen Atmosphäre zu gehen.« Während die Kernbelegschaften schrumpfen, wächst der Anteil freier Dienstleistung auf den Wissensmärkten. Unternehmen, die in den neuen Talentmärkten bestehen wollen, müssen ein aktives Personalmarketing entwickeln. Sie müssen »relationship recruiting« betreiben – eine Aura der Kreativität entwickeln, an deren Rand sich Kooperateure und Talent-Pools befinden.

Die neue große Konkurrenz der Firmen entwickelt sich im Milieu der »Kreativen Klasse«. Unternehmen stehen in direkter Konkurrenz zur »Free Agent Nation«, die heute ihre eigenen Strukturen zu entwickeln beginnt. Daniel Pink in Fast Company: »Der alte Arbeitskontrakt war sehr einfach: Man gab Loyalität und bekam Sicherheit. Aber in der Wissenswelt muss Arbeit das gewisse Etwas haben. Sie muss etwas bedeuten. Dich weiterbringen. Dich erweitern. Sonst nimmst du sie nicht, sondern gehst dahin, wo man dich zu schätzen weiß.«

Hightech/High-touch

Wozu dient Technologie? Für die Unternehmen ist die Antwort klar: Um zu rationalisieren. Diesen Prozess kann man auch zynisch und gegen die Kunden betreiben: Um den Kunden auch noch das Drucken der Kontoauszüge und das Ausstellen der Lieferscheine aufzudrücken. Die Märkte der Zukunft werden hingegen Hightech mit High-touch verbinden.

In den Hotels der amerikanischen Promus-Gruppe hat jeder Gast, der irgendeine Beschwerde hat, das Recht, seine Rechnung nicht zu bezahlen. Öffnet das nicht dem Betrug Tür und Tor? Nicht, wenn man Hightech mit High-touch verbindet. Im Computersystem der Kette sind neben den persönlichen Vorlieben der Gäste auch kritische Anmerkungen notiert. Wer sich schamlos »durchschläft«, erhält alle vier Wochen einen höflichen Brief, mit dem ein freundliches Hausverbot erteilt wird – mit einem Blumenstrauß anbei: »Wir bedauern, Ihre Erwartungen nicht erfüllen zu können.«

Menschen suchen die menschliche Stimme. Der Versandhandelsgigant Lands End hat mit einem Callback-Button auf seiner Website, der automatisch ein Gespräch mit einem Kundenberater einleitet, gigantische Erfolge erzielt. Bei Sites wie Hometownstores.com oder Camera World.com hat die Einführung eines Direktbuttons zu gigantischen Absatzzuwächsen geführt: Früher kauften 3 Prozent der Web-Besucher, jetzt bis zu 25 Prozent! In seinem neuen Buch »High Tech, High Touch – Auf der Suche nach Balance zwischen Technologie und Mensch« schreibt John Naisbitt, der Altmeister der Trendforschung: »Wir benötigen eine neue Technologie-Wachheit. ›Wach‹ ist das Wort, mit dem Buddha seinen Geisteszustand beschrieb. Es heißt zu erkennen, dass Technologie ein nicht wegzudenkender Bestandteil der kulturellen Evolution ist, ein elementarer Instinkt der Menschheit. Doch es heißt auch zu erkennen, dass Alltag, Liebe, Kunst, Natur, gleichberechtigte Partner in der technologischen Evolution sind, denn sie geben der Seele Nahrung. Es heißt, das Leben zu schätzen und den Tod zu akzeptieren. Es heißt zu wissen, wann wir Technologie in unserem Leben in die Schranken verweisen müssen.«

Globalisierung = Glokalisierung

»Eine der unbeabsichtigten Folgen des modernen Kapitalismus ist die Stärkung des Ortes, die Sehnsucht der Menschen nach der Verwurzelung in einer Gemeinde«, so schrieb es Richard Sennett in seinem Buch »Der flexible Mensch«. Menschen können in der Neuen Ökonomie – anders als in der Industriegesellschaft – weit entfernt von den Ballungsgebieten in der Natur leben und trotzdem ein hohes Einkommen erzielen. Das ist das »Silicon-Valley-Prinzip«: Das alte Gefälle Stadt gegen Land verändert seine Laufrichtung.

In Györ, zwischen Budapest und Wien, mitten in der pannonischen Hügellandschaft, ist ein Hightech-Produktionszentrum mit völlig neuen, hoch effektiven Produktionsweisen, vor allem für Autos, entstanden. In Finnland, fast am Polarkreis, boomt die Region von Oulu: 4000 Start-up-Firmen, 25 000 Talente in der Mitte von Nirgendwo. In Irland blüht die Wirtschaft seit zehn Jahren mit 7 bis 8 Prozent Wachstum – die Insel ist aus einem unterindustralisierten Agrarland zu einem der wohlhabendsten Dienstleistungszentren Europas geworden. In Schottland und Wales existieren heute über hundert so genannte »Televillages«, wo gebildete und wohlhabende Städter inzwischen mit ihren Familien auch dauerhaft wohnen – angeschlossen an den Datenhighway. In Apulien entstand aus einem alten, verlassenen Bergdorf ein »Cybervillage«: Coletta del Castelbianco. Die 65 Gebäude werden von Telecom Italia mit 155-Megabit-Glasfaserkabeln verdrahtet. Alle Bewohner verfügen künftig über ISDN-Anschlüsse, digitales PBX, Voice Mail, Intranet und Videoserver. Die *Financial Times* erklärte Colletta zum Inbegriff des neuen Reichtums: *wealth of service*. In Malaysia hat man eine komplette neue Cyber-Hauptstadt geschaffen, mit ökologisch integrierter Architektur und einem 10-Gigabit-Datennetz für jeden Haushalt.

Work/Life Balance: ein neues, humanes Menschenbild

Wir brauchen für die Wissensökonomie ein neues Menschenbild. Wir müssen eine neue »Human-Ökologie« entwickeln. Im Gegensatz zur industriellen Arbeit, die monoton und wiederholend war – von der man sich aber auch via Freizeit und »Abschalten« distanzieren konnte –, fordert die neue Arbeit den ganzen Menschen. Die New Economy will sein Bestes. Seine Kreativität und Schöpferkraft. Seine Gefühle. Arbeit in der New Economy erzeugt einen Sog, einen Strudel, in den alles hineingerissen wird: Familie, Lebensenergie, Lebenssinn.

In ihrem Buch »When Work becomes Home and Home becomes Work« beschreibt Louise Jackson, eine Anwältin in den Dreißigern und Mutter von drei Kindern, diesen Effekt drastisch: »Arbeit ist viel zivilisierter als das Zuhause. Zuhause, das ist, wo die Kinder wie die Verrückten herumschreien und sich wie Vandalen aufführen und du jede Sekunde kämpfen musst. In der Arbeit sind die Leute höflich und vernünftig. Du kannst Dinge erledigen und vorwärts bringen. Du kannst kontrollieren und dirigieren …«

Betty Zucker (www.bettyzucker.ch) vom Züricher GDI hat in einem magischen kleinen Aufsatz neulich den Begriff des »Zweitausend-Sassas« geprägt. Er verfügt über folgende Eigenschaften:

- Treibsandtauglichkeit: Er lässt sich nicht von Ungewissheit verunsichern, er kann »laufen ohne festen Grund«.
- Kollektivintelligenz: Er kann Netzwerke und Freundschaftsnetze nutzen und in sie investieren (vor allem Zeit).
- Leidenschaft: Er kann durch Frustrationen und Widerstände gehen, ohne seine Vision zu verlieren.
- Self Branding: Er begreift sich selbst als Marke, als »brand«, die man gestalten und entwickeln kann.
- Selbstschutz- und Widerstandsfähigkeit (»resiliance«): Er hat aber auch die Fähigkeit, »Nein« zu sagen, wenn es der Selbstentwicklung dient. Scheitern ist für ihn kein Tabu, er ist ein Wiederaufstehmännchen.

Der »Zweitausend-Sassa« ist etwas komplexer als jener Eisen biegende Ironman des Neuen Zeitalters, den wir auf den Motivationsseminaren vorgetanzt bekommen. Er ist ein humanes Ich-Ideal, das auch Brüche und Unvollkommenheiten zulässt. Ein realistisches Selbstunternehmer-Ideal, das auf Balance statt auf Übermenschentum setzt.

Die Schweinchen-Schlau-Ökonomie

Der Konflikt zwischen Old Economy und New Economy ist zu Ende. Aus beidem entsteht eine »erneuerte« Ökonomie. Eine Smart Economy. »Smart«, weil ihr zentraler Rohstoff, die menschliche Intelligenz, smart ist. Ein Rohstoff, der sich nur sehr schwer ausbeuten lässt. Der sich, anders als die industriellen Rohstoffe, bei Gebrauch nicht vermindert, sondern vermehrt. Erfahrung, persönliches Wachstum, Individualität, werden plötzlich – ganz anders als im Industrialismus – zu Produktivfaktoren.

Old Economy wird New Economy: Alte Chemiekonzerne wandeln sich – unter Schmerzen und unter den Augen einer zunehmend kritischen Öffentlichkeit – zu Life-Science-Unternehmungen, die plötzlich statt mit Alkalisalzen mit sehr emotionalen Dingen wie Leben und Tod konfrontiert sind.

New Economy lernt von Old Economy: Der reine Online-Anbieter ebay erwirbt das traditionelle Auktionshaus Butterfield & Butterfield. Immer mehr Online-Firmen gründen Dependancen in der realen, der materiellen Welt: Läden, Kataloge, Erlebnisshops. Amazon.real-Läden sind nur noch eine Frage der Zeit.

Am Ende wird eine Multichannel-Welt entstehen, eine *Clicks-and-Mortar-Welt.* In ihrem Kern wirkt das Internet wie ein gigantischer Turbolader, das Vernetzungen und Beschleunigungen zulässt.

Eine »Schweinchen-Schlau-Ökonomie«: *Drei kleine Schweinchen zogen in die Welt, eines baute ein Haus aus Stroh, eines ein Haus aus Ästen, und beide konnten gegen den bösen Wolf der Alten Ökonomie nicht nachhaltig bestehen. Das dritte Schweinchen aber baute ein Haus aus den alten Rohstoffen der Alten Ökonomie: aus Backsteinen und Mörtel. Als der Wolf sah, dass er mit seinem Pusten und Husten das Haus nicht umblasen konnte, sagte er: »Schweinchen, ich weiß ein gutes Rübenfeld. Wenn du morgen früh mitgehen willst, hol ich dich ab und wir rupfen Rüben zum Mittagbrot.« Da stand das Schweinchen am nächsten Morgen um fünf Uhr auf und holte sich die Rüben – ehe der Wolf kam. Der kam um sechs. Da war der Wolf furchtbar böse und sagte, er würde das Schweinchen trotzdem fressen. Dazu würde er auf das Dach klettern und den Schornstein herunterrutschen. Aber das Schweinchen stellte einen großen Kessel voll Wasser unter den Schornstein und machte darunter ein großes Feuer an. Da fiel der Wolf kopfüber ins kochende Wasser und das Schweinchen aß ihn zum Abendbrot und lebte nun ungestört sein Leben lang …*

Was man getrost als Metapher für den Unterschied zwischen schnellen und schlauen und langsamen und dummen Unternehmen sehen kann. Mörtel und Steine reichen nicht mehr, man muss auch früh aufstehen und rechtzeitig den Deckel vom Topf nehmen.

Der Anleger in der Neuen Wirtschaft

von Roland Oetker

Das Gespenst der Neuen Wirtschaft geht um. Gespenst, weil nicht jeder erkennt, worum es sich dabei eigentlich handelt. Bundeskanzler Gerhard Schröder hat mit seinen Äußerungen im *Spiegel* zum Thema »Mythen der New Economy« Recht, wenn er sagt, das System Kapitalismus erlaube eine ungeahnte Wandlungsfähigkeit. Alte Produktionsmethoden könnten nicht friktionslos durch neue abgelöst werden und technische Umwälzungen hätten nur in der Pionierphase die höchsten Wachstums- und jedenfalls theoretisch damit auch Gewinnaussichten.

Dass er aber diese drei Feststellungen treffen kann und gleichzeitig das »Bündnis für Arbeit« als »Motor des Wandels« propagiert, ist unverständlich. Konsens heischende Bündnisse von Arbeitgeberverbänden, Gewerkschaften und dem Staat verhindern nur den herbeigesehnten Wandel. Der wirkliche Motor für Innovation und Anpassung ist schon seit einigen Jahren der Kapitalmarkt. Dies scheinen auch die Menschen in unserem Land verstanden zu haben, gibt es doch mehr Aktionäre als Gewerkschaftsmitglieder und es sieht nicht danach aus, dass sich diese Tendenz wieder umkehrt – trotz der Börsencrashs.

Auch immer mehr und besonders neue Firmen verweigern sich den Arbeitgeberverbänden. Konsensbündnisse aller Art haben somit heute ein Legitimationsproblem. Obendrein ist mittlerweile jedem klar, dass er seine Altersvorsorge allein in die Hand nehmen muss. Wer braucht da noch Gewerkschaften und Arbeitgeberverbände? Ich meine, wir brauchen sie, aber sie müssen sich neu definieren.

Warum auch sollten sich junge Unternehmen auf nationale Arbeitgeberverbände verlassen, wenn ihr Maßstab der internationale Kapitalmarkt ist? Für sie eröffnet der Neue Markt mehr Motivation und Möglichkeiten als irgendeine Vereinsmeierei. Zudem bietet er auch den Venture-Capital-Gesellschaften eine attraktive Möglichkeit, ihr Finanzierungsengagement erfolgreich zu beenden. Letztlich können Start-up-Unternehmen am Neuen Markt vergleichsweise einfach an Eigenkapital gelangen, anstatt Fremdkapital aufnehmen zu müssen. Die dadurch gewonnene Flexibilität schafft neue, zukunftsträchtige Arbeitsplätze. Für diese gilt allerdings nicht die gewerkschaftlich verordnete 35-Stunden-Woche. Die 35-Stunden Woche der Neuen Wirtschaft ist am Mittwoch Abend beendet und beginnt am Donnerstag Morgen neu.

Getrieben werden die Jungunternehmer und mit ihnen ganze Industrien vornehmlich von sieben Technologien: von der Mikroelektronik, der Informationstechnik, der Telekommunikation, von Multimedia, dem Internet, der klassischen Chemie und der Biotechnologie. Dabei sorgt nicht die einzelne Technologie an sich für den Schwung, erst ihre Kombination mit den anderen erzeugt das Momentum, das unsere Welt und unser Leben genauso stark verändern kann wie die industrielle Revolution.

»Ich mache mir keine Sorgen um die Zukunft – sie kommt von ganz allein«, sagte einst Albert Einstein. Sorgen sollten auch wir uns nicht machen, denn wir alle haben die Chance, die Zukunft mit zu gestalten. Und so sind wir dazu aufgerufen, einige Missstände zu beheben bzw. es gar nicht erst soweit kommen zu lassen.

Um es vorsichtig auszudrücken: Es ist nicht alles Gold, was am Neuen Markt glänzt. Ein Großteil der Gesellschaften befindet sich nach wie vor in der Venture-Capital-Phase. Viele Geschäftsideen haben zudem erst gar keine wirkliche Chance. Dass das so genannte »moralische Risiko« (*moral hazards*) in dieser Anfangsphase nicht zu unterschätzen ist, wissen erfahrene »Business Angels« und Venture-Capitalisten. Sie sind sich im Gegensatz zu den Anlegern am Kapitalmarkt bewusst, dass sie höhere Risiken fahren. Denn es gibt am Neuen Markt junge Unternehmen, bei denen nur eines richtig funktioniert: die Informationsmaschinerie bzw. die Ad-hoc-Desinformationsmaschinerie. Aus so manchem »Kult-Papier« ist ein »Skandal-Papier« geworden. Investor-Relation-Arbeit darf keine »publizistische Fassadenkletterei« des Vorstandsvorsitzenden sein.

Ob Old oder New Economy – wir brauchen eine True Economy! Wenn die alten Bewertungsparameter nicht mehr verwandt werden können, muss zumindest – wertkonservativ gesprochen – die Moral stimmen. Die Strafbestimmungen des Aktienrechts, insbesondere des § 400 AktG, der sich als stumpfes Schwert erwiesen hat, müssen dringend reformiert werden, damit der Vorstand nicht auf Präsentationen und Pressekonferenzen die Lage des Unternehmens irreführend darstellen darf.

Daher sollten auf sich allein gestellte Anleger immer folgende fünf Fragen beantworten können, bevor sie in ein neues Unternehmen investieren:

1. Hat das gesamte Management – Vorstand, Aufsichtsrat und gegebenenfalls Wissenschaftlicher Beirat – die notwendige Qualität und den richtigen Weitblick?
2. Werden Kundenwünsche wirklich erfüllt?
3. Kann das Unternehmen eine neue Technologie anbieten, die einen Vorsprung vor dem Wettbewerb garantiert?
4. Ist die Finanzierung gesichert, so dass nicht auf halbem Weg zur Profitabilität der Unternehmung der finanzielle Atem ausgeht?
5. Hat die Firma eine starke Marke, die Bekanntheit und Qualität verbürgt?

Wenn darüber hinaus die Firmengründer durch Elan, Begeisterungsfähigkeit, Ideenreichtum und Hartnäckigkeit überzeugen, dann sollte sich der Anleger für eine Investition entscheiden. Nur auf »heiße Tipps« zu hören verbietet sich bei der

Anlage in Aktien der New Economy. Wie schnell werden aus geplanten *daytrades*, kurzfristigen Gewinnrealisierungen, unversehens langfristige Portfolio-Schieflagen.

Interessanterweise sind in der New Economy, aber auch zunehmend in der Old Economy die wesentlichen Vermögensgegenstände nicht bilanzierbar – nämlich das so genannte Humankapital. Denn Maschinen und Gebäude bestimmen nicht mehr in erster Linie den Wert eines Unternehmens. Schon Henry Ford sagte vor achtzig Jahren: »My main assets walk home every night.«

Aktien sind keine Jetons – es gibt den Unterschied von Spekulation und Spielerei. Die Börse sollte nicht »Monte Carlo ohne Musik« sein, wie Georg von Siemens es einmal formulierte.

Die Kapitalanlage ist eines der wenigen »Spielfelder«, bei denen Amateure (Einzelanleger) direkt gegen Profis (Fonds-Manager) antreten. Imitieren der Profis ist tödlich; der Privatanleger sollte stattdessen deren systemimmanente Schwächen nutzen:

- Anders als viele Fonds-Manager kann der Privatanleger ohne zwanghaften Blick auf die Quartalsperformance kaufen und verkaufen. Sein Handelsvolumen bewegt die Märkte weder positiv noch negativ.
- Einzelinvestoren haben bezüglich des Timings den weiteren Vorteil, dass die Profis mit viel größeren Geldbeträgen umgehen und sich regelmäßig mit Investmentkomitees im eigenen Unternehmen abstimmen müssen.
- Aber der Einzelanleger sollte nicht schlauer sein wollen als erlaubt: Bei Neuemissionen verkaufen die Insider – die Profis –, nachdem sie nach einer intensiven Due Diligence und Bewertung die Bookbuilding-Spanne festgelegt haben.
- Es ist aberwitzig, wenn ein Anleger glaubt, »blind« mehr zu wissen als die Profis und bereit ist, im grauen Markt oder am ersten Notierungstag einen Aufpreis von 50, 100 Prozent oder sogar noch mehr auf den Platzierungspreis zu zahlen.

Die Grenzen zwischen Neuer und Alter Ökonomie werden verwischen, nicht zuletzt durch Merger. Käufer und Gekaufte wird es auf beiden Seiten geben. Es ist nicht übertrieben, zu behaupten: dass ein Drittel der Unternehmen übernehmen werden, ein Drittel übernommen werden und ein Drittel sich übernehmen werden.

Folglich wird es gerade am Neuen Markt dabei zu viel Bewegung kommen. Eine Konsolidierung ist – auch international gesehen – unabdingbar. Dass dieses Börsensegment Gefahren für den Anleger mit sich bringt, versteht sich von selbst. Sicher lassen sich einige der Risiken im Vorfeld erkennen, aber wirkliche Interna eines Unternehmens werden uns – da wir legale Insider sein wollen – verborgen bleiben.

Auf die leitenden und lenkenden Personen in Unternehmen sollte besonderes Augenmerk gerichtet werden. Für den Aktionär ist es von vitalem Interesse, was dieser Personenkreis mit seinen Beteiligungen an dem Unternehmen macht. Der illegale Insiderhandel, also das Ausnutzen von nicht öffentlich zugänglichen Informationen für eigene Zwecke, muss verhindert werden. In Deutschland hat sich in den letzten Jahren einiges verbessert. Es ist aber zu bezweifeln, dass diese Maßnahmen bereits ausreichen.

Wertpapierhandel von Unternehmensinsidern ist immer noch erlaubt. Dies kann in einem Börsensegment wie dem Neuen Markt nicht im Interesse des Investors liegen. Die Gründer der in diesem Segment gehandelten Unternehmen sind zumeist auch nach dem Börsengang Vorstände oder Aufsichtsräte. Sie stellen also die wichtigste Ressource der Unternehmen dar. Das Überleben so mancher Firma stünde auf dem Spiel, wenn sie das Unternehmen verließen – physisch oder auch nur geistig. Viele Firmen des Neuen Markts sind oft noch im Aufbau, die Organisation ist noch nicht gefestigt und die Vorstände haben noch Erhebliches zu lernen. Dieses hohe Risiko verlangt aus der Sicht des Aktionärs ein viel größeres Maß an Transparenz als dies bei etablierten Unternehmen der Fall ist. Aber: Es fehlt bisher ein öffentliches Register über den Anteilsbesitz von Insidern. Es fehlt immer noch Transparenz beim Aktienhandel der tragenden Personen der Firmen. Niemand kann zeitnah feststellen, ob sich die Gründer durch Verkauf ihrer Aktienpakete aus der Firma verabschieden. Zwar beinhalten die privatrechtlichen Bedingungen für die Zulassung am Neuen Markt eine Haltefrist. Was aber nach dieser ohnehin recht kurzen Haltefrist geschieht, bleibt im Dunkeln. Damit die Verlässlichkeit für den Anleger gewährleistet wird, ist es notwendig, hier das derzeitige Informationssystem weiter zu entwickeln.

Was in dieser scharfen Form für die jungen Firmen der New Economy gilt, ist in abgeschwächter Form auch für die Old Economy relevant. Da Aktienoptionsprogramme immer öfter auch hier eingesetzt werden, sollte der Aktionär auch unterjährig das Recht haben zu erfahren, was die Manager mit ihren Optionen und Aktien machen. Das Ausscheiden eines Vorstands, das sich auch durch seine kapitalmäßige Trennung von der Unternehmung ausdrückt, bedroht zwar dank der gefestigten Strukturen nicht das Überleben. Sehr wohl kann der wirtschaftliche Erfolg noch immer an einzelnen Personen hängen. Neue und Alte Ökonomie unterscheiden sich hier nur im Ausmaß des Problems, nicht aber in dessen grundsätzlicher Struktur.

Dass die derzeitigen Regularien sowohl für die normale Veröffentlichungspflicht als auch für die Überwachung des Insiderhandels nicht ausreichen, wird immer wieder deutlich. Ein Vergleich mit den in den USA bewährten Veröffentlichungsregeln verdeutlicht, dass in Deutschland eine enorme Lücke besteht. Sie äußert sich zum Beispiel darin, dass gerade im Neuen Markt die Realisierung von Emissionserlösen von Gründer-Managern stillschweigend geduldet wird. Nach der Lock-up-Periode von sechs Monaten ist gar nicht mehr zu erfahren, ob, wann und wie weitgehend sich Altaktionäre von ihren Aktienpaketen getrennt haben. Es existieren keine Quellen, die dem Aktionär die notwendigen Informationen liefern können. So ist deutschen Geschäftsberichten – anders als in anderen Ländern üblich – nicht zu entnehmen, wie hoch die Beteiligungen der Top-Manager am eigenen Unternehmen sind. Dass es dem deutschen Bilanzrecht an Elementen des Aktionärsschutzes fehlt, lässt sich zwar durch den Schwerpunkt Gläubigerschutz historisch verstehen. Auf modernen Kapitalmärkten führt es aber zu Unbehagen. Immer öfter wird der Weg über die Stärkung der Eigenkapitalbasis durch die Emission von Aktien oder aktienähnlichen Papieren gewählt. Fremdkapitalgeber, d.h. Banken, würden die Stirn runzeln und gegebenenfalls auch Kredite fällig stellen, wenn die Unternehmer den »Anschnallgurt lockern« wollten, um schneller aussteigen zu können – warum sollten Eigenkapitalgeber, d.h. Aktionäre, schlechter gestellt werden?

Gerade wenn das unternehmerische Risiko steigt, ist eine Eigenkapitalfinanzierung über die Börse oder über Venture-Capital-Gesellschaften notwendig. Dieser Finanzierungsweg erfordert aber ein Umdenken in der Berichterstattung.

Um sowohl die Überwachung der Insider als auch die generellen Informationsbedürfnisse der Aktionäre zu stärken, bedarf es weitgehender, verbindlicher Offenlegung, wenn Manager und Vorstände mit Aktien ihrer Firma Handel treiben. Sie dient auch dem Schutz der Manager und Vorstände, denn heute ist es ein Leichtes, diesen Personenkreis durch Gerüchte zu diskreditieren. Wir brauchen deshalb auch in Deutschland ein öffentliches Register, das für jedermann zu jeder Stunde in Form eines Datenbankabrufs den Aktienbesitz der für das Unternehmen entscheidenden Personen wiedergibt.

Die USA machen es uns in Sachen Insider Trading beispielhaft vor. Nach dem Securities Exchange Act von 1934 muss jeder Gesellschafter – die Anforderungen für Boardmember sind noch strenger – einer US-börsennotierten Gesellschaft, der direkt oder indirekt 5 Prozent oder mehr Anteile erwirbt, dies binnen zehn Tagen der SEC melden. Alle wesentlichen Änderungen – also Kauf oder Verkauf von mehr als einem Prozent – sind durch einen Nachtrag offen zu legen. Zusätzlich muss eine jährliche Mitteilung über die Handelsaktivitäten und Besitzstände relevanter Wertpapiere verfasst werden. Geschehen diese Meldungen auf elektronischem Weg, so werden sie automatisch in die EDGAR-Datenbank überführt.

Diese Datenbank ist über das Internet frei zugänglich und bietet so Aktionären und Wirtschaftspresse eine ideale Datenbasis. Zeitnah zu den Transaktionen werden die Marktteilnehmer über das Geschehen informiert. In vielen Fällen wird sogar schon vor der Transaktion über das bloße Vorhaben informiert. Somit lassen sich die meisten Befürchtungen aus dem Weg räumen, es könnten Insiderinformationen benutzt werden.

Mittlerweile bieten auch schon viele Finanzseiten im Internet diesen Service, ohne dass dafür die Anbindung an ein teures Börseninformationssystem notwendig ist. Diese Informationen werden am Markt sehr genau beobachtet und ausgewertet. Dafür sorgen schon die Analysten der Investment-Banken, der Versicherungen und der Fonds oder beispielsweise Value Line. Von den Informationen und den wachsamen Augen der Profis profitiert auch der Privatanleger.

Eine Informationspflicht allein reicht allerdings nicht aus. Es muss ein zusätzliches System von Sanktionen geben, damit Missbrauch ausgeschlossen wird.

Die USA sind nicht das einzige Land, in dem die Informationserhebung zum Zwecke der Überwachung des Insiderhandels und der Aktionärsinformation systematisch betrieben wird. In Großbritannien ist 1986 eine der SEC ähnliche Agentur gegründet worden. Diese FSA – Financial Services Authority – genannte Organisation befasst sich mit allen Aspekten der Börsenaufsicht. Insider Dealing wird auch hier als Straftat angesehen und mit bis zu sieben Jahren Haft und einer unbegrenzten Geldstrafe geahndet.

Wie die SEC stellt auch die FSA die Daten zusammen und macht diese öffentlich zugänglich. Sie kann diese auch kommerziell nutzen oder mit ihnen öffentlich zugängliche Reports erstellen. Auf diesem Weg ist auch eine Informationsversorgung interessierter Kreise gewährleistet. Für den deutschen Aktienmarkt ist eine erweiterte Offenlegung von Transaktionen aus den dargelegten Gründen unabdingbar. Mit einer öffentlich zugänglichen Datenbank über Transaktionen von Managern, Vorständen und Aufsichtsräten ließen sich zwei

Fliegen mit einer Klappe schlagen. Sowohl würde der Insiderhandel erschwert als auch das Informationsbedürfnis der Aktionäre befriedigt.

Primärinsider wie Vorstände, Aufsichtsräte oder Berater müssten ihren Handel mit Wertpapieren des Unternehmens, für das sie tätig sind, offen legen. Unerheblich müsste dabei sein, wie groß die Volumina der Transaktionen oder der eigene Anteilsbesitz sind. Freiwillige Meldungen über den eigenen Aktienhandel könnten auch von Dritten eingereicht werden, schon um sich vor falschen Verdächtigungen schützen zu können. Zur Bündelung dieser Informationen müsste eine Sammelstelle eingerichtet werden. Dieses könnte sinnvollerweise beim Aufsichtsamt für Wertpapierhandel geschehen. Aber auch eine private Gesellschaft könnte diese Aufgaben übernehmen. Warum nicht die Notwendigkeit von Informationsverarbeitung mit einer privaten Geschäftsidee koppeln? Schließlich haben wir uns im Westen auch schon lange von staatlichen Nachrichtenagenturen verabschiedet.

Die Sammelstelle würde mit den ihr zugehenden Informationen eine über das Internet abrufbare Datenbank betreiben und auch über andere geeignete Medien die Öffentlichkeit informieren. So könnte sie die an sie adressierten Meldungen als Ad-hoc-Publikationen an Nachrichtendienste, Börsen und so weiter weitergeben. Verstöße gegen die Offenlegungspflicht könnten als Ordnungswidrigkeit und/oder auch als Straftat zu ahnden sein.

Dass die Überwachung der Offenlegungspflichten auf jeden Fall von einer staatlichen Einrichtung übernommen werden muss, ist selbstverständlich. Diese staatliche Stelle muss auch die Sanktionen einleiten, wozu eine spezielle Schwerpunkt-Staatsanwaltschaft für Wertpapierdelikte ratsam wäre. Einen Vollkasko-Anlegerschutz kann und sollte es aber nicht geben: Hohen Chancen stehen zwangsläufig hohe Risiken gegenüber. Am Neuen Markt angelegtes Kapital ist Venture Capital.

3
WEICHENSTELLER – WIE LENKT MAN DIE NEW ECONOMY?

Die New Economy in Nordrhein-Westfalen – ein neuer Standortwettbewerb

von Wolfgang Clement

Im vergangenen Jahr war die Entwicklung der Medienmärkte gekennzeichnet durch Fluktuationen und Eruptionen, beständig ist in der New Economy offenbar nur der Wandel. Das Auf und Ab der Medienmärkte ist auch und gerade darauf zurückzuführen, dass das Internet noch in den „Kinderschuhen" steckt. Gleichwohl ist bereits jetzt klar auszumachen, dass die Internet-Wirtschaft der entscheidende Motor für die wirtschaftliche Entwicklung im ersten Jahrzehnt des neuen Jahrtausends sein wird.

In den USA gehen laut Forrester Research bereits 35 Prozent des Wachstums des Bruttosozialproduktes auf den Electronic-Commerce zurück. Dabei macht der elektronische Handel allein nicht die Internet-Wirtschaft aus. Auf der Gewinnerseite stehen auch jene, die die Infrastruktur und die Software für intelligente Anwendungen entwickeln. Alle Akteure der Internet-Wirtschaft stehen zusammen für einen Anteil von 59 Prozent am US-Wirtschaftswachstum in 1999.

Einige Zahlen der Internet-Economy in den Vereinigten Staaten illustrieren diese rasante Entwicklung:

- 1999 erzielte die Internet-Economy Umsätze in Höhe von 524 Milliarden US-Dollar.
- Das Wachstum der Internet-Economy gegenüber 1998 betrug 62 Prozent und ist im Vergleich zur gesamten US-Wirtschaft 15-mal höher.
- 2,5 Millionen Arbeitsplätze hingen Anfang 2000 direkt

vom Internet ab. Das Wachstum seit 1998 betrug hier 36 Prozent.

- 650000 neue Arbeitsplätze entstanden allein im Jahr 1999 in der Internet-Economy.
- 305000 Arbeitsplätze entstanden in Unternehmen, die vor 1996 noch nicht existierten.

Mit ihrem beispiellosen Wachstum hat die Internet-Economy in den USA längst den Energiesektor hinter sich gelassen, und sie wird noch in diesem Jahr den Automobil- und Versicherungssektor überholen. Das Internet ist damit Jobmaschine und Wachstumsmotor zugleich.

Nach Expertenschätzungen liegt Europa heute noch in der Internet-Wirtschaft etwa dreißig Monate hinter den USA zurück. Europa hat aber das Potenzial, diesen Rückstand in kurzer Zeit aufzuholen und es zeigt sich schon jetzt, dass die New Economy auch auf dem alten Kontinent dabei ist, Fahrt aufzunehmen. Wir haben in Europa und in Deutschland die Chance, die Wachstumsdynamik der New Economy auch bei uns zu entfesseln.

In zwei bis drei Jahren werden in Deutschland mehrere alternative Infrastrukturen für den breitbandigen Zugang zum Internet zur Verfügung stehen. Das Internet wird so zum Zwei-Wege-Transportweg für Text, Daten, Sprache, Bilder, Bewegtbilder und Töne. Für den E-Commerce werden damit völlig neue Dimensionen eröffnet. Die Politik hat die Aufgabe, den Aufbau dieser breitbandigen Strukturen mit marktkonformen Regelungen zu fördern.

Heute ist der PC in Deutschland die dominierende Zugangspforte ins Internet. Das wird sich sehr bald ändern. Das Fernsehgerät wird mehr und mehr zu einem Multimedia-Terminal, das auch den Zugang zum Internet ermöglicht. Handys und Notebooks werden internetfähig. Das führt zu enormen Entwicklungspotenzialen für den E-Commerce.

Für die Politik heißt das, den offenen, diskriminierungsfreien Zugang von Anbietern und Nachfragern zum Markt der multimedialen Programme und Dienste sicherzustellen. Proprietäre technische Systeme können dies nicht gewährleisten. Deshalb ist es wichtig, möglichst bald die anbieterunabhängige Multimedia-Home-Plattform in Deutschland einzuführen. Ich hoffe, dass sich die an der deutschen TV-Plattform beteiligten Unternehmen auf eine solche Technikplattform auch verständigen können. Gelingt diese Verständigung nicht, ist die Politik am Zuge.

Die Internet-Nutzung war in Deutschland in den vergangenen Jahren beträchtlich teurer als in anderen europäischen Ländern. Alle Anzeichen sprechen dafür, dass sich das ändert. Die finanzielle Zugangsbarriere zum Internet wird durch den Marktwettbewerb zusehends kleiner. Das ist eine der gewichtigen positiven Wirkungen der Liberalisierung der Telekommunikationsmärkte in Deutschland. Auch die technischen Zugangsbarrieren sinken.

Es bleiben rechtliche Barrieren. Was wir dringend brauchen, ist eine konzertierte Aktion von Bund und Ländern, um schnell einen langfristig tragfähigen Ordnungsrahmen für die Internet-Wirtschaft zu schaffen. Alle Gesetze, die die Internet-Entwicklung behindern, gehören auf den Prüfstand.

Bei allen Umbrüchen, Megafusionen und Kursturbulenzen auf den Medienmärkten bleibt die Frage nach der Zukunft des öffentlich-rechtlichen Rundfunks. Strukturveränderungen auf den internationalen Medienmärkten verändern drastisch die Handlungsbedingungen für die öffentlich-rechtlichen Rundfunkanstalten in Deutschland. Mit ihrem gesetzlichen Auftrag decken sie – bei allen anerkannten, qualitativen Stärken – traditionell nur wenige Stufen des Wertschöpfungsprozesses auf den neuen Medienmärkten ab. Ihnen droht deshalb ein Bedeutungsverlust, den sie nicht dadurch auffangen können, dass öffentlich-rechtliche Rundfunkanstalten Tochtergesellschaften gründen, die all das tun, was private Unternehmen tun. Man kann die öffentlich-rechtliche Verfassung der Rundfunkanstalten nicht dadurch retten, dass man sie aushöhlt, und ihr Gebührenprivileg wird nicht dadurch zu sichern sein, dass ihre Töchter auf den neuen Medienmärkten als Akteure auftreten.

Andererseits bleibt klar: Den öffentlich-rechtlichen Rundfunkanstalten muss das Tor zur digitalen Medienwelt geöffnet werden. Damit bekommen sie zwar die Chance, neue Felder zu betreten, aber das wird nichts daran ändern, dass sie gegenüber der privaten Konkurrenz aus den genannten Gründen strukturelle, stetig größer werdende Nachteile haben. Vor diesem Hintergrund muss das Werbe- und Sponsoringverbot für öffentlich-rechtliche Anstalten im Internet noch einmal auf den Prüfstand.

Kurzfristig sehe ich zwei weitere Ansatzpunkte, mit denen die Strukturprobleme der öffentlich-rechtlichen Anstalten zwar nicht behoben, aber zumindest gelindert werden können: Zum einen die Reform der Unternehmensverfassung der öffentlich-rechtlichen Anstalten mit dem Ziel, ihre Gremienstruktur zu verschlanken, das Management zu stärken, Räume für mehr Flexibilität zu schaffen und die Entscheidungsprozesse zu beschleunigen. Zum anderen geht es darum, zu neuen Formen der Zusammenarbeit zwischen öffentlich-rechtlichen Anstalten des In- und Auslands zu kommen und die dafür notwendigen Rahmenbedingungen zu schaffen.

Das wären erste Schritte zur Sicherung der Position der öffentlich-rechtlichen Anstalten in einer Medienwelt, die mehr denn je einem enormen Veränderungsdruck ausgesetzt sein wird.

Trotz der noch unterschiedlichen Ausgangsbedingungen in Europa und in den Vereinigten Staaten sind die Spielregeln der Internet-Economy längst global wirksam: Die Beurteilung des Marktwerts von Unternehmen wird immer mehr von ihrer Internet-Kompetenz abhängig gemacht. Wer »connected« ist, das heißt, erfolgreiche Strategien für das Geschäft im Internet entwickeln kann, beflügelt ungleich mehr die Fantasie der Analysten an den Börsen, und daran ändern auch die jüngsten, zum Teil spektakulären Einbrüche am Neuen Markt nur wenig.

Was für Unternehmen gilt, wird auch zum Maßstab für Wirtschaftsstandorte und Regionen wie Nordrhein-Westfalen.

Ihre Wettbewerbsfähigkeit wird immer mehr am Wachstum der Internet-Wirtschaft und der Fähigkeit gemessen werden, ihre Ressourcen zur Stimmulierung der New Economy zu mobilisieren. Doch dabei zu sein, ist hier längst nicht alles:

Über Erfolg oder Niederlage im Wettbewerb der Standorte entscheiden nicht nur überzeugende Strategien, sondern vor allem die Geschwindigkeit ihrer Umsetzung. Nur dort, wo mit hohem Einsatz der Internet-Economy zum Durchbruch verholfen wird, bestehen Aussichten auf einen Platz in der ersten Reihe der global konkurrierenden Standorte.

Für Europa ist noch nicht entschieden, welche Regionen für die Internet-Wirtschaft über eine besondere Attraktivität verfügen. Im Benchmarking dieser Regionen hat Nordrhein-Westfalen aber durchaus Pluspunkte vorzuweisen, beispielsweise das Engagement multinationaler Unternehmen der Internet-Wirtschaft.

So ist der Stammsitz der global im Internet operierenden Bertelsmann AG ebenso in Nordrhein-Westfalen wie die Zentrale der Deutschen Telekom AG. Broadcaster wie RTL setzten massiv auf das Internet, und das Epizentrum für die neue Welle des Mobile Commerce liegt mit Vodafone, T-Mobil und E-Plus unangefochten in Nordrhein-Westfalen. Zahlreiche ausländische IT- und Telekommunikationsunternehmen haben sich mit ihren Neuansiedlungen für Nordrhein-Westfalen entschieden.

Inzwischen ist auch die erste Gründungswelle der Dotcoms an Rhein und Ruhr angekommen. Unternehmen wie Primus Online, die Endemann Internet AG oder die Pironet AG spielen in der Internet-Branche eine wichtige Rolle und haben sich auf diesem Zukunftsmarkt die Ausgangsposition für ein schnelles Wachstum gesichert.

Die in der German Venture Capital Association zusammengeschlossenen VC-Gesellschaften konnten in 1999 fast ein Viertel ihrer Mittel in Nordrhein-Westfalen platzieren. Hier zeigen sich die ersten Erfolge einer modernen Standortorientierung, die auf den raschen Ausbau so genannter Inkubatoren setzt. Auf der Grundlage von Public Private Partnerships bieten solche Inkubatoren spezialisierte Dienstleistungen für Unternehmensneugründungen an: Vermittlung von Büroflächen, Beratung bei Infrastrukturproblemen und vor allem den Zugang zu Venture Capital. Bis Ende 2001 werden in Nordrhein-Westfalen mindestens zwanzig solcher Inkubatoren arbeiten. Wir versprechen uns davon, dass wir auf diesem Weg die vorhandenen Gründungs- und Wachstumspotenziale ausschöpfen und so die Voraussetzung dafür schaffen können, dass Nordrhein-Westfalen zu einem Zentrum der Internet-Wirtschaft wird.

Heute arbeiten in der nordrhein-westfälischen Medien- und Telekommunikationswirtschaft über 275 000 Arbeitskräfte. Damit liegt Nordrhein-Westfalen in der Spitzengruppe der Medienstandorte in Deutschland. Das Wachstum der Beschäftigung war zwischen 1985 und 1998 mit 18,3 Prozent rund dreimal so stark wie die Beschäftigungszunahme im Landesdurchschnitt.

Insbesondere Köln, Düsseldorf und Dortmund haben spezifische Profile in der Medien- und IT-Branche entwickelt. Köln ist mittlerweile mit 910 Millionen DM Umsatz der führende TV-Produktionsstandort Europas. 6000 Medienfirmen erzielen knapp 25 Milliarden DM Jahresumsatz. Jeder zehnte Beschäftigte in Köln arbeitet heute in der Medienbranche. Düsseldorf zählt knapp 1000 Unternehmen der Medien- und Kommunikationswirtschaft mit 26 000 oder 7 Prozent aller am Standort Beschäftigten.Die Region Dortmund profitiert mit 15 000 Arbeitnehmern in 900 IT- und Medienunternehmen unter anderem von einem überproportionalen Wachstum der Call-Center-Branche, die in circa dreißig Call Center 2500 Arbeitskräfte beschäftigt.

Gerade an solchen in der New Economy expandierenden Standorten wie Köln, Düsseldorf und Dortmund erweist sich die Knappheit an IT-Experten als die hartnäckigste Wachstumsbremse der Internet-Wirtschaft. Nordrhein-Westfalen macht daher seit Jahren erhebliche Anstrengungen, um diesem drängenden Problem der Branche durch vorausschauendes Handeln beizukommen. Nirgendwo sonst in Deutschland werden mehr IT-Experten ausgebildet als in Nordrhein-Westfalen. Zwischen 1997 und 1998 sind die Absolventenzahlen im IT-Bereich zehnmal schneller gestiegen als im Bundesdurchschnitt; derzeit sind 28 Prozent aller deutschen Informatikstudenten an nordrhein-westfälischen Hochschulen immatrikuliert.

All das reicht freilich nicht aus, um die Nachfrage nach IT-Experten zu befriedigen. Deshalb haben wir mit der Unterstützung vieler Unternehmen unseres Landes dafür gesorgt, dass mit Beginn des Jahres 2002 alle Schulklassen in Nordrhein-Westfalen am Netz waren. Zudem richten wir in Dortmund und Bonn IT-Center for Excellence ein, die ein maßgeschneidertes Ausbildungs- und Weiterbildungsangebot in engster Kooperation von regionaler Wirtschaft, Universität, Fachhochschule, Stadt und Region entwickeln.

Wir nutzen und gestalten damit nicht nur in der Schule, sondern auch in der Hochschule die Möglichkeiten, die uns die Neuen Medien und das Internet bieten, und wir versprechen uns davon natürlich auch eine nachhaltige Verbesserung des Arbeitskräfteangebots für die IT-Branchen. Das gilt auch für die von der Bundesregierung angekündigte »Virtuelle Hochschule Deutschland«. Wir wollen sie hier in Nordrhein-Westfalen konzeptionell ansiedeln und verankern, weil wir mit der Fernuniversität Hagen das entsprechende Kernangebot präsentieren können. Dieses Kernangebot ist jedenfalls in Deutschland konkurrenzlos.

Trotz solcher insgesamt positiven Voraussetzungen gibt es auch für Nordrhein-Westfalen keinen sicheren Königsweg in die Internet-Wirtschaft. Wir verspüren zwar den Rückenwind, der von der New Economy ausgeht, aber als das Zentrum für klassische Industrien und Dienstleistungen in Westeuropa haben wir ein besonderes Interesse daran, auch die innovativen Potenziale der traditionellen Branchen für die Internet-Wirtschaft zu mobilisieren.

Hier gibt es erste positive Erfahrungen. So stellt sich beispielsweise die Deutsche Post AG als globales Unternehmen für die E-Logistik neu auf; im Chemiebereich geht die Bayer AG neue Kooperationen ein und beteiligt sich unter anderem an dem US-amerikanischen Online-Chemie-Händler Chematch.Com., und die Thyssen Krupp AG steht längst nicht mehr nur für Stahl, sondern setzt in ihrer strategischen Neuausrichtung dezidiert auf Electronic- Commerce.

Das heißt: Künftig wird es nicht allein darum gehen, die Entwicklung der so genannten Zukunftsbranchen zu fördern.

Überhaupt halte ich wenig davon, unsere Wirtschaft entlang von Wirtschaftszweigen in eine Neue und in eine Alte Ökonomie zu unterteilen und die Wirtschaftspolitik dann eindeutig auf die neuen Branchen zu fokussieren, zu denen vor allem die Bereiche Telekommunikation, Medien, Software oder Bio- und Gentechnologie gezählt werden.

Auch die traditionellen Branchen können hochinnovativ sein und auch dort sind durch die neuen Technologien deutliche Produktivitätsfortschritte erzielbar. Für die Wettbewerbsfähigkeit eines Standorts sind solche Synergien jedenfalls nicht weniger ausschlaggebend als die Ansiedlung von Unternehmen der New Economy.

Anders gesagt: Der Unterschied zwischen New und Old Economy entscheidet sich allein am Markt. Wer dort erfolgreich ist, gehört zur Neuen Wirtschaft. Wer sich am Markt nicht durchsetzt, der wird nicht zukunftsfähig sein. Nordrhein-Westfalen stellt sich dieser Herausforderung, und wir sind zuversichtlich, dass wir sie bestehen können.

New Economy versus Old Economy?

von Hans-Olaf Henkel

Mit Bewunderung und auch Erstaunen blicken wir in Deutschland und in Europa auf das seit Jahren anhaltende wirtschaftliche Wachstum in den USA. Seit Beginn der neunziger Jahre verzeichnen die Vereinigten Staaten positive Wachstumsraten bei weitgehend geringer Inflation und gleichzeitig steigender Beschäftigung. Zwischen den Jahren 1993 und 1999 sind netto weit über 20 Millionen Jobs entstanden. Wir alle wissen, dass es sich dabei überwiegend um hoch qualifizierte und durchaus gut bezahlte Arbeitsverhältnisse handelt. Die Arbeitslosenquote sackte auf ein 30-Jahrestief von etwa 4 Prozent ab. Die Staatsfinanzen werden schrittweise mit großem Erfolg konsolidiert, dazu kommt eine, so scheint es, verminderte konjunkturelle Schwankungsanfälligkeit der US-Wirtschaft.

Dieses außergewöhnliche Wachstum ist erst durch die rasante Entwicklung der ITK-Techniken und die scheinbar unendlichen Möglichkeiten des Internets möglich geworden. Es spricht vieles dafür, dass durch den vermehrten Einsatz von ITK und Internet in einer Volkswirtschaft große Produktivitätsfortschritte erreicht werden können. Der Zusammenhang zwischen vermehrtem Einsatz der neuen Technologien und Produktivitätswachstum ist empirisch nicht eindeutig nachweisbar. Computer sind überall vertreten – nur in keiner Statistik. Auf Unternehmensebene kann man dagegen ganz deutlich beobachten, wie Zug um Zug durch den vielfältigen Einsatz der neuen Technologien enorme Effizienzsteigerungen möglich sind. Unternehmensprozesse verändern sich in jeder Hinsicht.

1. Beschaffung und Einkauf werden über virtuelle Handelsplattformen reorganisiert. Das Beschaffungs-Management verändert sich. Viele Unternehmen der gleichen Branche (beispielsweise Covisint in der Automobilindustrie) lassen über Dritte eine Internet-Plattform errichten, auf der Zulieferer und Angebote transparent gebündelt werden. Die Plattformen müssen aus wettbewerbsrechtlichen Gründen neutral und offen für jeden Zulieferer sein. Zeitaufwand und hohe Kosten bei der Beschaffung werden so gesenkt. Die noch feinere Abstimmung der Produktion mit dem Einkauf senkt Lagerbestände und Inventarkosten, das gebundene Kapital in Unternehmen sinkt.
2. Internet-gestützte Vertriebsformen sind auch für die traditionellen Unternehmen von Interesse. Bestehende Kundenbindungen können so vertieft und noch optimaler ausgestaltet werden. Die elektronische Unterstützung des Auftrags- und Bestellwesens verringert die Fehleranfälligkeit, spart auch hier Zeit und schafft so weitere Wettbewerbsvorteile. Der Faktor Zeit wird enorm wichtig, das gilt auch für die eigentliche Lieferung der Produkte – meistens die Schwachstelle von neu gegründeten Unternehmen.
3. Im Zeitalter relativ homogener Produkte, die sich unwesentlich voneinander unterscheiden, spielt der Kundendienst eine immer größere Rolle und entscheidet über die Wettbewerbsfähigkeit eines Produzenten. Auch für das After-sales-Marketing ergeben sich über Internet-gestützte Anwendungen neue interessante Möglichkeiten. Viele Unternehmen bieten heute schon auf ihren Internetseiten Produkte und Informationen für ihre Kunden an. Die Produzenten von PC-Hardware stellen z. B. bestimmte Software zum Download zur Verfügung (z. B. Druckertreiber). Der Kunde kann sich bequem und vor allen Dingen schnell versorgen. Geschwindigkeit wird zum zentralen Parameter.
4. Elektronische Bestellungen durch den Konsumenten erlauben es den Produzenten, noch genauere Informationen

über Kundenbedürfnisse und Nachfrageprofile einzelner Konsumenten bzw. Kundenpräferenzen zu erfahren. Diese Informationen sind wertvoll und müssen heute zum Teil mühsam über Marktforschung bereitgestellt werden. Die Daten kommen jetzt frei Haus in die Unternehmen und müssen lediglich noch ausgewertet werden.

Diese Anwendungen sind nur wenige Beispiele dafür, wie die IT-Revolution auf Produktion, Distribution und Konsum wirkt.

Die stets gewachsene Produktivität hat in den USA zu steigenden Löhnen und steigenden Unternehmensgewinnen bei weitgehend niedriger Inflation geführt. Der Begriff »New Economy« hat sich schlagartig in der Öffentlichkeit als Bezeichnung für dieses volkswirtschaftliche Phänomen durchgesetzt und wird nahezu inflationär angewandt. Dass die Lehrbücher der Theorie der Volkswirtschaft in Zukunft umgeschrieben werden müssen, wage ich zu bezweifeln. Der Behauptung, in einer New Economy gäbe es keine Konjunkturzyklen, fehlt noch lange der endgültige Beweis. Darüber hinaus wird dieser Begriff für alle innovativen Branchen, die in erster Linie mit dem Computer und dem Internet arbeiten, angewendet. Eine inhaltlich präzise Definition der »New Economy« konnte mir bisher noch niemand liefern. So weit sollte man es auch nicht kommen lassen.

Aus meiner Sicht macht es wenig Sinn, eine Ökonomie in »Old« und »New« zu teilen. Vielmehr erkennt man mehr und mehr, dass die Grenzen zwischen beiden Sektoren verschwimmen. Die Neue und die Alte Ökonomie sind eng miteinander verwoben, durchdringen sich gegenseitig. Traditionelle Produzenten des industriellen Sektors bedienen sich längst der neuen Technologien und haben sie zum festen Bestandteil der eigenen Prozesse und Produkte gemacht. Sind denn etwa Maschinenbauer, die über das Internet Telewartungen von Deutschland aus in China durchführen, in irgendeiner Form »altmodisch« oder nicht mehr zeitgemäß? Es mag sein, dass zahlreiche traditionelle Unternehmen in Deutschland noch vor wenigen Jahren das Medium Internet nicht ernst genug nahmen bzw. seine Chancen nicht in ihrer ganzen Breite erkannten. Man kann nicht darüber hinwegsehen, dass es in den letzten Jahren kluge Köpfe wie Steve Case von AOL, John Chambers von Cisco, Steve Jobs von Apple und viele andere waren, die mit ihren Produkten unsere Wirtschaft nachhaltig verändert haben. Ihr Know-how und Talent haben sie so erfolgreich gemacht. Es ist der Rohstoff Wissen, der heute über Erfolg oder Misserfolg entscheidet. Diese in relativ kurzer Frist erfolgreichen Unternehmen werden zum Teil um ein Vielfaches höher bewertet als traditionelle Konzerne und Unternehmen. Doch gerade die Industrie in Deutschland ist im Begriff den zeitlichen Rückstand aufzuholen. Es war stets ein Wettbewerbsvorteil der deutschen Industrie, sich nicht auf zu schnelle, aber zu einfache Lösungen zu verlassen.

Nach der ersten Euphorie mussten in den letzten Monaten die ersten Internet-Start-ups ernüchtert feststellen, dass auch für sie betriebswirtschaftliche Grundregeln gelten. Der Begriff »Cash-burn-Rate« verhieß für viele Start-up-Unternehmen nichts Gutes. Der Gewinn entscheidet, und Kosten müssen unter Kontrolle gebracht werden. Es stellt sich mehr und mehr die Erkenntnis ein, dass Unternehmen der Old Economy und der New Economy nicht nur voneinander abhängig sind, sondern unter Umständen auch sehr gut zueinander passen. In den neu gegründeten Unternehmen sind Geschwindigkeit, Kreativität und ein hohes Maß an Flexibilität anzutreffen. Eigenschaften, die unter Umständen großen Organisationseinheiten in einem gewissen Maß im Laufe erfolgreicher Geschäftsjahre abhanden gekommen sind. Traditionelle Unternehmen und Konzerne haben wiederum ihre eigenen Stärken: Über Jahre hinweg gepflegte Kundenbeziehungen schaffen Vertrauen und detaillierte Kenntnisse über die Anforderungen der Kunden sowie der Märkte. Logistische Strukturen und Erfahrungen im Vertrieb sind weitere Vorteile. Die Schnittstelle Logistik ist besonders für neu gegründete Unternehmen eine der empfindlichsten Stellen. Weiter sind hervorragende Marken und langjähriges Renommee der Unternehmen strategische Vorteile der Old Economy, die sich nur mühsam aufbauen lassen. Und last, but not least möchte ich auch auf die Finanzstärken dieser Unternehmen hinweisen. Besonders in der Anfangsphase einer Unternehmensgründung ist langer Atem gefordert, den nicht jedes Start-up-Unternehmen mitbringen kann. Kooperationen mit der Old Economy sind mit Sicherheit auch in diesem Sinne eine strategisch interessante Option. Wenn sich also beide Sektoren der Ökonomie immer stärker zusammenschließen und die künstliche Trennung von »alt« und »neu« überwinden, ergeben sich für alle Beteiligten Synergieeffekte, die interessante Werte schaffen können.

Doch diese Einsicht wird der Markt mit sich bringen. Die Unternehmen werden diese strategischen Vorteile zu nutzen wissen. Die Aufbruchstimmung in der Internetbranche und die enormen Anstrengungen der Industrie bei der Umsetzung von E-Business-Lösungen bestätigen dies. Es bleibt die Frage, ob wir in Deutschland durch Veränderungen in den Unternehmen auf einen ähnlich erfolgreichen Wachstumspfad wie in den USA gelangen können. Vom technologischen Fortschritt her sind wir in Deutschland und in den meisten europäischen Staaten auf dem besten Wege. Einige Jahre nach den konsequenten Deregulierungen in verschiedenen Infrastrukturbereichen, ausgelöst durch das EU-Binnenmarktprogramm von 1992, hat in Europa eine beeindruckende Modernisierungswelle begonnen.

Die Wirtschaftspolitik ist jedoch weiter gefordert, diesen Prozess intensiver zu beschleunigen. Man sollte nämlich bei aller Bewunderung für die USA genau hinschauen, um zu erfahren, welche anderen Faktoren zu dem beschriebenen »Wirtschaftswunder« in den neunziger Jahren führten. Es sind die institutionellen Rahmenverhältnisse, die die Wachstumskräfte in den USA entfesselt haben. Es fällt besonders auf, dass sich der Arbeitsmarkt durch ein hohes Maß an Flexibilität und durch ein gestiegenes Arbeitsangebot auszeichnet. Auch das soziale Sicherungssystem wurde tief greifenden Reformen unterzogen. Gefragt sind allgemein mutige Reformen. Zwar hat die aktuelle Bundesregierung durch die kürzlich beschlossene Steuerreform ersten Reformwillen demonstriert, doch dieser Kurs muss auch in Zukunft strikt eingehalten werden. Die Reformen gehen noch nicht weit genug. Die Pläne der Bundesregierung zur Besteuerung von Aktienoptionen sind dafür ein Beispiel. Die Besteuerung von Stock Options muss weit niedriger ausfallen als geplant. Gewinne aus Optionen dürfen nicht mit normalem Arbeitslohn gleichgesetzt werden. Deutschland darf in dieser Frage keinen nationalen Alleingang riskieren, sondern sollte sich an der Praxis der Länder orientieren, die bereits seit Jahren mit diesem Instrument arbeiten. In den USA, aber auch in den Großbritannien, sind Stock Options fester Bestandteil von Gehältern – nicht nur in neu gegründeten Unternehmen. Wenn Deutschland sich im Rahmen der Green-Card-Initiative um die Zuwanderung von ausländischen Spitzenkräften bemüht, dürfen Besteuerungsfragen dabei kein Hindernis bleiben.

Die immer noch zu unflexible Arbeitsmarktordnung muss den neuen Realitäten angepasst werden. Starre tarifliche Regelungen sind mit weiten Teilen der Wirtschaft nicht mehr kompatibel. Die rot-grüne Bundesregierung schickt sich an, den überregulierten Arbeitsmarkt noch weiter zu regulieren. Die geplanten Regelungen zu Teilzeitarbeit und befristeten Beschäftigungsverhältnissen gehen schlicht an der Realität vorbei. Der Weg zu mehr Arbeitsmarktflexibilität ist in zahllosen Studien, Gutachten und Stellungnahmen vorgezeichnet. Auch braucht man nur den Blick über die Grenzen zu werfen, um zu lernen, was am Arbeitsmarkt zu tun ist.

Der aktuelle konjunkturelle Aufschwung hat nur geringfügig dazu beigetragen, dass die Arbeitslosigkeit gesunken ist. An den strukturell bedingten Problemen des Arbeitsmarktes wurde in der Vergangenheit wenig geändert. Weitere, den Arbeitsmarkt nicht befreiende, sondern belastende Projekte sind in der Pipeline der rot-grünen Regierungskoalition. Da ist zum Beispiel die geplante Reform des Betriebsverfassungsgesetzes, die in jedem Fall das im internationalen Vergleich ohnehin »konkurrenzlose« deutsche Mitbestimmungssystem noch weiter ausdehnt – eine schwere Hypothek für die der internationalen Konkurrenz ausgesetzten deutschen Unternehmen. Dabei gehört das Betriebsverfassungsgesetz dringend reformiert, etwa in Bezug auf erweiterte Möglichkeiten zur Lohnfindung auf Betriebsebene. Einklagbare Rechte auf Teilzeitarbeit gehen an den betrieblichen Erfordernissen und Möglichkeiten, insbesondere in der mittelständischen Wirtschaft, total vorbei, denn hier wird zunehmend projektbezogen gearbeitet und nicht nach strikten Arbeitszeitplänen. Die jetzt diskutierten Einschränkungen bei befristeten Beschäftigungsverhältnissen begrenzen die Flexibilität des Arbeitsmarktes erheblich. Eine radikale Politikumkehr ist daher am deutschen Arbeitsmarkt gefordert. Die USA haben es vorgemacht. Die Veränderungen am US-Arbeitsmarkt sind ein wichtiger Schlüssel zur Erklärung des wirtschaftlichen Aufschwungs. Hier ist der Anteil der Frauen am Arbeitskräfteangebot seit Anfang 1990 auf circa 47 Prozent gestiegen. Im Jahr 1996 hat die Clinton-Administration die Sozialhilfe von Grund auf reformiert. Als Konsequenz dieser Maßnahme hat sich die Zahl der Sozialhilfeempfänger etwa halbiert. Gleichzeitig ist die Erwerbstätigenquote gestiegen. Auch aufgrund dieser Tatsache konnte bei niedriger Arbeitslosenquote die Lohn- und Preisentwicklung in den USA moderat verlaufen.

Es bedarf in Deutschland mehr Mut zu wirklich tief greifenden Reformen, um zu mehr Wachstum und so auch zu mehr Beschäftigung zu kommen. Zwei Studien aus der jüngsten Zeit haben mich in diesem Zusammenhang sehr nachdenklich gemacht. Die OECD hat im Rahmen ihres »Growth Project« im Juni 2000 die Studie »A New Economy?: The changing role of innovation and information technology in growth« vorgelegt. Darin unterzieht die OECD Politikansätze in einzelnen Ländern, die auf eine Stimulierung des langfristigen Wachstums ausgerichtet sind, einem Benchmarking. Felder, die dabei als besonders bedeutsam eingestuft werden, sind z. B. innovationsfreundliche Rahmenbedingungen, wettbewerbsorientierte Marktordnungen, Deregulierung auf Infrastrukturmärkten, Zusammenarbeit Wirtschaft/Wissenschaft, Grundlagenforschung, Bildungspolitik, Rahmenbedingungen für Firmengründungen im Technologiebereich, Verfügbarkeit von Venture Capital, Technologieoffenheit des Finanzsystems, Verfügbarkeit von Humankapital. Es fällt auf, dass keinerlei Beispiele aus Deutschland genannt werden. Demnach ist

Deutschland in keinem Politikfeld Benchmark für andere Länder. In der Politikperformance ist Deutschland in jedem Bereich nur Mittelmaß. Diese Tatsache sollte unseren politisch Verantwortlichen ein Alarmsignal sein.

Im aktuellen Global Competitiveness Report des World Economic Forum hat sich Deutschland vom 25. auf den 15. Rang vorarbeiten können. Doch es gibt aus meiner Sicht keinerlei Anlass zur Selbstzufriedenheit. Für eine exportorientierte Volkswirtschaft reicht es im internationalen Wettbewerb nicht aus, sich vom unteren ins obere Mittelfeld hochzuarbeiten. Wenn Deutschland sich weiterhin zu den führenden Wirtschaftsnationen zählen will, müssen wir die notwendigen Strukturreformen mit größerem Ehrgeiz, höherer Geschwindigkeit und mehr politischem Mut vorantreiben. Wenn es stimmt, was das Weltwirtschaftsforum herausgefunden hat, dass deutsche Unternehmen bei der Anpassung an den weltweiten Strukturwandel führend sind, dann sollte sich die Politik dies zum Maßstab nehmen.

Wenn es uns nicht gelingt, die wichtigen Veränderungen umzusetzen, dann bleibt der Weg in Europa in die New Economy noch ein sehr langer. Der Preis hierfür werden weniger Wachstum und weniger Beschäftigung sein.

Plädoyer für eine neue Soziale Marktwirtschaft

von Angela Merkel

Wir sind auf dem Weg in die Informationsgesellschaft. Die modernen Informationstechnologien durchdringen alle Bereiche des öffentlichen und privaten Lebens. Die Halbwertszeit des Wissens wird dabei immer geringer, die Start-up-Phasen werden immer kürzer, wir wandeln uns von der Industrie- zur Wissensgesellschaft. Globalisierung und Digitalisierung, New und Old Economy sind Schlagworte, mit denen versucht wird, die Realität zu beschreiben.

Dabei sagen »New« und »Old« noch nichts über die Qualität aus. »Top Economy« muss unser wirtschaftspolitisches Ziel sein. Die Politik muss dafür mehr aufs Tempo drücken. Wenn man in einzelnen Wirtschaftsbereichen schon in ein, zwei Quartalen den Anschluss verpassen kann, dann deutet dies an, wohin die Reise gehen muss. Top Economy bedeutet, dass politische Entscheidungsabläufe in den Zeitrahmen der Wirtschaft passen und nicht umgekehrt. Auch ist der Abbau von Entscheidungshierarchien und Koordinierungsaufwand notwendig.

Nach der Industriegesellschaft wird die Informationsgesellschaft das Wirtschafts- und Arbeitsleben in den hoch entwickelten Staaten bestimmen. Informationsdienstleistungen sind eine Wachstumsbranche; die dahinter stehenden Technologien gehören zu den zukunftsweisenden Querschnittstechnologien, von denen nicht nur ein hohes Problemlösungspotenzial, sondern vor allem auch neue wirtschaftliche Impulse erwartet werden.

Wir leben in einer spannenden Zeit mit Umbrüchen, aber auch großartigen neuen Perspektiven. Nun ist nichts beständiger als der Wandel; und trotzdem erhält dieser Wandel durch die zunehmende Veränderungsgeschwindigkeit und den Eintritt in die Informations- und Wissensgesellschaft eine neue Qualität. Das wirtschaftliche und gesellschaftliche Leben differenziert sich neu aus. Die Optionen auf unterschiedlichste Lebensentwürfe steigen, das gilt für das Private wie für den Beruf.

Aus abhängigen Arbeitnehmern werden Partner. Netzwerke ersetzen Hierarchien. Telearbeit, Telekooperation oder sogar virtuelle Unternehmen, die die erforderlichen Ressourcen für spezielle Projekte nur im Netz und auf Zeit erfassen, werden die Arbeitswelt substanziell verändern. Mit neuen Qualifikationen lässt sich heute zum Teil sehr viel Geld verdienen, andere werden innerhalb kurzer Zeit entwertet. Es siegen nicht mehr die Großen über die Kleinen sondern die Beweglichen über die Unbeweglichen. Das markiert schon eine Zeitenwende mit allen Chancen und Risiken, die derartige Umbrüche mit sich bringen.

Dies hat natürlich entscheidende Rückwirkungen auf jeden Einzelnen. Die Informationsgesellschaft wird zwar – wenn wir sie richtig gestalten – neue Arbeitsplätze schaffen. Sie wird aber vertraute Mechanismen und Regeln in unserer Gesellschaft nachhaltig verändern. Unstrittig ist, dass dieser Prozess gestaltet und auch reguliert werden muss, um Fehlentwicklungen zu verhindern. Es liegt an uns, die Chancen zu nutzen, die sich aus den modernen Informations- und Kommunikationstechnologien ergeben.

Viele Menschen in unserem Land haben vielleicht nicht immer gleich alle Begriffe parat, mit denen wir unsere heutige Zeit beschreiben. Doch sie spüren, dass sich in unserer Gesellschaft Gewaltiges tut. Sie sehen die Chancen für ihr Leben. Aber sie fragen sich auch: Kommen wir da eigentlich noch mit?

Denn das Zusammenwachsen der Systeme und Technologien, die Verschmelzung von Unterhaltungselektronik, Informationstechnologie und Telekommunikation lässt sich nur mit der industriellen Revolution vergleichen. Führte Mitte des 18. Jahrhunderts die Erfindung der Dampfmaschine zu einem technologischen Quantensprung, sind es heute die Entwicklungen in der Informations- und Kommunikationstechnologie. Der Wandel wird sich zudem in einem vielfach höheren Tempo vollziehen. Information wird zunehmend zum vierten Produktionsfaktor neben Boden, Arbeit und Kapital.

Die Industriestruktur hat sich in den letzten Jahren weltweit dramatisch geändert. Fusionen gehören zum Tagesgeschäft. Von ehemals sechzig Autofirmen in der Welt gibt es heute nur noch sechzehn. Bald werden es wohl noch weniger sein. So wurde etwa aus der schwäbisch-badischen Daimler-Benz AG die deutsch-amerikanische (vielleicht auch noch südkoreanische) DaimlerChrysler AG.

1995 gab es 1,5 Millionen Online-Anschlüsse. Heute nutzen in Deutschland rund 18 Millionen Menschen das Internet, fast die Hälfte sogar täglich. Auch hat etwa die Hälfte der User das Netz bereits zum Einkaufen genutzt. Dies zeigt schlaglichtartig, was diese Veränderungen für unser gesamtes Leben bedeuten. Noch nie wurde die gesellschaftliche Entwicklung so stark von der Wirtschaft und diese wiederum vom wissenschaftlich-technischen Fortschritt beeinflusst.

Wenn wir unsere Chancen konsequent nutzen wollen, dann bedeutet das jedoch eine uneingeschränkte Bejahung des Strukturwandels und ein konsequentes Bekenntnis zum Wettbewerb in allen Bereichen. Im Vergleich der Wirtschaftsstandorte steht unser Land mit vielen Vorzügen da, einer der wichtigsten davon ist: Wir haben einen starken, leistungsfähigen Mittelstand.

Die Soziale Marktwirtschaft braucht kleine und mittlere Gründerunternehmen. Nur so kann sie sich selber immer wieder von unten her verjüngen: mit neuen Personen, mit neuen Gedanken, mit neuen Techniken. Vor dem Hintergrund zunehmender internationaler Konkurrenz und globaler volkswirtschaftlicher Verflechtung steht unsere mittelständische Wirtschaft vor tief greifenden Herausforderungen, denen sie sich stellen muss. Ihre Leistungsfähigkeit muss sie im internationalen Bereich unter Beweis stellen können.

Fusionen beherrschen die Schlagzeilen der Wirtschaftszeitungen und gleichzeitig werden Tausende von kleinen Unternehmen neu gegründet. Beides sind Antworten auf dieselbe Entwicklung: die unglaublichen Veränderungen auf dem Feld der Technologie, etwa der Kommunikation. Die Globalisierung der Weltwirtschaft verändert die Welt – und ist zugleich Teil einer veränderten Welt. Nicht das Kapital hat dies ursächlich angestoßen, sondern die Technikentwicklung.

Insbesondere kleinen und mittleren Unternehmen fehlt jedoch häufig das konkrete Fachwissen, um neue Informations- und Kommunikationstechniken frühzeitig gezielt für ihre Geschäftszwecke einsetzen zu können. Die Auffassung von mehr als der Hälfte des deutschen Mittelstandes, nach der ihr Geschäft vom Internet unbeeinflusst bleibe, ist falsch. Vielmehr sprechen die meisten Indikatoren für eine Entwicklung, die erst am Anfang steht. Deshalb müssen Wissenslücken geschlossen und Berührungsängste abgebaut werden.

Mit dem Internet eröffnet sich gerade für bisher nur am Heimatmarkt tätige kleine und mittlere Unternehmen automatisch auch der europäische und der Weltmarkt. So hat sich der Handel mit Gütern und Dienstleistungen mittlerweile auf Bereiche ausgedehnt, die noch vor wenigen Jahren niemand für möglich gehalten hätte. Gerade Ingenieurs- und technische Dienstleistungen, Forschung und Entwicklung sind immateriell und können von jedem Standort an jeden Nachfrager weltweit mit einem Mausklick verkauft werden. Dabei wird es auch für kleine Firmen möglich, bei relativ geringen Kosten weltweit präsent zu sein.

Wir bewegen uns allerdings in einem außerordentlichen Spannungsfeld zwischen der Globalisierung, der Technisierung und der ständigen Beschleunigung auf der einen Seite und dem Wunsch nach Heimat, Familie und Ehrenamt auf der anderen Seite. Die Politik muss dieses Spannungsfeld, diese beiden Seiten unseres Lebens, den Wandel und die Beständigkeit, gestalten. Sie darf dem Lauf der Dinge nicht hinterherrennen, sondern muss rechtzeitig die Weichenstellungen vornehmen.

Wenngleich abzusehen ist, dass fast nichts mehr so sein

wird, wie es einmal war, dann muss doch auch festgestellt werden, dass es Dinge gibt, die bleiben: Im Zuge von Digitalisierung, Informationsgesellschaft, Nanotechnologie und Satellitentechnik wird die Sehnsucht der Menschen nach Maßstäben und Prinzipien eher zu- als abnehmen. Denn es gibt Werte, die eben immer gelten. So wollen die Menschen eine Heimat. 80 Prozent aller Deutschen wollen eine Familie gründen. Kinder wollen, dass ihre Eltern für sie Zeit haben. Auch in Zeiten abnehmender Kirchenbindungen suchen die Menschen nach einem Sinn des Lebens und werden deshalb schauen, welches Angebot wir mit dem »C« in unserem Namen ihnen machen.

Markt und Menschlichkeit in dieser Situation zusammenzubringen, das ist unsere Aufgabe und das ist unser Anspruch. Das ist christlich-demokratische Politik. Angesichts des Umbruchs hat bereits ein Prozess des Umdenkens eingesetzt. Doch wir tun uns noch schwer, einen Konsens über gesellschaftliche Ziele herbeizuführen. Wer heute jedoch noch gegen die Marktkräfte Politik machen will, wird morgen von ihnen erdrückt.

Wir stellen uns den Veränderungen der Märkte daher nicht in den Weg; aber wir sehen ihnen auch nicht tatenlos zu. Ohne Zweifel verschiebt die Globalisierung die Einflusssphären. Die unternehmerische Handlungsfähigkeit beweist sich längst als weltweite Standortpolitik, denn für Unternehmen ist die Territorialität durch die Globalisierung scheinbar aufgehoben. In einer Welt, in der via Internet und E-Mail Entscheidungen von enormer Tragweite innerhalb von Sekunden getroffen werden können, darf sich die Politik nicht länger Entscheidungsprozesse erlauben, die sich über Jahre hinziehen. Ansonsten droht die Gefahr, dass die Politik ihre gestaltende Kraft, die gerade im Zeitalter der Globalisierung gefragt ist, verliert und in eine Legitimationskrise gerät.

Aber auch das unternehmerische Handeln wird dieser Herausforderung nur gerecht, wenn es eingebunden ist in einen ethischen Rahmen, der die Frage klärt, wie die »global economy« zum Wohle der globalen und lokalen Gesellschaften wirkt. Es ist nicht die Zeit, sich vom Gedanken des sozialverpflichtenden Unternehmertums zu verabschieden. Auch Shareholder Value wird sich auf Dauer nur erreichen lassen, wenn unternehmerisches Handeln nicht an sozialen und ökonomischen Bedürfnissen vorbeigeht.

Die Chancen der globalisierten Märkte zu ergreifen heißt somit für uns: Wir müssen die Rahmenbedingungen verbessern und eine Spitzenstellung in Forschung und Technologie ermöglichen. Wir dürfen nicht einfach die Anwender von Wissen sein. Wohlstand für alle wird es nur geben, wenn wir in möglichst vielen Feldern Spitze sind: zum Beispiel bei der Biotechnik, in der pharmazeutischen Industrie, bei der Chipherstellung und in der Software-Erstellung.

Aber auch die Antwort auf die Frage, was wir von dem anwenden dürfen, was wir können, werden wir nur dann mitbestimmen, wenn wir an der Spitze sind. Ohne Spitzenstellung in Forschung und Technologie gibt es keine Spitzenstellung in der Wahrnehmung moralischer Verantwortung. Nur wer bei der Entwicklung von Zukunftstechnologien führt, der kann auch die Debatte über ihre Verwendung führen.

Viele Menschen denken, dass die Wirtschaft sowieso macht, was sie will. Die Märkte entwickeln sich von selbst. Wir als CDU dagegen glauben, dass die Aufgabe der Politik nach wie vor darin besteht, den Kräften des Marktes einen Ordnungsrahmen an die Seite zu stellen, der den Entwicklungschancen der Wirtschaft in optimaler Weise Raum gibt und gleichzeitig dem Gebot der Nachhaltigkeit gerecht wird. Denn Globalisierung bedeutet, dass wir alle in einer Welt leben. Umweltverschmutzung, unverantwortlicher Ressourcenverbrauch, Bevölkerungswachstum, das trifft uns alle in Zukunft immer mehr und direkt.

Unser Anspruch ist ganz klar, und wir sollten ihn uns immer wieder vor Augen führen: Wohlstand und Teilhabe für alle, das heißt eine führende Rolle Deutschlands in einem fairen Wettbewerb um eine menschliche Gesellschaft mit anderen Ländern der Welt. Wir dürfen uns nicht mit Mittelmaß abfinden. Es reicht nicht, sich zu freuen, dass, wenn alle Wachstum haben, wir auch ein wenig davon abbekommen. Unsere Aufgabe muss heißen, nicht New und Old Economy gegeneinander auszuspielen, sondern Top Economy als Grundlage für Wohlstand in Deutschland unter den veränderten globalisierten Marktbedingungen im 21. Jahrhundert anzustreben.

Wir können heute auch nicht mehr die Augen vor den Dingen verschließen, die an anderen Plätzen dieser Erde passieren. Deshalb müssen wir dafür sorgen, dass alle für ihre Entwicklungschancen eine faire Möglichkeit haben. Wer über eine Monopolbildung oder eine Abschottung der Märkte versucht, den Ländern der Dritten Welt ihren Anteil an der Zunahme des Wohlstands zu verweigern, der wird in einer globalen Welt scheitern.

Ich bin der festen Überzeugung, dass die Soziale Marktwirtschaft, deren Erfindung und deren Erneuerung sich mit der CDU verbindet, unter den Bedingungen veränderter Märkte weiterentwickelt werden muss, weiterentwickelt in eine globale Dimension. Und das heißt, dass wir die Soziale Marktwirtschaft zu einer neuen Sozialen Marktwirtschaft auf der Grundlage der alten Werte weiterentwickeln. Ich nenne drei Punkte, bei denen die CDU hierzu in der Politik Akzente setzen muss und will.

Für mich ist der erste Punkt, dass wir die Kultur der Selbständigkeit stärken. Wir brauchen ein klares Bekenntnis zum Unternehmer, zu demjenigen, der bereit ist, in einer sich verändernden Welt Risiken auf sich zu nehmen, der sich der Verantwortung stellt und neue Wege geht. Deshalb müssen wir dazu kommen zu akzeptieren, dass man um des hohen Guts der Selbständigkeit willen auch einmal scheitern darf und eine zweite Chance bekommt. Das muss unser gemeinsames Anliegen sein.

Zweitens brauchen wir mehr Subsidiarität. In einer Welt, die immer internationaler wird, in einer Welt, die immer globaler wird, ist die Aufforderung zu mehr Subsidiarität eine Grundlage dafür, dass der Bürger seine Verbundenheit mit der eigenen Region, seine Unterscheidbarkeit und sein Verständnis von seiner Eigenheit auch weiter leben kann.

Ich nenne als dritten Punkt ein klares Bekenntnis zum Wettbewerb. Auch in der Globalisierung ist nicht der Wettbewerb der Feind von Arbeitsplätzen, sondern der Ausschluss von Wettbewerb. So wie der Wettbewerb national und europäisch einen Ordnungsrahmen hat, so braucht es auch eine weltweite Ordnung, die Kartellen und Monopolen auf den Leib rückt und den Wettbewerb schützt.

Deshalb müssen wir auch einen Beitrag dazu leisten, dass die internationalen Institutionen wie der Internationale Währungsfonds und die Welthandelsorganisation ihre Strukturen weiterentwickeln, damit sie ihrer Verantwortung gerecht werden können. Wir müssen begreifen, dass wir die Soziale Marktwirtschaft mit ihren Vorteilen nur dann bei uns im Lande erhalten können, wenn wir uns den Aufgaben in der gesamten Welt stellen.

Bis heute besteht noch keine rechtliche Grundlage etwa für Online-Geschäfte im grenzüberschreitenden Verkehr. Rechtssicherheit gehört aber zu den unabdingbaren Voraussetzungen für einen fairen Wettbewerb. Wir brauchen daher schnellstmöglich mindestens EU-weite, besser noch internationale Regelungen für den elektronischen Geschäftsverkehr. Denn der Geschäftsverkehr über das Internet nimmt rasant zu.

Dies ermöglicht auch in verstärktem Maße den Entwicklungsländern die Teilnahme am Welthandel und damit steigenden Wohlstand. Wir sollten keine Angst vor dieser Entwicklung haben, sondern sie unterstützen, nicht zuletzt weil auch wir gewinnen, wenn unsere Handelspartner wohlhabender werden. Wer da immer noch glaubt, Wettbewerb, oder auch Globalisierung, sei ein Nullsummenspiel, bei dem die einen zwangsläufig das verlieren müssten, was andere gewinnen, muss nur einmal mit offenen Augen durch die Welt gehen.

Es ist doch für uns kein Schaden, wenn asiatische Tiger, lateinamerikanische Länder und Transformationsstaaten im Osten zu Partnern werden. Wettbewerb belebt das Geschäft und wer sagt denn, das es uns schlechter gehen soll, nur weil es anderen gut geht. Ludwig Erhard bemerkte treffend: »Es ist eine ökonomische Binsenweisheit, dass es einem Partner nur gut gehen kann, wenn auch seine Mitspieler wirtschaftlich gedeihen. Mit Bettlern kann man keine Geschäfte machen.«

Neue Ökonomie nach alten Regeln

von Werner Müller

Gibt es sie, die New Economy, die Neue Ökonomie, in der alte Gesetzmäßigkeiten nicht mehr gelten? Bevor die Frage beantwortet werden soll, empfiehlt es sich, zunächst zu klären, was mit dem Begriff gemeint ist. Denn »New Economy« ist zum Modewort geworden. Alle reden davon und meinen häufig doch Unterschiedliches. Wirtschaftswissenschaftler diskutieren unter dem Begriff der »New Economy« das Phänomen anhaltend hoher Wachstumsraten mit niedriger Arbeitslosigkeit und sehr geringer Inflation, das vor allem in den USA zu beobachten ist. Ein Motor dieses wirtschaftlichen Aufschwungs ist die rasante Entwicklung der Informations- und Kommunikationstechniken. Das hat dazu geführt, dass in der öffentlichen Diskussion häufig verkürzend der IT-Sektor – oder gar allein die jungen Existenzgründer aus der Internet-Branche – mit dem Schlagwort »New Economy« belegt wurden. Damit lässt sich zwar leicht der Gegensatz zur Old Economy, den traditionellen Unternehmen aus dem produzierenden Gewerbe, der Gegensatz zwischen alter Industrie- und neuer Informationsgesellschaft aufbauen. Aber erstens ist der Gegensatz irreführend, weil es gerade darum geht, dass die gesamte Wirtschaft von den neuen Informations- und Kommunikationstechniken als Basistechnologien profitiert und zweitens ist es wenig originell, junge, innovative Unternehmen als »neu« zu bezeichnen. Sinnvoller erscheint es, bei der OECD-Definition zu bleiben. Danach zeichnet sich die New Economy durch hohes inflationsfreies Wachstum und eine zunehmende Rolle von Informations- und Kommunikationstechniken aus, die Umstrukturierungen in weiten Teilen der Wirtschaft anstoßen. Ist diese Entwicklung über anekdotische Evidenz hinaus tatsächlich beobachtbar? Aus heutiger Sicht muss die Antwort lauten: Ja – in mancher Hinsicht.

Der Boom in den USA und die Chancen Europas

Hohes, nahezu inflationsfreies Wachstum ließ sich in den letzten Jahren vor allem in den USA beobachten. Seit dem ersten Quartal 1991 ist das Bruttoinlandsprodukt dort neun Jahre lang im Durchschnitt real um 3,5 Prozent gewachsen. In den letzten vier Jahren betrug das durchschnittliche US-Wirtschaftswachstum trotz aller Krisen in anderen Teilen der Erde sogar rund 4 Prozent. Die Inflationsrate ist von über 5 Prozent 1990 auf rund 2 Prozent 1999 zurückgegangen. Die Arbeitslosenquote fiel auf 4,1 Prozent. Unklar ist jedoch, ob sich hieraus ein dauerhafter, völlig neuartiger Entwicklungstrend ableiten lässt. Nach Berechnungen von Viktor Zarnowitz, Forschungsdirektor der Foundation for International Business and Economic Research in New York, zum Beispiel stieg die Wirtschaftsleistung in den sechziger und achtziger Jahren prozentual noch stärker als seit 1991. Zudem nahm in den Sechzigern die Zahl der Arbeitsplätze stärker zu als im derzeitigen Aufschwung. Der Konjunkturverlauf hat sich jedoch in den vergangenen Jahren verstetigt. Die Ausschläge der US-Konjunktur seit Beginn der neunziger Jahre sind deutlich geringer als noch in den Siebzigern und Achtzigern. Der Weg zur Dienstleistungsgesellschaft hat einen stabilisierenden Effekt, weil die Erträge und damit die Einkommen im dritten Sektor weniger schwanken und die Bedeutung ungeplanter Lagerhaltungen schrumpfen lassen – auch weil die neuen Informations- und Kommunikationstechnologien effiziente Organisation und Lagerplanung ermöglichen.

Der breite Einsatz moderner Informations- und Kommunikationstechniken und der durch sie getriebene schnelle Strukturwandel ist denn auch das wirklich Neue an der New Economy. Die IT-Investitionen in den USA haben 1999 knapp 4,5 Prozent des BIP betragen und sich seit Anfang der neunziger Jahre mehr als verdoppelt. Ihr Anteil an allen privaten Investitionen ist auf rund 25 Prozent gestiegen. Ohne den IT-Sektor wäre das gesamtwirtschaftliche Wachstum in den USA im Jahr 1999 um rund einen Prozentpunkt niedriger ausgefallen.

Die IT-Revolution beschränkt sich aber nicht auf Amerika – sie ist ein weltweites Phänomen. Nicht immer kommt das in den Statistiken ausreichend zum Ausdruck. So hat die Bundesbank jetzt darauf aufmerksam gemacht, dass Deutschlands Investitionen in Informations- und Kommunikationstechnik seit 1991 jährlich um 27,5 Prozent gestiegen sind – wenn man nach US-Maßstäben misst und penibel die Deflation im IT-Bereich berücksichtigt. Nach traditioneller deutscher Rechenmethode wurden dagegen nur 6 Prozent jährliches Wachstum ausgewiesen. Der Informations- und Kommunikationssektor hat 1999 in Deutschland rund 205 Milliarden DM umgesetzt und 1,7 Millionen Menschen beschäftigt. Seit 1996 wächst die Branche jährlich um über 7 Prozent. Bei der Verbreitung der ISDN-Technologie ist Deutschland weltweit führend. Im Mobilfunk-Bereich dominiert Europa bereits heute durch seine frühzeitige Einigung auf den GSM-Standard den Markt und hat damit beste Voraussetzungen für die zweite, die mobile Internet-Welle. Europas Chancen, vom IT-Einsatz ähnlich zu profitieren wie die USA, stehen also gut.

Mit der IT-Nutzung ist seit Mitte der neunziger Jahre die Arbeitsproduktivität in den USA rasant gestiegen. Zwischen 1996 und 1999 betrug die jährliche Steigerungsrate 2,6 Prozent. Die Arbeitsleistung pro Stunde wächst damit Jahr für Jahr um einen vollen Prozentpunkt stärker, als dies im Verlauf der siebziger und achtziger Jahre als normal angesehen wurde. Bislang nicht eindeutig geklärt ist, inwiefern hier nicht nur ein zeitlicher, sondern auch ein sachlicher Zusammenhang herrscht. Gilt noch das Solow-Paradox, die Beobachtung des Nobelpreisträgers Robert Solow, wonach man Computer überall sieht, nur nicht in der Produktivitätsstatistik?

Der wissenschaftliche Stab des Federal Reserve Board in Washington sieht Anzeichen für die Auflösung des Paradoxons. Er schätzt, dass rund zwei Drittel des seit Mitte der neunziger Jahre messbaren zusätzlichen Produktivitätsanstiegs auf Herstellung und Nutzung moderner Informations- und Kommunikationstechnologien zurückzuführen ist. Ein großer Teil des Produktivitätswachstums liegt allerdings im IT-Sektor selbst. Ob der Einsatz von Computern in der Vergangenheit tatsächlich schon in allen Bereichen der Wirtschaft – und über die USA hinaus – die Arbeitsproduktivität gesteigert hat, ist allerdings noch umstritten. So hat die OECD in anderen Staaten mit kleinerem IT-Sektor wenig Hinweise auf diesen Zusammenhang feststellen können.

In den Produktivitätsstatistiken schlägt sich die IT-Revolution – von der IT-Branche selbst einmal abgesehen – also noch nicht im erwarteten Ausmaß nieder. Das mag an Messproblemen liegen, daran dass neue Technologien am Anfang Lernkosten verursachen, an stetig sinkenden Preisen für Rechen- und Kommunikationsleistungen oder am so genannten »Cyberslack«, der Arbeitsvermeidung durch privates Internet-Surfen während der Arbeitszeit. Doch selbst wenn der flächendeckende Produktivitätsgewinn durch Computer bislang gering sein sollte, lässt sich daraus nichts über künftige Potenziale ableiten. Denn technische Neuerungen verlangen immer nach Umorganisationen. Der Wandel benötigt seine Zeit. Noch schöpfen längst nicht alle Unternehmen die Potenziale des technischen Fortschritts aus. Doch durch die Digitalisierung und Automatisierung von Geschäftsabläufen, durch Online-Beschaffung und Online-Vertrieb lassen sich erheblich Kosten senken; durch Vernetzung kann die Arbeitsteilung verbessert und die Arbeitsorganisation (z.B. weltweites Teamwork, Telearbeit) optimiert werden. Und mit der weiteren Verbreitung des Internets werden die Effizienzgewinne noch steigen. Denn Netzwerke werden um so wertvoller, je mehr Menschen sie nutzen.

Neue Trends und altes Lehrbuchwissen

So umstritten noch manche quantitative Bewertung der New Economy ist, so unstrittig sind die qualitativen Veränderungen, die durch den Strukturwandel hin zur Informationsgesellschaft entstehen. Die Informations- und Kommunikationstechnologien beeinflussen die Wirtschaft nachhaltig. Das Internet erfordert neue Strategien und Strukturen in den Unternehmen. Auch kleinere Unternehmen können ihre Produkte über das Internet weltweit anbieten. Damit eröffnen sich neue Chancen für den Mittelstand. Neue Trends sind zu beobachten:

1. Individualisierung der Massenmärkte: Durch sinkende Informationskosten kann und muss – wegen schärferen Wettbewerbs – auf individuelle Kundenwünsche stärker eingegangen werden.
2. Neue Preismodelle: Kundenorientierte Produktdifferenzierung und niedrige Preise müssen sich nicht ausschließen. Digitale Güter werden z.T. verschenkt, um dann mit Zusatzleistungen Gewinn zu machen.
3. Coopetition als Verbindung von Wettbewerb und Kooperation: Konzentration auf Kernkompetenzen im umkämpften Markt bei gleichzeitiger Vernetzung im Rahmen von Allianzen.
4. Intelligentes Informations- und Wissensmanagement, etwa durch multimediale Suchsysteme und Internet-basierte Weiterbildung für die Mitarbeiter.

Alle diese neuen Trends in der Unternehmensstrategie und -organisation stellen jedoch die grundlegenden ökonomischen Gesetzmäßigkeiten nicht in Frage. Als in den USA durch beschleunigten Preisanstieg im Frühjahr die Erwartung zunahm, die Fed werde die Leitzinsen anheben, purzelten an der Wall Street die Kurse – ganz nach Lehrbuch. Der zeitweilige Einbruch an den Technologiebörsen und die ersten Konkurse aufstrebender Start-ups haben einmal mehr deutlich gemacht, dass nur tatsächliche Markterfolge und realistische

Gewinnerwartungen hohe Kurse rechtfertigen. Auch die erfreulich niedrigen Inflationsraten sind kein von der New Economy garantiertes Faktum. Wenn der Lohnanstieg Produktivitätswachstum und Inflationsrate übersteigt, werden auch die Preise wieder schneller in die Höhe klettern. Die Entwicklung der neuen Technologien hat zwar dämpfend auf den Preisanstieg gewirkt, weil Rechenleistung immer billiger wird (die Leistungsfähigkeit von Microchips verdoppelt sich bei gleichbleibenden Kosten etwa alle anderthalb Jahre), weil die gesamtwirtschaftliche Produktivität zumindest in den USA durch den IT-Sektor zugenommen hat und weil der Wettbewerbsdruck durch die weltweite Vernetzung via Internet gestiegen ist. Deutlich wichtiger für die moderate Entwicklung der Preise aber war die Öffnung der Märkte, vor allem im Bereich Telekommunikation. Durch konsequente Deregulierung auf dem Telekommunikationsmarkt sind die Verbindungskosten deutlich gesunken. Ein Ferngespräch vor 18 Uhr kostete 1997 in Deutschland noch 60 Pfennig pro Minute; heute ist es schon für weniger als fünf Pfennig zu haben – also zu einem Zwölftel des Preises von vor drei Jahren. Zwischen Januar und Juni 2000 haben die Preise für Internet-by-Call in Deutschland um mehr als 50 Prozent nachgegeben. Durch Internet-by-Call kann man heute 30 Stunden im Monat für weniger als 35 Mark surfen. Damit werden – bezogen auf die Nutzungsdauer – die in den USA üblichen Pauschaltarife, die so genannten Flatrates, sogar zum Teil noch unterschritten. Deregulierung und weltweit zusammenwachsende Märkte haben also ebenso zur erfreulichen Preisstabilität im Aufschwung beigetragen wie der Einsatz der neuen Technologien.

Die alten Gesetze verlieren in der New Economy nicht an Bedeutung. Fast könnte man sagen: im Gegenteil. Denn der Einsatz der neuen Technologien sorgt für sinkende Informationskosten und damit für eine bessere Funktionsfähigkeit der Märkte. Die Markttransparenz in der Internetwirtschaft steigt, etwa durch Tarifrechner für Telekommunikations- und Stromkosten oder elektronische Marktplätze. Kunden können sich heute schnell und kostengünstig über verschiedene

Konkurrenzangebote informieren. Das verschärft den Wettbewerb und stärkt die Macht der Verbraucher. Die Anpassung an neue Marktentwicklungen muss heute sehr viel schneller erfolgen als früher. In der Zeitrechnung der Internet-Ökonomie erscheinen drei Monate schon so lang wie ein ganzes Jahr. Produktzyklen werden kürzer. Wer zu spät kommt, den bestraft der Markt. Schneller Wandel bedeutet aber auch hohes Risiko. Was heute gefragt ist, kann in ein paar Monaten schon überholt sein. Damit wird auch Wissen immer schneller entwertet. Lebenslanges Lernen ist unerlässlich. Noch mehr als früher gilt heute, dass Bildung die beste Versicherung gegen Arbeitslosigkeit ist. In der Informationsgesellschaft kommt dem Humankapital als Produktionsfaktor eine besondere Bedeutung zu. Denn Informationen müssen gesammelt, verarbeitet und eingesetzt werden.

Gestiegener Wettbewerbsdruck, die Notwendigkeit, sich schnell an neue Marktanforderungen anzupassen und die zunehmende Bedeutung des Humankapitals sind Herausforderungen für alle Branchen. Es ist daher analytisch falsch und wirtschaftspolitisch irreführend, die New Economy auf die Branche der Neuen Medien zu beschränken und ihr eine Old Economy in Form der industriellen Sektoren entgegenzustellen. Die gesamte Wirtschaft wird durch die neuen Techniken einschneidend verändert. Auch wenn vom IT-Sektor große Wachstumsimpulse ausgehen, wäre es falsch, allein hier die wirtschaftliche Zukunft zu sehen. Die neuen Techniken müssen vielmehr die gesamte Unternehmenslandschaft durchdringen, damit alle Märkte, nicht nur der IT-Bereich von den Effizienzgewinnen durch verbesserte Informations- und Kommunikationsmöglichkeiten profitieren.

Aufgaben der Wirtschaftspolitik

Die Wirtschaftspolitik muss den Strukturwandel zur Informationsgesellschaft unterstützen. Ihre Aufgabe ist es, die positive wirtschaftliche Entwicklung zu stimulieren, die mit der New Economy erwartet wird. Und das heißt vor allem, günstige Rahmenbedingungen zu schaffen und die Reformpolitik konsequent fortzusetzen. Die Steuerreform war ein wichtiger Schritt auf diesem Weg. Das größte Steuersenkungsprogramm in der Geschichte der Bundesrepublik entlastet die Unternehmen und Verbraucher bis 2005 um insgesamt mehr als 90 Milliarden Mark und stimuliert damit Konsum und Investitionen. Allein der Mittelstand wird um rund 30 Milliarden Mark entlastet und gehört damit zu den besonderen Gewinnern der Reform. Die Steuerbefreiung von Veräußerungsgewinnen erleichtert es – steuersystematisch korrekt – den Unternehmen, sich eine neue effiziente Struktur zu geben, sich damit dem Strukturwandel anzupassen und die Wettbewerbsfähigkeit zu erhöhen.

Als nächstes wichtiges Reformprojekt muss die Alterssicherung auf eine neue, eine sichere Grundlage gestellt werden. Erstmals wird im Alterssicherungssystem eine kapitalgedeckte Komponente fest verankert. Dies ist ein entscheidender Schritt, um die Altersvorsorge der demografischen Entwicklung anzupassen und um ein beschäftigungsfeindliches Auseinanderdriften von Brutto- und Nettolöhnen zu verhindern. Zudem wird so der Kapitalstock erhöht, das heißt, auch für die zahlreichen Neugründungen im Informations- und Kommunikationssektor steht mehr privates Kapital zur Verfügung.

Neben der Reform der Altersvorsorge wird es entscheidend sein, das Bildungssystem zu modernisieren. Im internationalen Vergleich der OECD-Staaten ist die deutsche Bildung nur noch Mittelmaß. Jetzt gilt es, schnell gegenzusteuern. Die Schulen müssen inhaltlich und methodisch der Informationsgesellschaft gerecht werden. Die Ausbildungsordnungen müssen laufend aktualisiert und zügig Berufsbilder für neue Tätigkeitsfelder geschaffen werden. Großer Reformbedarf besteht auch insbesondere bei den Hochschulen. Das deutsche Hochschulsystem muss sehr viel durchlässiger werden. Der Wechsel zwischen Hochschule, Wirtschaft und Verwaltung sollte vereinfacht, der Austausch zwischen Wirtschaft und Wissenschaft intensiviert werden. Außerdem muss die akademische Ausbildung international wettbewerbsfähig werden – zum Beispiel durch englischsprachige Angebote, durch international verständliche und anerkannte Abschlüsse sowie kürzere Ausbildungszeiten. Mehr Wettbewerb unter den Hochschulen, verbunden mit einer größeren Finanzautonomie kann diesen Reformprozess beschleunigen.

Den gestiegenen Bildungsanforderungen sowie der abnehmenden Bedeutung klassischer Vollerwerbsbiografien müssen auch die Tarifpartner Rechnung tragen. Ein großer Teil des Kapitals vieler Unternehmen steckt heute in den Köpfen ihrer Mitarbeiter. Das verändert das Verhältnis zwischen Arbeitgebern und Arbeitnehmern. Die sich ständig wandelnden Anforderungen verlangen Flexibilität auf beiden Seiten – bei Aufgabengebieten, Arbeitszeiten und Entlohnung. Für Spezialisten sind Pauschallösungen nicht mehr zeitgemäß, die im Bündnis für Arbeit angesprochene Flexibilisierung der Flächentarifverträge ist daher besonders wichtig.

Neben den wichtigen Reformvorhaben muss der Wandel zur Informationsgesellschaft auf breiter Basis gefördert werden. Es gilt, den Ordnungsrahmen zügig der IT-Entwicklung anzupassen, die moderne Informations- und Kommunikationsinfrastruktur auszubauen und allen den Zugang zu den Neuen Medien zu ermöglichen. Mit dem neuen Signaturgesetz wird 2001 die elektronische Unterschrift der handschriftlichen gleichgestellt. Mit der E-Commerce-Richtlinie werden wichtige Grundsätze des europäischen Binnenmarktes, wie zum Beispiel der freie Dienstleistungsverkehr, auf den elektronischen Handel übertragen. Für den E-Commerce gilt dann im Grundsatz auch das Herkunftslandprinzip. Das heißt, Dienstleistungen unterliegen den Rechtsvorschriften des Landes, aus dem sie kommen – unabhängig von den Regeln im Empfängerland. Die Umsetzung der Richtlinie in nationales Recht erfordert zum Beispiel Anpassungen beim Informations- und Kommunikationsdienstegesetz sowie die begleitende Abschaffung von Rabattgesetz und Zugabeverordnung. Das Verbot vergleichender Werbung wurde bereits aufgehoben, um Wettbewerbsnachteile deutscher Anbieter zu vermeiden.

Für den Weg zur Informationsgesellschaft müssen optimale

Infrastrukturbedingungen zur Verfügung stehen. Deutschland verfügt über ein hervorragend ausgebautes Breitbandkabelnetz. Durch die digitale Aufrüstung von Teilen der Kupferdoppelader zwischen Telefonkunde und Vermittlungsstelle, durch Anbindungen per Stromleitung und durch drahtlose Kundenanbindung können die Übertragungskapazitäten noch ausgeweitet werden. Das wird den Wettbewerb im Ortsnetzbereich verstärken und nachhaltige Impulse für die weitere Verbreitung des Internets setzen. Bis 2010 soll flächendeckend jeder Haushalt ans Glasfasernetz angeschlossen sein. Mit der Versteigerung der UMTS-Lizenzen wurde der Anstoß gegeben zur mobilen Internet-Welle ab 2002.

Eine besondere Herausforderung für die gesamte Gesellschaft ist die Vermeidung der digitalen Spaltung. Ziel der Bundesregierung ist es, den Anteil der Internetnutzer an der Gesamtbevölkerung auf über 40 Prozent bis 2005 zu steigern sowie bis Ende 2001 alle Schulen, Aus- und Weiterbildungsstätten mit einem Internet-PC auszustatten und bis 2005 eine Spitzenposition bei der Bildungssoftware erreicht zu haben. Die IT-Ausbildungsplätze sollen bis 2003 auf 60 000 verdoppelt werden. Jeder Arbeitslose wird die Möglichkeit erhalten, einen »Internet-Führerschein« zu machen. Die Zahl der Hochschulabsolventen im IT-Bereich soll durch mehr Studienplätze und zusätzliche Lehrkapazitäten an Universitäten und Fachhochschulen verdoppelt werden.

Auch der Staat selbst muss mit gutem Beispiel vorangehen. Deshalb ist es unser Ziel, bis 2005 alle behördlichen Dienstleistungen auch via Internet zur Verfügung zu stellen. In dem Modellversuch »Bürgerakte« des Bundes werden die technischen Voraussetzungen geprüft und erprobt, die es allen Bürgern ermöglichen sollen, ihre persönlichen Dokumente, wie zum Beispiel Geburtsurkunden oder Zeugnisse, via Internet und mit Signaturkarte online abzurufen.

Deutschland ist auf dem besten Weg, die USA auf dem New-Economy-Pfad zu begleiten. Die Wirtschaftsforscher halten einen mittelfristigen Wachstumstrend von 3 Prozent für möglich. Zugleich – und das ist besonders erfreulich – sinkt die Zahl der Arbeitslosen. Allein für den Informations-

und Kommunikationssektor wird bis zum Ende des Jahrzehnts mit 750 000 zusätzlichen Arbeitsplätzen gerechnet.

Als Antwort auf die eingangs gestellte Frage lässt sich also festhalten: Zunehmender Einsatz von Informations- und Kommunikationstechniken und damit verbundene effizienzsteigernde Umorganisationen in der Wirtschaft lassen sich als Teil einer New Economy beobachten. Diese Entwicklung hat vor allem in den USA bereits zu besonderem wirtschaftlichem Erfolg mit geringeren Konjunkturschwankungen und hohem, nahezu inflationsfreiem Wirtschaftswachstum geführt. Deutschland ist auf dem besten Weg, dieser Entwicklung zu folgen. Dazu muss jedoch die begonnene Reformpolitik konsequent fortgesetzt werden. Denn Wohlstand gibt es nicht frei Haus. Er muss erarbeitet werden. Diese alte Regel gilt auch in der New Economy.

Virtuell denken, real handeln – der grüne Weg ins Informationszeitalter

von Rezzo Schlauch

Die Entwicklung der Informationstechnologien ist der Schrittmacher für einen dramatischen Wandel unserer Gesellschaft. Völlig zu Recht hat sich hierbei die Rede von der digitalen Revolution eingebürgert. Die Digitalisierung beschreibt neben der Globalisierung, der Individualisierung und der Entwicklung der Biotechnologien einen zentralen Paradigmenwechsel moderner Gesellschaften. Dieser Paradigmenwechsel ist eine enorme gesellschaftliche und politische Herausforderung mit großen Chancen, aber auch mit neuen Gefahren. Die enorme Leistung der Halbleiter und der Speicherchips und die schnell wachsende Fähigkeit, große Mengen von Informationen über das Internet zu schicken, schaffen die Voraussetzungen für demokratische, gesellschaftliche und wirtschaftliche Innovationen. Das Netz bietet neue Möglichkeiten demokratischer Partizipation und gesellschaftlicher Organisation. Es verändert die Struktur der Wirtschaft radikal im globalen Maßstab, schafft neue Arbeitsplätze und lässt alte verschwinden.

Interaktivität und Massenkommunikation

Treibender Faktor für die Veränderung sind die neuen Kommunikationsmöglichkeiten, die das Internet erschließt. Die Medien waren bisher dadurch gekennzeichnet, dass sie entweder Massenkommunikation oder Interaktivität ermöglichten. Zeitung oder Fernsehen erreichen eine große Masse, die

Leser und Zuschauer können aber im gleichen Medium nicht antworten. Die Koppelung von Massenkommunikation mit der Möglichkeit, individuell auszuwählen und zu antworten, ist neu. Mit dem Internet entsteht eine neue globale Kommunikationsstruktur, die Interaktivität und Massenkommunikation verbindet. Die Trennung der Rollen von Sender und Empfänger, die für bisherige Massenmedien kennzeichnend war, wird aufgehoben. Jeder, der eine Seite im Netz liest, kann direkt dazu seinen Kommentar abgeben. Jeder Nutzer kann mit beliebig vielen anderen Nutzern kommunizieren. Das Einstellen von Informationen ins Netz ist für den Einzelnen zu geringen Kosten möglich. Hierarchische Kommunikation, wie sie für das Industriezeitalter kennzeichnend war, wird damit durch netzwerkgeprägte Kommunikationsformen ersetzt. Die Gestaltungsaufgaben für die Politik werden dabei im Zeitalter des Internets nicht geringer. Die Fähigkeit zu nationalstaatlicher Regulation wird allerdings begrenzt. Globale Kooperation und das Engagement nichtstaatlicher Organisationen gewinnen an Bedeutung.

Grundkoordinaten der Informationsgesellschaft

Die Kurzlebigkeit der Internetwelt befreit uns nicht von der Notwendigkeit, uns über die Leitlinien des Zusammenlebens unter veränderten Bedingungen zu verständigen. Die großen Maßstäbe der Gerechtigkeit und Freiheit müssen nach wie vor ihre Geltung behalten – aber welche Erfüllungsgestalten nehmen sie im Informationszeitalter an? Was heißt Informationsfreiheit und was heißt Informationsgerechtigkeit unter den Bedingungen der Digitalisierung? Diesen Fragen muss sich die Politik stellen, wenn sie Modernisierungsprozessen eine menschliche Richtung geben will.

Zensurverbot und informationelle Selbstbestimmung

Der globale Charakter des Internets eröffnet faszinierende Möglichkeiten der interkulturellen Kommunikation. Die Welt ist unübersehbar kleiner geworden. Die Weltoffenheit des

Mediums birgt damit auch die Gefahr der erhöhten Durchlässigkeit für menschenverachtende Bilder und Texte. Kinderpornografie und rechtsradikale Homepages belegen das. Diese Gefahren, auf die wir eine Antwort geben müssen, dürfen jedoch nicht dazu führen, das essenzielle Gut der Informationsfreiheit aufzugeben. Das Informationszeitalter ist eine Bewährungsprobe für die verfassungsrechtlich garantierte Meinungs-, Presse- und Kunstfreiheit in unserer Gesellschaft. Eine Zensur darf es auch im Internet nicht geben. Gleichzeitig müssen wir die technischen und rechtlichen Möglichkeiten ausschöpfen, um Kinder- und Jugendschutz im Internet zu gewährleisten. Im Bereich der Informationsfreiheit geht es auch darum, das Recht der informationellen Selbstbestimmung effektiv zu sichern. Das Vertrauen in die Nutzung der digitalen Medien hängt zentral von der Sicherheit im persönlichen Datenschutz und von der Datentransparenz ab. Die Persönlichkeitsrechte der Bürgerinnen und Bürger dürfen beim Surfen im Netz nicht außer Kraft treten. Deshalb müssen wir darauf achten, dass die Speicherung und Verbreitung persönlicher Daten nur mit Zustimmung der Nutzer erfolgen. Die Informationen über die Vorlieben von Menschen, die etwas im Internet gekauft haben, dürfen nicht an Agenturen weitergegeben werden. Wesentliche Voraussetzung für die demokratische Nutzung des Internets ist die Möglichkeit der Datenverschlüsselung. Vor diesem Hintergrund ist es begrüßenswert, dass die rot-grüne Koalition die Herstellung, den Verkauf und den Vertrieb von Verschlüsselungsprodukten unterstützt. Datenschutz ist auch eine Voraussetzung für E-Commerce: Kundinnen und Kunden werden nicht mehr online bestellen, wenn ihre Interessen nicht gewahrt werden.

Zugangschancen und Medienkompetenz

Soziale Gerechtigkeit ist im Informationzeitalter Zugangsgerechtigkeit. Gerade unter den neuen sozialen und wirtschaftlichen Vorzeichen ist Information unabdingbares Mittel zur gleichberechtigten Teilhabe am gesellschaftlichen Leben. Entsprechend müssen die Möglichkeiten zum Wissenserwerb gerecht für alle gesellschaftlichen Gruppen realisierbar sein.

Die Fähigkeit moderne Medien sinnvoll zu nutzen, entscheidet über Berufs- und Bildungschancen sowie über die Partizipationsmöglichkeiten im demokratischen System. Die Spaltung der Gesellschaft in Informationsarme und Informationsreiche ist daher nicht akzeptabel. Einer informationellen Marginalisierung von gesellschaftlichen Gruppen kann nur durch frühzeitige politische Weichenstellungen entgegengetreten werden.

Gemeinsam mit der Initiative D21 unternehmen wir bereits erhebliche Anstrengungen, um den Kreis der Nutzer über den Kreis der bisher dominierenden jungen, überdurchschnittlich gebildeten Männer hinaus auszuweiten. Die Ausstattung aller Schulen mit Computertechnik und geeignetem Personal zur Verankerung der Informationstechnologien im schulischen Lernen ist dafür eine grundlegende Voraussetzung. Die bisherigen Initiativen reichen jedoch noch nicht aus. Weitere Initiativen müssen folgen, wenn die Versorgung aller Schulen mit Computern in ausreichender Zahl Realität werden soll.

Ein weiterer Aufgabenbereich besteht darin, Lern- und Lehrformen zu entwickeln, die die Potenziale der Informationstechnologien für neue pädagogische Konzepte nutzbar machen. Das Bundesminsterium für Bildung und Technologie wendet erhebliche Mittel auf, um entsprechende Software entwickeln zu lassen. Eigene Plattformen für den Austausch von Lehrern sind entstanden. Die Gesellschaft insgesamt muss jedoch noch stärker realisieren, dass sich hier völlig neue Formen der Bildung entwickeln.

Die Aufnahme von Information erfordert ein hohes Maß an individueller Analyse- und Bewertungsfähigkeit. Die Informationsgesellschaft wird erst dann zur gestaltbaren Wissensgesellschaft, wenn sich Information als interpretierte Information in Wissen transformiert. In Zukunft werden zunehmend Fähigkeiten gefragt sein, die vor allem darauf ausgelegt sind, verwertbare Information selbständig von unwichtiger oder unseriöser zu unterscheiden. Vor diesem Hintergrund wird Medienkompetenz zu einer zentralen Qualifikation und zur Voraussetzung für gesellschaftliche Teilhabe. Dazu gehören auch die Kompetenzen zu zielgerichteter

Recherche und zum Umgang mit den dazugehörigen Geräten. Die Vermittlung des Umgangs mit den Neuen Medien muss zum umfassenden Bestandteil schulischen und außerschulischen Lernens werden.

Im globalen Maßstab ist es notwendig, den Menschen in den am wenigsten entwickelten Ländern Zugang zum Internet zu ermöglichen. Deshalb ist es gut, dass die G8-Staaten beschlossen haben, die Entwicklungsländer beim Zugang zum Internet zu unterstützen.

Chance für die Demokratie

Die Euphorie der frühen Netzaktivisten über die demokratischen Möglichkeiten des Netzes ist einer gewissen Skepsis gewichen. Der Politologe Claus Leggewie weist darauf hin, dass die Bürger im Internet nicht auf der Überholspur säßen. Das Netz sei ganz wesentlich durch kommerzielle Interessen geprägt. Tatsächlich hat nur ein kleiner Teil der im Netz verfügbaren Informationen einen politischen Gehalt. Leggewie merkt deshalb mit Recht an, dass die Bürgerinnen und Bürger mit viel Engagement die potenziell vorhandenen Beteiligungsmöglichkeiten einfordern und nutzen müssen.

Das Internet mit seinen spezifischen Qualitäten der Interaktivität, Dezentralität und Universalität bietet die Chance für ein Mehr an Demokratie. Bürgerinnen und Bürger können sich besser informieren und wesentlich schneller ihre politische Meinung artikulieren. Die Kosten zivilgesellschaftlicher Organisation sinken. Diktaturen gelingt es wesentlich schwerer, den Zugang zu Informationen für die Bürgerinnen und Bürger zu kontrollieren. Die digitale Revolution schafft Beteiligungsmöglichkeiten, die über eine bloße Abbildung der bisherigen Beteilgungsmöglichkeiten im Netz weit hinaus gehen.

Mehr an Information

Demokratie lebt von transparenten Entscheidungen und gut informierten Bürgern. Deshalb wollen wir die Informationspotenziale nutzen, die uns das Netz bietet. Der Staat sollte den Bürgerinnen und Bürgern auch den Zugang zu den Informationen der Exekutive erlauben. Deshalb brauchen wir ein entsprechendes Informationsfreiheitsgesetz, das einen umfassenden Informationsanspruch der Bürgerinnen und Bürger festlegt. Jede natürliche oder juristische Person soll gegenüber öffentlichen Stellen ein Recht auf Informationszugang bekommen, das auch digital wahrnehmbar ist. Die Bürgerinnen und Bürger könnten dann vom heimischen PC aus Verwaltungsentscheidungen via Internet nachvollziehen und sich umfassend über die öffentlichen Entscheidungen informieren. Die hierarchische Überlegenheit der öffentlichen Verwaltung würde so erheblich vermindert.

Mehr an Dienstleistungen

Die Angebote öffentlicher Institutionen im Netz beschränkten sich bislang fast ausschließlich auf Öffentlichkeitsarbeit. Nur selten begreift der Staat das Netz als Medium von Dienstleistungen für den Bürger, zum Beispiel indem Formulare heruntergeladen werden können. Es ist deshalb Aufgabe des Staates, Modernisierungsimpulse zum Einsatz digitaler Technologien zu geben. Wer seine Steuererklärung digital einreicht, sollte seinen Steuerbescheid schneller erhalten, als wenn er sie auf Papier abgibt. Bisher sind die Möglichkeiten für digitale Dienstleistungen eher gering. Nur ein kleiner Teil der Kommunen ist im Netz vertreten. Hier müssen wir in den nächsten Jahren gemeinsam mit den Ländern einen Durchbruch schaffen.

Mehr an Partizipation

Die neuen Informationstechnologien bieten jedoch nicht nur die Chance zu einem höheren Informationsgrad und zu mehr Bürgernähe; sie eröffnen darüber hinaus die Möglichkeit zu neuen Formen der Partizipation. Gerade dieser Aspekt macht die Entwicklung der Informationstechnologien für meine Partei besonders interessant.

Die rot-grüne Bundesregierung hat damit begonnen, Gesetzentwürfe ins Netz zu stellen. Die Bürgerinnen und Bürger erhalten so die Möglichkeit, zu Gesetzesvorhaben online Stellung zu nehmen. Solche Formen der Bürgerbeteiligung müssen konsequent auf jeder Ebene des Staates genutzt werden. Der Haushaltsentwurf einer Kommune sollte beispielsweise vor der entscheidenden Ratsversammlung ins Netz gestellt werden. In moderierten Chats könnten die Bürgerinnen und Bürger dann ihre Meinung zu den Gestaltungsnotwendigkeiten artikulieren.

Die Politik ist bereits jetzt einem massiven Wandel durch die neuen Informationstechnologien unterworfen. Parteien und Parlamentarier erhalten auf eine Presseerklärung vom Mittag bereits am Abend per E-Mail politische Kommentare aus der Bevölkerung. Eine schnellere Kundgabe politischer Meinungen aus der Bevölkerung ist hier schon Realität.

Informationstechniken können schließlich demokratische Verfahren weiterentwickeln, indem sie die Abstimmungsmöglichkeiten erweitern. Dabei geht es nicht um den bloßen Ersatz einer Wahltechnik durch die andere. Im Vordergrund steht die stärkere Beteiligung der Bürgerinnen und Bürger an Prozessen der öffentlichen Meinungsbildung und politischen Entscheidungen. Unsere Gesellschaft braucht ein Mehr an Partizipationsmöglichkeiten und deshalb eine Ergänzung der parlamentarischen Demokratie um direkt demokratische Elemente. Digitale Informations- und Kommunikationsmöglichkeiten bis hin zu elektronischen Stimmabgaben sind hierfür – sofern sie den Grundsätzen der geheimen und freien Wahl genügen – ein mögliches Element.

Hier geht meine Partei mit gutem Beispiel voran. In Baden-Württemberg führten wir vom 24. November bis 3. Dezember 2000 den ersten Internet-Parteitag zu den Themen elektronische Bürgerdemokratie und Ladenschlusszeiten durch. Ein äußerst interessantes uns erfolgreiches Projekt, das eine Vorstellung vermittelte, welche Partizipationspotenziale das Netz aufweist.

Mehr an Effizienz in der öffentlichen Verwaltung

Voraussetzung für mehr Partizipation über das Netz ist die umfassende Modernisierung der öffentliche Verwaltung. Nur wenn die Verwaltung ihre Prozesse tatsächlich in vernetzten Systemen gestaltet – und den Computer nicht lediglich als digitale Schreibmaschine benutzt –, kommt es zu einer echten Ausweitung der Informations- und Beteiligungsmöglichkeiten.

Die öffentliche Verwaltung muß deshalb ihre IT-Strategie mit einer Strategie der Organisationsentwicklung verknüpfen. In der privaten Wirtschaft gilt als Kennziffer: Für jede Mark, die in einen Computer investiert wird, müssen 10 DM für die Reorganisation der Abläufe, die Qualifizierung des Personals und die Organisationsentwicklung investiert werden, um die Effizienzpotenziale der neuen Technologie voll zur Geltung bringen zu können. Das Bewusstsein für die notwendigen Investitionen in die Bildung des Personals, in den Unterhalt sowie in Betrieb und Erneuerung von Computersystemen ist in den öffentlichen Institutionen noch völlig unterentwickelt. Dies gilt für die Schulen genauso wie für die Verwaltungen.

Mit dem Einsatz neuer IT-Systeme müssen Verwaltungsabläufe neu definiert werden. IT-Systeme schaffen die Voraussetzung für flexibles, zielorientiertes Handeln und dezentrale Entscheidungen – und gleichzeitiges zentrales Controlling. Die Ziele sind zentral und politisch zu definieren, die Umsetzung ist flexibel und dezentral zu gestalten. Die bürgernahe, effiziente Dienstleistungsagentur öffentliche Verwaltung ist nur durch den Einsatz moderner IT-Systeme möglich.

Hier gilt es von Seiten der Politik Impulse zu geben und Anreize zu schaffen: Die rot-grüne Bundesregierung prämiert in den Wettbewerben »Media@Komm« und »E-Government« Kommunen, die bei der digitalen Modernisierung eine Vorreiterrolle übernehmen. Die Präsentation solcher *best-practice*-Beispiele unterstützt die von uns gewollte Modernisierung.

Die Bundesregierung wird zudem spätestens im Jahr 2005 alle internetfähigen Dienstleistungen der Bundesverwaltung online bereitstellen.

Der private Sektor befindet sich in einer Phase der dynamischen Umstrukturierung, getrieben durch das Internet und die Entwicklung der Informations- und Kommunikationstechnologien. Die Abläufe in den Unternehmen werden mithilfe der Informationstechnologien immer weiter optimiert. Gleichzeitig verändern sich durch die Verbreitung des Internets die Strukturen der Märkte, auf denen die Unternehmen agieren. Neue Unternehmen werden gegründet und bestehende Unternehmen gruppieren sich neu. Die Arbeit verändert sich radikal. Einfache Tätigkeiten fallen weg, neue hoch qualifizierte Berufsbilder entstehen.

Politik hat die Aufgabe der aktiven Gestaltung des Strukturwandels. Statt auf Altindustrien zu setzen, müssen wir in moderne, effiziente und umweltfreundliche Techniken investieren. Kleine und mittlere Unternehmen sind auf faire Rahmenbedingungen angewiesen. Die Menschen werden die Bereitschaft, lebenslang zu lernen, noch stärker als jetzt zu entwickeln haben. Ziel ist ein aktivierender Staat, der die Voraussetzungen dafür schafft, dass die Menschen die Chancen der neuen Ökonomie ergreifen können.

Neue Rahmenbedingungen in der Netzwerkökonomie:
Keines der Medien, die unseren Alltag prägen, hat sich so schnell verbreitet wie das Internet. Das Telefon benötigte 74 Jahre um 50 Millionen Nutzer zu erreichen, das Radio 38 Jahre, das Fernsehen 13 Jahre. Das Internet benötigte von seiner Öffnung vom Wissenschaftsnetz zum Massenmedium bis zum Erreichen von 50 Millionen Usern vier Jahre. Durch zwei Effekte wird das Internet zum Motor für einen Produktivitätsschub der Volkswirtschaft und zum Auslöser tief greifender Änderungen der Unternehmensstrukturen.

Der Netzwerkeffekt: Der Nutzen des Internets steigt exponenziell mit seiner Ausbreitung. Mit jedem zusätzlichen Nutzer gewinnen alle bisherigen Nutzer eine Kommunikationsmöglichkeit oder jedes im Netz anbietende Unternehmen einen potenziellen Kunden hinzu. Ökonomisch gesprochen:

Es werden nachfrageseitige Economies of Scale realisiert. Mit seiner schnellen Ausbreitung wird das Internet zum Motor für die dynamische Entwicklung der Produktivität.

Der Effekt sinkender Transaktionskosten: Durch die schnelle und leichte Verfügbarkeit von Informationen im Netz sinken die Transaktionskosten der Unternehmen. Transaktionskosten entstehen durch die Anbahnung, die Vereinbarung und die Kontrolle von Verträgen mit anderen Marktakteuren. Die Transaktionskostentheorie geht davon aus, dass es einen engen Zusammenhang zwischen der Größe eines Unternehmens und den Transaktionskosten gibt. Bei einer Vielzahl von Transaktionen haben große Unternehmen Vorteile, indem sie Transaktionskosten durch die Kombination intern vorhandener Produktionsfaktoren einsparen. Spezialisten können beispielsweise für im Netz nur selten auftretende Fragestellungen im Unternehmen beschäftigt werden, weil sie aufgrund der Größe des Unternehmens dauerhaft ausgelastet sind. Kleine Unternehmen müssen bei solchen Fragen jeweils externe Partner hinzugewinnen.

Durch sinkende Transaktionskosten erlaubt das Internet die schnelle projektbezogene Kooperation von Unternehmen. Die Spezialisten für bestimmte Fragestellungen können sich schnell zusammenfinden. Deshalb entstehen mit der Ausbreitung des Netzes neue Chancen für kleine Unternehmen und Selbständige.

Der globale Markt wird durch das Internet zu einer greifbaren Realität. Die Unternehmen konzentrieren sich auf ihre Kernkompetenzen und versuchen, in einem spezifischen Feld den Weltmarkt zu bearbeiten.

Die Grenzen von Unternehmen und Selbständigen werden ebenso fließend, wie die Grenzen der Arbeit innerhalb oder außerhalb eines Unternehmens. Entscheidend im Wettbewerb wird die schnelle, projektbezogene Kooperation der Spezialisten. Es gibt Anzeichen, dass die netzwerkartige Koordination produktiver ist als die Arbeit in der Hierarchie. Das Betriebssystem Linux wurde auf der Basis der Open-Source-Prinzipien von frei im Internet kooperierenden Programmierern entwickelt. Das Ergebnis war, dass es schneller fertig gestellt wurde als das Betriebssystem Windows NT von Microsoft.

Die Transparenz der Märkte und ihre Globalität erhöht den Wettbewerbsdruck mit der Folge, dass die Preise – etwa der Vorleistungen, die ein Unternehmen benötigt – sinken. Digitalisierung und Vernetzung der Wirtschaft werden zum Motor für erhebliche Steigerungen der Produktivität. Diese schafft Raum für zusätzliches Wachstum.

E-Commerce

E-Commerce, also die Abwicklung von Geschäften im Netz, hat derzeit mit einem geschätzten Umsatz von drei bis fünf Milliarden DM pro Jahr noch eine relativ geringe Bedeutung. Allerdings werden für die Zukunft hohe Wachstumsraten von 100 Prozent jährlich vorausgesagt. Die Unternehmensberatung Booz, Allen & Hamilton prognostiziert dem E-Commerce in Deutschland ein Wachstum auf 94 Milliarden DM bis 2002, Roland Berger sagt 28 Milliarden DM für 2001 vorher. Einigkeit besteht darin, dass der übergroße Anteil des E-Commerce zwischen den Unternehmen (Business to Business, B2B) stattfinden wird. Die Unternehmen rechnen damit, dass sie durch den Einsatz von E-Commerce ihre Kosten massiv werden senken können. DaimlerChrysler beispielsweise erwartet bei der Beschaffung Einsparungen von 15 bis 30 Prozent.[1]

Nur ein kleiner Teil des gesamten Volumens von 10 Prozent wird dagegen zwischen Unternehmen und Verbrauchern (Business to Consumer, B2C) abgewickelt werden. Der deutsche Einzelhandel geht dennoch davon aus, daß im Jahr 2010 10 bis 12 Prozent des Umsatzes mit den Konsumenten elektronisch abgewickelt werden. Das wird erhebliche Konsequenzen für die Struktur des Handels haben. Zahlreiche Läden werden in Zukunft durch Online-Shops ersetzt.

Bereits heute führen Kunden einen Teil der früher von bezahlten Kräften erledigten Dienstleistungen selbst aus. Sie buchen Flugreisen online beim Reiseveranstalter oder erledigen ihre Bankgeschäfte am PC. Einfache Arbeitsplätze gehen ver-

---

[1] *Süddeutsche Zeitung* vom 14. Oktober 2000.

loren. Gleichzeitig entsteht neue Nachfrage nach qualifizierten Beratungsleistungen. Der Bedarf an hoch qualifizierten Arbeitskräften steigt, der an niedrigeren Qualifikationen sinkt. Dieser Strukturwandel stellt hohe Anforderungen an die Unternehmen und an die Menschen in Bezug auf die Fortbildung.

Internet-Start-ups

In Deutschland hat sich in den letzten Jahren ein Boom von Gründungen im Internet entwickelt. Mit innovativen Produkten und Dienstleistungen schaffen sie neue, zukunftsfähige Arbeitsplätze. Für viele – vor allem junge – Menschen ist die Gründung eines Unternehmens wieder zu einem lohnenden Ziel geworden. Gründerinnen und Gründer im Internet nutzen die Möglichkeiten des E-Commerce für neue Dienste im Netz.

Diese Unternehmen berichten von der Schaffung einer neuen beteiligungsorientierten Unternehmenskultur, gekennzeichnet durch flache Hierarchien und selbständiges, unternehmerisches Arbeiten aller Mitarbeiterinnen und Mitarbeiter. Ziel ist eine unternehmerische Kultur, die dialogorientiert ist und die Bedürfnisse der Mitarbeiterinnen und Mitarbeiter respektiert. Das ist nicht uninteressant für eine Position, die mehr Partizipationsmöglichkeiten auch in der Wirtschaft einfordert.

Vieles spricht dafür, dass Wissen zur zentralen Produktivkraft wird und der Gegensatz von Kapital und Arbeit ein Stück weit dahinter zurücktritt. Die Stellung der Mitarbeiterinnen und Mitarbeiter wird damit eine andere als die in einem traditionellen hierarchischen Industrieunternehmen. Hinzu kommt, dass die Mitarbeiter über Aktien und Optionen am Unternehmen beteiligt werden und so selbst zu Unternehmern werden.

Es wird interessant sein zu beobachten, welche betrieblichen Strukturen sich in den Start-ups dauerhaft halten werden. Viele der Gründer sind sich bewusst, dass sich das extrem hohe Arbeitsvolumen in der Gründungsphase eines Unternehmens auf Dauer nicht durchhalten lässt. Auch gleichen sich die betrieblichen Strukturen zum Teil denen »normaler Unternehmen« an. In anderer Hinsicht sind die Gründer Innovateure, die auf die Wirtschaft ausstrahlen werden.

Wozu Politik?

Die Vertreter von Start-ups formulieren häufig, dass sie vom Staat eigentlich nur in Ruhe gelassen werden möchten. Das ist in Ordnung, soweit damit der Wunsch nach weniger Bürokratie zum Ausdruck gebracht wird. Hier ist in der Tat noch einiges zu tun. Allerdings wird dabei übersehen, dass auch in der New Economy der Staat den Ordnungsrahmen für ökonomische Prozesse schafft und wichtige Vorleistungen erbringt. So werden mit der Ausbildung von Fachkräften – etwa in Universitäten – erst die Voraussetzungen für funktionierende moderne Unternehmen geschaffen. Dabei erschöpfen sich die Chancen der Informationsgesellschaft nicht in den Start-ups, die Geschäftsmodelle im Internet realisieren. Die Start-ups sind Boten von Veränderungen, denen sich alle Unternehmen zu stellen haben. Alle Unternehmen, die in Zukunft erfolgreich sein wollen, werden E-Commerce nutzen und im Netz präsent sein müssen.

Deutschland im internationalen Vergleich

Deutschland nimmt bei den innovativen Diensten, bei der Produktion moderner Informations- und Kommunikationstechnologien und bei der Anzahl der Nutzer des Internets im europäischen Vergleich eine mittlere Position ein. Europa hinkt in allen Bereichen bis auf den Mobilfunk hinter Amerika her. Hier haben wir aufzuholen. Die Gestaltung des Weges in die Informationsgesellschaft muss als Querschnittsthema vorangetrieben werden. Konkrete Schritte wurden im Aktionsprogramm »Innovation und Arbeitsplätze in der Informationsgesellschaft des 21. Jahrhunderts« verabschiedet. Gemeinsam mit der Wirtschaft – besonders der Initiative D21 – werden die Verbreitung des Internets und eine Vielzahl von Aktivitäten für mehr Medienkompetenz und die Verbreitung der neuen Medien vorangetrieben.

Beteiligungskaptial und Aktienoptionen

Gründer mit innovativen Ideen und Unternehmen, die die Chancen des Internets nutzen, werden über Beteiligungskapital finanziert. Sie investieren in die Entwicklung von Märkten und in das Know-how der Mitarbeiter – nicht in Maschinen oder Immobilien, mit denen Kredite gesichert werden könnten. In der Wissensgesellschaft wird der Zugang zu Risikokapital zu einem zentralen Erfolgsfaktor für die Gründung neuer Unternehmen in einer Volkswirtschaft.

Ein Risiko-Kapitalmarkt hat sich erst in den letzten Jahren in Deutschland entwickelt. Hier haben die öffentlichen Banken KfW (Kreditanstalt für Wiederaufbau) und DtA (Deutsche Ausgleichsbank) einen sehr großen Anteil an der Entwicklung dieses Marktes. DtA und KfW nehmen Risikokapitalgebern Teile des Risikos für neue Investments ab.

Die Steuerfreistellung von Unternehmensveräußerungen trägt zur Belebung des Venture-Capital-Marktes bei. Je mehr der private Risikokapitalmarkt sich entwickelt, desto stärker kann die Rolle der öffentlichen Banken in diesem Sektor zurückgehen.

An der Börse und besonders am Neuen Markt spiegeln sich die Erwartungen hinsichtlich des Wachstums des E-Commerce. Allerdings dürften sich in vielen Bereichen am Ende nur wenige Unternehmen durchsetzen. Die Unternehmen konkurrieren darum, zu dem Marktplatz für bestimmte Waren und Dienstleistungen zu werden.

Der Aktienwert der Suchmaschine Yahoo war im Februar 2000 bei einem Umsatz von 1,1 Milliarden DM, einem Gewinn von 0,1 Milliarden DM und 1200 Mitarbeitern höher wie der Wert von Volkswagen, BASF, Metro, Veba und Lufthansa zusammen – mit 563 000 Mitarbeitern, einem Umsatz von 327 Milliarden DM und einem Gewinn von 9 Milliarden DM.[2]

Spekuliert wird darauf, dass sich ein Unternehmen am Markt durchsetzt, Amazon sich also beispielsweise dauerhaft als der Internet-Anbieter für Bücher, CDs usw. etabliert. Das Wachstum von Amazon ist extrem hoch – im vierten Quartal

[2] *Der Spiegel*, 5/2000.

1999 war der Umsatz mit 1,3 Milliarden DM so hoch wie im gesamten Jahr 1998. Dennoch wurde die Ertragssituation nicht verbessert.[3] Ein hoher Anteil des Kapitals der Investoren wird in die Werbung für den Internet-Marktplatz investiert. In diesem Zusammenhang wird von der Cash-Burn-Rate des Beteiligungskapitals gesprochen. Das zeigt den hoch spekulativen Charakter der Investitionen.

Inzwischen werden die Marktaussichten dieser Unternehmen realistischer beurteilt, was sich in der Korrektur der Kurse spiegelt. Die extrem hohen Kurse der Internet-Aktien bedeuteten hohe Verlustrisiken für die Anleger und drückten Fehlallokationen von Kapital aus, das für andere auch zukunftsträchtige Wirtschaftszweige dann nicht zur Verfügung steht.

Auch in Zukunft kommt den Gründern eine hohe Bedeutung zu. Die Marktchancen des E-Commerce sind groß. Gründer mit guten Ideen werden davon relevante Anteile erobern. Unternehmen der Wissensökonomie benötigen allerdings qualifiziertes Personal. Ein wichtiges Instrument, um es zu gewinnen und zu halten, sind Aktienoptionen. Inhaber einer Aktienoption haben das Recht, die Aktie zum Zeitpunkt der Ausübung der Option zu dem ursprünglich festgelegten Basispreis zu kaufen. Steuerlich wird diese Wertsteigerung bislang wie Arbeitseinkommen behandelt und nach dem Einkommenssteuertarif besteuert. Demgegenüber ist die Ausübung von Optionen im Bereich des Privatvermögens steuerfrei. Damit sind Mitarbeiter, die Optionen besitzen gegenüber Privaten deutlich schlechter gestellt. Dies ist nicht akzeptabel und muss geändert werden.

Fachkräfte

Ein zentrales Problem unserer Gesellschaft sind fehlende IT-Fachkräfte – und dies bei zurückgehender, aber immer noch viel zu hoher Arbeitslosigkeit. Das Problem der fehlenden Fachkräfte verweist auf zweierlei: auf die Notwendigkeit ei-

---

[3] Deutsche Bank Research, E-Commerce: Katalysator für Strukturveränderungen in Deutschland. Sonderbereicht, 14. Februar 2000.

ner Aus- und Weiterbildungsoffensive im Bereich der Informationstechnologien, wie auf die Notwendigkeit einer Öffnung unseres Landes für ausländische Fachkräfte.

Bei der Ausbildung wurde ein erster wichtiger Schritt getan. Im Rahmen der Initiative D21 wurde vereinbart, bis zum Jahr 2001 60 000 Ausbildungsplätze in den neuen Multimediaberufen zu schaffen. Dabei handelt es sich um Berufe, die es 1997 noch gar nicht gab. Bereits jetzt wurden 40 000 neue Ausbildungsplätze geschaffen. Zudem hat die Bundesanstalt für Arbeit ihre Aufwendungen für Fortbildung und Umschulung zu IT-Fachkräften von 1 Milliarde DM pro Jahr auf 1,2 Milliarden DM aufgestockt. Pro Jahr werden hier 35 000 Arbeitslose weitergebildet.

Auch im Hinblick auf die Öffnung unseres Landes wurde ein Anfang gemacht. Aufgrund der Green-Card-Initiative sind inzwischen über 2000 Spezialisten in Deutschland tätig. Sie sichern rund 8000 Arbeitsplätze von Menschen, die in ihrem Umfeld notwendige Tätigkeiten erledigen.

Bei diesem ersten Schritt darf es jedoch nicht bleiben. Eine befriedigende Antwort kann nur darin liegen, ein weltoffenes Einwanderungsgesetz zu verabschieden. Gerade im IT-Bereich zeigen sich die immensen Chancen einer offenen, multikulturellen Gesellschaft. Die Unternehmen der Netzwerkökonomie agieren auf dem globalen Markt und sind deshalb auf Mitarbeiter aus verschiedenen Kulturen angewiesen. Ihre kreative Kooperation wird zur Voraussetzung der Wettbewerbsfähigkeit der Unternehmen. Intershop beispielsweise, ein Unternehmen, das Software-Lösungen für den E-Commerce entwickelt, holt deshalb ganz bewusst ausländische Spezialisten nach Jena. Schaffen wir attraktive Standortbedingungen für solche Unternehmen und ihre Mitarbeiter überall in Deutschland. Schaffen wir ein weltoffenes Einwanderungsgesetz, das der gefährlichen Rede von der deutschen Leitkultur eine klare Absage erteilt.

Reform sozialer Institutionen

In der Informationsgesellschaft steigen die Vorteile netzwerkartiger Koordination: Es wird entscheidend, zum richtigen

Zeitpunkt die richtigen Know-how-Träger zur Lösung eines Problems zu identifizieren. Unternehmen arbeiten daher wesentlich stärker projektorientiert zusammen. Mitarbeiter haben keine festen Arbeitsplätze mit festen, wiederkehrenden Aufgaben, sondern arbeiten für eine befristete Zeit in projektbezogenen Teams zusammen. Die Bindung der Mitarbeiter und Mitarbeiterinnen an die einzelnen Unternehmen wird schwächer. Beispiel hierfür ist das Silicon Valley, wo die im IT-Sektor Tätigen im Schnitt alle acht Monate den Job wechseln. Für die Menschen wird es selbstverständlich, zwischen selbständiger und angestellter Tätigkeit zu wechseln. Die Grenzen zwischen beiden werden fließend. Hieraus entsteht Reformbedarf für die sozialen Sicherungssysteme, die sich immer noch am angestellten Erwerbsarbeitsverhältnis orientieren. Ein zentraler Lösungsansatz hierfür ist die bedarfsorientierte Grundsicherung – ein Reformprojekt, das die Grünen seit langer Zeit verfolgen, und das wir in der nächsten Legislatur durchsetzen wollen.

Neue Aufgabe für die Gewerkschaften

Auch die Gewerkschaften werden in diesem Umfeld ihre Rolle neu zu definieren haben. Wer hilft einem Hochschulabsolventen, der seinen ersten Vertrag als Dienstleister abschließt, nicht übers Ohr gehauen zu werden? Wer berät Mitarbeiter von Start-ups, die ihren Arbeitsvertrag individuell aushandeln, und gibt ihnen Orientierung? Wer stellt zielgenaue Fortbildungsangebote für Freelancer bereit? Hier warten neue Aufgaben auf die Gewerkschaften. Hier sind sie als kompetente Ansprechpartner und als Interessenvertretung gefragt. Zentrale Aufgabe für die Gestaltung der Informationsgesellschaft wird es sein, die Voraussetzungen für Flexibilität *und* soziale Sicherheit neu ins Verhältnis zu setzen.

Wettbewerbsrahmen

Die oben geschilderten positiven Netzexternalitäten bergen das Risiko der Monopolbildung. Je größer ein vorhandenes Netz ist, desto attraktiver wird es sich an dieses Netz anzuschließen, denn es geht den Netzteilnehmern ja um Kommunikationsfähigkeit. Die Netzwerkökonomie bedarf daher einer wirksamen Wettbewerbsaufsicht.

Das Internet besteht in seiner materiellen Basis nicht aus einem einheitlichen Netz, sondern aus vielen Teilnetzen, die von Internet-Service-Providern (ISP) betrieben werden. Entscheidend ist für den Nutzer die globale Anschlussfähigkeit, die den Zugang zu allen Informationen im Netz sichert. Die meisten ISP sind jedoch Wiederverkäufer von Interkonnektivität. Um Anschlussfähigkeit herstellen zu können, müssen sie Verträge mit anderen ISP abschließen. Global gibt es nur vier Unternehmen, die globale Internconnecity garantieren können und mit allen anderen Internet-Service-Providern Verträge abgeschlossen haben. Die Europäische Kommission erteilte daher bei der Fusion von MCI und WordCom die Genehmigung zur Fusion nur mit der Auflage, dass MCI sich von seinem Internet-Engagement trennt. WorldCom hatte einen Anteil am *traffic* im Netz von 30 bis 40 Prozent.[4] Im Juni 2000 verbot die Kommission die Fusion von WorldCom und Sprint, um die Konzentration nicht weiter voranschreiten zu lassen.[5]

Die bereits erreichte Konzentration im Netz ist eine Bedrohung für den Wettbewerb und die Meinungsfreiheit im Netz. Die Marktentwicklung muss hier sorgfältig geprüft werden. Fraglich ist, ob das bestehende europäische und internationale Wettbewerbsrecht ausreicht, um die erreichte Konzentration zu reduzieren.

Bedrohung für die Freiheit des Netzes geht auch von der vertikalen Integration aus: Große Service Provider wie AOL verschmelzen mit Inhalte-Lieferanten wie Time Warner. AOL wird seinen Kunden die Produkte von Time Warner bevorzugt anbieten, vielleicht wird AOL die Inhalte anderer Content-Lieferanten nicht bereitstellen. Auch hier sind eine starke Wettbewerbskontrolle und eine Diskussion darüber notwendig, ob nicht eine strikte Trennung von Providern und Content-Lieferanten geboten ist.

---

[4] Dreizehntes Hauptgutachten der Monopolkommission 1998/1999, Deutscher Bundestag, Drucksache 14/ 4002, S. 62ff.

[5] Heise online, 28. Juni 2000.

Einen ähnlichen Effekt nutzte Microsoft, um seine Monopolstellung bei Office-Software aufzubauen. Wer digital mit anderen zusammenarbeiten will, ist gezwungen, sich jeweils die neueste Version der Microsoft-Software zu beschaffen – und die Hardware, die leistungsfähig genug ist, um die immer komplexer werdenden Programme laufen zu lassen. Microsoft beherrscht den Markt für Textverarbeitungs- und Tabellen-Kalkulations-Programme mit einem Anteil von 90 Prozent. Diese Stellung sichert sich Microsoft durch die Geheimhaltung seiner Quellcodes. Das Urteil des US-Gerichtes gegen Microsoft ist deshalb zu begrüßen – auch wenn es noch Jahre bis zur Rechtskraft dauern wird.

Einen Ausweg aus dieser wettbewerbsrechtlich problematischen Situation könnte Open Source bieten. Open Source ermöglicht es, Wettbewerb und Kommunikationsfähigkeit der unterschiedlichen Software-Lösungen sicherzustellen. Der Quellcode – quasi die Sprache, in der das Programm geschrieben ist – ist so frei zugänglich. Daher kann jede Software so konfiguriert werden, dass die Kommunikationsfähigkeit sichergestellt ist.

Das Open-Source-Betriebssystem Linux setzt sich bei Servern mehr und mehr durch – gegen MS-Windows und andere proprietäre Betriebssysteme. Es läuft stabiler, ist billiger und kann den jeweiligen Bedürfnissen der Nutzer dank seines offenen Quellcodes besser angepasst werden. Zudem lässt sich Linux wesentlich besser gegen Angriffe von außen sichern.

Open Source heißt wörtlich: freie Quelle. Frei bezieht sich auf die vier Grundfreiheiten, die die Open-Source-Bewegung definiert hat: 1. Freiheit, die Arbeitsweise des Programms zu verstehen und es für eigene Zwecke einzusetzen; 2. Freiheit, das Programm egal für welchen Zweck einzusetzen; 3. Freiheit, Kopien an jeden weiterzugeben; und 4. Freiheit, das Programm zu verändern und anschließend weiterzugeben.

Linux wurde durch freie Kooperation im Netz entwickelt. Die Chance, ein gemeinsames Produkt im Netz zu verbessern und dabei zu lernen und Erfahrungen zu sammeln, bot für die Entwickler ausreichend Nutzen, um ohne Entlohnung frei zusammenzuarbeiten. Open Source schafft mehr Transparenz und Sicherheit. Die Software ist besser gegen Angriffe zu schützen. Sie bietet gerade für kleine und mittlere Unternehmen in Europa besondere Chancen. Das alles macht sie auch aus politischer Perspektive besonders interessant. Deshalb sollten wir Open Source so schnell wie möglich in der öffentlichen Verwaltung einsetzen.

Patentierbarkeit von Software?

Die Wettbewerbsbedingungen für kleine und mittlere Unternehmen gestalten sich durch die zunehmende Patentierbarkeit von Software schwieriger. Es ist daher gut, dass es der Bundesregierung auf der Diplomatischen Konferenz zur Revision des europäischen Patentübereinkommens vom 20. bis zum 29. November 2000 in München gelungen ist zu verhindern, dass Software aus den Ausnahmeregeln des § 52 Abs. 2 EPÜ herausgenommen wird. In dieser Norm sind Gegenstände beschrieben, die als solche nicht patentierbar sind.

Bereits in den letzten Jahren ist die Patentierbarkeit von Software durch die Praxis der Patentämter und die Rechtsprechung immer weiter ausgedehnt worden. Kleine und mittlere Unternehmen werden dadurch benachteiligt und Innovationen werden behindert. Wettbewerb verlagert sich in die Rechtsabteilungen der Unternehmen.

Nun steht die Entwicklung einer Richtlinie der europäischen Union über die Patentierbarkeit von Software auf der Agenda. Wir brauchen eine breite Debatte darüber, wie die Erträge von Entwicklern gesichert werden können, ohne dass es zu einer Behinderung von Innovationen kommt. Das Patentrecht scheint mir im Bereich der Softwareentwicklung wenig geeignet.

Erosion der Steuerbasis?

Regulation findet ihre Grenzen an technischen Möglichkeiten und dem unabänderlichen globalen Charakter des Internets. Der Staat kommt an die Grenzen seiner Regulationsfähigkeit. Niemand weiß, wie die korrekte Besteuerung von Leistungen, die ausschließlich in digitaler Form erbracht werden, kontrolliert werden kann. Es dürfte unter der Wahrung der Persönlichkeitsrechte der Internetnutzer kaum möglich sein, zu überprüfen, wer mit wem mehrwertsteuerpflichtig kommuniziert. In den USA wurde aus diesem Grund kurzerhand auf die Erhebung von Umsatzsteuer auf Transaktionen im Internet verzichtet. In Europa ist ein Regelungsvorschlag der Europäischen Kommission vorerst an den Mitgliedsstaaten gescheitert. Bei der zu erwartenden Steigerung von E-Commerce mit digitalen Produkten besteht die Gefahr der Erosion der Steuerbasis.

A New Economy?

Inzwischen hat sich eine intensive Debatte darüber entwickelt, ob das lang anhaltende Wachstum bei niedrigen Inflationsraten in den USA auf die New Economy zurückzuführen sei.[6] Einigkeit herrscht darüber, dass die Digitalisierung zu einer Steigerung der Produktivität der Volkswirtschaft führt. Uneinig ist man darüber, ob dies ein Einmaleffekt ist – ob die Produktivität also in der Phase der Durchsetzung der neuen Technologie steigt und sie danach wiederum das alte Niveau erreicht – oder ob die Zuwachsraten des Internets dauerhaft höher sein werden.

Die Neue-Ökonomie-These geht davon aus, dass die Vernetzung, durch die Informationen in der Volkswirtschaft schneller verarbeitet werden, dauerhaft höhere Produktivitätsraten und damit höheres Wachstum ermöglicht. Die Besonderheit liege in den oben beschriebenen positiven Netzwerkexternalitäten: Je mehr Teilnehmer ein Netzwerk nutzten, desto mehr steige sein Wert. In den USA habe sich ein »unternehmensseitiger Tugendkreislauf« entwickelt: Die Digitalisierung führe zur Erwartung höherer Ertragsraten. Dadurch werde in neue Technologien investiert. Eine stablilitäts-

[6] In der aktuellen Debatte werden häufig auch einzelne Untenehmen als New Economy dargestellt, vorzugsweise Internet-Start-ups klassifizieren sich so. Dieser Begriff macht insofern Sinn, als diese Unternehmen Vorreiter eines Strukturwandels sind, dem sich die etablierten Konzerne zu stellen haben. Unternehmen wie die Deutsche Bank oder die Automobilkonzerne investieren allerdings Milliarden, um die Vorteile des Netzes zu nutzen.

orientierte Geld- und Finanzpolitik sorge für niedrige Inflation und niedrige Zinsen, die wiederum produktivitätssteigernde Investitionen erleichtern. Auf der Nachfrageseite führten steigende Aktienkurse zur Erhöhung der privaten Nachfrage. Positive Erwartungen der Haushalte und der Unternehmen führten wiederum zu expansiver Wirtschaft. Es ist sicher richtig, dass die hohen Produktivitätssteigerungen in den USA den Inflationsdruck gesenkt haben. Gleichzeitig konnten eine Senkung der Lohnstückkosten und eine Steigerung der Löhne stattfinden. Richtig ist jedoch auch, dass die Entwicklung der Nachfrage in dem beschriebenen »Tugendkreislauf« stark von der Entwicklung der Aktienkurse abhängt und durch Schwankungen der Erwartungen extrem leicht zu gefährden ist.

Entscheidend für die aktuelle Debatte um die Konturen der Informationsgesellschaft scheint mir zu sein, dass wir uns gegenwärtig in einem Transformationsprozess zur E-Economy befinden, der noch viele Jahre anhalten wird. Die Politik kann diesen Transformationsprozess nicht unmittelbar steuern – und sollte dies auch nicht versuchen. Was sie jedoch tun kann und muss, ist Rahmenbedingungen zu schaffen, die die notwendigen Übergänge beschleunigen und zugleich sozial absichern. Unser Ziel muss ein aktivierender Staat sein, der die Menschen dabei unterstützt, die neuen Chancen tatsächlich zu realisieren.[7]

[7] Ich danke Götz von Stumpfeldt und Peter Siller für Anregungen, Hinweise und Kritik.

Arbeit und soziale Gerechtigkeit in einer neuen Phase der Marktwirtschaft

von Dieter Schulte

Die New Economy, eine Neue Ökonomie im Unterschied zur Alten Ökonomie, enthält das Versprechen einer neuen Welt mit atemberaubenden Perspektiven: Infolge der zunehmenden Vernetzung der Welt und dem damit verbundenen Rückgang der Transaktionskosten soll die Produktivität steigen und der Wettbewerb zunehmen. Dies wieder soll das Ende der Inflation zur Folge haben und das Ende des Konjunkturzyklus. Dann aber, so das letzte Glied dieser Beweiskette, steigt die Beschäftigung.

Mittlerweile wird dieses Versprechen mit größerem Realismus gesehen, für den es verschiedene Ursachen gibt. Es gab mehrere Krisen auf dem Feld der Neuen Ökonomie, angefangen von dem Dotcom-Kollaps im Frühjahr 2000 bis zu den Kurseinbrüchen auf dem Neuen Markt im Herbst 2000. In Europa, so hat Wim Duisenberg, Chef der Europäischen Zentralbank, den Abgeordneten des Europäischen Parlaments vorgetragen, sei bislang kein Wachstumseffekt eingetreten, der mit demjenigen in den USA vergleichbar wäre, und selbst dort ist, wie Erfahrungen aus dem Sommer 2000 zeigen, die Inflation noch immer eine Gefahr.

Die Korrekturen und Ernüchterungen dieser Wochen und Monate lassen es fragwürdig erscheinen, ob wir es wirklich mit einer Neuen Ökonomie im Sinne einer neuen wirtschaftlichen Welt zu tun haben. Dafür haben sich bislang zu wenige der Versprechen eingelöst. Aber es gibt vieles, das sich geändert hat, und die Kraft, die in diesen Veränderungen steckt, sollte nicht unterschätzt werden. Deshalb halte ich es für ratsam, unvoreingenommen die Veränderungen genau zu beobachten. Zumindest sollte man einräumen, dass wir eine neue Phase der Marktwirtschaft erreicht haben. Rasche Voreingenommenheiten für *oder* gegen diesen Prozess halte ich für wenig hilfreich, weil sie zeitgemäßes und problemangemessenes Handeln erschweren.

Der Wandel und die Umbrüche verändern zwei zentrale Leitideen unserer Gesellschaft: Arbeit und soziale Gerechtigkeit. An erster Stelle sind Arbeitslosigkeit, soziale Ungerechtigkeit und eine wachsende Kluft in den Gesellschaften Europas zu nennen. Demjenigen, der Arbeit und soziale Gerechtigkeit als die zentralen Werte seines Handelns sieht, werden auch die Machtverschiebungen durch Global Player und internationalisiertes Kapital und damit Demokratiedefizite nicht verborgen bleiben.

Fünf Momentaufnahmen

Welche wichtigen Neuerungen sind in der Marktwirtschaft festzustellen? Da ist zunächst das Bild eines neuen Idealtypus von Unternehmen, das *virtuelle Unternehmen*. Es soll dadurch gekennzeichnet sein, dass es sich in seine Bestandteile »auflöst«. Ich bin mehr als skeptisch, ob dies der Fall sein wird, aber zutreffend ist, dass viele Unternehmen nicht mehr die Spezialisten für alle denkbaren Aufgaben auf Vorrat einstellen werden. Unternehmen werden »virtuell«, weil sie nicht mehr real als Gebäudekomplex, Belegschaft und Hierarchie existieren. Sie haben eine stark veränderte innere Organisation und Absatzstruktur, und einen Verbund von Zulieferern, der den Kunden teilweise Einblicke in die Unternehmen erlaubt. »Virtuell« sind solche Unternehmen, weil sie nicht mehr eigenständige Wirtschaftseinheiten im heutigen Sinne sind.

Wie stark ist dieser Trend zu verallgemeinern? Wenn wir auf die Arbeitsverhältnisse blicken, so wird das Management des Faktors »Wissen«, der Umgang mit Wissen und Erfahrungen und die Möglichkeiten der Weiterbildung, viel bedeutsamer als die reine Größe der Firmen. Das Wissen beispielsweise in Form von Software ist heute schnell zu vervielfältigen und zu verteilen, und deshalb wird die Organisation von Innovationen, d.h. der Fähigkeit, aus vorhandenem Wissen möglichst rasch neues Wissen zu erzeugen, immer wichtiger im Wettbewerb mit anderen Unternehmen. Dies hat zur Folge, dass sich Organisation, Infrastruktur und Unternehmenskultur ändern. Aufgrund des schnellen Wandels von marktbedingten Anforderungen an die Unternehmen müssen Produktplanung und Kompetenzaufbau voneinander entkoppelt werden. Die Unternehmen von morgen werden (zumindest in den Modellvorstellungen) oftmals nicht mehr als ein kleiner Kern von wenigen fest angestellten Mitarbeitern sein, die Fäden knüpfen zu Lieferanten und externen Spezialisten und diese zu einem Netz vereinen, um das gemeinsame Produkt herzustellen.

Die zweite Momentaufnahme zeigt uns das faszinierende Bild eines neuen Typus von Arbeitsorganisation: mit flachen Hierarchien, kleinen Teams und kreativer Freiheit bei den Projekten im Idealfall. Es wird ein Trend prognostiziert, dass viele Großunternehmen aufgrund grundlegender Veränderungen in der Kommunikationsstruktur inzwischen nahezu alle wichtigen Informationen innerhalb kürzester Zeit an immer größere Zahlen von Mitarbeitern weitergeben. Zumindest ist dies technisch möglich. Aber ist das auch tatsächlich der Fall? Ich habe da meine Zweifel. Zumindest bei den so genannten Start-ups, d.h. bei neu gegründeten Unternehmen, lässt sich an spannenden Themen arbeiten und etwas bewegen, ohne langwierige Kämpfe gegen Vorgesetzte und Dienstvorschriften.

Eine andere neue Form der Arbeit ist die Teleheimarbeit. Eine Reihe von wirtschaftlichen und technischen Faktoren hat diese Arbeitsformen möglich gemacht. Der liberalisierte Telekommunikationsmarkt hat das Telefonieren erheblich verbilligt, E-Mail, Fax oder Videokonferenzen ermöglichen die Kommunikation auch über weite Entfernungen hinweg. Schätzungen gehen davon aus, dass es derzeit mehr als zwei Millionen Telearbeiter gibt. Die meisten von ihnen sind zwei oder drei Tage in ihrem Unternehmen, alternierende Telearbeit hat sich bewährt. In keinem anderen Land Europas ist die Zahl der Telearbeiter in den vergangenen fünf Jahren so stark gestiegen wie in Deutschland. Lediglich in den skandinavischen Ländern und den Niederlanden ist diese Arbeitsform so weit verbreitet. Damit ist das Potenzial aber noch nicht ausgeschöpft. Es ist möglich, dass die Zahl der Telearbeiter jährlich um 20 Prozent wächst, so dass bis 2006 fast vier Millionen Beschäftigte Arbeit und Privatleben leichter unter einen Hut bringen können.

Die Probleme mit der Telearbeit liegen auf zwei Ebenen: Zum einen müssen Teleheimarbeiter eigenverantwortlich arbeiten, sie müssen zuverlässig sein und die Fähigkeit besitzen, sich selbst zu motivieren. Sie werden vom Unternehmen über Zielvereinbarungen virtuell geführt, die Qualität ihrer Arbeit muss gut sein und die Arbeit muss termingerecht erledigt werden. Dies animiert die dort Arbeitenden zu mehr Leistung, denn durchschnittlich ist die Arbeitseffizienz um rund 20 Prozent höher als im Unternehmen. Einerseits ist hierin jedoch die Gefahr dauerhafter Überarbeitung verborgen, andererseits ist in all den Fällen, wo Teleheimarbeit stark von der Firma abgekoppelt ist, die Gefahr der sozialen Isolierung vorhanden. Die Gewerkschaften können hier einiges für die Telearbeiter tun, indem sie ihre Wünsche nach räumlicher und zeitlicher Flexibilität aufnehmen und ihnen dennoch ein hohes Maß an Schutz und Sicherheit bieten.

Auf dem dritten Bild ist ein neuer Typus von Arbeitnehmer zu sehen, der die sozialen Errungenschaften der Alten Ökonomie scheinbar hinter sich lässt: Sämtliche Errungenschaften der Gewerkschaften, wie Arbeitsplatzsicherheit, Arbeitszeitverkürzung, eine geregeltes tarifliches Einkommen und Arbeitnehmerrechte, werden scheinbar über den Haufen geworfen. Wenn in kleinen Unternehmen in überschaubaren Verhältnissen und Teams gearbeitet wird und der Kreativität freier Lauf gelassen werden kann, spielt häufig auch eine 70-Stunden-Woche keine Rolle. Auch Nachtschichten oder Arbeit am Wochenende sind keine Seltenheit. Die Kehrseite der Medaille ist, dass selbst junge Menschen, die zu lange so arbeiten, nicht vor einem Burnout gefeit sind. Sie empfinden den Job nur noch als Belastung und haben den Eindruck, mit immer mehr Energieaufwand immer weniger zu erreichen. Ich bin mir darüber bewusst, dass insbesondere die jungen Leute in den Start-ups davon nichts wissen wollen, aber Psychotherapeuten warnen dennoch davor. Die meisten brennen aus, weil sie sich selbst zu sehr unter Druck setzen.

Haben die Gewerkschaften diesen Leuten etwas zu bieten? Auf den ersten Blick nicht. Auf Dauer regeln sich solche Arbeitsverhältnisse aber nicht selber und der Bedarf für klare Spielregeln wächst. Es ist notwendig, Vereinbarungen über Spitzenbelastungen und Zeiten der Erholung und der Entspannung zu treffen, und ich bin mir sicher, dass der Regulierungsbedarf steigt, je älter die Beschäftigten werden und je mehr ein Unternehmen an Größe zunimmt.

Die vierte Momentaufnahme zeigt ein Spektrum von Selbständigkeit, das vom Internet-Unternehmer bis zur Selbstanstellung reicht. Es ist heute kein Einzelfall mehr, dass ein 22-jähriger zum anerkannten Geschäftspartner von großen Computerfirmen avanciert, weil er beispielsweise eine Innovation für die Layout-Sprache der Webseiten des Internets zu bieten hat. Unklar ist wiederum, wie breit dieser neue Typus von Unternehmer verbreitet ist. Auf der anderen Seite ist festzustellen, dass die Zahl der Normalarbeitsverhältnisse rückgängig ist. Noch 82 Prozent arbeiten in solchen Verhältnissen, fast 5,5 Millionen arbeiten in Teilzeitarbeitsverhältnissen, circa. 4 Millionen für monatlich 630 DM und es gibt in Deutschland eine Million Zeitarbeiter. Man muss sich ernsthaft fragen, ob sie je (wieder) zu den Kernbelegschaften gehören werden, aber auch sie brauchen Schutz und soziale Rechte. Für die Arbeitslosen scheint es zunächst, als erster Schritt, in der Tat besser, sich selbst anzustellen und nicht mehr arbeitslos zu sein. Sie können sich in Kiosken oder Kopierläden anstellen oder sie beschaffen sich das Minimum einer modernen kommunikativen Ausrüstung wie ISDN-Anschluss, PC, Modem und Mobiltelefon und bieten als Betreiber kleiner Werbeagenturen oder Berater ihre Arbeitskraft an. Für die einen erfüllt sich ein Traum, sie sind ihr eigener Chef. Aber es gibt viele, die am Rande des Existenzminimums leben.

Es wäre nicht klug, diesen Trend zur Selbständigkeit zu linear und zu eindeutig beschreiben zu wollen. Neuerdings kehren, um ein Beispiel zu nennen, viele Mitarbeiter aus Unternehmensberatungen, die das Gründerklima von Internetfirmen, die Aussicht auf Selbständigkeit und der Wunsch nach mehr Verantwortung reizte, zu den etablierten Firmen zurück. Bei einer Unternehmensberatungsfirma wie Roland Berger hatten so viele Mitarbeiter die Firma verlassen, dass sie vor ernsthaften Problemen stand. Jetzt klopft ein Teil dieser Arbeitnehmer wieder an die Tür dieses Unternehmens. Für diesen Rückwärtstrend gibt es mehrere Gründe. An erster Stelle die drohende Illiquidität von immer mehr Start-ups. Durch die Kurseinbrüche von Internet- und Biotech-Firmen haben viele erkannt, dass die Neue Ökonomie nicht jeden zum Millionär macht. Aber auch die Tatsache, dass sich Mitarbeiter bei den kleinen Start-ups intellektuell unterfordert fühlten und langweilten.

Fünfte Momentaufnahme: Die Kapitalmärkte erlauben Arbeitnehmerinnen und Arbeitnehmern in einem bislang nicht da gewesenen Maße, am gesellschaftlichen Reichtum teilzuhaben. Es ist eine neue Bürgerrolle entstanden, die auch die Mitgliedschaft der Gewerkschaften erreicht hat: der Arbeitnehmer als Aktionär. Längst nicht alle neuen Aktionäre lassen sich als Spekulanten bezeichnen, viele wollen mithilfe von Aktiengewinnen ihre Urlaubskasse auffüllen, sie wollen auf diesem Weg den neuen Wagen finanzieren oder auch die Nachhilfestunden für den Sohn oder die Tochter. Es sollte auch nicht übersehen werden, dass immer mehr Arbeitnehmerinnen und Arbeitnehmer in private Formen der Alterssicherung investieren – und das in einem Maße, wie die Politik keine schlüssigen Antworten für eine stabile Alterssicherung findet.

Damit werden die Gewerkschaften in ihrem Anspruch, die ungleiche Verteilung des gesellschaftlichen Reichtums zu korrigieren und Vermögensbildung auch in Arbeitnehmerhand voranzutreiben, erkennbar herausgefordert. Kapitalgedeckte

Formen der Alterssicherung lassen über kurz oder lang auch die gesetzliche Altersvorsorge nicht unberührt.

Die fünf Momentaufnahmen machen eines deutlich: Es bilden sich neue Elemente und Rollen der Marktwirtschaft heraus, die für unsere Wirtschaftsordnung zentral sind. Neue Unternehmen, neue Formen der Arbeitsorganisation, neue Typen von Arbeitnehmern und Selbständigen sowie den Arbeitnehmer als Aktionär. Unklar ist heute jedoch noch, wie weit reichend diese Neuerungen sind. Gleichwohl ist es fragwürdig, ob sich wirklich eine neue Gestalt der Wirtschaft herausbildet: in dem Sinne, dass die Alte Ökonomie von der Neuen Ökonomie abgelöst wird. Es ist plausibler, von Mischformen zu sprechen oder davon, dass sich Altes und Neues wechselseitig durchdringt. Unter den Bedingungen dieses unübersichtlichen gesellschaftlichen Geländes müssen Arbeit und soziale Gerechtigkeit neu definiert werden.

Antworten der Gewerkschaften auf die neue Phase der Marktwirtschaft

Ich möchte nun drei Bündel einer Strategie benennen, die notwendig ist, um unter den Bedingungen einer erneuerten Ökonomie den Leitideen von Arbeit und sozialer Gerechtigkeit zu folgen: Wir müssen in Deutschland unsere wirtschaftlichen Trümpfe ausspielen und innovative Unternehmen fördern, die neue Arbeitsplätze schaffen. Notwendig sind aber auch Arbeitnehmerinnen und Arbeitnehmer, die den Prozess der Innovation *tragen und ihm folgen* können. Und schließlich bedarf es einer Wirtschaftspolitik, die eine angemessene makroökomische Nachfrage erzeugt.

Die Modernisierung der Wirtschaft und innovative Unternehmen sind von großer Wichtigkeit. Aber in welche Richtung, mit welchem Weltbild? Vor einiger Zeit ist die Losung einer »wissensgestützten Dienstleistungsgesellschaft« ausgegeben worden. Mir scheinen dabei die Besonderheiten der Wirtschaftsstruktur der Bundesrepublik sträflich unberücksichtigt zu sein. Von europäischen Ländern wie den Niederlanden oder Großbritannien unterscheiden wir uns durch einen sehr starken, hochproduktiven und exportorientierten industriellen Sektor wie den Automobil-, den Maschinenbau oder die chemische Industrie. Er wird trotz des Wachstums des Dienstleistungssektors weiterhin für Deutschlands Zukunft wichtig bleiben. Diese Besonderheit eröffnet Chancen, dem Komplex von industrieller Produktion, Dienstleistungen und Informationsindustrie ein besonderes, hochgradig wettbewerbsfähiges Profil zu geben. Die hier schlummernden Potenziale und unentwickelten Zukunftschancen müssen ausgeschöpft werden.

Nach meiner Überzeugung muss jede Modernisierungsstrategie an unseren Stärken anknüpfen, sie muss diese aufgreifen und ausbauen. Wir sind ein Hochlohnland, und wir wollen dies auch bleiben. Und wir können es sein und bleiben, solange es uns gelingt, unsere im Vergleich zu anderen Ländern hohe Produktivität und Innovationsfähigkeit zu halten und zu steigern.

Darüber hinaus wird die Infrastruktur (Verkehr, Kommunikation, Wohnungs- und Städtebau, Bildung) zweifellos auch in Zukunft zu den wesentlichen Standortvorteilen Deutschlands und Europas gehören. An diesen Stärken muss festgehalten und an den Schwächen gearbeitet werden, und dazu gehört sicher auch ein höheres Maß an Effizienz. Ein moderner leistungsfähiger öffentlicher Sektor ist unverzichtbar für einen strikten Modernisierungskurs und für die Lebensqualität der Bürger.

Nötig ist aber auch, die Forschung und Entwicklung weiter voranzutreiben und Prozess- und Produktinnovationen zu fördern. In diesen Zusammenhang ordne ich auch die Förderung von Ausgründungen und selbständigen Existenzen ein. Es ist offensichtlich, dass dies ganz unmittelbar zu mehr Wettbewerbsfähigkeit und zu mehr Arbeit beiträgt.

Der Beitrag der Gewerkschaften zu innovativen Unternehmen besteht in einer flexiblen Tarifpolitik. Wir wollen damit den Notwendigkeiten von Unternehmen und den Bedürfnissen der Arbeitnehmer nach mehr Flexibilität Rechnung tragen. Aus diesem Grunde habe ich im Sommer 2000 vorgeschlagen, dass es in der Medien- und Internetbranche auch möglich sein muss, fünfzig Stunden in der Woche zu arbeiten, wenn das nötig ist. Diese Flexibilität müsste im Rahmen der Flächentarifverträge erreicht werden. Dazu müssten sie selbstverständlich reformiert werden. Die Ansätze dazu gibt es schon, ich erinnere an den Tarifvertrag bei Debis. Ich bin allerdings nicht der Auffassung, dass eine Fünfzig-Stunden-Woche Dauerzustand sein darf. Wenn an Projekten oder zu bestimmten Spitzenzeiten gearbeitet werden muss, dann muss dies möglich sein. Aber es muss auch für einen Ausgleich gesorgt werden, um die Arbeitskraft der Arbeitnehmerinnen und Arbeitnehmer zu schützen – und um die Möglichkeiten für mehr Beschäftigung zu eröffnen. Deshalb muss es auch ein Ziel sein, Überstunden abzubauen.

Die Vereinbarungen dazu haben die Gewerkschaften mit den Arbeitgebern und der Bundesregierung in den Spitzengesprächen vom 6. Juli 1999 und 10. Juli 2000 getroffen. Über die tarifvertraglichen Instrumente wie Arbeitszeitkorridore, Jahresarbeitszeiten, die Schaffung von Jahres-, Langzeit- und Lebensarbeitszeitkonten herrscht Konsens. Es muss jetzt darum gehen, diese Übereinstimmung erfolgreich in politische Praxis umzusetzen.

Die Tarifpolitik ist aber nicht nur von den Realitäten der Arbeitswelt herausgefordert, sondern auch von den neuen Trends in der Vermögenspolitik. Die Gewerkschaften können die zunehmende Aktienmarktorientierung vieler Arbeitnehmerinnen und Arbeitnehmer, die sie zu Aktionärinnen und Aktionären macht, nicht ignorieren. Aber sie müssen dafür sorgen, dass die offenkundige Gefahr wachsender Einkommens- und Vermögensungleichheit abgewendet wird. Dieser Tatbestand hat neben dem verteilungspolitischen Aspekt auch Auswirkungen auf die Altersversorgung und generell auf die Möglichkeiten der Teilhabe und der Einflussnahme.

Ich will mich hier auf den verteilungspolitischen Aspekt beschränken. Eines der wichtigsten Einfallstore für wachsende Ungleichheit besteht darin, dass Angebote der Vermögensbildung auf der betrieblichen Ebene gemacht werden. Die Angebote gelten dann nur in diesem Bereich, in der Regel eben nicht für mittelständische Unternehmen, sondern nur für die großen Unternehmen. Die 1,8 Millionen Belegschaftsaktionäre aus dem vergangenen Jahr verteilten sich auf nur rund 400 Kapitalgesellschaften. Mit dem Ziel einer gleichmäßigen Verteilung von Teilhabechancen ist dies nicht zu vereinbaren, deshalb muss nach überbetrieblichen Lösungen gesucht werden. Überbetriebliche Fonds werden jedoch, das zeigen die Erfahrungen der letzten Jahrzehnte, von mittelständischen Unternehmen abgelehnt. Derzeit lässt sich nur das Ziel beschreiben. Das Ziel muss lauten, tarifvertragliche Vereinbarungen für überbetriebliche Beteiligungen anzustreben. Außerdem wäre es möglich, das Risiko von Aktienbesitz zu minimieren. Denn solche Einrichtungen böten wegen ihrer weit gefächerten Portfolio-Struktur automatisch mehr Schutz gegen Substanz- oder Totalverluste. Beim Kampf gegen die ungleiche Vermögensbeteiligung darf der Staat nicht aus seiner Verantwortung entlassen werden. Deshalb sind entsprechende Konzepte für steuerliche Flankierungen dringend notwendig.

Ein weiterer Beitrag der Gewerkschaften zur Innovation besteht auch in der Mitbestimmung. Innovative Unternehmen, die auf die Einbeziehung der Erfahrungen der Arbeitnehmer verzichten, kann ich mir schlechterdings nicht vorstellen. Es ist ein schlichter Widerspruch, moderne Produkte in einem modernen Unternehmen mit veralteten Formen der Arbeitsorganisation herstellen zu wollen. Darüber hinaus geht es jedoch auch darum, qualifizierte und hoch qualifizierte Arbeitnehmerinnen und Arbeitnehmer nicht nur als Arbeitskräfte, sondern als ganze Menschen anzuerkennen. Motivation ist auf längere Sicht nicht ohne Teilhabe an Entscheidungen zu haben. Aus Betroffenen müssen Beteiligte werden. Deshalb ist die Mitbestimmung weit davon entfernt, passé zu sein. Das gilt auch für kleine Unternehmen, die zu mittelständischen Unternehmen heranwachsen. Demokratische Partizipation an Informationen und Entscheidungen wird um so wichtiger, je weniger sich Unternehmen nach dem Prinzip von Kleingruppen organisieren lassen.

Dass die Informations- und Kommunikationstechnologie

von Tag zu Tag ausgebaut wird, ist eine Tatsache. Die Chancen, diesen Ausbau erfolgreich zu gestalten und für die Arbeitnehmerinnen und Arbeitnehmer zu nutzen, steigen aber nur dann, wenn dieser Prozess von qualifizierten Arbeitskräften getragen wird. Dies gilt insbesondere auch für die Entstehung kleiner und mittlerer Unternehmen, und zwar nicht nur in den industrie- und dienstleistungsstarken Zentren, sondern auch außerhalb der Ballungsräume. Für Ostdeutschland würden sich die Chancen einer wirtschaftlichen und gesellschaftlichen Entwicklung erheblich verbessern, wenn dort eine stabile und breite Qualifikationsbasis auf hohem Niveau aufgebaut werden könnte. Deshalb ist es nötig, steigende und effizientere Investitionen in Bildung und Forschung zu tätigen, um den Mangel an qualifiziertem Fachpersonal auszugleichen.

Darüber hinaus ist eine Bildungsoffensive des Staates, der Wirtschaft und der Gewerkschaften unerlässlich, um den Übergang in die »Wissensgesellschaft« erfolgreich zu gestalten. Die Menschen müssen in der Lage sein, auf die Herausforderungen reagieren zu können. Ausbildung und Wissen werden dabei immer wichtiger. In vielen Unternehmen verlagert sich der Schwerpunkt in der Wertschöpfung immer mehr hin zu Software und Dienstleistungen. Das Wissen und die Erfahrung der Arbeitnehmer werden zukünftig über die Wettbewerbsfähigkeit der Unternehmen entscheiden. Das in der Ausbildung erworbene Wissen veraltet im Schnitt nach drei bis fünf Jahren. Deshalb wird Lernen zu einer lebenslangen Aufgabe. In der Verantwortung stehen dabei aber nicht nur die Unternehmen, sondern auch der Staat und die Verbände müssen sich bei den Angeboten zur Weiterqualifizierung während des Berufslebens verstärkt engagieren.

Ich möchte nochmals die Vereinbarungen im Bündnis für Arbeit aufgreifen. Konkret muss es darum gehen, das Aufstiegsfortbildungsförderungsgesetz, das so genannte »Meister-BaföG«, zu novellieren. Die Bundesregierung arbeitet daran. Es muss auch darum gehen, die offenkundige Bereitschaft von Arbeitnehmerinnen und Arbeitnehmern, sich neues Wissen und neue Fähigkeiten in Arbeit und Freizeit anzueignen, zu fördern. Wer dies tut, soll auch etwas davon haben. Mit anderen Worten, wer sich weiterbildet, soll ein aussagekräftiges, anerkanntes und übertragbares Zertifikat erhalten. Und ich unterstütze auch nachdrücklich die Initiative des Bundeskanzlers, dass Arbeitslose einen so genannten »Internet-Führerschein« erwerben können. Weiterbildung ist aber auch eine Verpflichtung für die Tarifvertragsparteien. Wir streben deshalb gemeinsam mit den Arbeitgebern Vereinbarungen über die Rahmenbedingungen für Weiterbildung im Sinne eines lebenslangen Lernens an.

In diesem Zusammenhang muss auch über Mobilität gesprochen werden. In den USA ist es viel selbstverständlicher, dass die Arbeitnehmer mehrfach in einem Berufsleben den Arbeitsplatz wechseln. Ich bin der Auffassung, dass wir von den USA lernen können, ohne die kulturellen Gewohnheiten dieses Kontinents zu kopieren. Das heißt, dass unter bestimmten Bedingungen auch hierzulande berufliche Mobilität gefördert werden sollte.

Nehmen wir etwa das Problem der hohen Arbeitslosenrate unter jungen Leuten zwischen 15 und 25 Jahren in den neuen Bundesländern. Selbstverständlich werden die Gewerkschaften nicht aufhören dafür zu kämpfen, dass in den neuen Ländern ausreichend Arbeits- und Ausbildungsplätze geschaffen werden, damit die arbeitslosen jungen Leute dort eine berufliche Perspektive erhalten. Die Fortsetzung des Sofortprogramms der Bundesregierung über das Jahr 2000 hinaus ist deshalb eine beschlossene Sache. Im Jahr 2001 wird die Hälfte des Sofortprogramms in den neuen Ländern eingesetzt. Der Blick auf die Arbeitsmarktlage von Jugendlichen wirft jedoch die Frage auf, ob das ausreichen wird. Die Situation für die jungen Leute hat sich nämlich verschlechtert. Deshalb müssen auch die Möglichkeiten genutzt werden, arbeitslose Jugendliche auf unbesetzte Arbeitsplätze in anderen Bundesländern zu vermitteln. Konkret: Zugunsten arbeitsloser Jugendlicher, die eine Arbeit in anderen Ländern aufnehmen wollen, sollte ein »Mobilitätstopf« in Anlehnung an Paragraf 10 SGB III eingeführt werden.

Arbeit und soziale Gerechtigkeit werden sich nicht realisieren lassen, wenn eine angemessene makroökomische Nachfrage ausbleibt. Ob die aktuelle Wirtschaftspolitik dieses Kriterium erfüllt, muss in Frage gestellt werden. Ohne Zweifel ist es eine Notwendigkeit, die enorme Schulden- und Zinslast der Regierung Kohl abzubauen. Aber es stellt sich die Frage, ob sich damit eine problemangemessene makroökonomische Strategie erschöpft. Sicherlich nicht.

Bei aller Notwendigkeit der Haushaltskonsolidierung darf diese nicht so weit gehen, dass Konjunktur und Wachstum abgebremst werden, denn dann drohen Arbeitslosigkeit und soziale Ungerechtigkeit zu wachsen. Den Streit über eine eher angebots- oder eine eher nachfrageorientierte Wirtschaftspolitik halte ich für akademisch. Angebotsorientierte Instrumente wie der Ausbau der Infrastruktur können zugleich auch als nachfrageorientierte Instrumente wirken. Dies muss keineswegs heißen, öffentliche Ausgaben und mit ihnen die öffentliche Verschuldung in immer neue Höhen zu treiben. Aber es ist auch kein Ziel an sich, unabhängig von einer Haushaltskonsolidierung die staatlichen Ausgaben zu kürzen. Ebenso wenig trifft die Behauptung zu, dass die Höhe der Staatsausgaben mehr oder weniger die Grenze der Zustimmung der Arbeitnehmerinnen und Arbeitnehmer erreicht habe. Nach meiner Überzeugung hängt die Zustimmung zu Steuern und Abgaben vielmehr davon ab, ob die Gesamtsumme der staatlichen Leistungen, von der Infrastruktur über die öffentlichen Dienstleistungen und die wirtschaftspolitischen Aktivitäten bis hin zu den sozialstaatlichen Leistungen von den Bürgern und auch von den Unternehmen, als befriedigende Gegenleistung akzeptiert werden.

Gewerkschaften als Organisatoren von Solidarität

Die Gewerkschaften können einen wichtigen Beitrag zur sozialen Gestaltung des gesellschaftlichen Wandels leisten und dem Prozess der Modernisierung von Wirtschaft und Gesellschaft Form und Richtung geben. Ich habe großes Vertrauen in die Lernfähigkeit der Gewerkschaften, denn bis auf den heutigen Tag haben sie die Kraft und den Willen dazu gehabt. Es ist bekannt, dass Lernprozesse in Organisationen, die eine Geschichte besitzen, mühseliger sind als bei Organisationen, die ganz in und von der Gegenwart leben. Im Gegenzug können sich aber diese Lernprozesse als nachhaltiger erweisen. Die Gegenwart ist so widersprüchlich, uneindeutig und so voll von Chancen, dass es geradezu Zeit vergeuden hieße, sich in Pessimismus zu ergehen.

Neue Arbeitsformen, neue Leitbilder der Arbeit und neue Bürgerrollen fordern die Solidarität zwischen Menschen heraus. Die Gewerkschaften haben genug Wissen und Erfahrung, um diesen Prozess moderieren und organisieren zu können. Heute müssen neue Formen gefunden werden, die individuelle und kollektive Interessen miteinander vermitteln. Dies ist insbesondere mit Blick auf die Politik mit »neuen Arbeitnehmern« wichtig. Auch die jungen 70-Wochenstunden-Arbeiter in der Internet- und Medienbranche werden älter und damit verändern sich ihre Interessen. Und aus Start-ups werden, wenn sie dauerhaft Erfolg haben, mittelständische Unternehmen. Für sie müssen ansprechende und brauchbare Lösungen gefunden werden: Arbeitszeitregelungen, die auch einen Wechsel zwischen großer Anspannung und normaler Anspannung und Entspannung erlauben und Formen der Mitbestimmung, wenn sich Arbeit nicht mehr in Formen der unmittelbaren Gruppenkommunikation regeln lässt.

Real und ohne Grenzen – Die Neue Wirtschaft revolutioniert die Unternehmenskultur

von Hans Peter Stihl

Das Philosophieren über den Begriff »New Economy« ist in Mode gekommen. Zweifelnd wird gefragt, ob sich unter New Economy überhaupt ein Inhalt oder Substanz verbirgt. Diese Zweifel kann ich nicht nachvollziehen. Denn die Substanz der New Economy sind die neuen Technologien im Informations- und Kommunikationsbereich. Über ihre tiefgreifende Auswirkung auf das gesamte Wirtschaften hinaus hat die New Economy auch eine politische Dimension. Es ist eine Scheindiskussion, ob diese volkswirtschaftlichen Auswirkungen eine dauerhafte Veränderung der ökonomischen Gesetzmäßigkeiten bedeuten oder ob sich »nur« kurzfristig Charakter, Atmosphäre und Kultur der Geschäftswelt verändern.

Die Zeiten, in denen nur der Chef wusste, wohin in einem Unternehmen die Reise geht, liegen hinter uns. Die neuen Informations- und Kommunikationstechniken sind nicht nur dazu geeignet, Daten zu konservieren. Vielmehr hat ihr Einsatz erhebliche Auswirkungen auf die Informiertheit gerade der unteren Hierarchiestufen und nivelliert somit das alte Machtgefälle zwischen oben und unten. Das Ergebnis ist keineswegs – wie es auf den ersten Blick scheinen mag – eine soziale Revolution im Geist der 68er-Generation. Der Grund liegt auf der Hand: Wo alle über das gleiche Wissen verfügen, nimmt auch der Wettbewerb untereinander zu; wo jeder informiert ist, werden auch an jeden die gleichen Anforderungen gestellt. Und wo jeder von der gleichen Startlinie losrennt, wird auch sichtbar, wer auf der Ziellinie das

Nachsehen hat. Dafür gibt es dann keine Entschuldigung mehr – Freiheit und Ergebnisverantwortung gehören nun einmal fest zueinander. Jeder hat seine Chance. Aufgrund der neuen Kultur werden die letzten wettbewerbsfreien Biotope der Vergangenheit angehören. Die Kultur der New Economy reißt die Zäune solcher Biotope nieder und wandelt sie in öffentliche Grünanlagen um: Jedermann hat Zutritt. Die neue Transparenz der New Economy bedeutet mehr Wettbewerb, aber auch mehr Chancengleichheit.

Aus Sicht der Unternehmen hat eine stärker wettbewerbsorientierte Unternehmenskultur große Vorteile, auch wenn sich für einzelne Mitarbeiter durchaus Nachteile ergeben können. Ich bin jedoch davon überzeugt, dass die Vorteile der sich wandelnden Unternehmenskultur die Nachteile bei weitem überwiegen. Ein hoher Informationsstand und die Möglichkeit, sich in die Entscheidungen seines Unternehmens hineinzudenken, fördern verantwortungsorientiertes Denken bei allen Mitarbeitern. Die Erfahrung zeigt, dass bei Unternehmen der New Economy trotz der hohen Arbeitsbelastung, der Ungewissheit über die Firmenzukunft und der unvollkommenen Einkommenssicherheit eine auffallend hohe Arbeitszufriedenheit vorherrscht. Hier bestätigt sich ein weiteres Mal, dass die meisten Menschen ihre Arbeitszufriedenheit nicht so sehr aus einem Sicherheitsgefühl beziehen, sondern aus der Möglichkeit, ihre Fähigkeiten unter Beweis zu stellen. »Sozial« ist eine Arbeitsumgebung, wenn sie dem Mitarbeiter die Möglichkeit gibt, sich zu entfalten.

Die lebendige Gründerszene in Deutschland beweist: Noch immer verfügt unser Land über große unternehmerische Potenziale. Trotz jahrzehntelanger Unterbewertung oder gar Diskreditierung unternehmerischer Tätigkeit sind unternehmerische Fähigkeiten reichlich vorhanden. Heute wird ganz anders als vor fünfzehn Jahren über Unternehmertum geurteilt – und schon lassen sich wieder Tausende neuer Unternehmen sehen! Um sich entfalten zu können, brauchen sie ein geeignetes ordnungspolitisches Umfeld, das von der Wirtschaftspolitik geschaffen werden muss. Dabei ist kritisch anzumerken, dass die deutsche Gesellschaft sich mit ihrem Sinneswandel gegenüber den Unternehmern sehr viel Zeit gelassen hat. Zu den wichtigsten strukturellen Neuerungen der jüngsten Zeit gehören: die Schaffung des Neuen Marktes im Jahr 1997, der die Kapitalaufnahme an der Börse für junge Aktiengesellschaften erheblich erleichtert hat, die Liberalisierung des Telekommunikationsmarktes und die größeren Freiheiten auf dem Strommarkt, die für eine hohe Dynamik sorgen. All dies hat neue Möglichkeiten für unternehmerische Tätigkeit geschaffen. Es ist für mich wenig überraschend, dass auch in Deutschland kein Mangel an gründungswilligen Unternehmern besteht, die unter den veränderten Vorzeichen bereit sind, ihre gut bezahlten Jobs aufzugeben, um sich selbständig zu machen.

In den bereits bestehenden Unternehmen wirkt sich die New Economy auf Wertschöpfungskette, Organisation und auf das Marketing aus. Kurzfristig werden die Produkte der New Economy bisweilen zu Preisen angeboten, die nicht kostendeckend sind. Eine solch risikobereite Unternehmenspolitik baut auf der Hoffnung auf, dass sich die so gewonnenen Marktanteile später in milliardenschwere Gewinne verwandeln lassen. Die Kosten vieler Anbieter von Internetdienstleistungen erhöhen sich mit steigender Absatzmenge marginal, während der Umsatz proportional zur Stückzahl steigt. Ist das eigene Unternehmen im angestrebten Markt erst einmal fest etabliert, lassen sich – so hoffen die Newcomer – schrittweise Preiserhöhungen durchsetzen. Ein bekannter Markenname eröffnet zusätzlich die Möglichkeit, mit dem Kernprodukt weitere Angebote mit höheren Gewinnmargen an den Mann zu bringen.

Das Internet senkt erheblich die zum Auffinden und zur Beurteilung von Kooperationspartnern nötigen Kosten. Einige der Folgen sind bereits heute wohl bekannt: Spezialisierung und Outsourcing nehmen zu. Was nicht wirklich in der eigenen Organisation hergestellt werden muss, wird von externen Herstellern bezogen. Die heutige Gründerwelle in der New Economy hat ihre Ursache in dieser Entwicklung: Dem erleichterten Markteinstieg und der Möglichkeit, sich selbst als kleines oder mittleres Unternehmen schnell über das Internet bekannt zu machen. Die Produktion wird sich deshalb verstärkt in Netzwerken statt in Unternehmenshierarchien vollziehen. Die Erledigung ökonomischer Arbeitsaufgaben erfolgt nicht mehr ausschließlich über stabile innerbetriebliche Anweisungsketten, sondern durch die spontane Kooperation unabhängiger Mittelständler, deren Zusammenarbeit von Kaufvertrag oder Werkvertrag – nicht vom Arbeitsvertrag – geregelt wird. Der Arbeitsvertrag verliert an Bedeutung. Abstimmung und Kommunikation zwischen diesen Unternehmen finden auf elektronischem Wege statt. Dabei wird nicht nur der bereits heute übliche Handel zwischen Unternehmen und Endverbraucher in E-Commerce »übersetzt«. Gerade die Kooperation von Unternehmensnetzwerken, das Business-to-Business-Geschäft, wird stark an Bedeutung gewinnen. Jedes Unternehmen, das sich einen internetfähigen PC leisten kann, hat Zugriff auf Kontakte, Informationen und Know-how, die früher Großunternehmen vorbehalten waren.

Vermeintliche Sicherheitsprobleme halten viele kleine und mittlere Unternehmen noch vom Einstieg in die New Economy ab. Es gibt jedoch einen grundlegenden Mechanismus, der in weiten Bereichen für eine ausreichende Datensicherheit sorgen wird: Es liegt im eigenen Interesse der Unternehmen, individuelle Kundendaten zu schützen. Denn zum einen stellt die persönliche Kundendatei einen erheblichen Geschäftsvorteil dar. Zum anderen wird es sich kein erfolgreiches E-Commerce-Unternehmen leisten können, den Vertrauensvorschuss der Kunden zu verspielen, ohne dabei seine Marktposition erheblich zu gefährden.

Heute überwiegt das »Massenmarketing«: Zunächst betreibt ein Unternehmen Marktforschung, um herauszufinden, was seine Kunden sich vom Markt wünschen. Das Unternehmen stellt dann eine große Menge gleichartiger Produkte her, die mehr oder weniger den Kundenwünschen entsprechen. Anschließend sorgen breit angelegte Werbekampagnen dafür, das Produkt einer möglichst breiten Käuferschicht bekannt zu machen.

Mit den Techniken der New Economy nehmen die Kosten für Informationen über individuelle Kundenpräferenzen deutlich ab. Gleichzeitig sinken die Kosten für eine flexible Anpassung der Produkte an individuelle Kundenwünsche. Daher wird im Marketing die »Dialogmentalität« über die heutige »Einbahnstraßen-« oder »Rundfunkmentalität« obsiegen. Der Konsument wird einige Teilfunktionen der Produktgestaltung übernehmen. Ein typisches Beispiel hierfür ist ein Computerunternehmen in den USA, bei dem Kunden ihren PC vollständig über das Internet bestellen. Der Computer wird erst nach der Bestellung gemäß der kundenspezifischen Wünsche zusammengebaut. Das Unternehmen spart dadurch Lagerkosten und vermeidet die Produktion von Ladenhütern. Der Kunde hat den Vorteil eines niedrigeren Preises und eines genau seinen Wünschen entsprechenden Computers. Dieses Beispiel zeigt, dass die Produktpalette von Unternehmen der New Economy individueller und kundenspezifischer wird. Es trifft nicht zu, dass Internet und Computerisierung allein die Unpersönlichkeit des Wirtschaftens erhöhen würden. Zwar nimmt in einigen Bereichen die Zahl persönlicher Kontakte ab. Die Individualität der Produkte nimmt jedoch zu.

Die New Economy ist noch jung. Sie hat einen beachtlichen Teil des unternehmerischen Nachwuchspotenzials in Deutschland an sich gebunden. Auch einige Goldgräber haben sich als Entrepreneure versucht: So kam es dazu, dass auch mittelmäßig oder schlecht gerüstete Unternehmen und Manager sich von den Verheißungen der Gründerwelle haben anziehen lassen. All dies sind ganz normale Vorgänge in einer Marktwirtschaft. Marktkonform ist auch, dass nicht alle Unternehmen einen Gründungsversuch überleben. Viele der neu gegründeten Unternehmen werden niemals oder erst in ferner Zukunft die Gewinnschwelle erreichen. Andere, etwas profitablere Unternehmen werden höchstwahrscheinlich von Unternehmen der Old Economy aufgekauft. Diese Erscheinungen gehören zu einer Gründerwelle, die auf einer neuen Technologie beruht.

Niemand weiß genau, was die Zukunft der New Economy bringen wird. Entsprechend volatil ist die Börse für Unternehmen des Neuen Marktes. Auch wenn sich viele junge Unternehmen nicht dauerhaft am Markt halten können – das neue

Wirtschaften wird nicht an Bedeutung verlieren. Vielmehr wird die neue Form des Wirtschaftens zum festen Bestandteil marktwirtschaftlicher Tätigkeit, und sie wird es bleiben, selbst wenn viele ihrer Protagonisten einst nicht mehr existieren sollten. Die Anzahl der Pionierunternehmen mag sich verringern, selbst der Begriff der New Economy mag verschwinden – die Veränderungen und deren Auswirkungen werden bleiben.

Wirtschaftspolitik im Zeitalter der New Economy

von Edmund Stoiber

Der Zeitgeistbegriff von der »New Economy« ist mittlerweile in vieler Munde, ohne dass freilich klar wäre, was genau darunter zu verstehen ist. Schlagworte, wie »digitale Netzwerkökonomie«, »wissensbasierte Internetwirtschaft«, »Hightech- oder Shareholder-Kapitalismus« etc. werden damit verbunden.

Insgesamt dürfte jedoch unbestritten sein, dass die Beschäftigung mit dem Thema eine Analyse des nahezu zehnjährigen Aufschwungs in den USA voraussetzt. Am sinnvollsten nähert man sich deshalb den Fragen zur Neuen Ökonomie, indem man den Wirtschafts- und Beschäftigungsboom in den USA als Maßstab für das Phänomen New Economy nimmt.

Auffälligstes Kennzeichen der US-amerikanischen Wirtschaftsentwicklung über die letzten zehn Jahre ist zunächst, dass es dort gelungen ist, Vollbeschäftigung bei gleichzeitig hoher Preisstabilität zu realisieren. Noch in den achtziger Jahren wurde dies für allenfalls theoretisch machbar gehalten. Von vielen Experten wird daher gerade diese Beobachtung als das »Neue« an der New Economy gewertet. Ermöglicht wurde dieses inflationsfreie Beschäftigungswunder in den USA durch große Produktivitätsfortschritte insbesondere in der zweiten Hälfte der neunziger Jahre, die ohne eine weitgehende Durchdringung der gesamten Volkswirtschaft mit neuen Technologien vor allem aus dem IT-Bereich unmöglich gewesen wären.

Untersucht man nun, welche Wirtschaftspolitik der amerikanischen Erfolgsbilanz zugrunde liegt, werden regelmäßig folgende Bereiche genannt:

1. eine konsequente Reduzierung der staatlichen Nettokreditaufnahme bei insgesamt niedriger Gesamtsteuerlast, ohne dass dies auf Kosten der öffentlichen Investitionsquote gegangen wäre. Insbesondere die FuE-Ausgaben sind in den USA seit Anfang der neunziger Jahre deutlich gestiegen.
2. Ferner haben flexible Arbeits- und Gütermärkte in den USA den Strukturwandel begünstigt und die Innovationsdynamik beschleunigt. Früher als die Europäer haben die USA wichtige Liberalisierungen beispielsweise im Telekommunikationssektor vorgenommen.
3. Schließlich ist auch die besondere Bedeutung der amerikanischen Notenbankpolitik für den Aufschwung zu benennen. Eine flexible Geldpolitik, die für niedrige Zinsen bei Wahrung der Geldwertstabilität sorgte, hat die Investitionskosten gering gehalten und die Aktienmärkte mit ausreichend Kapital versorgt.

Betrachtet man diesen Katalog näher, dann fallen zwei Dinge ins Auge:

Alle aufgezählten Maßnahmen sind altbekannte Grundforderungen angebotsorientierter Wirtschaftspolitik, wie sie auch die Väter der Sozialen Marktwirtschaft schon in den fünfziger Jahren immer wieder herausgestellt haben und wie sie letztlich auch dem Deutschen Wirtschaftswunder nach 1948 zugrunde lagen.

Darüber hinaus weisen Deutschland und Europa auf genau diesen wirtschaftspolitischen Feldern mittlerweile große Reformdefizite auf. Eine aktuelle Studie des Weltwirtschaftsforums belegt beispielsweise, dass Deutschlands Wettbewerbsfähigkeit nur Mittelmaß ist. Auch die renommierte Bertelsmannstiftung hat erst kürzlich herausgearbeitet, dass Deutschland im internationalen Vergleich trotz der Ausnahmen Bayern und Baden-Württemberg beim Aufbau von Beschäftigung nicht nur erheblich zurückliegt, sondern seit 1998 bei der Senkung der Arbeitslosigkeit weiter zurückgefallen ist. Es muss uns besonders nachdenklich machen, wenn von internationalen Beobachtern vor allem das mangelnde Vertrauen in die Politik als großer Wettbewerbsnachteil in Deutschland eingestuft wird.

Die Wirtschaftspolitik in Deutschland muss daher dringender denn je diese Reformlücken schließen. Dabei geht es nicht darum, dem US-amerikanischen Erfolgsmodell blind nachzueifern – jedes Land muss einen eigenen Weg zur wirtschaftlichen Zukunftssicherung gehen –, sondern um eine Wiederbelebung der Grundsätze der Sozialen Marktwirtschaft, wie sie Ludwig Erhard und seine Mitstreiter formuliert haben. Deren konsequente Revitalisierung ist die richtige Antwort, um auch in Deutschland wieder Vollbeschäftigung und inflationsfreies Wachstum zu erreichen. Dazu sind notwendig:

1. eine Rückführung der Staatsquote und der Abbau von Staatsinterventionismus, um mehr Raum für privatwirtschaftliche Betätigungsfelder zu schaffen.
2. die Sicherung der Zukunftsfähigkeit der Sozialsysteme durch eine neue Balance von Eigenverantwortung und Solidarität: Vor allem die hohen Lohnzusatzkosten zur Finanzierung der sozialen Sicherungssysteme haben sich als Treibsatz der Verteuerung von Arbeit und damit als eine Hauptursache für die hohe Arbeitslosigkeit in Deutschland erwiesen. Mehr Eigenverantwortung in diesem Bereich ist auch der Nährboden für eine neue Aktien- und Venture-Capital-Kultur in Deutschland.
3. eine Forcierung der Investitionen in Humankapital: Die neuen Anforderungen der »Wissensgesellschaft« an überfachliches wie auch spezifisches Humankapital, praxisnahe Qualifikation, lebenslange Aus- und Weiterbildung machen entsprechende Reformen im Bildungsbereich (Umgestaltung der Schul- und Lehrpläne, Hochschulreform etc.) erforderlich. Die gesamte Gesellschaft muss »online« gehen: Aktive Maßnahmen wie die Vernetzung von Schulen und staatlichen Einrichtungen erhöhen die Akzeptanz der neuen Entwicklungen in der Bevölkerung
4. der Ausbau einer leistungsfähigen Forschungsinfrastruk-

tur: Von staatlicher Seite müssen sowohl die Erforschung und Entwicklung neuer Technologien gefördert, als auch die Vermarktung von Innovationen durch einsatz- und risikobereite Existenzgründer erleichtert und unterstützt werden.

5. die Fortsetzung der erfolgreichen Privatisierungspolitik auf allen politischen Ebenen und die weitere Öffnung bisher regulierter Märkte: Die gesetzlichen Rahmenbedingungen für den Einsatz der neuen Technologien dürfen im weltweiten Wettbewerb für eine Volkswirtschaft keine Standortnachteile durch unnötige und Unternehmensgründungen behindernde Regulierungen darstellen und schließlich
6. eine Reform des Föderalismus in Deutschland: Gerade auch auf diesem Feld haben sich seit Gründung der Bundesrepublik Fehlentwicklungen eingeschlichen, die zu Unbeweglichkeiten führen. Mehr Wettbewerb zwischen den Ländern ist notwendig, um auch hier Anreize für wettbewerbsfähigere Rahmenbedingungen zu setzen, die der deutschen Wirtschaft und Gesellschaft insgesamt neue Dynamik verleihen.

Zusammenfassend lässt sich sagen: Die New Economy ist kein ökonomisches Schlaraffenland. Die Gesetze der Wirtschaft verlieren auch im Zeitalter von Netzwerkökonomie und wissensbasierter Dienstleistungsgesellschaft nicht ihre Bedeutung. Im Gegenteil, der Strukturwandel und der internationale Wettbewerb verschärfen sich. Chancen, wie sie das US-amerikanische Muster aufzeigt, können auch in Deutschland verwirklicht werden, wenn Reformen im Steuer- bzw. Sozialsystem und am Arbeitsmarkt zu Gunsten von mehr Wettbewerb, Eigenverantwortung und Flexibilität für ein innovations- und wachstumsfreundliches Umfeld sorgen.

Bayern hat sich wirtschaftspolitisch seit jeher zu einer derartigen angebotsorientierten Wirtschaftspolitik bekannt. In der Legislaturperiode 1998 bis 2003 investiert die bayerische Staatsregierung aus Privatisierungserlösen rund 2,65 Milliarden DM in eine Hightech-Offensive. In den vergangenen Jahren sind bereits 5,6 Milliarden DM in die Offensive Zukunft

Bayern geflossen. Damit wollen wir die wissenschaftlich-technologische Kompetenz der bayerischen Wirtschaft stärken. Bayern konkurriert heute erfolgreich mit den Großräumen London und Paris als europäischer Spitzenstandort für Hochtechnologiebranchen.

Hightech-Politik ist dabei für die bayerische Staatsregierung kein Selbstzweck. Auch sollen neue aufstrebende Wirtschaftsbereiche wie etwa die Informations- und Kommunikationstechnologien nicht gegen traditionelle Wirtschaftssektoren ausgespielt werden. Mit Hilfe der Hightech-Offensive wollen wir die Wettbewerbsfähigkeit der bestehenden Arbeitsplätze auf breiter Front verteidigen und die Schaffung hochwertiger, gut bezahlter neuer Arbeitsplätze unterstützen. Nur innovative und hochwertige Produkte sichern eine Alleinstellung, die im harten kontinentalen und globalen Wettbewerb »gute« Preise garantiert.

Je besser uns dies gelingt, desto höhere Löhne können in Bayern bezahlt werden und umso geringer ist der Druck auf soziale Sicherungssysteme oder Umweltschutzstandards. Nur wer laufend Innovationsvorsprünge erzielt, bleibt Gewinner im globalen Wettbewerb und kann die Eintrittskarte zur New Economy lösen.

Eine neue Unternehmergeneration – Die New Economy belebt den Wirtschaftsstandort Deutschland

von Guido Westerwelle

Sie tragen lieber T-Shirts als Krawatten und das »Du« gehört für sie schon lange zum guten Ton. Eine neue Generation mischt unsere Wirtschaft auf. In Deutschland schießen Unternehmen der New Economy im Augenblick wie Pilze aus dem Boden. Auch wenn der Mythos der Garagenfirma in den seltensten Fällen zutrifft: Die Gründer sind fast alle unter dreißig und kommen direkt von den Universitäten oder aus der Ausbildung. Sie sind das Rückgrat eines Aufschwungs, der in Deutschland Hunderttausende von Arbeitsplätzen schafft.

Die New Economy ist mehr als nur die Umstellung von Rohrpost zu E-Mail. Deutschlands Wirtschaft befindet sich im Umbruch von der Industrie- zur Informationsgesellschaft. Dieser Wandel ist wohl nur mit der industriellen Revolution des letzten Jahrhunderts zu vergleichen. Das heißt auch, dass sich nicht nur die Kommunikationstechnik ändert, sondern vor allem die Mentalität der Menschen.

Die Generation, die jetzt in die Verantwortung drängt, ist pragmatisch und optimistisch. Sie ist keine Null-Bock-Generation, sondern möchte etwas verändern. Die Technikfeindlichkeit und Leistungsverweigerung sind ihr ebenso fremd. Die jungen Menschen von heute »ticken anders«.

Die »Generation@« ist schwer zu definieren, da sie keine Ideologie, kein gemeinsames Programm hat. Die neue Generation ist so vielfältig wie das Netz, an dem sie arbeitet. Ihr ist vor allem wichtig, unabhängig zu bleiben und eigene Entscheidungen treffen zu können. Daher ist sie flexibler und hat mehr Mut zum Risiko als ihre Vorgänger. Leistungsbereitschaft ist für sie kein Schimpfwort mehr. Eins ist sicher: Diese Generation und ihre Unternehmen werden Deutschland tief greifend verändern.

Zum einen wird unser Land beweglicher. »Geh in den öffentlichen Dienst, da kannst du dein ganzes Leben lang bleiben«, ist heute für viele kein erstrebenswertes Ziel mehr. Der Arbeitsmarkt der New Economy ist flexibler. Der Angestellte, der vom Berufseinstieg bis zur Rente im selben Betrieb arbeitet, existiert heute nur noch in der Fantasie traditionsliebender Gewerkschafter. Die Beschäftigten in den Start-ups wechseln ihren Arbeitgeber regelmäßig. Wenn eine Arbeit keine Perspektive mehr bietet, wenn irgendwo ein attraktives Jobangebot winkt, wechselt man einfach das Unternehmen. Oder macht sich selbständig.

Die neue Flexibilität ist von vielen Seiten in die Kritik geraten. Sie setze die Menschen permanent unter Druck und führe zu »Patchwork-Lebensläufen«. Der amerikanische Soziologe Richard Sennet spricht vom »flexiblen Kapitalismus«[1] und meint, die permanente Anpassung bedrohe die Identität des modernen Menschen. Die Jugendlichen der »Generation@« begreifen die Beweglichkeit der Arbeitswelt aber nicht als Bedrohung, sondern als Chance. Die wenigsten können sich heute einen Beruf vorstellen, in dem sich vierzig Jahre lang nur die Größe des Schreibtischs ändert. Wechselnde Projekte, Auslandsaufenthalte und Branchenwechsel machen das Leben nicht unsteter, sondern interessanter.

Die Jugendlichen der »Generation@« wollen nicht bevormundet werden. Vom Staat nicht, aber auch von keinem Arbeitgeber. Die Hierarchien in der New Economy sind flach. Teamarbeit ist hier wichtiger als eine straffe Befehlsstruktur. Die neue Wirtschaft braucht keine aufgeblasenen Bürokratien, sondern kleine, flexible Einheiten. Entscheidungen wer-

---

[1] Richard Sennett, *Der flexible Mensch: die Kultur des neuen Kapitalismus,* Berlin 1998, S. 10.

den nicht mehr von oben nach unten durchgegeben, sondern dezentral getroffen.[2]

Internet-Arbeiter brauchen Freiräume zur Entfaltung. Sie sind Individualisten, aber keine Einzelgänger. In den Start-ups ist Teamfähigkeit wichtiger als Ellenbogenmentalität. Genauso wenig sind die Träger der New Economy vereinsamte Computerfreaks, deren sozialer Kontakt sich auf Chatforen beschränkt. Die Unternehmen der neuen Wirtschaft ziehen vor allem kommunikative und offene Menschen an. Das Arbeitsklima in den kleinen Start-ups ist meist wesentlich intensiver als in den großen Unternehmen der Old Economy.

Die Jugendlichen, die heute auf den Arbeitsmarkt drängen, wollen mehr sein als Rädchen im Getriebe. Anstatt sich in Hierarchien einzuordnen, wollen sie selbst Verantwortung übernehmen. Die jüngste Shell-Studie hat es deutlich gemacht: 70 Prozent der Jugendlichen wollen gerne selbständig arbeiten. Die Mitarbeiter der New Economy sind an Erfolg und Misserfolg ihres Unternehmens direkt beteiligt, da die meisten Start-ups mit Aktienoptionen bezahlen. Das fördert Motivation und Verantwortungsbewusstsein.

Risiko ist für die neue Generation kein Fremdwort mehr. Vor einigen Jahren war es in Deutschland schwer, Geld für ein unkonventionelles Projekt zu bekommen. Heute sind die Banken offener und bereit, Innovation und Kreativität zu fördern. Dank des Neuen Marktes ist es heute ein kleines Problem, sich schnell Wagniskapital zu beschaffen.

Auch wenn sich einige der Unternehmen am Neuen Markt nicht halten werden, ist er nicht die Ersatzlotterie, für die er oft gehalten wird: Die Unternehmen, die dort gelistet sind, beschäftigten im Jahr 2000 etwa 120 000 Personen. Ein Drittel dieser Arbeitsplätze ist nach dem Börsengang entstanden. Nach einer Untersuchung der Unternehmensberatung Roland Berger werden in zwei Jahren wohl 227 000 Menschen in den

---

[2] Dagmar Deckstein/Peter Felixberger, *Arbeit neu denken*, Frankfurt/New York 2000.

Unternehmen des Neuen Marktes beschäftigt sein.[3] Der neue Mut zum Risiko ist kein blinder Goldrausch, sondern eine große Chance für neue Ideen.

Wer mit einem Projekt scheitert, bekommt in der New Economy oft eine zweite Chance. Damit die Lust am Risiko nicht zum sozialen Aus führt, braucht Deutschland eine »Kultur der Pleite«.[4] Ein Misserfolg darf nicht mehr zum beruflichen und vor allem psychischen Ende einer Karriere führen. In den Gründerteams an der amerikanischen Westküste sitzen immer auch Berater, die schon mal mit einem Projekt gescheitert sind. Denn die haben am meisten dazugelernt. Wenn wir eine Wirtschaft möchten, die vor riskanteren Projekten nicht zurückschreckt, dürfen wir Misserfolge nicht mehr als persönliche Schande begreifen, sondern auch als Chance für einen Neubeginn.

Unsere Gesellschaft wird nicht nur flexibler und wagemutiger, sondern auch deutlich leistungsbereiter. Keinem Internet-Arbeiter würde es einfallen, von seinem Chef eine 35-Stunden-Woche zu verlangen. Die Jugendlichen der »Generation@« arbeiten motiviert länger und wollen nicht von staatlichen Tarifverträgen eingeengt werden. Sie betrachten viele der gewerkschaftlichen Bindungen als hinderlich, als Relikt des letzten Jahrhunderts.

Die neue Generation ist offen, flexibel und dynamisch. Dank ihres Elans ist die New Economy längst der Motor des deutschen Wirtschaftswachstums. Dass den Informationstechnologien die Zukunft gehört, ist heute obligatorischer Bestandteil jeder politischen Sonntagsrede. Jeder setzt auf die Wunderkräfte der Neuen Wirtschaft. Die wenigsten aber hören auf die Bedürfnisse der Menschen, die die New Economy aufgebaut haben.

Eine Erfolgsbranche wie das Internet weckt natürlich die Begehrlichkeiten findiger Umverteilungspolitiker. Ange-

---

3 Roland Berger & Partner GmbH, »Der Beitrag der am Neuen Markt gelisteten Unternehmen für die Beschäftigung in Deutschland«, Berlin 2000.

4 Vgl. *Die Zeit,* 24. August 2000, S. 49.

strengt denkt man darüber nach, wie man das goldene Kalb am geschicktesten melken könne.

Gemeinsam ist diesen Vorstößen vor allem eines: Man will einen jungen, dynamischen Wirtschaftszweig sofort in unseren bundesrepublikanischen Regeldschungel einbinden. Dass das den Gründergeist der »Generation@« lähmt, wenn nicht sogar erstickt, wird dabei übersehen. Vielleicht sollten wir einfach auf das hören, was die Gründer selbst fordern: Die Politik sollte sich zurückhalten und die Szene einfach mal machen lassen.

Die Mausklick-Industrie konnte in den letzten Jahren Hunderttausende von Arbeitsplätzen schaffen. Die Kreativität und der Unternehmergeist der »Generation@« haben aus dem Internet-Entwicklungsland Deutschland innerhalb kurzer Zeit einen Vorreiter in der New Economy gemacht. Das Internet ist das beste Beispiel dafür, dass eine Branche nur dann innovativ ist, wenn man sie nicht mit Regeln erstickt.

Genau das Gegenteil aber wird versucht. Das Korsett des korporatistischen Wohlfahrtsstaates, mit dem fünfzig Jahre lang geregelt und besteuert wurde, soll seine »segensreichen« Wirkungen auch in der New Economy entfalten.

Beispiel Besteuerung: Egal wie man eine Internet-Steuer erhebt, sie hätte auf jeden Fall katastrophale Folgen auf die Entwicklung der New Economy. Der Kauf eines Internettauglichen PCs muss unterstützt werden, er darf vom Staat nicht durch Abgaben verteuert werden. Eine Internet-Steuer belastet Firmen, die sich ins Internet-Zeitalter wagen, anstatt sie zu fördern. Es gibt immer noch viele Politiker, die nicht begriffen haben, dass Steuern wachstumshemmend wirken: nicht nur in der New Economy, sondern in allen Bereichen.

Beispiel Arbeitszeiten: DGB-Chef Schulte gestand neulich großzügig ein, dass im Kampf gegen die Arbeitslosigkeit auch einmal eine 50-Stunden-Woche »zugelassen« werden kann. Der Ansatz ist für einen Gewerkschaftschef durchaus lobenswert, allerdings beweist Schulte einmal mehr, dass er die Logik der Gründerszene nicht verstanden hat: Es geht nicht darum, eine längere Arbeitswoche »zuzulassen«. Die Internet-Arbeiter wollen arbeiten können, wann und so lang sie wollen, ohne sich Vorschriften machen zu lassen. Das können in der einen Woche sechzig Stunden sein und in der nächsten zwanzig. Aber sie wollen darüber selbst entscheiden.

Beispiel Tarifvertragsrecht: Auch Flächentarifverträge sind Gift für die Gründung von neuen Unternehmen. Ein neu gegründeter Start-up kann nicht das gleiche Gehalt zahlen wie ein Unternehmen, das schon seit ein paar Jahren erfolgreich im Internetgeschäft tätig ist. Die bestehende Tarifstruktur hemmt die Schaffung von Arbeitsplätzen in allen Bereichen. Die veralteten Regulierungen auf die Mausklick-Wirtschaft auszudehnen, wäre fatal für Start-ups. Gerade die Neugründungen wären durch eine rigide Tarifpolitik gefährdet. Die meisten zahlen ohnehin mit Unternehmensbeteiligungen, was wesentlich motivierender ist.

Natürlich ist das Internet kein rechtsfreier Raum. Wir brauchen dringend eine Internet-Gesetzgebung, nur muss diese einfach und übersichtlich sein. Die Politik darf die neuen Unternehmen nicht bevormunden, sondern sie muss Rahmenbedingungen schaffen, in denen sich die New Economy entfalten kann. Die neuen Internet-Unternehmer setzen weitgehend auf Selbstkontrolle und Eigenverantwortung. Sie wissen, dass zu viel Einmischung die Kreativität ersticken kann.

Vielmehr sollte sich die Politik darauf verlegen, die Bedingungen für die New Economy zu verbessern. Dazu gehört zum einen die Deregulierung im Telefonmarkt. Der Wettbewerb auf der letzten Meile ist hier weiterhin verzerrt und verhindert Preissenkungen im Online-Bereich. Deutschland braucht Flatrate-Tarife, mit denen der Verbraucher zu einem bestimmten Festpreis unbegrenzt surfen kann. Wissenschaftler haben errechnet, dass ein Absinken der Flatrate-Tarife auf 40 Mark in Deutschland bis zu 400 000 Arbeitsplätze schaffen könnte[5].

Ein typischer bürokratischer Irrweg ist die Green-Card-Re-

---

[5] Vgl. Paul Welfens/Andre Jungmittag, *Auswirkungen einer Internet-Flat-rate auf Wachstum und Beschäftigung in Deutschland,* Potsdam 1999.

gelung. Die Bedingung, dass ausländische IT-Spezialisten ein Gehalt von 100 000 Mark vorweisen müssen, begünstigt die Großunternehmen. Kaum ein Start-up kann es sich leisten, für so ein Gehalt zu garantieren. Und so läuft der Strom dringend benötigter Fachkräfte an den schnelllebigen Unternehmen der New Economy vorbei.

Das Internet kennt keine nationalen Grenzen. Hautfarbe und Religion spielen in der New Economy keine Rolle. Es ist egal, ob jemand in Kalkutta oder in Euskirchen geboren wurde. Für die Internetunternehmen zählt nur, dass ein Mitarbeiter flexibel ist und gute Ideen einbringt. Darum braucht Deutschland dringend eine bessere Regelung für die Anwerbung ausländischer Fachkräfte. Denn nur ein international offener Standort ist auch in Zukunft wettbewerbsfähig. Das gilt sowohl für die Internetbranche, als auch für die Old Economy.

Eine der wichtigsten Aufgaben der Politik ist, dafür zu sorgen, dass breitere Schichten der Bevölkerung mit dem Internet in Berührung kommen. Das Internet ist ein Medium, das keine Klassenunterschiede kennt. Jeder, der sich einloggt, kann das Netz gleichberechtigt nutzen. In den Schulen, Berufsschulen, Bibliotheken und Universitäten müssen endlich Internetanschlüsse gelegt werden. Damit der Umbruch zur Informationsgesellschaft nicht an einem Teil der Bevölkerung vorbeigeht. Die Chancen, die die New Economy bietet, müssen allen offen stehen.

Der Wandel, der durch die neuen Kommunikationstechniken herbeigeführt wurde, ergreift alle Teile der Gesellschaft. Die Erstarrung des Wirtschaftslebens ist gelockert. Die neue Generation, der Träger der New Economy, ist motiviert, risikofreudig, kreativ, leistungsbereit und flexibel.

Die Bruchstelle zwischen Old und New Economy verläuft nicht zwischen dem Online-Bookshop und dem herkömmlichen Buchladen. Das beweisen die vielen Kooperationen zwischen Internetfirmen und Traditionsgeschäften. Das beweist der Weinhändler, der seine Flaschen nun auch übers Internet verkauft. Die Grenze zwischen Neuer und Alter Wirtschaft wird jeden Tag neu definiert. Sie verläuft zwischen den Unternehmen, die die neuen Möglichkeiten ignorieren, und denen, die den Anschluss ans Internetzeitalter wagen.

New Economy ist nicht der Abschied von der Old Economy. Ja, sie ist in den meisten Fällen nicht einmal ihr Konkurrent, sondern ein Regelbrecher, der auch für die Old Economy jahrzehntelang verschlossene Türen aufstößt.

Wer hätte vor wenigen Jahren eine Aktienkultur vorhergesagt, die es politisch und gesellschaftlich opportun werden lässt, auf Parties nicht nur über Kultur, sondern auch über Konjunkturdaten zu sprechen? Wer hätte es für möglich gehalten, dass eine große Mehrheit der Deutschen Soziale Marktwirtschaft nicht als lästige Pflichtübung, sondern als das überlegene Wirtschaftskonzept wieder beleben will?

Und wer hätte geglaubt, dass selbst die SPD in Gestalt ihrer Landtagsfraktion in Brandenburg ein Fach »Wirtschaft und Arbeit« an den Schulen für notwendig hält?

Die New-Economy-Generation überschreitet die Grenze zwischen Gesellschaft und Wirtschaft. Sie holt den Unternehmer zurück in die soziale Gemeinschaft. Sie bringt frischen Wind ins deutsche Wirtschaftsleben. Sie macht Eigenverantwortung und Selbständigkeit zu breit akzeptierten Werten. Sie überwindet die überholte Trennung von Arbeit und Kapital. Damit öffnet sie auch der Old Economy neue Chancen. Deutschland sollte sie nutzen.

4
MACHER – WIE BAUT MAN DIE NEW ECONOMY?

Die New Economy aus der Sicht eines Medienunternehmens

von Hubert Burda

Unsere Gesellschaft befindet sich heute in einem radikalen Umbruch. Die industrielle Revolution ist von einer neuen digitalen Revolution abgelöst worden. Neue Techniken und Kommunikationsmöglichkeiten sind entstanden, deren Auswirkungen auf den Menschen noch gar nicht abzusehen sind. Die Speerspitze dieser Entwicklung ist das Internet.

Unser Lernen, unsere zwischenmenschlichen Beziehungen, nicht zuletzt auch unsere Möglichkeiten zur Selbstverwirklichung erreichen durch die digitale Revolution neue Dimensionen. Gerade aus der Sicht eines Medienunternehmens fallen zwei Trends besonders ins Auge: die Entstehung der so genannten Wissensgesellschaft und der Entertainment-Gesellschaft. Sie prägen das Bild der New Economy und haben konkrete Auswirkungen auf die Medienunternehmen.

Widmen wir uns zuerst der *Wissensgesellschaft*. Die Verbreitung von Wissen hat sich im wesentlichen in drei Stufen vollzogen. Die Erfindung der Keilschrift um 3300 v. Christus hat es den Priestern und Schriftgelehrten ermöglicht, ihre Erkenntnisse und ihr Wissen einem größeren Kreis zugänglich zu machen. Dies war die erste Revolution. Die zweite kam mit der Erfindung des Buchdrucks vor über 500 Jahren. Gutenberg machte mit einem Mal Wissen für breitere Schichten verfügbar. Die dritte Revolution wurde durch das Internet eingeleitet, das weltweit genutzt werden kann. Es ist mit seinen fast 600 Milliarden Seiten die »größte Bibliothek« der Welt, und tagtäglich kommen tausende neuer Seiten hinzu.

Wir leben heute in einer *Wissensgesellschaft*. Jeden Tag tauschen die weltweit rund 45 Millionen Internet-Rechner eine Informationsmenge aus, die in der Größenordnung vergleichbar ist mit den Veröffentlichungen, die im gesamten 19. Jahrhundert erschienen sind. Nicht mehr materielle Güter sind der Reichtum unserer heutigen Gesellschaft, sondern so genannte »Intangibles« wie Ideen, Prozesse und Services. In einer Wissensgesellschaft ist derjenige erfolgreich, der bereit ist, zu lernen und neue Entwicklungen positiv umzusetzen.

Gerade die Medien sind der Motor dieser Wissensgesellschaft, weil sie Inhalte liefern. Darüber hinaus wird ihre Bedeutung für unsere Volkswirtschaft immer offensichtlicher. Vor allem die Neuen Medien sind die Job-Maschine der Zukunft. In der klassischen Medienindustrie waren in Deutschland Ende 2000 schon 700 000 Menschen beschäftigt – das sind genauso viele wie in der Automobilbranche; in den Neuen Medien weitere 700 000, bis 2002 werden es 1,1 Millionen sein. Die Medien sind ein wichtiger Motor für zukünftiges Wirtschaftswachstum.

Seit einigen Jahren ist unsere Gesellschaft auch eine *Entertainment*-Society. Dem immer stärker werdenden Wunsch der Menschen nach Vergnügen, Spaß und Selbstverwirklichung wird durch immer neue Produkte Rechnung getragen. Die Möglichkeiten sind schier unerschöpflich: Wir befinden uns auf der obersten Stufe der Maslow'schen Bedürfnispyramide, auf der Ebene der Selbstverwirklichung. Wenn heute neue Produkte und Märkte entstehen, haben sie fast immer mit Erlebniswelten, mit Fun oder mit Stars zu tun, mit denen sich die Menschen identifizieren.

Die Entertainment-Gesellschaft macht das Leben zum Erlebnis, zum Spiel, an dem alle partizipieren wollen. Die Börse ist längst ein Teil dieser Entertainment-Gesellschaft. Es geht um das Spiel, die Spannung, das Risiko, auch einmal verlieren zu können.

Der große Drang nach Selbstverwirklichung, der unsere Gesellschaft heute so stark prägt, hat auch vor dem Unternehmertum in Deutschland, wie auch in Europa, nicht Halt gemacht. War unser Land lange durch übertriebene Vorsicht und Risikoscheu geprägt, so erleben wir seit einigen Jahren eine Renaissance des Unternehmertums. Start-ups entstehen wie aus dem Nichts. Die Neuen Medien haben es heute möglich gemacht, mit wenig Aufwand, praktisch ohne Hardware, ein Unternehmen zu gründen, und sie erzeugen einen Kreativitätsschub, der noch lange anhalten wird. Unternehmer zu sein, lohnt sich in Deutschland wieder.

Junge Menschen bauen ein Geschäft auf, weil sie die Herausforderung, aber auch der damit verbundene Spaß reizt. Aus einer kürzlich veröffentlichten *Focus*-Studie geht hervor, dass 32 Prozent der 18- bis 45-jährigen Deutschen gerne eine eigene Firma hätten, vor allem weil sie etwas Eigenes erschaffen wollen. In einigen Fachbereichen der Universitäten gehen über 50 Prozent der Hochschulabsolventen in die neuen Start-ups.

Auch das Risikoverhalten der jungen Leute hat sich verändert. Es entwickelt sich mehr und mehr eine »tolerance towards failure«-Mentalität: Junge Menschen können auch Fehler machen, ohne dass es negative Konsequenzen für den weiteren Berufsweg hat. Im Gegenteil. Heute ist es eher ein Plus, wenn ein junger Bewerber bereits Erfahrungen durch die Gründung einer eigenen Firma gemacht hat, selbst wenn er damit keinen Erfolg hatte.

Als *Medienunternehmen* befinden wir uns inmitten dieser Trends, ja wir können sie zum Teil selbst mitbestimmen. Hubert Burda Media nimmt mit seinen Titeln wie *Focus* und anderen Content-Angeboten einen festen Platz in der Wissensgesellschaft ein. Gleichzeitig leben wir selbst in der Entertainment-Gesellschaft, indem wir Titel wie *Bunte* oder *Instyle* publizieren, oder Events organisieren, wie die alljährliche Bambi-Verleihung.

Die Entwicklung zur Wissensgesellschaft und die damit verbundene Verbreitung des Internets haben die Position der Printmedien gestärkt. Ähnlich wie viele Programmzeitschriften aus dem Privatfernsehen Kapital geschlagen haben, entstehen nun andere Publikationen, die das neue, für viele Menschen noch schwer fassbare Medium Internet begleiten. Sogar das deutsche Topmanagement tut sich noch schwer mit dem rasend schnellen Wachstum des Web. Grundsätzlich gilt: Je mehr Internet, um so mehr Zeitschriften über das Internet.

Das Wachstum dieser Zeitschriftentitel ist so stark wie noch nie. Sie haben mittlerweile eine Gesamtauflage von weit über 1,5 Millionen verkauften Exemplaren. Das Verhältnis von Print und Online ist also komplementär, beide unterstützen sich gegenseitig. Ein Verdrängungswettbewerb, wie oftmals behauptet, ist nicht zu beobachten. Die Online-Aktivitäten vieler Print-Titel bestätigen dies.

Ein gemeinsamer Online- und Printauftritt erweist sich immer als vorteilhaft, da neue Nutzerkreise erschlossen und Bindungen an die Marke erhöht werden können. »Print braucht Online und Online braucht Print«, dieser Grundsatz gilt auch heute noch.

Printmedien werden überdies in dem zunehmend undurchsichtig werdenden Dickicht von Informationen zu Orientierungspunkten. Sie liefern nicht nur Inhalte wie andere Medien, sondern auch den dazugehörigen Kontext, indem sie Informationen strukturieren und einordnen. Für die Zeitschriften spricht zudem, dass sie wie kein anderer Werbeträger Markennamen von Produkten prägen können.

Die digitale Revolution stellt Medienunternehmen vor große Herausforderungen. Klassische Geschäftsmodelle werden in Frage gestellt, neue entstehen. Auch die Beziehungen zu unseren Kunden werden sich verändern. Die steigende Penetration des Internets und auch des Mobilfunks wird das Kaufverhalten der Menschen nachhaltig beeinflussen. So ermöglicht die Person-to-Person-Kommunikation im Internet ganz neue Möglichkeiten der Zielgruppenansprache und -pflege. Angesichts der zunehmenden Wettbewerbsintensität und Markttransparenz – der Nutzer kann per Mausklick in kurzer Zeit Angebote vergleichen –, müssen wir uns auf eine ganz neue Situation einstellen, in der der Kunde die Macht hat: »He is in the driver's seat.«

Auch die klassische Werbung als Finanzierungsquelle des Internets muss neu durchdacht werden. Wir arbeiten an Geschäftsmodellen, die eine Verbindung aus mehreren alten Geschäftsmodellen darstellen, wie etwa das mehrstufige, transaktionsabhängige »Billing« von Werbung. Da im Internet der Erfolg einer Werbung direkt messbar ist – entweder die Werbung wird nur geschaltet, oder der Kunde klickt auf die Werbeseite, oder es findet sogar eine Transaktion über das Anklicken statt –, kann auch der Preis flexibel gehalten werden.

Hubert Burda Media hat sich schon sehr früh mit Neuen Medien beschäftigt und konnte daher wichtige Erfahrungen in den verschiedensten Bereichen sammeln. So wurden zuallererst die wichtigsten Print-Titel durch einen Web-Auftritt ergänzt, um damit zusätzliche Zielgruppen zu binden. Später kamen Beteiligungen an viel versprechenden jungen Internet-Start-ups hinzu. Mittlerweile hat sich die Beteiligungsholding zu einem zentralen Bereich in der New-Media-Strategie des Hauses entwickelt. Eine weitere Einheit in unserem Konzept bildet *Burda Digital.* Dort werden New-Media-Konzepte, Consulting und klassische VC-Aktivitäten entwickelt.

Eine ganz neue Richtung wurde im letzten Jahr mit der Gründung von *Focus Digital* eingeschlagen. Zum ersten Mal ist ein Teil von Hubert Burda Media an die Börse gegangen. Dort herrschen ganz andere Spielregeln als in einem inhabergeführten Familienunternehmen. Diese neuen Spielregeln gilt es erst einmal zu erlernen.

Entscheidend ist heute allerdings weniger, ob ein Unternehmen eine eigene Internet-Abteilung im Organigramm vorweisen kann. Es muss vielmehr darum gehen, das Internet und seine vielfältigen Möglichkeiten in das gesamte Unternehmen zu tragen und sämtliche Abteilungen dahingehend zu untersuchen, inwieweit durch neue Medien Effizienzsteigerungen oder sogar neue Märkte entwickelt werden können.

Auch in der internen Kommunikation und in der Aus- und Fortbildung hält das Internet zusehends Einzug. Bei Hubert Burda Media wird deshalb gerade dem hausinternen Intranet große Bedeutung beigemessen. Es ist das moderne Rückgrat der internen Kommunikation.

Um in dieser neuen Welt bestehen zu können, ist ein Unternehmen auf kreative Köpfe angewiesen. »It's all about people«: Der »War for Talents« ist voll entbrannt. In der heutigen Zeit sind es die Menschen, die im Mittelpunkt stehen.

Nur wer die Besten an sich binden kann, hat eine Chance im neuen Wettbewerb. Um dies zu erreichen, müssen wir uns beispielsweise auf flexiblere Vergütungssysteme einlassen. Hierzu gehören insbesondere Stock Options, aber auch flexible Arbeitszeiten. In der neuen Berufswelt beobachten wir eine stärker projektbezogene Teamarbeit, in der Hierarchien nicht mehr die Bedeutung haben wie früher. Darauf sollten sich Strukturen einstellen.

Die New Economy ist eine große Herausforderung für uns alle. Sie wird unsere Unternehmen entscheidend verändern. Ich glaube weiterhin an ein starkes Umsatzwachstum der Medienbranche, das es in diesem Ausmaß noch nie zuvor gab. Daran wird sich auch in den nächsten zwanzig, dreißig Jahren nichts ändern.

Trotz der Marktdynamik, die mit dem Begriff der New Economy verbunden ist, sollten wir die Geschäftsmodelle der Old Economy nicht ganz vergessen. Bewährte Produkte und Geschäftsmodelle werden auch bis auf weiteres in vielen Unternehmen eine dominierende Rolle spielen. Sie sind die Basis für Investitionen in neue Geschäftsfelder.

Daher lautet unser Leitspruch: »Core and explore«, mit anderen Worten: Pflege das Basisgeschäft und suche gleichzeitig nach Neuem.

Online-Boom? Online-Lüge? – Online-Synthese: der weltweite Siegeszug des Internets in der Wirtschaftswelt

von Reto Francioni

»New Economy« – ein Begriff und eine neue Wirtschaftsära, die nun bereits seit längerer Zeit in den Unternehmen, auf dem Börsenparkett, in den Medien, aber auch in der Politik präsent ist – lässt sich nur schwer übergreifend fassen. Die Schwierigkeiten, einen solchen Begriff konsensual mit Inhalt zu füllen, liegen auf der Hand. Zum einen versteht nahezu jeder etwas anderes unter der New Economy. Unterschiedliche Auffassungen und Definitionen – nicht nur in der Wissenschaft, auch in der Wirtschaftswelt – zeigen, dass dieses Phänomen an sich weiterhin schillernd ist, auch wenn es nun schon seit längerem in aller Munde ist. Zum anderen verschleiert die Neigung zur Übertreibung eine sachliche Betrachtung. Im Zuge der Verbreitung des Internets – die entscheidende Komponente der New Economy – wird eine nüchterne Diskussion durch Euphorie auf der einen und Schwarzmalerei auf der anderen Seite erschwert. Die derzeitige atemberaubende Dynamik der wirtschaftlichen Entwicklung indes kann jeder beobachten.

Diese Dynamik – nicht nur zur Zeit, sondern der letzten zwei Jahrzehnte – lässt sich auch heute noch auf die fundamentale Gleichung von Adam Smith (1723–1790, »The Wealth of Nations«) zurückführen. Diese besagt: »Der Grad der Arbeitsteilung wird limitiert durch die Ausdehnung des Marktes.« Hier – in der Arbeitsteilung und damit der Synergieausschöpfung der Economy of Sale – liegt die Triebfeder für diese rasante wirtschaftliche Entwicklung. Jede Technologie, jede Errungenschaft, die eine Ausdehnung der Märkte ermöglichte, führte dabei zu teils dramatischen Wachstumsschüben: Die Erfindung der Eisenbahn beispielsweise und auch des Automobils ermöglichte den Transport von Gütern über große Distanzen und damit die Ausweitung der Absatzgebiete. Die Verbreitung des Telefons erlaubte Kommunikation und Steuerung von Arbeitsprozessen über weite Distanzen. All diese Erfindungen führten zu Quantensprüngen und einer radikalen Umgestaltung des wirtschaftlichen Umfelds. Erinnert sei beispielsweise an die Auswirkungen durch die Einführung und Etablierung des Telefons auf das Börsengeschäft.

Heute findet ein von der Bedeutung her zumindest ähnlich epochaler technologischer Durchbruch statt: der weltweite Siegeszug des Internets. Diese Technologierevolution zeichnet sich nicht durch die farbigen, mehr oder weniger ansprechend gestalteten Websites aus, sondern durch die damit einhergehende Standardisierung der Datenformate und die weltweit zur Verfügung stehende Kommunikationsplattform. Mit der Verbreitung dieser Technologie in den letzten drei bis vier Jahren wurde innerhalb kürzester Zeit möglich, was früher sogar innerhalb von Firmen nur schwer und mit viel Aufwand zu bewältigen war: der problemlose Austausch von Informationen, Daten und Dokumenten über alle Grenzen hinweg. Das Internet wird die Geschäftswelt weiter beeinflussen und verändern. Und das ist nur von Vorteil, denn das Internet bietet durch seine örtliche Unabhängigkeit, die günstige Kostenstruktur und die Chance der Platzierung verschiedener direkter Verbindungen zu anderen Wertschöpfungsketten einen enormen Effizienzgewinn für die Unternehmen.

Mit Hilfe des Internets wird eine der wesentlichen Antriebskräfte für Großfirmen und Firmenfusionen, nämlich die Bildung von großen Einheiten zur Ermöglichung der Kommunikation und damit höherer Arbeitsteilung hinfällig. Durch das Internet wird eine Zusammenarbeit zwischen juristisch und wirtschaftlich völlig unabhängigen Partnern möglich. Dadurch können schnell neue, dynamische und flexible Projekt- und Prozessstrukturen realisiert werden. Damit hat das Internet eine Bedeutung, die weit über die Informationsvermittlung für eine breites Publikum und die Einbindung von Kunden- und Verkaufskanälen hinausgeht. Mit Hilfe dieser Revolution werden neue Wirtschaftsformen möglich – eben die New Economy –, und das Internet ist der entscheidende, alles prägende Faktor.

Diese New Economy stellt eine neue Wirtschaftsära dar, die einen in ihrer Radikalität von niemandem erwarteten Durchbruch herbeigeführt hat. Das Internet bietet die Voraussetzung dafür, dass ganze Wertschöpfungsketten aufgebrochen und neu zusammengefügt werden können. Die durch das Internet initiierten und ineinander übergreifenden Prozesse der Globalisierung, Technisierung und Liberalisierung bieten ein dynamisches Wirtschaftswachstum und verändern die wirtschaftlichen Strukturen nachhaltig. E-Commerce und E-Business sind Märkte mit hohem Wachstumspotenzial, und man beginnt, Dienstleistungen – wie beispielsweise das Brokerage – neu zusammenzusetzen. Die Möglichkeiten des Internets im Speziellen sind dabei nicht nur Katalysatoren des Prozesses, sondern sein eigentlicher Auslöser. Wer am Ende davon profitiert, ist der Kunde.

Allein diese Überlegungen zeigen eines sehr deutlich: Das Internet ist die zentrale Definitionsgröße für die New Economy und gleichzeitig ein fundamentaler Trend, der nicht aufgehalten werden kann und sollte. Im Gegenteil ist es notwendig, diesen Faktor überall und in sämtliche Geschäftsprozesse adäquat zu integrieren. Die Wirtschaft wird den Weg über das Internet bzw. die New Economy gehen müssen.

Faszinierend an der Entstehung der New Economy ist die noch nie da gewesene Geschwindigkeit des Umbruchs. Während vor vier Jahren das Internet noch weitgehend eine Domäne von Hochschulen und Forschungsinstituten darstellte und sich darüber hinaus lediglich einige »Freaks« damit beschäftigten, so hat es in kürzester Zeit eine Verbreitung erfahren, die noch nie eine Technologie zuvor erreicht hat. Bedeutsam in diesem Zusammenhang ist vor allem die Entwicklung seiner Einsatzstrategien im Kerngeschäft von Unternehmen.

Typischerweise beschränkt sich die Adaption neuer Technologien in einer ersten Phase darauf, bestehende Arbeitsweisen zu unterstützen und auszubilden. Das eigentliche Potenzial erschließt sich erst später, wobei genau in dieser Absorptionsphase das größte Differenzierungspotenzial besteht und bestehende Machtverhältnisse völlig verschoben werden können: Kluge, visionäre Köpfe oder Firmen erhalten in dieser Transitionsphase die Gelegenheit, durch geplante oder intuitive Adaption der neuen Möglichkeiten, die Spielregeln neu zu definieren und neue Geschäftsmodelle zu etablieren. Beim Internet beschränkte man sich in der Anfangsphase – in der sich viele Unternehmen noch heute befinden – auf die Gestaltung einer mehr oder weniger attraktiv gestalteten Homepage. Damit glaubte man den Herausforderungen der neuen Technologie Genüge getan zu haben. Ein solcher Ansatz ist jedoch bei der Fülle des heutigen Angebots eine Nulllösung.

Die zweite Phase besteht darin, Produkte, Beratung, Service oder Verkaufsunterstützung über das Internet anzubieten (Web-shops). Dieser Ansatz ist in einigen Branchen wie der Reisebranche oder dem Buchhandel durchaus erfolgreich, vermag aber für sich alleine niemals eine New Economy zu begründen.

Der revolutionäre Ansatz der Technologie kommt erst mit Phase drei ins Spiel – mit der bereits angesprochenen Umgestaltung von Wertschöpfungsketten unter Einbezug von Kunden und Partnern. Und unter diesem Gesichtspunkt wird wieder eines deutlich: Der Gewinner bei dieser Entwicklung ist das Individuum bzw. der Kunde.

Es mag deutlich geworden sein, dass der Reformstau in Deutschland im Wesentlichen durch den Unternehmergeist der New Economy wenn nicht aufgelöst, dann doch zumindest durchbrochen worden ist. Das Internet hat viele bedeutende gesellschaftliche Veränderungsprozesse ausgelöst, wenn nicht sogar »erzwungen«. Erfolgreiche Spieler der New Economy haben sich rechtzeitig auf einzelne »online-fähige« Abschnitte der Wertschöpfungskette fokussiert. Durch diese Entwicklung kommt es in fast jedem Industriesektor zum Aufbrechen jahrhundertealter traditioneller Geschäftssysteme. Damit einher geht der Durchbruch neuer gesellschaftlicher, kultureller und organisatorischer Verhaltensweisen. Wir haben – auch in Deutschland – in den vergangenen Jahren einen Online-Boom erlebt, der auf viele schon fast unheimlich wirkte.

Doch New Economy bezieht sich nicht zwingend auf neue Unternehmen, die in letzter Zeit in den Schlagzeilen standen, sondern New Economy steht für die fundamental neuen Möglichkeiten, die die neue Technologie in Bezug auf die Neugestaltung von Wertschöpfungsketten auch für etablierte, konventionelle Firmen bietet: Wie stets in solchen Umbruchphasen ist es entscheidend, wie schnell ein Unternehmen sich den neuen Begebenheiten nicht nur anpaßt, sondern aktiv neue Modelle und Möglichkeiten erkennt und umsetzt. Hier sind massive Unterschiede zu erkennen.

Viele Unternehmen befinden sich weiterhin in der genannten Phase eins, gestalten ihre Homepages und erfreuen den Kunden über eine eigene Website mit Informationen zur Firma und ihren Produkten. Andere gestalten bereits die gesamten Unternehmensprozesse und -strukturen um und werden damit sehr schnell Teil der New Economy.

Das Internet sollte bei einer Gesamtbetrachtung allerdings nicht isoliert von allen anderen technischen Möglichkeiten, sondern im Zusammenhang mit der gesamten Telekommunikation betrachtet werden. Daraus ergibt sich ein Netzwerk aus scheinbar grenzenlosen, irgendwie maßlosen, flexiblen, schnellen und alles durchdringenden Netzen, deren einzige Begrenzung der Inhalt ist – im wirtschaftlichen Bereich die Strategie und Umsetzung. Durch ebendiese Eigenschaften und insbesondere die Flexibilität dieser Netze lassen sich unglaublich schnell, aber gleichzeitig gezielt maßgeschneiderte, virtuelle Märkte und Communities aufbauen. Erneut profitiert der Kunde bzw. das Individuum.

Die zentrale Frage, die sich nun stellt, ist, was die Menschen aus dieser neuen technischen Entwicklung und aus den entstandenen Netzwerken machen. Die uns zur Verfügung stehende Technik ist immer nur so gut oder auch so schlecht, wie wir sie zu nutzen verstehen. Bei einer effektiveren, sinnvollen Umgangsweise mit dem Internet wird das Individuum im Wirtschaftsprozess in seiner Position als Kunde gestärkt, denn das Internet liefert dem Kunden mehr an Information, mehr an Auswahl und damit auch mehr an Macht. Deshalb ist das Internet a priori eine positive, eine gute Entwicklung.

Zugleich ist das Internet auch für die Unternehmen eine Chance und ein Gewinn. Eintrittsbarrieren schmelzen, Produktinnovationen werden zügig in die Märkte eingeführt, Start-ups können schneller unternehmerisch tätig werden. Die Märkte werden effizienter: Schneller, billiger, transparenter und damit vorteilhaft für alle ist der Gesamttrend der Neuen Wirtschaft – der New Economy eben.

New Economy als neue Wirtschaftsära, als neue Unternehmensphilosophie und auch als gesellschaftlicher Wandel passiert in vielen Ländern, eigentlich an allen Orten, aber nicht überall auf die gleiche Art und Weise und insbesondere nicht im gleichen Zeitrahmen. In Deutschland befindet sich die New Economy im Aufstieg, allerdings ist der Höhepunkt noch nicht erreicht. Dennoch sind auch in Deutschland erste Sättigungserscheinungen zu erkennen. Die ersten Überreaktionen, die von »himmelhoch jauchzend« bis »zu Tode betrübt« reichten, sind verflogen. Ein Indikator für diese starken Schwankungen war bzw. ist der Neue Markt. Noch Anfang des Jahres 1999 erschienen nur diejenigen Unternehmen als begehrt, die am Neuen Markt vertreten waren und nicht die, die auf ganz »traditionelle« Weise ihre Geschäfte führten. Als dann die stark überbewerteten Aktien wenige Monate später auf den Boden der Wirklichkeit zurückfielen, geriet die Bewertung der Unternehmen der New Economy insgesamt gleich in das andere Extrem. Viele der während der Internet-Euphorie an die Börse gegangenen Unternehmen gerieten in Erklärungsnot, der Börsenboom war vorüber. »Finger weg von Internet-Aktien« war der zentrale Slogan.

Nach dem ersten Online-Boom folgte die Online-Lüge. In der zweiten Hälfte des Jahres 2000 hat die Dynamik der New Economy spürbar nachgelassen. Weitere Pleiten vieler »eindimensionaler« Online-Anbieter dürften unmittelbar bevorstehen.

Nachdem nun die erste Phase der Überreaktionen vorbei

ist, besteht in naher Zukunft die Möglichkeit einer sachlicheren, realistischeren Betrachtung des Phänomens. Es ist deutlich geworden, dass die Kursentwicklungen der Unternehmen am Neuen Markt unterschiedlich bewertet werden müssen. Kurzfristig wird noch mit einigen Kurseinbrüchen zu rechnen sein. Dadurch wird sich aber die Spreu vom Weizen trennen. Mittel- bis langfristig gesehen werden die übertriebenen Erwartungen zurückgeschraubt werden. Nachdem die überbewerteten, schlechten Unternehmen zurückgestuft worden sind, werden die »fundamentalen« Neue-Markt-Unternehmen – Unternehmen mit echter Story und Substanz – wachsen und für eine langfristig positive Entwicklung des Neuen Marktes sorgen. Der Neue Markt lässt sich in Zukunft nicht mehr ausschließlich über all diejenigen Unternehmen definieren, die ihre Geschäftsprozesse und -entwicklungen auf das Internet verlegen. Dies ist ein unausweichlicher Trend, dem sich auf Dauer immer mehr Unternehmen anschließen müssen. Der Neue Markt muss eine Plattform für solche Unternehmen sein, die mit ihren Innovationen immer einen Schritt voraus sind und den technologischen Fortschritt als Pioniere vorantreiben. Den Pionieren gehört die Zukunft und der Neue Markt. Die positive Entwicklung des Neuen Marktes wird sich – langfristig gesehen – einstellen. Und in diesem Zuge wird auch die Akzeptanz der New Economy weiter wachsen.

Die Zukunftsfähigkeit vieler Unternehmen der Neuen Wirtschaft ist sehr gut. Von zentraler Bedeutung ist dabei auch hier das Management. Im Zuge der New Economy hat sich das Anforderungsprofil an die Führungskräfte und das Personal verändert. Kompetente Manager mit Marktgefühl, analytischen Fähigkeiten, raschem Entscheidungs- und Umsetzungsvermögen sind eine zentrale Größe im New-Economy-Geschäft. Die Beherrschung der neuen Technologie Internet ist entscheidend, denn nur wer die Technik beherrscht, kann sie für seine Zwecke und Ziele optimal einsetzen. Dazu werden Fähigkeiten gefragt sein, die bisher weniger relevant waren. Die wesentlichen Fakten aus der Informationsflut des Internets zu erkennen, herauszufiltern, zu strukturieren und gezielt zu unternehmerischem Nutzen einzusetzen, ist eine Kompetenz, die immer entscheidender wird. Kurz: Die gezielte Reduktion von Komplexität muss gelernt sein. Strukturen erkennen und erarbeiten, d.h. wesentliche Kriterien herausarbeiten und auf den Gesamtprozess übertragen, ist ein Faktor, der für den Erfolg eines New-Economy-Unternehmens von zentraler Bedeutung ist.

Doch ist die New Economy tatsächlich die Chance zur Rettung vieler wirtschaftlicher Probleme und die rentable Zukunftshoffnung? Ist im Gegensatz dazu die von vielen Experten so genannte Old Economy entsprechend altbacken, unmodern und nicht mehr zeitgemäß? Wachstum, ökonomische Neuausrichtung, ja sogar eine ganz neue Wirtschaftsphilosophie werden der so genannten Neuen Wirtschaft zugeschrieben. Und die Old Economy? Das Wörtchen »old« verstehen viele tatsächlich als alt im Sinne von veraltet, überholt. Doch steckt dies tatsächlich dahinter? Sind es nicht vielmehr erfahrene und etablierte Wirtschaftszweige, die der New Economy die Kraft geben, neue Technologien und innovative Ideen zu entwickeln und zu etablieren?

Viele Fragen, auf die es – auch in der wirtschaftlichen Praxis – bisher erst wenige und kontrovers diskutierte Antworten gibt.

Zunächst bedarf es einer Korrektur des Begriffs »Old Economy« – eines Begriffs, der sich nicht nur bei Wirtschaftsexperten, sondern auch im Volksmund mittlerweile eingebürgert hat. »Old-fashioned-economy« trifft die derzeitige Lage der traditionellen Unternehmen wesentlich präziser, denn die so genannten etablierten Wirtschaftszweige sind nicht »alt«, sondern eben nur traditionell. Jedes Unternehmen, das mittelfristig Erfolg haben will, muss sich dem Internet zuwenden, sich mit dem Internet vernetzen. Dieser Trend ist für alle Unternehmen richtungsweisend – unabhängig davon, ob old-fashioned oder new. Die Vernetzung zwischen der old-fashioned und der New Economy ist unausweichlich. Was das Internet für die Wirtschaft insgesamt bewirken wird, hängt unter anderem stark von den Fähigkeiten der *old-fashioned economy* ab, die neuen Potenziale zu nutzen. Wie stark die neuen Technologien das Wachstum der gesamten Wirtschaft prägen, hängt auch von der Kraft der etablierten Unternehmen ab, sich zu erneuern, neue Technologien zu entwickeln und zu integrieren und an die Kunden heranzutragen. Nicht zuletzt die New Economy selbst setzt die traditionellen Unternehmen unter Druck, sich zu erneuern. Ein Beispiel hierfür ist die gesamte Branche der Banken und Finanzdienstleister. Unter Druck von Unternehmen wie beispielsweise Consors befinden sich wesentliche Strukturen des Old-Banking im Umbruch.

Nach dem Online-Boom und der Online-Lüge folgt also nun die Online-Synthese. Die Unternehmen der New Economy werden langfristig erfolgreich wachsen, wenn es ihnen gelingt, sich auf die erweiterten Kundenbedürfnisse der nächsten Online-Generation einzustellen. Old und New werden zusammenwachsen, wenn auch mit schmerzhaften Erfahrungen. Es wird ein Ausscheidungsprozess stattfinden, der aber in einer wirtschaftlichen Entwicklung völlig normal ist. Kurz gesagt: »There is no new economy without old economy – and vice versa.« Der Schlüssel zum Zukunftserfolg liegt in der ausgewogenen Integration von Alt und Neu. Ein optimales Sowohl-als-auch garantiert den Unternehmen das wirtschaftliche Wachstum. Wertschöpfungsketten werden entbündelt und wieder neu zusammengesetzt, dadurch optimiert oder sogar völlig neu ausgerichtet. Im Gegensatz dazu würde ein Entweder-oder, ein Denken wie »Internet und der Rest der Welt« die Entwicklung hemmen.

Erfolgreichen Marktteilnehmern der New Economy kann es gelingen, nachhaltig starke Positionen in wichtigen wachstumsstarken Märkten zu entwickeln, wenn sie umgekehrt ausgewählte »Assets« der Old-fashioned Economy in ihr Geschäftssystem integrieren. Daran, dass auch old-fashioned Unternehmen sich dem Internet zuwenden werden und müssen, besteht kein Zweifel mehr. Die zentrale Frage dabei ist, wie diese Nutzung und Transformation vor sich gehen können. Dabei sind umfassende und kreative Analysen und integrale Lösungsansätze gefragt: Es genügt nicht, lediglich am Anfang und am Ende der Prozesskette – bei Beschaffung, Verkauf und Auslieferung – aufs Internet zu setzen, sondern die gesamte Prozesskette muss umfassend betrachtet und angepasst werden. Wie schnell, umfassend und konsequent die sich hier bietenden Möglichkeiten erkannt und umgesetzt werden, ist entscheidend für die Transformation und künftige Positionierung des Unternehmens. Die Dynamik ist hier so gewaltig, dass ohne entsprechende Anstrengungen ein Unternehmen in kürzester Zeit von rechts und links überholt und etablierte Positionen quasi über Nacht eingebüßt werden können.

Entscheidend für die Transformation eines old-fashioned Unternehmens ist es, den grundsätzlichen Paradigmenwechsel – die Phase vier der Internetrevolution – zu erkennen und umzusetzen. Einer der Haupttreiber für den über Jahrzehnte beobachteten Trend zur Konzentration und Bildung von immer größeren Konzernen bildete die Notwendigkeit von übergreifenden formalen und inhaltlichen Kommunikationsstandards. Dieser Faktor wird durch das Internet obsolet, und im dynamischen Umfeld des Internets werden die Größe und die damit verbundene Inflexibilität zu einem Nachteil. Wohl existieren weitere Faktoren wie Investitionskosten für Produktion (Automobilindustrie) oder Research (Pharma), doch auch hier bieten sich durch das Internet Alternativen an. Kurz gesagt: Es gilt nicht nur, die gesamten Prozesse und Wertschöpfungsketten zu überdenken, sondern darüber hinaus eröffnen sich Möglichkeiten, die gesamten Organisations-, Firmen- und Partnerstrukturen in völlig neue, bisher nicht denk- und realisierbare Geschäftsformen zu überführen. Hier besteht die eigentliche Herausforderung für Unternehmen, hier können völlig neue kompetitive Ausgangspositionen geschaffen werden.

Die New Economy ist auch eine Art neue Lebenseinstellung in der Wirtschaft. Bisherigen Hierarchien, eingefahrenen Strukturen und alten, nicht länger praktikablen Lösungen wird der Rücken gekehrt. Kleine Unternehmen können mithilfe des Internets ihre Ideen und Produkte international verbreiten und Geschäfte machen – nicht nur Branchengiganten profitieren. Unternehmensgröße und Standort sind weniger wichtig geworden. Die technischen Neuerungen führen zu einer fundamentalen Veränderung unseres Wirtschaftslebens. Neue Geschäftsmodelle, neue Regeln, neue Wettbewerbsbedingungen und Arbeitsabwicklungen prägen die New Economy. Häufig sind die Mitarbeiter zugleich Miteigentümer von börsennotierten Unternehmen: Economies of Scale, Grad der Arbeitsteilung – eine völlig neue Arbeitslage.

Auch die Vertreter der New Economy wollen anders, freier sein, mit neuen technischen und produktbezogenen Ideen neue Geschäfte und Unternehmen aufbauen. Die gesamte Wirtschaft und auch die Gesellschaft müssen »Arbeit neu denken«.[1] Jung-Unternehmer denken nicht länger in Hierarchien und stellen ihre Unternehmen anders auf: mehr aufgabenbezogen, unbürokratisch und netzwerktechnisch organisiert.

New Economy – heißt Internet als Wirtschaftsfaktor. Allerdings unter den genannten Prämissen, dass die Technik nur so gut oder schlecht sein kann, wie sie eingesetzt wird. Ob das Internet-Zeitalter und die New Economy daher ein Segen oder ein Fluch werden, hängt ganz wesentlich davon ab, was wir daraus machen.

---

[1] Wie es die beiden Journalisten Dagmar Deckstein und Peter Felixberger so treffend formuliert haben: Vgl. Dagmar Deckstein/Peter Felixberger, *Arbeit neu denken*, Frankfurt/Main 2000.

Gedanken über die Future Economy, den Faktor Zeit, die Menschen und die Arbeit

von Paulus Neef

Zu Beginn des neuen Jahrtausends ist die öffentliche Diskussion um die New Economy vor allem durch zwei Fragen gekennzeichnet: Gibt es überhaupt eine New Economy oder verbirgt sich hinter diesem unscharfen Begriff nichts anderes als die Hilflosigkeit der Menschen – auch der Wirtschaft –, mit den immer schneller werdenden technologischen Entwicklungen und ihren Auswirkungen fertig zu werden?

Für mich ist klar – dieser Begriff hat von Anfang an nicht gestimmt und nur Verwirrung gestiftet. New Economy stand vor allem für neu gegründete Internetfirmen und für Menschen, die sich der neuen technologischen Entwicklungen rückhaltlos und begeistert annahmen und sie kreativ in Programme und Lösungen umsetzten. Die Dynamik solcher Entwicklungen habe ich im letzten Jahrzehnt hautnah und intensiv mitgelebt, mitempfunden und auch teilweise mitgestaltet. Die Öffentlichkeit – und ich weiß, dass das auch für viele Manager etablierter Unternehmen galt – hat vor allem die spektakulären Auswirkungen registriert: Die Gesetze der Wirtschaft schienen angesichts einer oft völlig unreflektierten Interneteuphorie auf den Kopf gestellt. Die Aktienkurse stiegen ins schier Unendliche und die Gesellschaft hatte ihre neuen Helden. So genannte Start-ups schossen wie Pilze aus dem Boden, renommierte Consultingunternehmen mussten mit ansehen, wie sich ihre Topberater scharenweise dem Goldrausch hingaben und Start-ups auf Teufel komm raus gründeten. Und die Boulevardmedien zogen voll mit, berichteten immer wieder vom Lebensstil der »neuen Reichen«, der Internetmilliardäre, die zum Teil Geld zum Fenster hinauswarfen, das sie noch gar nicht verdient hatten. Selbst seriöse Wirtschaftsjournalisten trauten sich im Frühjahr 2000 nur noch verhalten zu fragen, wie denn diese Unternehmen unter dem Strich das erforderliche Geld verdienen wollten, um solche Börsenkurse zu rechtfertigen. Was sich hinter der Bühne und dem öffentlichen Spektakel binnen weniger Monate tatsächlich und von vielen unbemerkt ereignet hatte, war zu erwarten: Es begann ein gnadenloser Auslesekampf der Internet-Dienstleister, bei dem sich schnell herausstellte, wer überleben würde. Ausgerechnet diejenigen Internet-Unternehmen gingen gestärkt aus dem Auslesekampf hervor, die sich längst dadurch auszeichneten, dass sie Elemente der Alten mit der Neuen Welt integrativ verbunden hatten. Hatte damit die Old Economy gesiegt? Nein. Es hat die New Economy ja gar nicht gegeben. Die Prinzipien wirtschaftlichen Handelns haben in Wirklichkeit niemals ihre Geltung verloren.

Ist New Economy also eine Integration von beiden Seiten, eine Art von Konvergenz, die zu dem führt, was zukunftsfähige Unternehmen um die Jahrtausendwende kennzeichnet?

Der Schlüssel liegt aus meiner Sicht woanders. Die, vor allem angesichts einbrechender Börsenkurse, ernüchterte Feststellung zum Jahrtausendwechsel, dass so vieles nur Schall und Rauch gewesen sei, ist für mich nur ein weiterer Beweis dafür, dass die von Menschen gemachte Technologieentwicklung ebendiese Menschen in zunehmendem Maße immer mehr überfordert. Diese Überforderung ist in einer ersten Welle gerade noch einmal aufgefangen worden. Allerdings nur ganz kurzfristig. Am Ende des Jahrtausends saßen sie in vielen Diskussions- und Medienzirkeln zusammen – die Vertreter der vermeintlich unterschiedlichen Old Economy und New Economy. Sie saßen einträchtig beieinander und bestätigten sich gegenseitig, was sie doch von beiden Seiten alles Gutes eingebracht hätten – von »frischem Wind und neuen Ideen« war da gönnerhaft die Rede – und von »ordentlichem, solidem Wirtschaften« auf der anderen Seite. Fest stand: Mit dem Jahreswechsel von 2000 auf 2001 war die Fiktion von der New Economy endgültig geplatzt. Ebenso wie die Illusion vom schnellen Geld ohne nachhaltigen wirtschaftlichen Erfolg. Die »Real Economy« des auslaufenden Jahres 2000 zeigte eine Industrie, in der viele Unternehmen die Chancen des Internets für die Entwicklung ihres Geschäfts erkannt hatten und mehr oder weniger bereits nutzten. Wissenschaftliche Studien belegen die enormen Expansionschancen des E-Commerce, des elektronischen Handels, in den kommenden Jahren – besonders in Europa.

Ich habe mich während vieler Diskussionen immer wieder gefragt: Haben wir denn angesichts solcher doch eher von Versagensängsten gekennzeichneten Dialoge überhaupt Konzepte, mit denen wir in Zukunft bestehen können?

Die Wirtschaft am Beginn des neuen Jahrtausends – gesehen aus der Sicht eines Unternehmers, der Industriekunden umfassende Internet-Dienstleistungen anbietet, also die Integration des technisch Machbaren in seine Geschäfte –, diese Wirtschaft lässt sich nicht mit Kunstbegrifflichkeiten beschreiben und schon gar nicht gestalten. Und auch nicht beherrschen mit gigantomanischen, globalisierten Riesenkonzernen, die ihre Macher strategisch so überfordern, dass niemand Strategien erkennen kann, die mehr sind als der Versuch, das Bestehende einigermaßen zu kontrollieren.

Diese diesmal wirklich neue Wirtschaft – die Future Economy – verlangt nach einer bisher nie da gewesenen und benötigten innovativen Kraft und enormer strategischer Weitsicht ihrer Gestalter und Lenker. Und diese Manager dürfen großenteils nicht mehr so sein, wie sie bisher waren. Die ungeheure Komplexität dieser Future Economy stellt Anforderungen an uns, die wir heute erst ansatzweise erahnen.

Ich bin fest davon überzeugt, dass wir erst ganz am Anfang dieser neuen Herausforderung stehen. Die im Jahr 2000 erlebte Internet-basierte Explosion von Ideen, Euphorie und Verwirrung ist für mich ein Symbol dafür, dass das, was bei der Gründung von Pixelpark Anfang der neunziger Jahre mein

Lebenstraum war – nämlich die Technik zu den Menschen zu bringen und ihnen zu helfen, mit ebendieser Technik ihre Lebensqualität zu verbessern –, ein Ziel war, das in der Zukunft immer schwerer zu erreichen sein wird.

Kann es einen *Pixelpark* in der Zukunft noch so geben, wie dieser Name gemeint war? *Pixel* – dieser Namensbestandteil steht für die Technologie – und *Park* – was für die Seele, die Menschen, das Zusammengehörigkeitsgefühl und die mit der persönlichen Existenz verbundene Hingabe an die gemeinsame Aufgabe steht.

Genau diese *Balance* hat die enorme Attraktivität von Unternehmen wie Pixelpark für die kreativsten Menschen und die besten Köpfe ausgemacht. Und das war das eigentlich Neue. So etwas fanden sie sonst nirgendwo. Das war eine Art integrativer ökonomischer Weltanschauung.

Für mich ist es ein Traum, die immer schnellere Technologieentwicklung auch künftig als Chance begreifen zu können und trotzdem diese Attraktivität zu erhalten. Und dabei spielt der *Faktor Zeit* eine ganz entscheidende Rolle. Um die Balance zwischen Technik und Menschen zu erhalten, muss die Geschwindigkeit der technologischen Entwicklungen in eine lebbare Beziehung zu der Zeit gebracht werden, die Menschen brauchen, um sich diesen Entwicklungen nicht nur anzupassen, sondern sie auch noch steuernd beeinflussen zu können.

Gerade schnell expandierende Unternehmen, die das Postulat »Move First« als Erfolgskriterium verinnerlicht haben, sind hier besonders gefordert. Ich bewege mich in meinen Gedanken gern in der Zukunft – und da ist der größte Unsicherheitsfaktor die Frage nach der Bedeutung der immer schneller laufenden Zeit. Sicher ist, dass dieser Zeitlauf durch technologische Evolution immer noch schneller vorangetrieben werden wird – und genau so sicher ist, dass der Mensch in dieser gesamten Entwicklung immer mehr zum *Verzögerungsfaktor Nummer eins* werden wird. Der Mensch wird also in diesem Beschleunigungsprozess eine immer größere und irgendwie auch immer tragischere Rolle spielen. Er ist mit seinen Veranlagungen nicht mehr schnell genug, das *Tempo* und die Komplexität der Veränderungen so zu verarbeiten und zum Beispiel in Geschäftsmodelle umzusetzen, dass er von sich sagen kann, er sei nach wie vor Herr dieser Geschehnisse. Das Wesen Mensch braucht verhältnismäßig viel Zeit, um sich einzustellen auf das, was sein Leben bestimmt. Und diese Zeit hat er sich mit der gesteigerten Dynamik seiner eigenen technologischen Erfindungen selbst genommen.

Bisher war mein Wunsch, »die Technik zu den Menschen zu bringen«, noch erfüllbar. Und es sieht vorläufig noch so aus, als könne das auch weiterhin gelingen. Alle Experten sind sich zum Beispiel einig: Die Zahl der Internet–Nutzer wird in den nächsten drei Jahren weiterhin rasant ansteigen, das »Netz« wird das Leben der Menschen immer mehr bestimmen. Dabei wird die Wahrnehmung der dahinter stehenden Technik abnehmen – das Internet wird morgen so selbstverständlich sein, wie heute das elektrische Licht.

Aber genau dahinter steht die Frage: Wie wird der Alltag der Menschen aussehen, wenn ihr gesamtes Leben – vollständig vernetzt – immer mehr von Technologien bestimmt wird, die den natürlichen Zeitrhythmus völlig aus den Fugen geraten lassen? Wenn der Rest an individueller Selbstbestimmung, den unser Umfeld noch zulässt, immer mehr schrumpft und die meisten Menschen ihr Leben nur noch danach ausrichten können, die technologischen Entwicklungen wenigstens einigermaßen nachzuvollziehen?

Ich bin ein positiver Mensch. Ich sehe – als Mensch und Unternehmer – in der Zukunft in erster Linie immer wieder neue Chancen. Auch durch die Technologien. Aber es muss uns bei allen diesen Entwicklungen gelingen, den Faktor Zeit unter Kontrolle zu bringen, damit der Mensch nicht aus dem Takt gerät. Denn alle technologischen Entwicklungen sind auf die Dauer nur so gut, wie sie dem Menschen bei seiner Lebensgestaltung auch tatsächlich nützen. Und diese *Menschen* machen alle diese Entwicklungen, sie arbeiten in Unternehmen, die die neuen Technologien nutzbar machen, sie arbeiten in Unternehmen, die aufgrund dieser Technologien unter dem Druck ständigen Wandels stehen – und sie konsumieren die Technologien in ihrem gesamten privaten Leben.

Das eigentlich Menschliche, das Leben und seine Werte scheinen in diesem rasanten Spiel kaum noch eine Rolle zu spielen. Und doch war genau das – und ist es noch heute – der Hauptantriebsmotor für hunderte junger Talente, sich ausgerechnet Internet-Unternehmen auszusuchen, um sich beruflich zu verwirklichen.

Der Mensch als Maß aller Dinge – dieses an der Realität in vielen großen Unternehmen gescheiterte und zum Klischee degradierte Kriterium für menschliches Handeln bestimmt immer noch die berufliche Wahrnehmung der Menschen zum Beispiel bei Pixelpark. Die Absicht und das Bemühen, die besten Köpfe anzuziehen und ihnen optimale individuelle Arbeitsbedingungen zu liefern – das ist eine Unternehmenskultur, die sich auch in unserem Namen wiederfindet. Es ist erst wenige Jahre her – und doch so lange: Eine kleine Gruppe verschworener Kreativer arbeitete mit Feuer fast Tag und Nacht, spürte nicht, wie die Zeit verging, schlief nachts auf einer Luftmatratze neben dem PC, ging völlig auf in der Aufgabe; Privatleben und Beruf, diese Begriffe verloren ihre Geltung – da waren das gemeinsame Ziel und das Gefühl, zusammenzugehören ... Geld? Karriere? Das hatte alles keine Bedeutung. Das waren Geburtsorte und -stunden der Unternehmenskultur, die das tatsächlich Besondere solcher Unternehmen ausgemacht haben – und auch heute noch irgendwie spürbar sind.

Walter W., einer unserer Mitarbeiter der ersten Stunde, sitzt im Rollstuhl an seinem Arbeitsplatz. Er hatte 1994 – wie so oft – bis spät in die Nacht hinein gearbeitet, war dann übermüdet in sein Auto gestiegen, um nach Hause zu fahren. Da passierte der Unfall: Er schlief am Steuer ein. Walter W. hegt keinen Groll: Es sei doch seine Verantwortung gewesen, zu arbeiten, so lange er wollte. Das habe doch niemand von ihm verlangt. Heute spricht er von beiderseitiger Treue ...

Wenn es tatsächlich gerechtfertigt ist, von einer New Economy zu sprechen, dann im Hinblick auf die Menschen, die in diesen Unternehmen arbeiten und »leben«. Diese aus ökonomischer Sicht fälschlich als New Economy bezeichneten Unternehmen bringen menschliche Elemente und eine Atmosphäre der Wärme in den Arbeitsalltag ein, die in etablierten Unternehmen mit verkrusteten Hierarchien, Statusrangeleien und Karrierekämpfen meist völlig verloren gegangen sind. Und das ist aus meiner Sicht das Wertvollste an Überlieferung, um das es sich zu kämpfen lohnt. Denn die »Realität« beginnt sich auch dort durchzusetzen: Die internen Kulturkämpfe der Mitarbeiter unter dem Druck des Börsengangs, des fast bedingungslosen Wachstums, der Integration von Unternehmen aus klassischen Branchen werden intensiver. Externe Manager sprechen von »Sozialromantik«, eine Bürokratie baut sich auf, Karriererangeleien deuten sich an.

Der Mensch als Maß aller Dinge ...? Ich gehe davon nicht ab – auch in Zukunft nicht. Die Technik zu den Menschen bringen – das war und bleibt eins meiner Ziele. Dies unter Bedingungen zu tun, die menschlich akzeptabel und attraktiv bleiben – das ist mir noch wertvoller.

In der Future Economy werden alle, die den Faktor Mensch nicht genügend kalkulieren, den Herausforderungen nicht gewachsen sein.

New Economy – aber mit Substanz!

von Heinrich v. Pierer

»Die englischen Genies«, so befand schon vor über zweihundert Jahren der Physiker Georg Christoph Lichtenberg, »gehen vor der Mode her und die deutschen hintendrein.« Und in der Tat scheint der englische Begriff »New Economy« auf den ersten Blick der Modewelt zu entstammen – schillernd und glamourös, aber auch ein wenig vage und undefinierbar. So ist es kein Wunder, dass wir uns in Deutschland nach wie vor etwas schwer damit tun zu verstehen, worum es bei der New Economy eigentlich geht.

Dabei hat diese so genannte Neue Wirtschaft einen ganz konkreten Hintergrund, der so neu eigentlich gar nicht ist: Immer mehr Menschen verdienen ihr Geld mit Kopfarbeit statt mit Handarbeit. Nicht mehr Boden oder Kapital, sondern Wissen ist der wichtigste Produktionsfaktor. Haupttreiber dieser Entwicklung ist der rasante Fortschritt in der Informations- und Kommunikationstechnik, oder genauer: die Entwicklung des Internets. Und das hervorstechendste Merkmal der New Economy ist die Geschwindigkeit.

Früher drehte sich in der Wertschöpfung alles um die Be- und Verarbeitung von Gütern in den Fabriken, also um Hardware. Heute hingegen liegt der Schwerpunkt mehr und mehr bei Software und Dienstleistungen. Bei Siemens zum Beispiel beträgt die wissensintensive Wertschöpfung schon über 50 Prozent – Tendenz steigend. Das Wissen in den Köpfen der Mitarbeiter wird deshalb künftig ausschlaggebend sein für unsere Wettbewerbsfähigkeit.

Was das genau bedeutet, lässt sich am besten an einem Beispiel verdeutlichen: Unsere Gesellschaft in Malaysia wollte vor kurzem für den Multimedia-Supercorridor zwischen Kuala Lumpur und dem neuen Flughafen ein glasfaserbasiertes Hochgeschwindigkeitsnetz für Daten und Sprache akquirieren. Doch leider fehlte unseren Mitarbeitern in Malaysia zu diesem Zeitpunkt das erforderliche Wissen für die Realisierung, und sie waren schon kurz davor, auf die Beteiligung an der Ausschreibung zu verzichten.

Nach einer Recherche im Siemens-internen Sharenet – das ist unser unternehmensweites Wissensmanagement-System – haben die Verantwortlichen in Malaysia dann aber herausgefunden, dass wir eine ähnliche Aufgabe bereits in Dänemark erfolgreich gelöst hatten. Mit dem Know-how der dänischen Kollegen konnten sie den Auftrag für ein Pilotprojekt gewinnen, das inzwischen in der Realisierungsphase ist. Wir haben nun gute Aussichten, einen erheblichen Teil des ganzen Projekts in unsere Bücher zu bekommen. Das Gesamtvolumen des Vorhabens hat einen Wert von bis zu einer Milliarde US-Dollar.

Dieses Beispiel zeigt: Eigentlich geht es um etwas ganz Naheliegendes, nämlich im richtigen Moment auf das Wissen des gesamten Unternehmens zurückgreifen zu können mit System und nicht per Zufallstreffer. Und es zeigt auch: New Economy ist weit mehr als nur ein paar gut gemachte Seiten im Internet.

Allein ein »Dotcom« im Firmennamen garantiert inzwischen nicht mehr automatisch eine hohe Börsenbewertung. Es setzt sich langsam die Erkenntnis durch, dass auch in der New Economy traditionelle Erfolgsfaktoren eine wichtige Rolle spielen. Und darum geht es uns bei Siemens: Um die Kombination unserer traditionellen Stärken mit den Wettbewerbsvorteilen der New Economy, oder anders ausgedrückt: um New Economy, aber mit Substanz.

Unser Weg in die New Economy zielt vor allem darauf ab, uns fit für die Internet-Welt zu machen. Wir bauen unser Unternehmen um zur E-Business Company. Gedanklich kann man in unserer E-Business-Strategie fünf Module unterscheiden:

Das erste Modul ist das Wissensmanagement. Es ist das eigentlich verbindende Element über alle Wertschöpfungsstufen hinweg. Wir beschäftigen 440 000 Mitarbeiterinnen und Mitarbeiter in 190 Ländern der Erde. Diese 440 000 Mitarbeiter sind auch ein riesiges menschliches Netzwerk von Wissen, Erfahrung und Know-how. Dieses Netzwerk ist eine unserer wertvollsten Ressourcen, die wir künftig noch besser nutzen wollen.

Das angesprochene Beispiel aus Malaysia macht deutlich, welch enormes Potenzial hier schlummert. Und mit den elektronischen Tools des Knowledge Management können wir die Potenziale, die im weltweit verteilten Wissen von Siemens stecken, deutlich besser heben als heute.

Das zweite Modul unserer E-Business-Strategie sind die Beziehungen zu unseren Lieferanten, oder neudeutsch »E-Procurement«. Beim Auftritt als Käufer versprechen wir uns vom elektronischen Einkauf einen erheblichen Nutzen. Mithilfe elektronischer Marktplätze bündeln wir unsere Einkaufstätigkeit. Wir kaufen dadurch effizienter ein und erzielen damit beachtliche Kostenvorteile.

Ziel ist es, den voll elektronisch abgewickelten Anteil unseres Einkaufs von momentan 10 Prozent in den kommenden drei Jahren auf 50 Prozent zu erhöhen. Unser weltweites Einkaufsvolumen beträgt 35 Milliarden Euro. Wir rechnen hier mit jährlichen Einsparungen von mehr als einer Milliarde Euro.

Diese Einkaufsplattformen werden auch für andere Unternehmen offen sein. Besonders interessant ist das für kleine und mittelständische Zulieferer, weil sie mit überschaubarem Aufwand eine große Wirkung erzielen können. Elektronische Marktplätze auf der Einkaufsseite bringen also Vorteile für alle Beteiligten.

Das dritte Modul sind unsere internen Prozesse, also die Wertschöpfungskette. Ziel hier ist es, vorhandene Systembrüche zu beseitigen und damit insgesamt deutlich produktiver zu werden.

Hinter unserem Geschäftsvolumen von über 75 Milliarden Euro pro Jahr stehen Milliarden von Prozess-Schritten. Allein im »Streamlinen« dieser Prozesse und im Einführen standardisierter Verfahren liegt ein enormes Optimierungspotenzial.

Die gesamte Bandbreite der Funktionen im Unternehmen wird dabei e-business-fähig gemacht. Das reicht von Forschung und Entwicklung, Produktion, Logistik über das Berichtswesen und Controlling bis hin zu Marketing und zum Verkauf. Und natürlich geht es auch um Aufgaben wie Recruiting von Personal oder um das Reisemanagement.

Vieles davon läuft auch heute schon auf elektronischen Systemen. Wir erhalten zum Beispiel durch E-Recruiting im Jahr über 30 000 Bewerbungen online über das Internet. Und die Intranet-Seiten unseres Travel-Managements, also das interne Portal für das Organisieren und Buchen von Reisen unserer Mitarbeiter, wird eine Million Mal im Monat angeklickt. Derzeit überwiegen bei uns allerdings noch fragmentierte Systeme, also Einzellösungen. Aber sie werden jetzt zügig in einen konzernweiten Ansatz integriert.

Das vierte Modul unserer E-Business-Strategie sind die Verbindungen zu unseren Kunden also das, was man herkömmlich als E-Commerce bezeichnet. Wir wollen es den Kunden so leicht und angenehm wie möglich machen, sich bei uns einzuklicken. Das umfasst die Informationsbeschaffung, die Angebotserstellung, die Konfiguration und die Fakturierung. Und es reicht bis zum Internet-basierten Service nach dem Kauf.

Bereits heute wird ein beträchtlicher Teil unseres Geschäfts elektronisch abgewickelt, zum Beispiel in unserem Industriebereich »Automation and Drives«. Hier gehen etwa 15 Prozent der Bestellungen elektronisch ein, bis zum Jahr 2005 sollen es 100 Prozent sein. Der Kunde kann sich bei »Automation and Drives« bereits jetzt über den aktuellen Status seiner Bestellung online und rund um die Uhr informieren. Dieser internetbasierte Tracking-and-Tracing-Service wird 250 000 Mal pro Monat nachgefragt, Tendenz steigend.

Das fünfte Modul schließlich ist unser Lösungsangebot für den E-Business-Markt selbst, also unsere Produkte, Lösungen und Dienstleistungen, die wir unseren Kunden anbieten. Es sind heute nicht mehr allein die kleinen amerikanischen Start-ups, die bei der Weiterentwicklung des Internets und seiner Technologien vorangehen. Siemens gehört mittlerweile ebenfalls zu den Treibern der Technologien, die Grundlage der New Economy und von E-Business sind. Wir werden mit unseren Lösungen zukünftig einen entscheidenden Anteil am Fortschritt auf diesem Gebiet haben.

Und wir haben einen großen Vorteil: Wir sind weltweit das einzige Unternehmen, das die Bandbreite *aller* E-Business-Technologien im Portfolio hat.

1. Das ist das gesamte Wissen von *Siemens Business Services*, unserem IT-Bereich für komplette E-Business-Lösungen und -Dienstleistungen. Das Angebot von SBS reicht dabei bis zum Outsourcing kompletter Geschäftsprozesse.
2. Das sind die Server, die PCs und die Laptops von *Fujitsu-Siemens Computers*, also die inneren Organe des E-Business gewissermaßen.
3. Das sind die Netzwerke unseres Bereichs *Information and Communication Networks*, also die Nervenbahnen des Internets.

Und für die jetzt erreichte zweite Evolutionsstufe des E-Business, das *Mobile Business*, sind wir ebenfalls bestens gerüstet. Produkte und Lösungen für die mobile Anwendung des Internets sind die Domäne unseres Bereichs *Information and Communication Mobile*. Hier decken wir vom kompletten Mobilfunknetz bis hin zum WAP-fähigen Handy die gesamte Palette mobiler Lösungen ab.

Zu unserer E-Business-Kompetenz gehört auch das einzigartige *Logistik-Know-how* unseres Bereichs *Produktions- und Logistiksysteme*. Denn was nutzt die schnellste Online-Bestellung, wenn die anschließend erforderliche Logistik nicht beherrscht und das gewünschte Produkt erst Wochen später ausgeliefert wird? Logistik ist also eine ganz wichtige Komponente für ein erfolgreiches E-Business-Geschäftsmodell.

Wir haben bei Siemens sozusagen eine der größten E-Business-Baustellen der Welt eröffnet. Und wie das auf Baustellen nun einmal so ist: Zunächst ergibt sich daraus die Vorstellung von vielen Einzelaktivitäten, die auf den ersten Blick nicht durchschaubar sind. Doch das Bild von der Baustelle passt gut zu Siemens, denn Baustellen im Großanlagengeschäft zu organisieren ist seit langem eine unserer Kernkompetenzen.

Auf einer gut geführten Baustelle geht es geordnet und planmäßig zu. Es wird zwar vieles zur selben Zeit angepackt. Das muss auch so sein, damit man schnell vorankommt. Aber das Ganze geschieht nach einem wohlüberlegten Plan. Und es funktioniert natürlich nur, wenn man eine zentrale Stelle hat, von der aus alle Aktivitäten koordiniert werden. Wir haben als Schaltzentrale für unsere E-Business-Aktivitäten am Flughafen in München unser »Center of E-Excellence« eröffnet. Dort sitzt quasi die Bauleitung für den Umbau von Siemens. Hier laufen alle Fäden für das E-Business bei Siemens zusammen.

Natürlich wird der Umbau von Siemens zur E-Business-Company noch einige Zeit dauern. Und es wird zunächst auch eine ganze Menge kosten: Wir sprechen für die nächsten achtzehn Monate von einer runden Milliarde Euro. Dem stehen aber schon im ersten Schritt Kosteneinsparungen von 1 bis 2 Prozent unseres gesamten Geschäftsvolumens gegenüber, also immerhin zwei bis drei Milliarden Euro. Und im eingeschwungenen Zustand könnten es dann sogar 3 bis 5 Prozent sein.

Ich bin sicher: Wir werden es schaffen, die traditionellen Werte der Old Economy mit den Chancen der New Economy zu verbinden. Langsam setzt sich die Erkenntnis durch, dass Erfahrung eben auch in der New Economy ein wichtiger Erfolgsfaktor ist.

Aus beiden Welten das Beste zu kombinieren, das ist unsere Chance. Das ist dann New Economy, die mehr ist als nur eine Website. Das ist New Economy mit Substanz. Das ist das Ziel des derzeitigen Transformationsprozesses bei Siemens, und das ist auch generell die Voraussetzung für die Nachhaltigkeit der New Economy.

Erfolgreich bleiben mit E-Business

von Henning Schulte-Noelle

Versicherer nehmen die Herausforderungen des Internet-Zeitalters an

Als die Allianz Versicherungs-AG 1890 gegründet wurde, war sie – wie man heute sagen würde – ein Unternehmen der New Economy: Die Versicherungswirtschaft hatte im 19. Jahrhundert begonnen, sich in Deutschland zu entwickeln und durchzusetzen. Die Zahl der Start-ups war damals – im Gegensatz zu heute – überschaubar, ihr Erfolg in der Regel nachhaltig und von Dauer. Die Allianz etablierte sich nach ihrer Gründung sehr schnell im Markt, hatte bereits nach einem Jahrzehnt mehr als 3000 Außendienstmitarbeiter in Deutschland und schon Anfang des neuen Jahrhunderts Genehmigungen zum Betrieb von Versicherungen auf nahezu allen Kontinenten. Sie wuchs mit den Anforderungen der Märkte, reagierte auf veränderte Risiken und stellte sich auf neue Kundenbedürfnisse ein. Heute ist sie eine der weltweit führenden Versicherungsgruppen.

Auch die Newcomer von heute müssen sich dem Wandel in Wirtschaft, Gesellschaft und Technik anpassen und sich an dessen Entwicklung beteiligen. Wem dies nicht gelingt, der gehört schnell zum »alten Eisen«. Davor schützen auch frühere Erfolge und eine unter Umständen lange Tradition nicht. New Economy, das sind für mich nicht nur die Unternehmen, die ohne das World Wide Web als neue Plattform für die Geschäftswelt gar nicht entstanden wären, sondern auch bestehende Unternehmen – ob produzierendes Gewerbe, Handel oder Dienstleister –, die die Möglichkeiten neuer Informationstechnologien einerseits zur Optimierung ihres bisherigen Geschäfts umfangreich und gezielt einsetzen und andererseits mit ihrer Hilfe auch neue Marktsegmente und Geschäftsfelder erschließen.

Unser Unternehmen versteht sich in diesem Sinn als Quereinsteiger in die New Economy: Durch Einsatz neuer Technologien verändert es seine Geschäftsprozesse und betrieblichen Abläufe, geht neue Wege als Service-Provider und erschließt sich neue Märkte.

So optimieren wir gezielt Kernelemente der traditionellen Wertschöpfungskette durch Einsatz von Internet-basierten Anwendungen wie beispielsweise Online-Tarifrechner, -Schadenmeldung und -Vertragsänderung. Produktivitätssteigerung und größere Effizienz gehen in der Regel einher mit einer deutlichen Verbesserung des Serviceniveaus.

Parallel hierzu verfolgen wir auch den Aufbau erfolgversprechender Internet-basierter Geschäftsmodelle, um neue Kundensegmente zu erschließen bzw. bestehende Kundenbeziehungen zu festigen.

Nur Versicherer, die die Flexibilität ihrer internen Organisation, ihrer Produkte, ihres Service und ihrer Vertriebswege erhöhen, werden künftig den Erwartungen ihrer Kunden gerecht werden. Diese bestimmen zunehmend selbst, wann und wo sie nach Risikoabdeckung suchen und welche zusätzlichen Dienstleistungen sie nutzen wollen. Sie sind in der Lage, sich mit ein paar Klicks auf Web-Sites kostenlos und anonym Informationen über Versicherungsangebote und Preise zu beschaffen und diese miteinander zu vergleichen. Sie können entscheiden, welchen Informations- und Interaktionskanal sie wünschen: Internet, Schriftform, Telefon oder persönlichen Kontakt. Auch der Versicherer muss die Chance nutzen, die ihm das Internet bietet: eine große Zahl von Kunden ohne geografische oder demographische Einschränkungen rund um die Uhr – 24 Stunden an sieben Tagen in der Woche – und zu geringen Kosten »anzusprechen«.

Business-Ideen fürs Internet alleine reichen nicht

In den letzten zwei Jahren sind viele neue Online-Versicherer, Online-Vertreter oder Online-Makler in den Markt gegangen. Neue Geschäftsideen für das Internet alleine, mit denen üblicherweise ein Start-up beginnt, reichen aber nicht aus. Hinter einem Versicherungsangebot steht nämlich ein hochkomplexes, sehr reales System rechtlicher, wirtschaftlicher und organisatorischer Faktoren. Ein für die Online-Anwendung kreiertes Versicherungsprodukt kann deshalb nur funktionieren und dem Kunden wie dem Versicherer den gewünschten Nutzen bringen, wenn es alle diese Aspekte berücksichtigt. Etablierte Versicherer können hier beim Aufbau eines eigenen Internet-Angebots auf ihre langjährige Erfahrung zurückgreifen. Sie müssen dieses aber in ihr gesamtes Geschäftssystem integrieren und andererseits die neuen technischen Möglichkeiten auch dazu nutzen, um gewachsene Abläufe neu zu strukturieren bzw. durch effektivere zu ersetzen. Nur so bleibt der Versicherer für alle Kunden attraktiv – hinsichtlich des Angebots zur Risikoabdeckung, des dafür erforderlichen Preises und seiner Serviceleistungen.

Multi Channel: Der Kunde (bleibt) im Mittelpunkt

Ein Teil der Verbraucher wird das Internet in erster Linie als Informationsquelle nutzen. Hier bieten wir unseren Kunden ausführliche Informationen über unsere Produkte und Dienstleistungen. Registrierte Online-Kunden haben zudem direkten Zugriff auf ihre Vertragsübersicht und Vertragsbedingungen, kommunizieren mit ihren persönlichen Beratungs- und Betreuungspersonen, können Änderungen des Lastschriftkontos vornehmen, Schadenmeldungen eingeben, sich über Möglichkeiten einer Vertragsänderung unterrichten usw. Neben Online-Information und Online-Tarifauskunft wird der Kunde auch die Möglichkeit haben, Versicherungsverträge online abzuschließen.

Die Allianz integriert ihren Internet-Auftritt konsequent in den bestehenden Außendienstvertrieb. Auch in den virtuellen Agenturen der Vertreter können rund um die Uhr und online Produkte gekauft werden. Der Online-Verkauf von Versicherungen wird sich jedoch auch in Zukunft stark auf Standardprodukte beschränken wie etwa Auto-, Hausrat- und Reiseversicherungen. Zur Zeit liegt der Anteil des reinen Online-Verkaufs in Deutschland wie auch international im Promille-Bereich. Inwieweit dieses Angebot von den Verbrauchern erheblich stärker genutzt wird, wird sich in den nächsten Jahren zeigen. Vor allem bei komplexeren Versicherungen wird immer die persönliche Beratung die entscheidende Rolle spielen. Insofern wird keiner der etablierten Vertriebswege überflüssig: Es wird immer Verbraucher geben, die lieber telefonieren oder sich zu Hause oder in einer Agentur vom Fachmann beraten lassen, als für den Abschluss eines Versicherungsvertrags allein den PC zu benutzen. Die Vertreter, die sich mit ihren virtuellen Agenturen im Internet präsentieren, sind auch hier Teil des gesamten Allianz-Netzes. Ihnen stehen aber immer mehr immer besser informierte Verbraucher gegenüber. Für diese sind unsere gut ausgebildeten, erfahrenen Experten kompetente Partner – auch dank des von uns zur Verfügung gestellten hervorragenden informationstechnischen Supports.

So gesehen verstehe ich E-Business nicht als Konkurrenz zu unserer Außendienstorganisation, sondern als ein sehr geeignetes Werkzeug, um bestehende, bewährte Vertriebskanäle zu unterstützen und zu stärken. Die Kombination von individueller Betreuung und elektronisch gestützter Auskunfts- und Beratungsfähigkeit wird für den Erfolg im Vertriebswettbewerb mit entscheidend sein. Dies gilt insbesondere für komplexe Versicherungs- und Vorsorgeprodukte und die Vermögensanlage.

Kundenorientierter Service muss deshalb eine nahtlose IT-Verbindung zwischen Vertreter, Kunden-Service-Center und Internet beinhalten: Ändert ein Kunde etwa seine Vertragsdaten per Internet, wird diese Information zeitgleich auch dem Vertreter und dem Kunden-Service-Center zur Verfügung gestellt. Auch über einen kleineren Schaden, den ein Kunde über das Internet meldet, stehen die Informationen sofort zur Verfügung, um ihn sachgerecht beraten und ihm real helfen zu können. Bei größeren Schäden und den damit verbundenen komplexeren Fragen wird es der Kunde in der Regel vorziehen, sich direkt an seinen Vertreter bzw. das Kunden-Service-Center zu wenden statt den Schaden über Internet zu melden.

Der Verbraucher wählt den für ihn praktischsten bzw. den ihm zusagenden Weg aus, um sich zu informieren, eine Versicherung abzuschließen, sich im Schadensfall helfen zu lassen oder zusätzliche Dienstleistungen zu nutzen. Wir werden ihm auf jedem Kanal der geeignete Partner sein, ob über Internet, unsere Vertreter, unsere Kunden-Service-Center oder unsere Partner bei den Versicherungsdiensten der Automobilhersteller, bei Banken und Maklern. Mit E-Business können wir mehrere Vertriebskanäle unterstützen und trotzdem die Aktivitäten des einzelnen Kunden verfolgen, auch wenn dieser die Art und Weise des Kontaktes zu uns wechselt. Dieses Management der Kundenbeziehung ist Beispiel für eine neue Ära der Anwendung von Informationstechnologie.

Chancen für zusätzlichen Service

Für den Kunden steht nicht das einzelne Versicherungsprodukt im Vordergrund, sondern die Bewältigung von überraschenden Ereignissen oder geplanten neuen Situationen in seinem Leben. Die für ihn möglicherweise zunächst »virtuelle Allianz«, bei der er für diese Fälle Lösungen in Form der »unsichtbaren Ware« Versicherung gekauft hat, wird dann im Fall des Falles durch persönliche Beratung und reale Hilfe erlebbar. Die Summe und Qualität dieser Serviceleistungen zählen zu unseren wesentlichen Differenzierungskriterien am Markt.

Virtuelle und reale Prozesse verbinden sich nahtlos besonders bei neuen Service-Angeboten wie den umfangreichen Assistance-Leistungen, die beispielsweise beim Allianz Schutzbrief durch die internationale Präsenz des Versicherers und die ihm zur Verfügung stehende Informationstechnologie weltweit möglich geworden sind: Ein Kunde hat in den USA einen Autounfall mit Personenschaden. Er ruft unsere Notrufzentrale an. Diese organisiert mit Internet-Unterstützung die für den Kunden reale Hilfe: Anwalt, Krankenhaus, Ersatzteilversand, Hotelübernachtung, Rückreise, Begleitung mitreisender Kinder, sonstige Schadenregulierung usw.

Ein weiteres Beispiel: Die Allianz hat damit begonnen, ihren Kunden bei Wohngebäude- und Hausratschäden anzubieten, statt eines reinen Geldersatzes die gesamte Schadenbeseitigung zu übernehmen. Die Allianz Gesellschaft @gemis nutzt dafür ein eigens entwickeltes Internet-gestütztes System zur Koordination sowie zur schnelleren und damit kostengünstigeren Abwicklung von Handwerkerleistungen. Auch hier werden Prozesse mittels Internet organisiert und umgesetzt, an deren Ende reale Hilfe für den Kunden steht und das Service-Versprechen schnell und kompetent eingelöst wird.

Auch bei Firmenkunden kann, speziell im internationalen Geschäft, das Internet zur Verbesserung des Servicelevels genutzt werden, beispielsweise um ihnen die Verwaltung ihres weltweiten Versicherungsschutzes zu vereinfachen. Aufbauend auf einer zentralen Datenbank können hier Browser-basierte Lösungen Informationen über den aktuellen Versicherungsschutz, die Schadenhistorie und insbesondere auch den Status der Schadenabwicklung für alle Standorte eines Großkunden zur Verfügung stellen.

Effizientere Geschäftsprozesse durch E-Business

Mit E-Business können Verfügbarkeit und Qualität statistischer Daten signifikant verbessert werden. Damit wird ein großes Potenzial geschaffen, one-to-one-Marketing zu ermöglichen, Geschäftsprozesse und betriebliche Abläufe neu zu gestalten, deren Effizienz zu erhöhen und Kosten zu sparen. Wir können nicht nur die Verbraucher auf verschiedenen Vertriebskanälen mit unseren Produkten und Dienstleistungen bedienen, sondern auch die Risikoabdeckung noch mehr den Kundenanforderungen anpassen, die Prämien differenzierter kalkulieren und, ohne dass dies zu Lasten der Anspruchsteller geht, auch Kosteneinsparungen bei der Schadenabwicklung erreichen.

So schaffen spezielle Programme zur maschinellen Auswertung der Daten von in Deutschland über neun Millionen bei der Allianz versicherten Fahrzeugen die Grundlage für detaillierte Analysen der Risikosituation innerhalb unseres Kfz-Bestandes als Voraussetzung für eine individuellere, risikogerechtere Tarifgestaltung in der Kfz-Versicherung und für feiner segmentierte Produktentwicklungen.

In erster Linie ermöglicht die zunehmende technologische Unterstützung aller Einzelschritte der Wertschöpfungskette jedoch einen stärker integrierten Informationsfluss zwischen Kunde und Versicherung. Das idealtypische so genannte »End-to-End-Processing«, bei dem etwa ein Antrag vom Kunden über die Internet-Benutzeroberfläche ausgefüllt wird und anschließend eine automatische Policierung in den operativen Systemen auslöst, ist hierfür nur ein Beispiel.

Bei der Autoversicherung bedeutet dies für uns, dass nicht nur die über 12 000 hauptberuflichen Allianz-Vertreter in Deutschland ihr Geschäft online abwickeln, sondern dass das Produkt auch unseren Partnern bei Versicherungsdiensten, Banken und Maklern elektronisch zur Verfügung steht und dass es zudem – über eine spezielle Benutzeroberfläche – auch im Kundenportal auf Allianz.de erscheint und auf ausgewählten Internet-Marktplätzen den interessierten Autofahrern präsentiert wird. Somit wird dieselbe Online-Anwendung auf allen Kanälen des B2C (Business to Consumer) und des B2B (Business to Business) genutzt. Um eine Wiederverwendung und eine interne maschinelle Verarbeitung sicherstellen zu können und auf Dauer Kostenersparnisse zu erreichen, werden diese verschiedenen Ausprägungen einer solchen Online-Anwendung auf einer gemeinsamen, einheitlichen E-Business-Netz- und Hardware-Infrastruktur und mit einer standardisierten Anwendungsplattform entwickelt.

Virtuelle Systeme unterstützen in immer größerem Umfang auch unsere Schadenbearbeitung: Schäden werden dadurch schneller reguliert, ohne dass für den Kunden die persönliche Hilfe und Betreuung im Schadenfall zu kurz kommt. Im Miteinander von Mensch und Technik erreichen wir für ihn optimale Leistungen und zugleich Kosteneffizienz, die wiederum dem Beitragszahler zugute kommt.

Ohne eine ausgefeilte Informationstechnologie sind Massenprodukte im Versicherungswesen nicht mehr zu einem tragbaren Preis zu verarbeiten. Wenn die Rentenreformpläne der Bundesregierung umgesetzt werden, so kann diese spezielle Art der persönlichen Altersvorsorge angesichts der geringen Prämienhöhe je Vertrag nur der Versicherer zu einem konkurrenzfähigen Preis-Leistungsverhältnis anbieten, der hocheffektive Verarbeitungssysteme zur Verfügung hat. Nur dann kann er den Aufwand für den Vertragsabschluss, für die Betreuung während der Vertragslaufzeit und für die Abwicklung im Leistungsfall kostengünstig gestalten.

Neue Internet-basierte Geschäftsmöglichkeiten – vor allem im B2B

Neben der Optimierung bestehender Prozesse und Vertriebswege bietet das Internet auch vielseitige Möglichkeiten, neue Geschäftsmodelle aufzubauen. In den letzten drei bis vier Jahren sind hier in fast allen Industriesektoren verschiedene Spielarten entstanden, wie etwa vertikale Portale, Marktplätze, Product Provider und Infrastructure Provider. Unser Unternehmen hat die Möglichkeiten dieser Modelle im Finanzdienstleistungsbereich sehr genau analysiert. Der relativ späte Einstieg hat uns dabei sicher vor manchem Verlust bewahrt, sind doch viele, anfangs hoch bewertete Geschäftsmodelle inzwischen gescheitert. Wir verfolgen Konzepte, in die wir unsere Stärken – Marke und physische Präsenz der Allianz – einbringen. Dazu gehören Portale, die sehr gezielt bestimmte B2B-Kundengruppen ansprechen und dem Kunden die Möglichkeit geben, online abzuschließen und auch gegebenenfalls einen Vermittler hinzuzuziehen. Eines haben diese Modelle gemeinsam: Sie werden von uns regelmäßig nach den Regeln der Old Economy bewertet, schon bei ihrem Aufbau. Und sie sollen möglichst international einsetzbar sein und einer großen Zahl unserer Gruppengesellschaften Nutzen bringen.

Das Internet erleichtert und optimiert auch die Kooperation mit unseren Geschäftskunden (B2B), wie etwa mit großen Autoherstellern. Der Schlüssel zum Erfolg hierfür ist, dass wir die Geschäftsprozesse unseres jeweiligen Partners verstehen. Wir identifizieren bei ihm Prozessschritte, in die wir mit unseren Dienstleistungen einhaken können, und richten unsere eigenen Prozesse danach aus. Angesichts der überaus unterschiedlichen Prozesse bei unseren Geschäftskunden müssen wir mit unseren Dienstleistungsangeboten sehr flexibel sein, dazu deutlich in die Erweiterung unserer IT-Systeme investieren, diese Anwendungen mit unseren eigenen operativen verflechten und unseren Kunden den von ihnen gewünschten Service bieten.

E-Business nutzen – soweit es Sinn macht

Der Begriff Internet steht für den Prozess der Globalisierung, der die Welt zusammenwachsen lässt und gerade für Finanzdienstleister auf manchem Gebiet einen weltweiten virtuellen Marktplatz schafft. Das Internet ermöglicht zudem innerhalb unserer Gruppe einen schnellen weltweiten Wissenstransfer auch mittels eines Corporate Intranets, den wir systematisch und kontinuierlich organisieren und nutzen. Wir profitieren gegenseitig von den Erfahrungen, die die Allianz Gesellschaften auf allen Kontinenten mit E-Business bisher gemacht haben. Das hat – beispielsweise hinsichtlich Produktgestaltung und interner Ablaufprozesse – positive Auswirkungen auf die Allianz und ihre Tochtergesellschaften in aller Welt. Diese Erfahrungen nutzen wir auch für die nach den lokalen Kundenwünschen und den jeweiligen Marktsituationen gestalteten B2C-Internet-Angebote unserer Gesellschaften.

Die Sicherheit bei Transaktionen und Datenaustausch im

Netz hat Priorität. Unser Geschäft basiert auf dem Vertrauen unserer Kunden. Deshalb entwickeln wir auch unser E-Business sorgfältig und mit Bedacht. Und wir werden dabei nicht alles nützen, was technisch möglich ist, aber alles einsetzen, um das Sinnvolle möglich zu machen – für unsere Kunden und unser Unternehmen und seine Aktionäre.

Der Kunde, der bisher eine persönliche Beratung durch einen Vertreter nutzt oder sich telefonisch über ein Service-Center beim Versicherer meldet, kann heute auch das Internet nutzen. Das gilt für das Geschäft mit privaten und gewerblichen Kunden – B2C: Business to Consumer – wie für die Geschäftsprozesse mit Geschäftskunden – B2B: Business to Business. Dieser Wandel wirkt sich auch auf unsere internen Abläufe aus.

Mikroelektronik treibt die New Economy

von Ulrich Schumacher

Die Diskussion um »New Economy versus Old Economy« mag ja reizvoll sein. Doch das Begriffspaar ist in der Diskussion im Jahr 2000 arg strapaziert worden. Natürlich gib es viele junge Start-up-Firmen, die sich im Zuge des Internet-Booms und der technologiegetriebenen digitalen Netzwerkwirtschaft zur New Economy zählen. Und natürlich gibt es seit vielen Jahren sehr erfolgreiche namhafte Unternehmen, die einfach schon vorher da waren. Gehören sie deshalb automatisch zur Old Economy?

Letztendlich ist unklar, was sich hinter dem Begriff New Economy verbirgt und wie eine sinnvolle Abgrenzung zum Rest der Volkswirtschaft möglich sein soll. Ich kenne bisher auch keine vernünftige eindeutige Bestimmung des Unterschieds von Old und New Economy. Viele meinen, die klassischen Branchen wie Stahl, Chemie und Maschinenbau, die noch richtig etwas zum Anfassen produzieren, hätten ausgedient. Für sie sind Internet, Dotcom, B2B und E-Commerce die Schlüsselbegriffe für die Wirtschaftsdynamik von morgen. Recht haben sie. Und die anderen – besonders die von der Old Economy – lassen sich das nicht gefallen und verweisen auf ihre Tradition, solide Geschäftsentwicklung, langjährige Erfahrung und die bewährte Qualität ihrer Produkte. Recht haben auch sie.

Die Einteilung von Unternehmen in die Kategorien Alte und Neue Ökonomie ist in den meisten Fällen nicht eindeutig und auch wenig sinnvoll. Ohne Maschinenbau und Stahlindustrie würden heute keine Autos, Flugzeuge und Eisenbahnen gebaut. Sie sind nach wie vor Schlüsseltechnologien für die ständig wachsende Mobilität in unserer Gesellschaft. Aber einen Neuwagen ohne ABS, Airbag, saubere Motoren, elektronische Fahrwerkssteuerung – und demnächst Internet-Zugang – würde heute auch keiner mehr kaufen. So eng sind Old und New Economy miteinander verbunden.

Wir brauchen also beide: den jungen Start-up-Unternehmer, der zum Beispiel die Software für neue Vertriebswege im Internet entwickelt und neue Wege der Finanzierung für seine Ideen sucht. Und wir brauchen natürlich den erfahrenen Manager, dessen Unternehmen seit Jahrzehnten weltweit erfolgreich Produkte vertreibt und der die Effizienz des Internets für neue Vertriebswege nutzt. Beide können und sollten voneinander lernen. Und nebenbei können sie damit auch noch gutes Geld verdienen und Arbeitsplätze schaffen – miteinander wohlgemerkt und nicht gegeneinander.

Es gibt heute kein global agierendes Unternehmen mehr, das nicht die neuen Kommunikations- und Informationstechnologien nutzt, um seine Geschäftsprozesse zu optimieren und damit eine höhere Wertschöpfung zu erreichen. Fast alle Unternehmen arbeiten an E-Business-Lösungen bei Ein- und Verkauf, beim Ausbau ihrer Kundenbeziehungen – dem so genannten Customer Relationship Management – und immer mehr auch beim Aufbau elektronischer Marktplätze.

Worin liegen also die Chancen der New Economy und wo die Risiken? Vielleicht werden die enormen Wachstumspotenziale in der digitalen Netzwirtschaft deutlicher, wenn man das Beispiel Mikroelektronik nimmt.

Die Infineon Technologies AG ist ein Halbleiter-Unternehmen. Wir stellen Mikrochips her. Chips sind die Grundlage der modernen Welt und für die klassischen Industrien heute genauso wichtig wie fürs Internet. Ohne Chips keine automatisierte Steuerung, keine PCs, keine Handys, kein Airbag und ABS, keine Geldkarte, kein Homebanking – alles funktioniert mit Halbleitern. Wir stellen also noch etwas her – auch wenn wir unsere Wertschöpfung mit innovativer Hochtechnologie erreichen.

So gesehen zähle ich Infineon eindeutig zur New Economy. Wir haben im Geschäftsjahr 2000 rund 40 Prozent unseres Umsatzes mit Chips für Kommunikationsanwendungen erzielt. Unsere Chips für mobile und drahtgebundene Kommunikation sowie Chipkarten-ICs schaffen die technologischen Voraussetzungen für den schnellen Ausbau der digitalen Netzwerkwirtschaft. Wir sind zwar kein Internet-Unternehmen. Aber wir sind ein Unternehmen, das über alle führenden Chip-Technologien für den Ausbau des Internets verfügt. Dazu gehören die superschnelle Datenübertragung mit Übertragungsraten von vierzig und mehr Gigabit-pro-Sekunde via Glasfaserkabel, der schnelle Internet-Zugang über Breitband-Kommunikation (Digital Subscriber Line) ebenso wie die Herstellung von Hochleistungsspeicherchips für Netzwerkspeicher und Server.

Motor für die Revolution in den Kommunikationstechnologien bleibt das Internet. Mehr als 300 Millionen Menschen nutzen weltweit bereits das Internet. Allein in Deutschland waren es Ende 2000 mehr als 20 Millionen Menschen. Das heißt mehr als ein Viertel aller Deutschen zwischen 14 und 69 sind online. Mehr als eine Milliarde Web-Seiten gibt es bereits weltweit und jeden Tag kommen rund eine Million neuer Seiten hinzu. Täglich gehen rund 500 000 neue Internet-Nutzer online und 1,5 Milliarden E-Mails werden am Tag rund um den Globus versendet. Diese Zahlen unterstreichen die ungebrochene Wachstumsdynamik des Internets und damit die unendliche Nachfrage nach immer schnellerer Datenübertragung und immer mehr Speicherkapazität im Internet.

Hier ist die Mikroelektronik der Motor für Innovation und Wachstum. Wir schaffen mit innovativen Halbleiterlösungen die technologischen Voraussetzungen dafür, dass noch mehr Unternehmen, Kunden und Verbraucher die digitale Netzwerkwirtschaft als Marktplatz ständig neuer Möglichkeiten nutzen können. Oder zugespitzt: Die Mikroelektronik treibt die New Economy an. Nicht zuletzt deshalb sind die Innovationsschübe und der damit verbundene harte globale Wettbewerb in unserer Branche so hoch.

Beispiel mobile Kommunikation: Auch hier ist die Mikroelektronik Motor für die rasante Entwicklung der technologischen Anwendungsmöglichkeiten. Gestern noch war mobil telefonieren ein Privileg weniger mit schweren Handapparaten. Heute ist mobil telefonieren fast schon eine Volksgewohnheit, das Verschicken von SMS-Kurzmeldungen für die junge Generation bereits wichtiger als Briefeschreiben. Morgen schon paddeln wir nicht, sondern surfen mobil im Internet und versenden E-Mails. Und mit der dritten Generation im Mobilfunk UMTS in drei bis vier Jahren werden Handys kleine interaktive Fernseher sein, so genannte Multimedia-Terminals für Audio- und Video-Übertragungen. Auch hier ist die Wachstumsdynamik enorm. Die Anzahl von schnurlosen und mobilen Telefonen beträgt weltweit über 500 Millionen Stück. Die meisten Schätzungen gehen davon aus, dass es im Jahr 2003 über eine Milliarde und im Jahr 2005 weltweit schon über zwei Milliarden Handys und schnurlose Telefone geben wird. In einigen Tigerstaaten Asiens wie beispielsweise in Malaysia gibt es bereits mehr Handys als Festnetzanschlüsse. Infineon ist dabei schon heute weltweit die Nummer eins bei der Herstellung von Hochfrequenzchips und Nummer zwei bei Basisband-Chips für mobile Kommunikation.

Kommunikation wird künftig immer mobiler werden, das Internet integrieren und alle Multimedia-Qualitäten von heutigen Festnetzanschlüssen haben. Im Fachjargon nennt man das die Konvergenz der verschiedenen Kommunikationstechnologien. Das Zusammenwachsen von Mobilität, Kommunikation und globaler Vernetzung via Internet wird nicht nur die klassischen Transaktionskosten, die bei allen Geschäftsprozessen anfallen, weiter drastisch reduzieren und damit erhebliche Produktivitätssteigerungen der Weltwirtschaft ermöglichen. Diese Konvergenz ist gleichzeitig Motor für weitere technologische Innovationen, für neue Märkte und Anwendungen durch die New Economy.

Um diese Märkte zu erschließen und neue digitale Wege bei Information, Kommunikation und dem Ausbau von Geschäftsbeziehungen zu gehen, werden immer höhere technologische Anforderungen an die Mikroelektronik gestellt. ISDN-Übertragungsraten sind heute schon unzureichend.

Breitbandkommunikation über DSL-Technologien erlaubt wesentlich höhere Datenraten von mehr als einem Megabit pro Sekunde. Gleichzeitig investieren immer mehr Unternehmen massiv in den Ausbau von Glasfaser-Netzen, um ihren schnell wachsenden internen Datenverkehr auf superschnellen optischen Datenautobahnen abwickeln zu können. Aber es ist nur eine Frage der Zeit, wann auch diese Übertragungsgeschwindigkeiten wieder unzureichend sind. Die Datenautobahnen für den elektronischen Verkehr sind heute längst nur noch Feldwege. Was wir da brauchen sind mehrspurige Datenautobahnen. Und hierfür liefert die Mikroelektronik die Schlüsseltechnologien.

Der exponential wachsende Datenstrom in der digitalen Netzwerkwirtschaft wird die gesamte Wirtschaft nachhaltig verändern. Kein Wunder, dass für leistungsfähige Verkehrstechnologie im Internet ein hoher Preis gezahlt wird. In letzter Konsequenz wird das Internet alle Industriebranchen massiv beeinflussen und damit immer neue Entwicklungsmöglichkeiten und Marktchancen für die alte und Neue Ökonomie schaffen.

Die New Economy birgt aber nicht nur enorme Chancen in Innovation und Wachstum. Sie birgt natürlich auch Risiken, wie jedes Geschäft. Das Problem vieler Dotcoms sind nicht die genialen Geschäftsideen und motivierte kleine Gründerteams. Das Problem sind oft die fehlenden Managementerfahrungen und das Geld. Der so genannte Venture-Capital-Markt für Risikokapital in Deutschland und Europa entwickelt erst jetzt die Dynamik, die seit Mitte der achtziger Jahre der finanzielle Motor für die Erfolgsstory des Silicon Valley in den USA ist. Nicht umsonst kommen Marktführer in den Kommunikationstechnologien wie Cisco Systems für Daten-Netzwerktechnologien oder JDS Uniphase für optische Switching-Technologien aus den USA und gehören mittlerweile zu den mit am höchsten bewerteten Technologieunternehmen an der Börse.

Beim Thema Kapital- und Managementerfahrung hat Infineon als dynamisches Halbleiterunternehmen gegenüber jungen Start-up-Unternehmen natürlich enorme Vorteile. Wir verfügen über eine solide Kapitalausstattung, denn unsere Branche steht nicht nur beinhart im globalen Wettbewerb, sondern ist auch sehr kapitalintensiv. Wir investieren zur Zeit erheblich in den Ausbau unserer Halbleiterwerke mit modernster Fertigung. Allein unser neues Werk für 300 mm Wafer in Dresden kostet über eine Milliarde Euro. Und wir werden auch im nächsten Jahr rund 30 Prozent unseres Umsatzes in die Modernisierung und den Ausbau unserer Fertigungstechnologien, insbesondere für Kommunikations-Chips investieren. Hier verfügen wir natürlich auch über ganz andere Voraussetzungen als das typische Start-up-Unternehmen der New Economy, das vor allem von der schnellen Umsetzung einer pfiffigen Geschäftsidee lebt und diese meist ausschließlich mit geliehenem Kapital in sehr kurzer Zeit realisieren muss.

Gleiches gilt für den Bereich Forschung und Entwicklung. Infineon verfügt derzeit über 26 Forschungs- und Entwicklungszentren weltweit. Allein seit unserem Börsengang im März 2000 haben wir sieben neue F&E-Hauptstandorte gegründet und im Geschäftsjahr 2000 über eine Milliarde Euro in Forschung und Entwicklung investiert. Innovationsfähigkeit und Technologieführerschaft sind die entscheidenden Wettbewerbsfaktoren in unserer Branche. Wer seine Markt- und Technologieführerschaft in den schnell wachsenden Kommunikationsmärkten ausbauen will, der muss nicht nur rechtzeitig strategisch investieren. Er ist auch ständig auf der Suche nach den besten Talenten mit dem Know-how für die Chips von morgen.

»Es scheint, dass jedes berühmte Hightech-Unternehmen einmal in einer Garage angefangen hat – bei uns parken darin halt 25 000 Autos«, lautete im Zuge der Vorbereitung unseres Börsengangs eine Anzeige zur Namensgebung von Infineon. Hinter diesem bewusst provokativen Statement steht unsere Firmenphilosophie »Never stop thinking«. Heute parken beim Start-up der besonderen Dimension Infineon bereits über 30 000 Autos in der Garage. Wir verfügen trotz unserer Größe über ein erhebliches Wachstumspotenzial. Und wir haben den Anspruch schneller zu sein, flexibel auf ein sich ständig änderndes Marktumfeld zu reagieren, immer wieder über unsere Leistung und Produktqualität nachzudenken und dabei Innovation und Kreativität genügend Raum zu geben – eben weiterzudenken. Diese Grundeinstellung, verbunden mit einer hohen Motivation und Leistungsbereitschaft bei allen unseren Mitarbeitern, weltweit zu fördern und auszubauen, ist sicherlich eine der großen Managementherausforderungen bei Infineon. In der New Economy ist diese Geisteshaltung meist eine Selbstverständlichkeit, ja sogar wesentliche Voraussetzung für den längerfristigen Erfolg der vielen kleinen Start-up-, Internet- und Software-Firmen. Da liegt es natürlich auf der Hand, dass wir auch dort verstärkt Ausschau nach kreativen Köpfen halten.

Aber es ist viel zu kurzfristig gedacht, die New Economy nur als Markt für Hightech-Talente zu betrachten. Wir müssen die Venture-Capital-Kultur in Deutschland und Europa nachhaltig stärken, denn nur so entsteht das notwendige Wagniskapital, um jungen viel versprechenden Internet- und Technologiefirmen auf die Beine zu helfen. Infineon ist selbst ein Venture Capitalist. Wir investieren jedes Jahr viele Millionen Mark in Joint Ventures mit Unternehmen der New Economy, die zukunftsweisende Ideen in unserer Branche haben. Und das, obwohl wir selbst über mehr als 5000 erstklassige Entwickler verfügen. Natürlich fördern wir den Unternehmergeist unserer eigenen Mitarbeiter genauso intensiv. Die besten Ideen entstehen immer im Wettbewerb. Und deshalb ist es wichtig, dass junge Unternehmer die Chance bekommen, sich mit ihren Ideen am Markt durchzusetzen. Aber auch hier ist nicht immer Gold, was glänzt. Gute Ideen und einen überzeugenden Businessplan haben viele. Aber es sind eher wenige, die genügend Motivation, Managementfähigkeit und Durchhaltevermögen besitzen, um ein kleines Start-up dauerhaft erfolgreich in einem hart umkämpften Markt zu etablieren.

Allerdings wird es immer schwerer, im globalen Wettbewerb um die besten Talente die Nase vorne zu haben. In der Mikroelektronik-Branche sind Geschwindigkeit, Innovation und Flexibilität Voraussetzung für den Erfolg. Der Kampf um die so genannte »Intellectual Property« wird von Jahr zu Jahr härter. Allein im ersten Halbjahr 2000 hat unsere Branche für über 65 Milliarden Dollar IP gekauft. Ein Unternehmen mit achtzig talentierten Mitarbeitern, technologisch führend im Ausbau der Internet-Infrastruktur, wurde Ende 2000 für mehr als eine Milliarde Dollar gekauft. Das sind mehr als zwölf Millionen Dollar pro Mitarbeiter. Und es gibt noch teurere Beispiele. Ganz zu schweigen von den erheblichen Anstrengungen, die wir heute unternehmen müssen, um diese Talente dauerhaft an unser Unternehmen zu binden.

Die Dynamik in der New Economy sollte man nicht überschätzen, aber auch nicht unterschätzen. Es hat 38 Jahre gedauert, bis das Radio 50 Millionen Menschen allein in den USA erreicht hat. Das Internet hat die gleiche Leistung in vier Jahren geschafft. Ich bin überzeugt davon, dass wir erst am Anfang dieser neuen Entwicklungen stehen. Schnelle Kommunikation und Information zu jeder Zeit an jedem Ort werden unser Leben bestimmen – und davon profitieren beide, New Economy und Old Economy.

Der elektronische Geschäftsverkehr wird künftig genauso Standard wie heute Fax und E-Mails. Business-to-Business-Marktplätze via Internet sind für Automobil-, Pharma- und Maschinenbaukonzerne genauso interessant wie für Online-Auktionshäuser, Logistikunternehmen und Softwarehersteller. Denn alle wollen effizienter einkaufen, lagern, auswählen, Service anbieten und neue Kunden gewinnen. Wir stehen hier erst am Anfang einer viel versprechenden Zusammenarbeit von Old und New Economy. In Zukunft wird es nicht so sehr darauf ankommen, ob Unternehmen in etablierten Branchen oder in Zukunftsmärkten tätig sind. Es wird viel mehr darum gehen, wie wir die Synergien und Vorteile von Old und New Economy möglichst gewinnbringend nutzen werden.

Schnelle Information, Kommunikation, Service-Orientierung und globale Ausrichtung waren die Erfolgsfaktoren für das enorme Wachstum der New Economy in den neunziger Jahren. Gekoppelt mit niedriger Inflation und einer stabilen moderaten Zinsentwicklung hat die New Economy damit eine hohe Beschäftigungsdynamik ausgelöst, die Mobilität von

Arbeit und Kapital erheblich ausgeweitet und massiv zur Senkung von Transaktionskosten beigetragen. Dies wiederum ist die Basis für erhebliche gesamtwirtschaftliche Produktivitätssteigerungen. In den USA lag die durchschnittliche Produktivitätssteigerung pro Jahr von 1973 bis 1995 bei 1,4 Prozent. Seit 1995 hat sich das durchschnittliche Produktivitätswachstum verdoppelt auf 2,8 Prozent pro Jahr. Dieser Produktivitätsschub wurde maßgeblich von den Informations- und Kommunikationstechnologien ausgelöst. Gleichzeitig sorgt der starke Preisverfall in diesen Märkten für niedrige Inflationsraten, die wiederum das Wachstum der New Economy unterstützen.

Die Wachstumsperspektiven der New Economy haben auch an den Börsen enorm hohe Erwartungen über die Entwicklung von Technologieunternehmen geweckt, die teilweise nicht mehr nachvollziehbar waren. Zu diesen überzogenen Erwartungen haben natürlich auch unzählige Investment-Banker, Fonds-Manager und Analysten beigetragen, die mit dem rosigen Schlagwort der New Economy und rasanten Erfolgsgeschichten von Dotcom-Unternehmen die Fantasie der Anleger beflügelten.

Mittlerweile haben diese überzogenen Erwartungen eine deutliche Korrektur erfahren. Nach der Abkühlung dieser »pauschalisierenden« Euphorie werden Anleger selektiver investieren. Dies wird sicherlich nicht spurlos an der Börsenentwicklung von vielen jungen Technologieunternehmen vorbeigehen. Natürlich zählen nach wie vor zukunftsweisende Ideen und ein überzeugender Businessplan. Aber das ist nicht alles. Es wird künftig verstärkt um Profitabilität gehen. Es kommt auch in den neuen Wachstumsmärkten auf die Langfristperspektive eines Investments an, und weniger auf die schnelle Mark. Investoren und Mitarbeiter sollten deshalb umso mehr Vertrauen haben, wenn Unternehmen vorzeigbare Erfolge in der Gegenwart erwirtschaften.

Dass Unternehmen von den Synergien der New und Old Economy besonders profitieren können, habe ich am Beispiel der Infineon Technologies AG versucht zu zeigen: Als Halbleiter-»Hersteller« haben wir uns klassische Erfolgsrezepte der

Old Economy zunutze gemacht, zum Beispiel liegen wir in puncto Produktivität in der Fertigung an der Weltspitze. Als Unternehmen der New Economy hilft uns das, zusammen mit überzeugenden Geschäftskonzepten unser starkes Wachstum besonders in den Kommunikationsmärkten weiter auszubauen. Wir werden uns auch künftig als Unternehmen der New Economy verstehen, denn die Mikroelektronik bleibt der entscheidende Innovationsmotor für die New Economy.

Deutschland in der Informationsgesellschaft

von Erwin Staudt

Über 30 Prozent der Deutschen sind online. Die Zahl der Nutzer steigt kontinuierlich. E-Commerce-Transaktionen haben in Deutschland nach Schätzungen der Gartner Group ein Volumen von rund 25 Milliarden DM (Stand Dezember 2000). Bis 2004 soll diese Zahl auf 634 Milliarden DM steigen. Täglich eröffnen alleine in Deutschland 600 Unternehmen eine Homepage. Die Bundesregierung entwickelt ein zentrales Portal als virtuellen Zugang der Bundesbürger in die Ministerien. E-Business, E-Government, E-Democracy, E-Learning, virtuelle Universität und Telemedizin sind Vokabeln, die innerhalb nur eines Jahres aus Fachwörtern von IT-Spezialisten zu gängigen, mit verständlichen Inhalten gefüllten Begriffen im Alltagswortschatz geworden sind. Das Netz durchdringt langsam alle Bereiche der Gesellschaft. Computer und Mikrochips haben den Alltag erobert. Sie steuern industrielle Roboter und gleichzeitig Kinderspielzeug. Sie regeln den Verkehr, speichern Wissen und Informationen in elektronischen Bibliotheken, ermöglichen elektronische Kommunikation innerhalb und außerhalb von institutionellen oder Unternehmensgrenzen. In Deutschland gibt es eine neue virtuelle Realität. Die Informationsgesellschaft hat Fuß gefasst.

Die Digitalisierung, Grundlage für IT und Internet und damit für die Informationsgesellschaft, begann bereits 1936, als in England Alan Turing einen imaginären Computer entwarf, der nach Algorithmen – in der heutigen Sprache Programm oder Software genannt – als Rechenhilfe oder als Schachspieler verwendet werden konnte. Im gleichen Jahr baute Konrad Zuse mit seiner Z1 den ersten vollmechanischen Computer. 1942 entwickelte IBM Mark 1, einen Computer, der drei Additionen pro Sekunde durchführen konnte und »wie ein Saal strickender Damen klang«.

In den sechziger Jahren trat der Computer erstmals in das Licht der Öffentlichkeit. Fortschritte der Fernsehtechnik und der Satellitenkommunikation halfen ihm dabei. IBM-Ingenieure in Endicott und im französischen La Gaude tauschten Daten über Satelliten aus, um zu zeigen, wie große Datenmengen an jedem Ort der Welt übertragen werden können. Wernher von Braun, der die Raketen für die Apolloflüge entwickelt hatte, sagte 1960: »In nur einem Jahrzehnt haben sich die Computer von einem Kuriosum und einem Hilfsmittel für die Konstruktion von Raumfahrzeugen zu einem unentbehrlichen Werkzeug entwickelt.« Heute hat jedes Auto der gehobenen Preisklasse mehr Computerleistung als diese Mondfähre, die die ersten Menschen auf den Mond brachte. Mitte der sechziger Jahre steuerten IBM-Computer die erste Landung eines Menschen auf dem Mond, die Mercury- und Apollo-11-Raumflüge. Sie erbrachten für damalige Verhältnisse kaum vorstellbare Rechenleistungen. Heute erbringt jeder Mikrochip in einem handelsüblichen Handy oder einem handelsüblichen Personal Computer diese Rechenleistungen.

In der Computerwelt sorgte IBM 1981 über Nacht für eine Sensation. Sie brachte den IBM Personal Computer auf den Markt – den PC, der die Basis dafür lieferte, dass heute jeder an einen PC arbeiten kann – und nicht mehr mehrere hunderttausend Mark dafür auf den Tisch legen muss.

Zur gleichen Zeit, in der IBM-Rechner die erste Mondfahrt steuerten, entwickelte die dem amerikanischen Verteidigungsministerium unterstellte Behörde DARPA (Defense Advanced Research Project Agency) zusammen mit einigen amerikanischen Universitäten ein dezentrales Computernetzwerk mit dem Namen ARPANET. Der ursprüngliche Zweck dieses Vorhabens war die Schaffung eines möglichst ausfallsicheren Datennetzes für den militärischen Bereich. Aus diesem Grunde wurde ARPANET, das einige Jahre später in DARPA-Internet umbenannt wurde, von Anfang an dezentral und fehlertolerant aufgebaut. Nachdem das DARPA-Internet in den USA ein rasches Wachstum vor allem im universitären Bereich erreicht hatte, zog sich die DARPA 1985 hauptsächlich wegen Sicherheitsbedenken als Sponsor und Mitbetreiber zurück. Die Entwicklung des Internets hatte aber zu diesem Zeitpunkt bereits eine so hohe Eigendynamik erreicht, dass sich das Netz trotz des Rückzugs der DARPA rasant weiterentwickelte. 1991 wurde in den USA die Kommerzialisierung des Internets durch die Schaffung einer Verbindung zwischen dem kommerziellen und dem akademischen Teil des Internets eingeleitet. Die kommerzielle Nutzung des Internets auch für Unternehmen, die nicht an universitären Forschungsprojekten beteiligt waren, wurde möglich. 1993 entdeckten Unternehmen aller Sparten die vielfältigen Anwendungsbereiche des Internets. Heute ist das Internet ein Medium, ohne dessen Nutzung Unternehmensprozesse kaum noch denkbar sind.

Forscher arbeiten jetzt an der Entwicklung von Datenautobahnen, die ultraschnelle Datenübertragungsraten erreichen. Der Text aller Ausgaben einer Tageszeitung über dreihundert Jahre hinweg kann mit dieser neuen Technik in einer einzigen Sekunde über ein Glasfaserkabel übertragen werden. Internet2, ein Wissenschaftsnetz, das über 180 Universitäten, Unternehmen wie IBM und AT&T und Regierungen über High-speed-Komponenten verbindet, ermöglicht beispielsweise bereits heute die ungehinderte Übertragung von bewegten Bildern in Echtzeit.

Das Internet wird nicht die Endstation der Entwicklung sein. In Harvard spricht man nicht mehr über das Internet, sondern darüber, wie man am effektivsten an der Entwicklung der Wireless World partizipieren kann. Denn alleine in Deutschland telefonieren 25 Millionen Menschen mit Handys. Anfang 2001 wurden 50 Millionen DM mit Transaktionen von *mobile devices* wie Handys umgesetzt.

Die Basistechnologien für Computer und des Internets werden kontinuierlich weiterentwickelt. Der Mikroprozessor wird kleiner, leistungsfähiger und billiger. Die Rechenkapazität der Computer verdoppelt sich alle achtzehn Monate. Die Kapazität der Speicherchips vervierfacht sich im gleichen Zeitraum. Ein fingernagelgroßer Halbleiterchip kann heute den gesamten Text des 24-bändigen Brockhaus speichern, vor achtzehn Jahren reichte diese Speicherkapazität gerade für vier Seiten Text. Die Kapazität von Magnetspeichern wächst jährlich um 60 Prozent.

Immer komplexere Sachverhalte und die Verarbeitung immer größerer Informationsmengen verlangen nach immer höheren Rechenleistungen. Die Kombination sehr schneller Prozessoren mit Software für komplexe Analysen erlaubt den Einsatz von Großrechnern in der Wissenschaft und der Wirtschaft mit Ergebnissen, die vor wenigen Jahren noch undenkbar waren. Die Basis dafür legte IBM mit »Deep Blue«, einem Computer, der 1997 den damaligen Schachweltmeister Kasparow besiegte. Basis für den Sieg einer Maschine über einen Menschen war nicht nur die gewaltige Leistung der Maschine, sondern vor allem auch die Beschleunigung der Algorithmen, mit denen die Züge berechnet wurden. Das Schachspiel mit seiner Mischung aus überschaubaren Regeln und einer dennoch extremen Komplexität bot und bietet ein hervorragendes Testfeld für den weiteren Ausbau paralleler Rechnertechnologien. Standardisierte Hardwarebausteine werden durch eine spezielle Software so zusammengeschaltet, dass komplexe Problemstellungen abgearbeitet werden können. Je nach Komplexität lassen sich mehr oder weniger Prozessorknoten zusammenschalten. Deep Blue kann auf diese Weise 200 Millionen Schachzüge pro Sekunde analysieren. Die Software definiert Teilaufgaben, die parallel von den einzelnen Chips abgearbeitet werden, und ermittelt am Ende aus diesen Teilergebnissen die optimale Lösung. Dies bildet die Grundlage für eine Technologie, die heute in Bereichen wie der chemischen Produktion, der Luftfahrt oder auch dem Finanzwesen zum Einsatz kommt. Genau diese Computertechnologie kann beispielsweise im Bereich des dynamischen Molekulardesigns in der pharmazeutischen Industrie neue Medikamente entwickeln, denn die Wechselwirkungen auf atomarer Ebene vorherzusagen, erfordert ein hohes Maß an

Rechenleistung. Heute – nach herkömmlichen Methoden – dauert es im Durchschnitt zwölf Jahre, um ein neues Medikament auf den Markt zu bringen. Ein auf Deep Blue basierendes System, das an die Aufgaben des Molekular-Designs angepasst wurde, kann diese Zeitspanne auf sechs bis acht Jahre verkürzen.

Blue Gene – eine Weiterentwicklung des Deep Blue – wird in der Lage sein, den biologischen Prozess zu simulieren, durch den sich Aminosäuren in Proteine umwandeln. Blue Gene wird zwei Millionen mehr Leistung erbringen als die PCs, die mit den schnellsten Pentium-III-Prozessoren ausgestattet sind.

Im Juni 2000 stellte IBM den schnellsten Großrechner der Welt vor. Der ASCI White leistet 12,3 Billionen Teraflops oder 12,3 Billionen Fließkomma-Operationen (einzelne Rechenschritte) pro Sekunde. Wollte ein Mensch mit einem Taschenrechner leisten, was der ASCI White in einer Sekunde macht, so würde er dafür zehn Millionen Jahre benötigen. Auftraggeber und künftiger Nutzer des Super-Rechners ist die Accelerated Strategic Computer Initiative (ASCI) des US-Energieministeriums. Der ASCI White soll in den US-Livermore-Laboratorien in Kalifornien Simulationen von Atomtests liefern. Wenn die Simulationen per Computer dem für die Tests zuständigen Energieministerium die notwendigen Daten bringen, wären echte Atom-Testexplosionen tatsächlich überflüssig, denn die Simulationen umfassen alle Daten, die bei einer atomaren Explosion eine Rolle spielen.

So wie die Rechenleistung immer weiter steigt, so durchdringen Computer zunehmend Gegenstände des Alltags. Früher teilten sich tausend Menschen einen Computer, heute kommt jeder Mensch täglich mit tausend Computern in Kontakt. Die Idee vom Computer als Gebrauchsgegenstand und dem Zugriff auf Daten und Services unabhängig von Ort und Zeit wird heute in nahezu allen Firmen verfolgt: Pervasive Computing. Prozessoren, Speicher, Networking-Elemente werden so klein, leistungsfähig und kostengünstig, dass Computing-Funktionalität in allen möglichen Objekten wie Autos, Haushaltsgeräten, Werkzeugen, Verkaufsautomaten und Gebäuden integriert sein wird.

Neue Geräte für die individuelle Datenverarbeitung wie persönliche Assistenten (PDAs), webfähige Fernsehgeräte, Screenphones, Smart Cards sind im Auto, in Fabriken, Wohnungen, Schulen, am Arbeitsplatz, in Stofffasern, Modeaccessoires zu finden. Einfache Bedienung und Menüführung eröffnen dem Nutzer neue Möglichkeiten. So ist es möglich, die gesamte Haustechnik, das Licht, Sonnenblenden und Haushaltsgeräte oder auch Videorecorder mittels Spracheingabe zu steuern. »Wearable PC«, vollwertige PCs, die überall und zu jeder Zeit einfachen Zugriff auf Daten und Services ermöglichen, sind tragbar am Gürtel und halten die Hände frei, um beispielsweise komplexe Wartungsarbeiten in der Flugzeugindustrie vorzunehmen.

Miniaturisierung, Digitalisierung, Vernetzung, erhöhte Prozessorenleistung und Speicherkapazität sowie verbesserte Bedienerfreundlichkeit sind die technologischen Megatrends. Die neuen Technologien senken die Informatikkosten und steigern die Produktivität. Multimedia, Datenautobahn, Virtual Reality und Online-Dienste erschließen völlig neue Formen des Informationserwerbs und der Informationsweitergabe, aber auch der Unterhaltung, der Arbeit, der Aus- und Weiterbildung bis hin zu der Art und Weise, wie Geschäfte getätigt werden.

Doch die Informationstechnologie und das Internet schaffen auch die Basis für neue Mechanismen in der Wirtschaft und der Gesellschaft. Sie definieren neue Anforderungen an das Umfeld, in dem ein Wirtschaftsunternehmen, eine gesellschaftliche Institution oder eine staatliche Einrichtung arbeitet. Der effiziente Umgang mit Informationen über Märkte, technische Entwicklungen, wissenschaftliche Ergebnisse, Produkte oder Kunden wird zum wichtigsten Produktionsfaktor. Der Datenverkehr über Internet und E-Mail – der Weg, über den Informationen ausgetauscht und verarbeitet werden – verdoppelt sich alle 100 Tage. In den nächsten drei Jahren wird sich das in Unternehmen gespeicherte Datenvolumen verfünfzigfachen. Beide Entwicklungen sind Anzeichen dafür, dass die Informationsgesellschaft die gesellschaftliche Ordnung, die Gesetzmäßigkeiten und die Kooperationsformen der Wirtschaft in dem Maße beeinflusst und verändert, in dem die Industriegesellschaft mit den damals neuen Produktionsfaktoren Grundbesitz, Arbeit und Kapital die Grundstrukturen des Zusammenlebens der Agrargesellschaft aufgehoben und neu definiert hat.

Fünf Megatrends sind auch im gesellschaftlichen Bereich offensichtlich. Erstens: Das Internet wird der Marktplatz der Zukunft sein. In dem Maße, in dem wesentliche Bereiche der Wirtschaft von einer physischen auf eine digitale Basis gehoben werden, ändern sich die Marktstrukturen. Das Internet ist eine Technologie, die rund um die Uhr funktioniert. Die Wirtschaft, die heute mit und im Netz agiert, arbeitet 24 Stunden am Tag, sieben Tage in der Woche, 52 Wochen im Jahr – ohne Grenzen, ohne Zollabkommen, ohne Ladenschlußgesetz. Der Austausch von Informationen, Gütern und Dienstleistungen erfolgt grenzenlos. Entfernungen und geografische Gegebenheiten, die bisher eine Schlüsselrolle bei der Frage spielten, wer eigentlich Konkurrent von wem ist, werden auf einmal unerheblich. Mit dem Internet kann jeder in der Welt Kunde und Konkurrent von jedem werden. Jedes Unternehmen kann mit einem Mal mit Kunden in der ganzen Welt kommunizieren und jedes Unternehmen im Netz ist einem weltweiten Wettbewerb ausgesetzt.

Das Internet ist ein Massenmarkt. Wie in einem Supermarkt informieren sich die Besucher in einem Online-Shopping-System selbst über das Angebot und legen die ausgewählten Artikel in einen Einkaufskorb. Bezahlt wird in der Regel per Kreditkarte. Beide Seiten haben Vorteile: Die Kunden können den Online-Shop Tag und Nacht ungestört betreten. Der Anbieter spart in erster Linie Personalkosten, da alle Interaktionen automatisch ablaufen.

Gleichzeitig ermöglicht das Internet die Einrichtung von kleinen, hoch spezialisierten Marktnischen, die Ansammlung von hunderten von Special-Interest-Groups: eigene Sammelplätze wie Newsgroups, E-Mail-Listen, Chat-Räume oder Kleinanzeigenmärkte zum Austausch von Informationen und Erfahrungen. Gruppen und Diskussionsbeiträge stehen dabei in einem engen Verhältnis zu ihren Produkten oder Dienstleistungen. Wenn die Mitglieder dieser Special-Interest-

Groups mit der Zeit die Qualität des Gegenübers erkennen, ergeben sich daraus fast zwangsläufig Einzelkontakte. Diese wiederum führen, direkt oder indirekt, sehr oft zu einer späteren Geschäftsbeziehung.

Hochgradig spezialisierte Dienstleistungen können unabhängig von jeder regionalen Anbindung angeboten werden. Im Netz ist jedes Produkt überall erhältlich – der Kunde kann erwerben, was er sich wünscht. Jeder Anbieter kann sein Produkt im Netz anbieten. Der Journalist kann seinen Artikel im Netz veröffentlichen – und verkaufen. Die Distribution, bisher vom Zeitungsverleger übernommen, entfällt im Internet, denn der Journalist findet seinen Nachfragemarkt selber. Die Bezahlung durch den Verlag ist nicht mehr notwendig, denn es gilt das »Pay per Clic«. Die Rolle des Verlegers wird vom Internet neu definiert.

Das Internet zwingt uns, auch zu überdenken, wie wir die Märkte definieren und wie diese Märkte arbeiten. Denn der E-Commerce hat für die Transformation in die Industriegesellschaft die Bedeutung, die die Eisenbahn für die industrielle Revolution hatte – er ist eine vollkommen neue, vollkommen unvorhergesehene und unerwartete Entwicklung. Er führt zu einem neuen Wirtschaftsboom. Auch wenn die New Economy als eine Wirtschaft der Bits und Bytes bezeichnet wird, müssen Waren ausgeliefert werden. Der Warenverkehr weltweit steigt kontinuierlich. Mehr denn je wird die Zufriedenheit des Kunden sich danach bemessen, ob er die gewünschte Ware erhält, ob sie in gutem Zustand geliefert wird und ob sie innerhalb kürzester Zeit ausgeliefert wird. Logistische Mehrwerte wie Online-Verfügbarkeit, Abbildung des Bestellfortschritts oder Sendungsverfolgung werden für den Kunden immer wichtiger.

Aber auch die Distributionswege im E-Commerce sind anders als erwartet:

Vor 25 Jahren wurde allgemein angenommen, dass in der heutigen Zeit das gedruckte Wort elektronisch an einen Subscriber gesendet wird. Er würde es am Bildschirm lesen oder am heimischen Drucker ausdrucken. Heute gibt es einige Zeitungen oder Magazine, die im Internet verfügbar sind. Manche Verlage geben gesonderte Online-Ausgaben heraus. Aber niemand hätte gedacht, dass Bücher im Internet gekauft würden, aber in der konservativen gedruckten Form ausgeliefert würden – ein Geschäft, mit dem der Online-Buchhändler Millionenumsätze macht.

Vor zehn Jahren erstellte ein Autokonzern eine Studie über den Einfluss, den das Internet auf den Autohandel haben würde. Es würden, so die Vorhersage der Studie, vorwiegend Gebrauchtwagen über das Netz vertrieben werden. Doch heute werden die meisten Gebrauchtwagen über den herkömmlichen Pkw-Handel verkauft. Und mehr als 50 Prozent der Neuwagen kaufen Kunden über das Internet.

Wir werden eine ganz neue Form von Markt haben. Sie wird viele der Unzulänglichkeiten und Ineffektivitäten der bestehenden Märkte aufzeigen, zum Beispiel auch solche der Mechanismen von Angebot und Nachfrage und den daraus resultierenden Preisen. Neue transparente Formen von Märkten entwickeln sich bereits: E-Marktplätze für den Handel von Produkten und Dienstleistungen, von Kapital, aber eben auch für Arbeitskräfte. Viele Entwicklungen kommen aus diesen neuen Märkten – Märkten, die nur im Netz existieren und eine wesentliche Rolle dabei spielen werden, den Käufer und den Verkäufer zusammenzubringen, neue Transaktionen zu ermöglichen. 2004 werden E-Marktplätze 30 Prozent bis 40 Prozent des E-Commerce erwirtschaften. Heute schon sprechen wir über rund 1000 E-Marketplaces im Netz, die als *buyer* oder *seller-marketplaces*, als vertikale oder horizontale *e-marketplaces* Ein- und Verkauf schneller, transparenter und kostengünstiger machen und damit dem Traum eines Volkswirts immer näher kommen: dem vollkommenen Markt. Und wir erleben eine neue Erscheinung im Wirtschaftsleben – Konkurrenten in einem Markt werden zu Partnern auf dem anderen Markt.

Zweitens: Die Vernetzung innerhalb von Unternehmen, die Anbindung von Partnern, Kunden oder Zulieferern über elektronische Netze verlangt neue Geschäftsstrategien und neue Businessmodelle. Die wesentlichen Geschäftsprozesse finden im und über das Netz statt.

Netzbasiertes Customer Relationship Management erlaubt, dem Kunden ein Maximum an von ihm gewünschten und auf ihn zugeschnittenen Service zu bieten. Business Intelligence, die Auswertung von geschäftsrelevantem Wissen über den Kunden, ermöglicht dem Unternehmen, durch eine Analyse der von dem einzelnen Kunden erhaltenen Informationen ein Maximum an auf den Kunden zugeschnittener Leistung zu erbringen. Ein netzbasiertes Knowledge Management gibt dem einzelnen Mitarbeiter des Unternehmens die Möglichkeit, auf das gesamte im Unternehmen vorhandene Wissen zuzugreifen, damit Doppelarbeit zu vermeiden und unabhängig von Zeit und Ort miteinander zu arbeiten. Supply Chain Management verbindet Hersteller, Zulieferer, Händler und Kunden über funktionale, geografische oder Unternehmensgrenzen hinweg. Das richtige Produkt zum richtigen Empfänger zur vereinbarten Zeit zum richtigen Preis auszuliefern ist eine der größten Errungenschaften des E-Business.

Drittens: Die Kundenbeziehungen werden neu definiert. Mit dem Internet steht erstmals ein Massenmedium bereit, das den Dialog mit dem Kunden bzw. »Surfer« und das »Erinnerungsvermögen« des Anbieters abbildet. Kunden können wie zu Großmutters Zeiten im Krämerladen vor Ort ihre Wünsche äußern. So stellt das Internet unterschiedliche Anwendungen bereit, mit denen ein Anbieter-Kunden-Dialog *et vice versa* zustande kommt: Chat, www-Formulare, E-Mail. Entscheidend ist, dass mit der Computer- und Speichertechnik nun das Erinnerungsvermögen des Ladenbesitzers bzw. Unternehmers ersetzt werden kann. Die Fortschritte in der Computer-Technik, gepaart mit dem rapiden Preisverfall für Datenspeicher, machen es erstmals möglich, Kundenwissen über Tausende oder gar Millionen einzelner Kunden systematisch zu speichern, also zu »erinnern«. Dies erlaubt individuelle Kommunikation und Behandlung jedes einzelnen Kunden.

Das Internet und die Datenverarbeitung mit den heute angebotenen technischen Möglichkeiten erlauben ein Denken nicht beschränkt auf Kundensegmente, sondern sehen eine

Einzelperson als eigenständiges Marktsegment. Jede einzelne neue Information über den Kunden führt zu einer Neuausrichtung und damit verbunden zu einer fortlaufenden Erneuerung seiner Einschätzung. Die Einschätzung des Kunden mit der anschließenden Ausrichtung des an ihn gerichteten Angebots ist ein fortlaufender, dynamischer Prozess, denn durch beständige Interaktion und Dialog mit dem Anbieter hinterlässt der Kunde jedes einzelne Mal Informationen über sich und seine Vorlieben, die dem Unternehmen ein sich ständig verfeinerndes Bild über den einzelnen Kunden gestatten. Darauf aufbauend werden die Kommunikation mit dem Kunden und das konkrete Angebot von Produkten und Leistungen ausgerichtet. Jede einzelne Interaktion steigert das Wissen um den Kunden und dessen Vorlieben.

Viertens: Jede technische Neuerung hat nur dann Chancen, wenn sie mit einem erheblichen Mehrwert für den Nutzer oder den Kunden verbunden ist. Das Internet schafft auf zwei Ebenen einen erheblichen Mehrwert. Als Marktplatz bietet es dem Kunden die Möglichkeit, ungestört seine Entscheidung zu fällen. Der Kunde entscheidet selbst, was er sich ansehen möchte. Er kann unmittelbar vergleichen und auswählen. Er ist nicht an Öffnungszeiten gebunden. Er kann ohne Kaufdruck ganz ungestört suchen und sich jederzeit von uninteressanten Angeboten abwenden. Wenn ein direkter Kontakt zum Anbieter gewünscht ist, erlaubt das Internet eine schnelle und mühelose Kommunikation. Der Kunde kann sich per Mausklick und Tastatur direkt an den Anbieter wenden. Der Kundendienst kann genauso einfach und unmittelbar reagieren. Über Intranet/Extranet kann jeder Nutzer geschützte Informationen per Passwort abrufen.

Produkte sind mit Software und damit mit neuen Dienstleistungen verknüpft, werden intelligent und enthalten eine neue Dienstleistungsqualität. Der Autokäufer kann sich sein gewünschtes Auto am Bildschirm selbst konfigurieren. Mit einem Mausklick wird er es zulassen und versichern können. Der Autofahrer steigt nicht nur in sein Auto, sondern loggt sich gleichzeitig in ein Softwaresystem ein, das laufend Dienstleistungen erbringt: Verkehrsmitteilungen, Vorschläge zur Routenwahl, Fahrtenschreiber, Datenaufzeichnung bei einem Unfall mit automatischer Alarmierung. 90 Prozent des Wertes eines Autos liegen in der Software, die im Auto installiert ist, beim Betrieb des Motors, der Diagnosesysteme, der Navigationssysteme oder den Robotern, die in der Produktion verwendet werden.

Fünftens: In ebender gleichen Art, in der das Internet Märkte verändert, verändert es auch Geschäftsmodelle. IBM hat den Begriff E-Business geprägt, der eine breite Palette von Veränderungen von externen und internen Geschäftsprozessen erfasst und definiert – E-Commerce (Verkauf von Produkten und Services im Netz), E-Procurement (Einkauf im Netz), E-Care (Service über das Netz), E-Learning (Lernen im Netz, Knowledge Management, Anwendung für die Unternehmensmitarbeiter) und E-Marketing Communications. Es sind die Neugestaltung strategischer Unternehmensprozesse und die Bewältigung der Herausforderungen eines Neuen Marktes, der sich zunehmend durch Globalisierung auszeichnet und auf Wissen basiert. Der Wert des E-Business liegt in der Art und Weise, wie Unternehmen geführt und Geschäfte getätigt werden. E-Business beinhaltet die ganze Wertschöpfungskette eines Unternehmens, seine Beziehungen zu Lieferanten, zu Kunden und zu den Mitarbeiterinnen und Mitarbeitern. Durch die Entstehung völlig neuer Wertschöpfungsketten wird für das Jahr 2002, je nach Schätzung, ein Internetumsatz von 425 Milliarden bis 1 Billion Dollar vorausgesagt. IBM geht davon aus, dass die IT-Branche, mit einer jährlichen Wachstumsrate von 10 Prozent, im Jahr 2002 einen Wert von 1,6 Billionen Dollar umsetzen wird. Der Anteil des E-Business – was Unternehmen für Hardware, Software und Dienstleistungen im Zusammenhang mit E-Business ausgeben werden – wird auf 600 Milliarden US-Dollar steigen.

Wir leben also in einer Welt, die kontinuierlich vernetzt und verbunden ist. Sie fordert sofortige Antworten, die Fähigkeit, rechtzeitig vom Markt zu lernen und sich an ihn zu adaptieren. Und sie verlangt Geschwindigkeit, denn der maximale Zeitvorsprung, den ein Unternehmen heute durch eine neue Technologie gewinnen kann, liegt bei sechzig Tagen.

Käufer gewinnen immer mehr Macht, Verkäufer haben immer bessere Möglichkeiten. Die Unternehmen, die besondere Dienstleistungen anbieten oder Sonderpreise machen können, werden wachsen. Sie werden von einer neuen Kundenspezies profitieren – Kunden, die intelligente Software verwenden, um die besten Angebote zu finden. Die Unternehmen, die ihre Position aufgrund physischer oder nationaler Grenzen behauptet haben, werden in dieser Wirtschaftsordnung schwerlich bestehen können.

Informationsbroker werden Zwischenhändler ersetzen. Die traditionellen Distributionszentren und Sales Channels werden durch die Venetzung der Wirtschaft für sich neue Aufgaben definieren müssen. Denn Verkäufer und Käufer kommunizieren direkt miteinander. Eine Sorte von »Mittlern« wird geboren werden. So, wie die Menge von Informationen steigt, werden Spezialisten benötigt, die die Daten in verwendbare Informationen – in Wissen – umwandeln. Sie werden Dienstleistungen anbieten, Unterstützung für die Kunden.

Seit den sechziger Jahren haben Ökonomen auf die Bedeutung des früher unterschätzten, für die Wirtschaft nur am Rand wichtig erscheinenden menschlichen Wissens hingewiesen. Heute sind Wissen und Humankapital Mittelpunkt der Wirtschaft. Heute übertreffen die Daten, die täglich zwischen den 43 Millionen Internet-Rechnern ausgetauscht werden, der Menge nach das gesamte Wissen der Menschheit des 19. Jahrhunderts. 90 Prozent aller Forscher, die je gelebt haben, sind unsere Zeitgenossen – und die Mehrheit der Forscher arbeitet nicht in den staatlichen Universitäten und Forschungseinrichtungen, sondern in Laboren und Forschungseinrichtungen der Wirtschaft. Der Bestand an wissenschaftlichen Kenntnissen verdoppelt sich alle fünf bis sechs Jahre.

Nach Schätzungen der Weltbank verdanken die reichen Länder zwei Drittel ihrer Wertschöpfung dem Humankapital. Dem Sachkapital, Maschinen, Gebäuden, Infrastruktur, und den Naturschätzen werden nur noch je ein Sechstel der Wertschöpfung zugerechnet. Produktionsfaktor Nummer eins ist das Wissen – die Fähigkeit, Informationen zu analysieren und effektiv einzusetzen. Doch das größte Kapital der neuen Wirtschaft sind die Menschen. Die Familien Fugger und Rothschild haben ihren Reichtum dadurch erworben, dass sie vorhandenes Wissen in Logistikkonzepte umgewandelt haben, die sie schneller werden ließen als ihre Konkurrenten.

Denn Wissen ist die treibenden Kraft der Wirtschaft. Schon heute sind drei von vier Mitarbeitern so genannte *white collar worker*. Sie erbringen anspruchsvolle Dienstleitungen wie Management, Planung, Beratung, Forschung, Entwicklung und Lehre, also Tätigkeiten, die Informationen bearbeiten. Menschen, die innovativ sind, neue Ideen haben und in neue Technik oder neue Geschäftsmodelle umwandeln, werden unbezahlbar – und Arbeitsrecht und Personalführung müssen überdacht werden.

Mit den Veränderungen in der Wirtschaft entstehen neue Arbeitsformen. Flexibilität, Selbständigkeit und der schnelle Wechsel von Arbeitgebern werden zu einem Kennzeichen des Arbeitsmarkts werden. Aus linearen Arbeitsprozessen werden Netzwerke. Die hierarchische Trennung zwischen Entscheidern und Ausführenden verschwimmt. Statt zeitlicher Präsenz werden die Ergebnisse der erbrachten Arbeit gemessen und bezahlt. Die Informationsarbeiter der Zukunft agieren in hohem Maße eigenverantwortlich. Die Mitarbeiter von morgen werden zu Mitunternehmern im weltweiten Computernetz. Die Fähigkeit zur Teamarbeit in sich schnell verändernden interkulturellen Teamstrukturen wird zur Selbstverständlichkeit. Auch der Ort der Arbeit wird flexibilisiert. Das Wo und Wann werden stärker von der Tätigkeit und vom Arbeitenden selbst bestimmt.

Die Informationsgesellschaft hat in Deutschland Fuß gefasst. Doch manche Fragen bedürfen noch einer Klärung: Wie sieht das Steuersystem aus, wenn ein Großteil der Geschäfte über Internet abgewickelt wird? Wie ordnen sich örtlich nicht mehr lokalisierbare Unternehmungen in eine Volkswirtschaft ein? Wie muss die Rahmengesetzgebung im elektronischen Geschäftsverkehr neu konzipiert werden?

E-Government wird staatliche Organisationen auf allen Stufen, Gemeinden bis hin zu internationalen Organisationen, verändern. Die staatlichen Stellen müssen ein Interesse daran haben, die neuen Technologien weiterzuentwickeln und zu nutzen, denn sie sind Schlüsselfaktoren für das Potenzial, sich im internationalen Wirtschaftswettbewerb möglichst gut zu positionieren. Die Schaffung günstiger Rahmenbedingungen und die Bereitstellung der nötigen Infrastrukturvorleistungen sind staatliche Aufgaben, die Veränderungen bedürfen staatlicher Steuerung. Hier müssen Wirtschaft, Staat und Gesellschaft eng zusammenarbeiten, damit jedes Mitglied der Gesellschaft Chancen hat, an der Informationsgesellschaft zu partizipieren. Und damit das Hochtechnologieland Deutschland auch in der globalen Informationsgesellschaft eine führende Funktion einnimmt – die Lokomotive steuert und nicht im Schlafwagen mitfährt.

Ein Zusammenspiel ist notwendig – Old und New Economy beeinflussen sich gegenseitig

von Klaus Zumwinkel

An der Börse sorgen die Neuen Märkte für Aufsehen, wirtschaftlicher Aufschwung wird zu großen Teilen der New Economy zugeschrieben, bestens ausgebildete Arbeitskräfte für die technisierte Wirtschaft des 21. Jahrhunderts werden händeringend gesucht. Auch wenn es schwer ist, den Begriff der New Economy klar zu definieren, so steht er häufig im Zusammenhang mit zwei anderen Begriffen: neue Technologien und Internet. Gerade das World Wide Web und seine Einsatzmöglichkeiten haben eine Entwicklung genommen, die zweierlei nach sich zieht: Die Old Economy kann oder besser darf sich den Veränderungen nicht entziehen, und die New Economy ist an vielen Stellen auf traditionelle Dienstleistungen angewiesen – wobei traditionell nicht mit veraltet zu verwechseln ist. Ein gutes Beispiel für das notwendige Zusammenspiel neuer und herkömmlicher Märkte sind E-Business und Logistik.

Der elektronische Handel von Waren, also der E-Commerce, gilt neben der Globalisierung als der wichtigste Wachstumstreiber für die Logistik. Das beginnt mit einer ganz einfachen Formel: Wer online bestellt, zu dem muss die Ware auch physisch transportiert werden. Dabei werden allen Prognosen zufolge die Online-Bestellungen allein durch den Endverbraucher enorm steigen – und damit das Paketvolumen und der Transport bis an die Haustür. Der Anteil des »Distanzkaufs« von Privatleuten – klassischer Versandhandel und E-Commerce – wird Experten zufolge voraussichtlich von 5 auf ca. 10 Prozent im Jahre 2005 steigen. Das sind dann viele zusätzliche Pakete pro Jahr. Im Business-to-Business-Bereich, der um ein Vielfaches größer ist als der Business-to-Consumer-Bereich, steigt das Gesamtvolumen der Transporte zwar geringer, dafür setzt sich aber die Entwicklung hin zur Sendungsvereinzelung fort. Aus einer großen werden also viele kleine Sendungen, die zum Empfänger gelangen müssen. Die Distribution ist ein wichtiger Teil des Internethandels und eine klassische Aufgabe des Logistikdienstleisters Deutsche Post World Net. Wir bilden quasi die Brücke zwischen New und Old Economy, zwischen der Bestellung per Mausklick und der physischen Zustellung beim Empfänger.

Die Logistik ist für viele Unternehmen im neuen Markt E-Commerce zur Achillesferse geworden. Sie haben die logistischen Anforderungen unterschätzt. Denn für den Online-Händler geht es nicht nur um den Transport. Er muss sofort nach dem Mausklick dafür sorgen, dass die Bestellung überhaupt auf den Weg gebracht werden kann, also die richtige Ware im richtig adressierten Paket liegt. Eine reibungslos funktionierende Logistikkette gehört zu den wichtigsten Voraussetzungen für den Erfolg des Internethandels, egal ob Großunternehmen oder Einzelhändler. Neben der Präsentation auf den Webseiten sind in besonderem Maße die sichere und schnelle Abwicklung der Bestell-, Zahlungs- und Logistikprozesse entscheidend für die Kundenzufriedenheit und somit für einen erfolgreichen Auftritt im Internet. Gleichzeitig verlangt das schnelllebige Medium Internet vom Händler zunehmend eine Konzentration auf die Kernkompetenzen Einkauf, Sortimentspolitik und Marketing. Konsequenz: Sie übergeben die Logistik einem Spezialisten.

Und der Logistikspezialist? Für ihn hat sich mit dem Wandel von Industrie und Handel in den vergangenen Jahren auch einiges verändert. Unternehmen sind weltweit tätig, produzieren, kaufen und verkaufen in aller Welt, was durch den Wegfall von Handels- und politischen Beschränkungen erleichtert wird. Die Globalisierung der Wirtschaft und die Transparenz des Handels werden durch das geografisch und zeitlich grenzenlose Internet weiter verstärkt. Die Anforderungen an den Logistikdienstleister sind dadurch komplexer geworden, er muss bei Beschaffung und Distribution jedes Tempo des Produzenten mitgehen und seine Lösungen international anbieten können. Komplexere Aufgaben zu bewältigen heißt auch hier: Nicht nur der Transport einer Ware ist wichtig, sondern die gesamte Logistikkette und Mehrwertleistungen zählen. Das One-Stop-Shopping, also die Möglichkeit, alle Leistungen aus der Hand eines Dienstleisters zu bekommen, wird zunehmend nachgefragt. Kann der Dienstleister die neuen Aufgaben bewältigen, bedeutet die Veränderung der Märkte für ihn eine große Chance. Zu erklären ist so aber auch die Entwicklung in der Logistikbranche selbst, hin zu großen, international tätigen Unternehmen.

Zurück zum Internethandel. Die wichtigsten Elemente der Logistikkette sind: Auftragsabwicklung inklusive Bezahlung, Lagerhaltung, Warenmanagement bis zu Retouren, Transport mit allen zeitlichen Optionen und inklusive Sendungsverfolgung sowie die technische Anbindung an die Verkaufsplattform. Wollte ein Internethändler das alles allein auf die Beine stellen, würden ihm wichtige Ressourcen entzogen oder er wäre ganz einfach überfordert. Neben den einzelnen Elementen der Kette ist außerdem die technisch durchgehende Verknüpfung der Waren-, Finanz- und Informationsströme für den reibungslosen und schnellen Ablauf einer Bestellung gefragt und im Internetzeitalter auch möglich. Diese Verknüpfung stellt der Logistikdienstleister ebenfalls sicher. Die Ausnutzung der technischen Möglichkeiten ist eine der Voraussetzungen für ihn, um komplette und durchgehende logistische Lösungen anbieten zu können. Die Informationstechnologie spielt also nicht nur für die Geschäfte der New Economy eine entscheidende Rolle.

Wie sehr sich auch ein traditionelles Unternehmen durch die Anforderungen der neuen Märkte verändert, dafür ist die Deutsche Post World Net ein gutes Beispiel. Mit einer über 500-jährigen Geschichte gehören wir einerseits klar zur Old Economy. Auch heute sind die traditionellen Geschäftsfelder Brief und Paket ein wichtiger Baustein unseres Unternehmens. Doch die Kunden, vor allem natürlich die Geschäftskunden, verlangen mehr: Sie wollen internationale Netze, komplette Logistiklösungen für alte und für neue Märkte, sie verlangen kurze Lieferzeiten rund um den Globus und absolute Zuverlässigkeit. Dem hat die Deutsche Post frühzeitig Rechnung getragen: Die Globalisierung, der Ausbau der Mehrwertdienste, eine umfassende Produktpalette und nicht zuletzt das E-Business sind Teile unserer Strategie, mit der wir den Wünschen der Kunden gerecht werden und dem neuen Zeitalter der Logistik gewachsen sind. Eine hochtechnisierte Brieflogistik, ein europaweites Paketnetz, ein weltweites Logistiknetz mit dem Tochterunternehmen Danzas an der Spitze, und die Möglichkeit integrierter Finanzdienstleistungen, das sind Kernelemente des Unternehmens Deutsche Post World Net am Beginn des 21. Jahrhunderts.

Als Logistikdienstleister helfen wir, dass die Start-up-Unternehmen des E-Commerce die Versprechen halten können, die sie ihren Online-Kunden machen. Dass die Kunden dabei von den Erfahrungen profitieren, die die Deutsche Post über Jahre im traditionellen Handel gesammelt hat, zeigt noch eine andere Verbindung von Old und New Economy – nicht alles muss neu erfunden, wohl aber sinnvoll angepasst werden. Das trifft zum Teil auch auf die Geschäftsfelder zu, mit denen die Deutsche Post World Net sich als aktiver Player in der New Economy positioniert hat und deren Kompetenzen sie in einer eBusiness Holding gebündelt hat. eCommerce Services (eCS) zum Beispiel ist spezialisiert auf ganzheitliche Lösungen für den Internethandel und deckt die gesamten technischen, logistischen und zahlungsrelevanten Prozesse ab. Dabei greift eCS auf vorhandene Kompetenzen in der Logistik und bei den Finanzdienstleistungen zurück.

Neuland war für uns die Einrichtung des Shopping-Portals eVITA, mit dem wir uns direkt an den Internetnutzer wenden. Doch es ist in unserem Interesse, auf diesem Wege den E-Commerce zu fördern. Mit rund 3,5 Millionen Seitenabrufen pro Monat erweist sich eVITA als sehr erfolgreich. Die Förderung der neuen Märkte hat auch die neu gegründete Venture-Capital-Gesellschaft zum Ziel. Sie unterstützt junge Start-up-Unternehmen der Internetbranche finanziell und durch Know-how-Transfer. Und da das Thema Sicherheit im

Internet einen hohen Stellenwert für die Verbraucher hat, bietet die Deutsche Post Signtrust mit der digitalen Signatur und der Verschlüsselung von Daten entscheidende Wege für sicheres Handeln im Netz.

Neue Geschäftsfelder sind das eine, um selbst in den neuen Märkten aktiv zu werden. Vorhandenes auf neue Technologien und das Internet auszurichten ist das andere. Dabei hat die Old Economy einen wichtigen Vorteil: Sie baut auf soliden Strukturen auf. Etablierte Unternehmen haben feste Kundenbeziehungen, sie können auf bekannte Marken setzen, sie haben in der Regel einen stabilen finanziellen Unterbau. Ihre Hauptaufgabe bei der Ausrichtung auf das E-Business ist es, Produkte und Handelsbeziehungen webfähig zu machen. Ein nur kurzer Weg war und ist das zum Beispiel für den Versandhandel: Bot er bisher seine Ware nur per Katalog an, so tut er dies nun über einen zusätzlichen Vertriebskanal, das Internet. Neben den beschriebenen Vorteilen kommt hinzu, dass der Versandhändler weder die Logistik ganz neu aufbauen muss noch sein Marketing. Was er allerdings im Blick haben muss: Wie gewinne ich neue Kunden? Wenn nur die vorhandenen auf den neuen Vertriebskanal umschwenken, spart er zwar Kosten, doch wird ihm das auf Dauer kaum genügen. Dass das neue Medium auch neue Zielgruppen anspricht, muss er zu nutzen versuchen, etwa durch die Sortimentspolitik oder die Art der Präsentation seiner Ware.

Ähnliche Überlegungen gelten für die Deutsche Post World Net. Die Entwicklung neuer E-Produkte wie die digitale Signatur ist ein wichtiger erster Schritt; vorhandene Produkte und Dienstleistungen webfähig zu machen sowie Schnittstellen zwischen neuen und herkömmlichen Leistungen zu nutzen wie bei EasyTrade oder PrintCom ist ein weiterer Schritt. Der letzte Schritt zu einem echten E-Business-Unternehmen ist es, auch alle internen Prozesse und Organisationsabläufe so weit wie möglich über das Web abzuwickeln. Das ist unsere Vision, an deren Umsetzung wir ebenfalls arbeiten. Doch in jedem Fall wird die Deutsche Post World Net immer ein Stück von beidem sein: Old und New Economy. Sie bildet die Brücke zwischen der Old und der New Economy.

Autorenverzeichnis

Prof. Roland Berger, Jahrgang 1937, studierte in München und Hamburg Betriebswirtschaftslehre. Vor seiner Unternehmensgründung 1967 war Roland Berger als Berater und Partner bei einer großen internationalen Unternehmensgesellschaft in Boston und Madrid tätig. Zwischen 1971 und 1972 war er Lehrbeauftragter für Marketing und Werbung an der Technischen Universität München. Seit 2000 ist er Professor für Betriebswirtschaft und Unternehmensberatung an der Brandenburgischen Universität Cottbus. Roland Berger ist Chairman und Global Managing Partner von Roland Berger & Partner GmbH International Management Consultants, München, und Mitglied verschiedener internationaler Aufsichtsräte, wie z.B. Ebara Corporation, Tokio, und Metro AG, Zug/Schweiz.

Prof. Dr. Hubert Burda, Jahrgang 1940, ist Verleger in München. Er studierte Kunstgeschichte, Archäologie und Soziologie in München, Rom, London und Paris und promovierte 1966 zum Dr. phil. Im selben Jahr trat er in den Burda-Verlag ein und übernahm die Leitung des verlagseigenen Anzeigenbereichs, ab 1972 zusätzlich die Bereiche Vertrieb und Werbung. 1973 wurde Dr. Hubert Burda Geschäftsführender Gesellschafter der Burda GmbH. Von 1975 bis 1985 leitete er als Chefredakteur die *Bunte*-Redaktion. Verlegerische und journalistische Erfahrungen sammelte er in den USA bei Time Inc., Cowles Publication, *TV Guide* sowie Young & Rubicam. Im Jahre 1993 startete Hubert Burda die Zeitschrift *Focus*. Hubert Burda ist seit 1987 Vorsitzender der Burda GmbH.

Dr. Rolf-Ernst Breuer, Jahrgang 1937, ist Jurist und Vorstandssprecher der Deutschen Bank, die besonders seit ihrer Akquisition von Bankers Trust viele wichtige Unternehmen der New Economy beraten hat. Breuer trug bis 1997 als Vorstandsmitglied Verantwortung für das Investmentbanking der Deutschen Bank und war bis 1985 Leiter der Börsenabteilung in der Zentrale Frankfurt. Er ist Aufsichtsratsvorsitzender der Deutschen Börse.

Wolfgang Clement, Jahrgang 1940, arbeitete nach dem Studium der Rechtswissenschaften ab 1968 in Münster als Ressortleiter Politik und stellvertretender Chefredakteur der *Westfälischen Rundschau*. Von 1987 bis 1989 war Clement Chefredakteur der *Hamburger Morgenpost*. Zwischen 1989 und 1995 war er Chef der Staatskanzlei von NRW. 1995 wurde Clement Minister für Wirtschaft und Mittelstand, Technologie und Verkehr, bis er 1998 die Nachfolge von Johannes Rau antrat und nordrhein-westfälischer Ministerpräsident wurde. Seit 1999 ist er stellvertretender Bundesvorsitzender der SPD.

Dr. Reto Francioni, Jahrgang 1955, kam im April 2000 zu Consors. Zuvor war er nach dem Studium der Rechtswissenschaften in Zürich in leitenden Tätigkeiten im Börsen- und Bankbereich der Schweiz sowie in den USA tätig. 1992 wechselte er in das Direktorium der Hoffmann LaRoche AG, Basel, wo er für Finanzierung und Controlling lateinamerikanischer Tochtergesellschaften verantwortlich war. 1993 wechselte er als Mitglied des Vorstands zur Deutschen Börse AG und übernahm dort die Verantwortung für den gesamten Kassamarkt, ab 1999 war er stellvertretender Vorstandsvorsitzender. In diese Zeit fielen u.a. die Gründung des Neuen Marktes, Aufbau der Xetra-Handelsplattform sowie der Beginn der Internationalisierung der Deutschen Börse AG. Dr. Reto Francioni führt gemeinsam mit Karl Matthäus Schmidt als Co-CEO die Consors Discount-Broker AG.

Prof. Thomas Heilmann, Jahrgang 1964, arbeitete während seines Jurastudiums in Bonn und München als freier Journalist für die *Frankfurter Allgemeine Zeitung*, die Tagesthemen u.a. Nach seinem Staatsexamen in München stieg er in die Unternehmensberatung McKinsey & Company ein und wechselte dann in die Marketing-Abteilung der Lufthansa nach New York. Heilmann ist Mitbegründer und Aufsichtsratsvorsitzender von Aperto Multimedia GmbH, ampere AG (Energie-Broker), der Unternehmensberatung Market Lab AG sowie der Econa AG (Venture Capitalist). Er lehrt an der Berliner Hochschule der Künste als Gastprofessor für audiovisuelle Kommunikation und Kommunikationsplanung. 1990 gründete Heilmann gemeinsam mit Olaf Schumann und Sebastian Turner eine Werbeagentur in Dresden, die später zu Scholz & Friends Berlin wurde. Seit 1993 ist er deren geschäftsführender Gesellschafter. Außerdem ist er der Internet-Sprecher der CDU.

Prof. Dr. Friedhelm Hengsbach SJ, Jahrgang 1937, studierte Philosophie, Theologie und Wirtschaftswissenschaften in München, Frankfurt und Bochum. Seine aktuelle Publikation trägt den Titel »Die andern im Blick. Eine christliche Gesellschaftsethik in den Zeiten der Globalisierung«. Hengsbach ist Leiter des Oswald von Nell-Breuning Instituts für Wirtschafts- und Gesellschaftsethik. 1998 wurde er mit dem Gustav-Heinemann-Bürgerpreis ausgezeichnet. Hengsbach lehrt als Professor für Christliche Gesellschaftsethik an der Philosophisch-Theologischen Hochschule Sankt Georgen in Frankfurt am Main.

Dr. h.c. Hans-Olaf Henkel, Jahrgang 1940. Nach einer kaufmännische Lehre und dem Studium an der Hochschule für Wirtschaft und Politik in Hamburg trat er 1962 in die IBM Deutschland ein. Nach verschiedenen Linien- und Stabspositionen in den USA, Ostasien, Deutschland und der europäischen Zentrale in Paris, wurde er 1987 zum Vorsitzenden der Geschäftsführung der IBM Deutschland bestellt. 1993 wurde er zum Chef der IBM Europa, Mittlerer Osten und Afrika ernannt. Henkel ist Mitglied der Aufsichtsräte der IBM Deutschland GmbH, AUDI AG, Continental AG, Daimler-Benz Aerospace AG (DASA) und econia.com AG sowie stellvertretender Aufsichtsratsvorsitzender der Deutschen Industriebank AG (IKB). 1992 erhielt Henkel die Ehrendoktorwürde der Technischen Universität. Vom 1. Januar 1995 bis zum 31. Dezember 2000 war Henkel Präsident des Bundesverbands der Deutschen Industrie und ist seit 1. Januar 2001 Vizepräsident seines Nachfolgers Michael Rogowski. Außerdem hat er eine Honorarprofessur an der Uni Mannheim angetreten und ist seit 2001 Präsident der Wissenschaftsgemeinschaft Gottfried Wilhelm Leibnitz. Henkel veröffentlichte zuletzt seine Erinnerungen unter dem Titel »Die Macht der Freiheit«.

Prof. Dr. Herbert A. Henzler, Jahrgang 1941, studierte Betriebswirtschaft in Saarbrücken, München und Berkeley und schloss mit einer Promotion ab. 1970 wurde er Berater bei McKinsey&Company Inc.; von 1985 bis 1998 war er Chairman der deutschen Büros. Im Januar 1999 wurde Henzler Chairman von McKinsey Europa und Mitglied des Office of the Managing Director von McKinsey weltweit. Seit Januar 2002 ist er Mitglied des Advisony Council McKinsey & Company weltweit sowie Vizepräsident des internationalen Beirats der Credit Swisse Group. Henzler hat zahlreiche Schriften zu Fragen der strategischen Führung und Organisation internationaler Unternehmen sowie zu wirtschafts- und gesellschaftspolitischen Themen veröffentlicht. Seit 1986 ist er Lehrbeauftragter für Internationales Management und seit 1992 Honorarprofessor für Strategie- und Organisationsberatung an der Ludwig-Maximilians-Universität München.

Dr. Uwe Jean Heuser, Jahrgang 1963, studierte in Bonn, Berkeley, Harvard und Köln, wo er in Volkswirtschaftslehre promovierte. Er hatte Lehraufträge an der Harvard University und an der New York University. 1992 wurde er Wirtschaftsredakteur der *Zeit* und ist seit Sommer 2000 Ressortleiter Wirtschaft. Sein Buch »Das Unbehagen im Kapitalismus – Die neue Wirtschaft und ihre Folgen« ist 1999 erschienen.

Prof. Dr. Rudolf Hickel, Jahrgang 1942, arbeitete nach dem Studium der Wirtschaftswissenschaften an der Universität Tübingen, ab 1973 als Professor für Politische Ökonomie an der Universität Bremen. Heute lehrt er dort Finanzwissenschaft für den Fachbereich Wirtschaftswissenschaften. Seine Publikationen beschäftigen sich mit den Gebieten der Makroökonomik, insbesondere der Finanzpolitik und -theorie sowie der europäischen Währungsunion. Rudolf Hickel ist u.a. Mitglied in den Aufsichtsräten der Allianz AG, der Salzgitter Stahl und Technologie AG.

Matthias Horx, Jahrgang 1955, betreibt »Das Zukunftsinstitut« mit Hauptsitz bei Frankfurt am Main. Das Institut widmet sich der Grundlagenforschung für Trendentwicklungen in Wirtschaft und Gesellschaft und gibt Studien zu aktuellen Themen heraus, zum Beispiel »Konsument 2010« oder »Die Zukunft des Internets«. Nähere Informationen unter www.zukunftsinstitut.de.

Dr. Klaus Mangold, Jahrgang 1943, studierte Rechtswissenschaften und Volkswirtschaftslehre in München, Genf, Paris, London, Heidelberg und Mainz, wo er 1973 promovierte. Nach verschiedenen Positionen in der deutschen Industrie bekleidete Mangold von 1991 bis 1994 das Amt des Vorstandsvorsitzenden der Quelle-Schickedanz AG. 1995 wurde Mangold in den Vorstand der DaimlerChrysler AG berufen, und übernahm den Vorstandsvorsitz der debis AG, heute DaimlerChrysler Services AG. Gleichzeitig trägt er im Vorstand der DaimlerChrysler AG die Regionalverantwortung für die Länder Mittel- und Osteuropas (MOE) und die Gemeinschaft Unabhängiger Staaten (GUS). Dr. Mangold ist Vorsitzender des Ost-Ausschusses der Deutschen Wirtschaft und Mitglied in Aufsichts- und Beiräten mehrerer Industrieunternehmen und Banken. Seine Publikationen umfassen zahlreiche Beiträge zur Dienstleistungswirtschaft und zum ökonomischen Potenzial Mittel- und Osteuropas.

Dr. Angela Merkel, Jahrgang 1954. Nach dem Studium der Physik (1973–1978) in Leipzig arbeitete Merkel als wissenschaftliche Mitarbeiterin an der Akademie der Wissenschaften in Berlin. 1986 promovierte sie zum Dr. rer. nat. Nach den ersten freien Volkskammerwahlen am 18. März 1990 wurde Merkel zur stellvertretenden Regierungssprecherin der Regierung de Maizière ernannt. Im August 1990 erfolgte ihr Beitritt zur CDU. Im darauffolgenden Dezember wurde sie als Direktkandidatin in den Deutschen Bundestag gewählt. Seit 1991 bis 1994 war Angela Merkel Bundesministerin für Frauen und Jugend und von 1994 bis 1998 Bundesministerin für Umwelt, Naturschutz und Reaktorsicherheit. Vom Dezember 1991 bis zu ihrer Wahl zur CDU-Generalsekretärin am 7. November 1998 war Merkel stellvertretende Parteivorsitzende. Am 10. April 2000 wurde sie zur Vorsitzenden der CDU Deutschlands gewählt.

Dr. Werner Müller, Jahrgang 1946, studierte Volkswirtschaft, Philosophie und Linguistik in Mannheim, Duisburg und Bremen. 1978 promovierte er in Sprachwissenschaften in Bremen. Zwischen 1970 und 1973 unterrichtete Müller Wirtschaftsmathematik und Sprachwissenschaften an der Universität Mannheim. Danach wechselte er zur RWE AG als Referatsleiter Marktforschung. 1980 wechselte er zur VEBA AG, wo er ab 1992 als Vorstand für Energieeinkauf und -verkauf, Fernwärme und Entsorgungswirtschaft fungierte. Ab 1991 beriet er den damaligen Ministerpräsidenten von Niedersachsen, Gerhard Schröder. Müller arbeitet seit 1997 als selbständiger Industrieberater. 1998 wurde er Bundesminister für Wirtschaft und Technologie.

Paulus Neef, Jahrgang 1960, studierte Publizistik und Marketing und schloss 1989 mit dem Diplom als Medienberater ab. Neef gründete 1991 mit zwei Freunden die Firma Pixelpark, deren Vorstandsvorsitzer er heute ist. Von 1995 bis 1999 war

Paulus Neef Präsident des Deutschen Multimedia Verbands (dmmv e.V.). Anfang 2000 wurde er zum Präsidenten der European Interactive Media Federation (EIMF) gewählt.

Roland Oetker, Jahrgang 1949, war zunächst als Rechtsanwalt in Münster tätig, wechselte dann in die Frankfurter Zentrale der Deutschen Bank, danach war er stellvertretender Vorstandsvorsitzender der Messa AG in Alzey. Heute ist er zugleich Gründer und Geschäftsführender Gesellschafter der ROI Verwaltungsgesellschaft mbH mit Sitz in Düsseldorf. Roland Oetker ist seit Oktober 1998 Präsident der Deutschen Schutzvereinigung für Wertpapierbesitz.

Dr. Heinrich v. Pierer, Jahrgang 1941. Nach dem Studium der Rechtswissenschaften und der Volkswirtschaft arbeitete v. Pierer u.a. als wissenschaftlicher Mitarbeiter und Assistent an der Juristischen Fakultät Erlangen-Nürnberg. 1969 trat er in die Siemens AG ein, wo er u.a. die kaufmännische Leitung des Unternehmensbereichs Energieerzeugung (KWU) übernahm. V. Pierer ist seit 1989 Mitglied des Vorstands und seit 1992 Vorstandsvorsitzender der Siemens AG.

Rezzo Schlauch, Jahrgang 1947, studierte Jura in Freiburg und Heidelberg. Seit 1975 arbeitete er als selbständiger Rechtsanwalt in Stuttgart. 1984 bis 1994 war Schlauch Mitglied des Landtages Baden-Württemberg. Von 1990 bis 1992 war er Vorsitzender der Landtagsfraktion. Seit 1994 ist er Mitglied des Bundestags. 1998 wurde Schlauch zum Vorsitzenden der Fraktion Bündnis 90/Die Grünen gewählt.

Andreas Schmidt, Jahrgang 1961, arbeitete seit 1984 als Journalist u.a. bei *Bunte*, *Bild* und der *Welt am Sonntag*. Schmidt war danach jahrelang in unterschiedlichen Funktionen der Bertelsmann AG tätig, u.a. beim Gruner+Jahr Verlag. Von 1990 bis 1993 war Schmidt Chefredakteur des Programm-Magazins *TV Movie* . Ab Dezember 1998 war Schmidt Präsident & CEO von AOL Europe. Darüber hinaus initiierte er den Internet Service Provider CompuServe Office. Seit dem 1.

Juni 2000 leitet er die Bertelsmann e-Commerce Group (BeCG).

Dieter Schulte, Jahrgang 1940. Nach der Berufsausbildung und Tätigkeit als Maurer arbeitete Schulte als Brenner, später Qualitätsbeobachter bei Thyssen Stahl. 1957 wurde er Mitglied der IG Bau-Steine-Erden, 1959 trat er in die IG Metall über. Ab 1970 war er in verschiedenen gewerkschaftlichen Funktionen tätig. 1972 Eintritt in die SPD. Seit 1991 war Schulte geschäftsführendes Vorstandsmitglied der IG Metall. Am 14. Juni 1994 wurde Dieter Schulte zum Vorsitzenden des Deutschen Gewerkschaftsbunds gewählt. Weitere Funktionen: Mitglied des Verwaltungsrats der Bundesanstalt für vereinigungsbedingte Sondervermögen, des Verwaltungsrats der Kreditanstalt für Wiederaufbau, des Beirats der Hermes Kreditversicherungs AG, stellvertretender Aufsichtsratsvorsitzender der Friedrich Krupp AG Hoesch-Krupp und Mitglied des Aufsichtsrats der BAYER AG.

Dr. Henning Schulte-Noelle, Jahrgang 1942. Schulte-Noelle ist Mitglied im Aufsichtsrat verschiedener Aktiengesellschaften, darunter BASF, Dresdner Bank, e-on, Münchener Rück, Siemens, Thyssen-Krupp und Vodafone AirTouch sowie Mitglied im Internationalen Beraterkreis des französischen Unternehmens Lafarge. Seit 1. Oktober 1991 ist Schulte-Noelle Vorsitzender des Vorstands der Allianz AG.

Dr. Ulrich Schumacher, Jahrgang 1958, studierte Elektrotechnik und promovierte an der Technischen Hochschule Aachen. Ab 1986 arbeitete er für die Siemens AG in den Bereichen Bauelemente und Halbleiter. Zunächst war er im Bereich Bauelemente für Prüftechnik verantwortlich. Seit 1988 arbeitete er im Bereich Halbleiter; 1991 übernahm er die Marketingleitung im Geschäftsgebiet Speicher, 1992 die Leitung des Geschäftsgebiets Standard ICs. 1996 wurde er Vorsitzender des Bereichsvorstands Halbleiter, 1998 auch Mitglied des Vorstands der Siemens AG. Seit April 1999 ist Dr. Ulrich Schumacher Vorsitzender des Vorstands der Infineon Technologies AG.

Erwin Staudt, Jahrgang 1948, studierte Wirtschaftswissenschaften in Stuttgart und Freiburg und examinierte als Diplom-Volkswirt 1973. Er trat 1973 in die IBM Deutschland ein. Im Januar 1994 wurde Erwin Staudt Leiter des Vertriebs und in dieser Aufgabe schließlich zum Geschäftsführer der IBM Deutschland Informationssysteme GmbH bestellt. Im Oktober 1994 ging Staudt zunächst als General Manager für Competitive Marketing, dann als Vice President Marketing in die europäische Zentrale der IBM nach Paris. Seit 1. November 1998 ist Staudt Vorsitzender der Geschäftsführung der IBM Deutschland GmbH.

Hans Peter Stihl, Jahrgang 1932, beendete 1957 sein Maschinenbaustudium an der Technischen Hochschule Stuttgart als Diplom-Ingenieur. 1973 wurde Stihl alleiniger persönlich haftender Gesellschafter des Familienunternehmens Stihl. Von 1988 bis Februar 2001 war Hans Peter Stihl Präsident des Deutschen Industrie- und Handelstages (DIHT).

Dr. Edmund Stoiber, Jahrgang 1941, studierte Rechtswissenschaften und politische Wissenschaften in München. 1974 zog er in den Bayerischen Landtag ein. Von November 1978 bis April 1983 war er Generalsekretär der Christlich-Sozialen Union in Bayern. Seit 1974 ist er Mitglied des Bayerischen Landtags. 1986 wurde er Staatsminister, von 1988 bis 1993 war er Bayerischer Staatsminister des Innern. Von November 1995 war Stoiber für ein Jahr Bundesratspräsident. Seit 28. Mai 1993 ist er Bayerischer Ministerpräsident. Am 16. Januar 1999 wählte ihn die Christlich-Soziale Union zu ihrem Parteivorsitzenden.

Prof. Dr. Norbert Walter, Jahrgang 1944. Nach dem Studium der Volkswirtschaftslehre arbeitete er zunächst als Mitarbeiter am Institut für Kapitalmarktforschung in Frankfurt, dann am Kieler Institut für Weltwirtschaft, an dem er u.a. die Abteilungen Konjunktur sowie Ressourcenökonomik leitete. 1987 wechselte er zur Deutsche Bank Gruppe. Seit 1990 ist er Chefvolkswirt der Deutsche Bank Gruppe und Mitglied der

Geschäftsleitung Deutsche Bank Research. Seit Juli 2000 ist Walter außerdem Mitglied im Gremium der »Sieben Weisen zur Regulierung der europäischen Wertpapiermärkte« bei der EU-Kommission in Brüssel. Zusammen mit Thomas Hanke veröffentlichte er 1997 »Der Euro – Kurs auf die Zukunft. Die Konsequenzen der Währungsunion für Unternehmen und Anleger«.

Dr. Guido Westerwelle, Jahrgang 1961, promovierte 1994 zum Dr. jur. und arbeitet seit 1991 als Rechtsanwalt selbständig in Bonn. 1980 trat er in die FDP ein. Westerwelle ist Gründungsmitglied der Jungen Liberalen und wurde 1983 deren Bundesvorsitzender. Im Dezember 1994 stieg er zum Generalsekretär der FDP auf, im Februar 1996 wurde er Mitglied des Deutschen Bundestags als innenpolitischer Sprecher der FDP-Bundestagsfraktion. Seit Mai 2001 ist er Bundesvorsitzender der FDP. Er ist Autor des Buchs »Neuland: Die Zukunft des deutschen Liberalismus«.

Prof. Joachim Wiemeyer, Jahrgang 1954. Nach dem Studium der Volkswirtschaft, Politikwissenschaft und Katholischen Theologie promovierte Wiemeyer 1983 in Volkswirtschaftslehre. 1997 habilitierte er für Christliche Sozialwissenschaften (Katholische Theologie). Seit 1998 arbeitet Joachim Wiemeyer als Professor für Christliche Gesellschaftslehre an der Ruhr-Universität Bochum.

Dr. Klaus Zumwinkel, Jahrgang 1943. In Münster studierte er bis zum Abschluss zum Diplom-Kaufmann, absolvierte den Master of Science der Wharton Business School in Philadelphia und promovierte 1973 an der Universität Münster. 1974 begann er seine berufliche Laufbahn als Unternehmensberater bei McKinsey, 1984 wurde er zum Senior Partner und Mitglied der weltweiten Geschäftsführung berufen. 1985 wechselte er in den Vorstand des Quelle Konzerns, dessen Vorsitz er übernimmt. Seit 1990 ist Zumwinkel Vorstandsvorsitzender der Deutschen Bundespost Postdienst und seit 1995 Vorstandsvorsitzender des Nachfolgers Deutsche Post.